[개정판] **학교문법론의 이해**

저|자|소|개

박 덕 유(朴德裕)

인하대학교 사범대학 국어교육과 교수

〈문법〉 관련 저서

- 國語의 動詞相 研究(1998)
- 文法教育論(1998) 공저
- 中世國語 講解(1999)
- 文法教育의 탐구(2002)
- 문법교육의 이론과 실제(2005)
- 동사상의 이해(1998) 공역

[개정판] 학교문법론의 이해

초판 발행 2006년 12월 30일
개정판 발행 2009년 9월 10일

저 자 박덕유
펴낸이 이대현
편 집 이태곤 권분옥 이소희 추다영
펴낸곳 도서출판 역락
서울 서초구 반포4동 577-25 문창빌딩 2층
전 화 3409-2058(대표) 3409-2060(편집부) FAX 3409-2059
이메일 youkrack@hanmail.net
등 록 1999년 4월 19일 제303-2002-000014호

정 가 25,000원
ISBN 978-89-5556-719-9 93710

* 잘못된 책은 교환해 드립니다.

개정판

학교 문법론의 이해

School grammar & didactic grammar

박 덕 유

도서출판 역락

머리말

2007년 개정 교육과정의 '문법'은 국민 공통 기본 '국어' 과목의 '문법' 영역에 대한 학습 내용을 심화·발전시킨 과목으로, 이 과목에서는 언어의 특성과 국어에 대한 체계적인 지식을 탐구하여 국어를 정확하고 효율적이며, 창의적으로 사용하는 능력을 기르고, 나아가 국어를 사랑하고 국어 문화를 창의적으로 계승·발전시키는 태도를 기르는 데 중점을 둔다고 제시하고 있어 제7차 교육과정이나 그 이전 교육과정과도 크게 다르지 않음을 알 수 있다. 그러나 현재 중등학생들의 글쓰기 실태를 보면 '국어를 정확하게 사용하는 능력을 기른다'는 교육 목표가 무색할 정도로 문제가 훨씬 더 심각한 것이 사실이다.

학교문법은 문법의 用途 내지는 목표면으로 볼 때 實用文法으로 우리의 언어생활을 올바르게 하기 위하여 규칙을 정하고, 청소년들을 대상으로 학교 현장에서 교육하는 문법이므로 학교문법(school grammar) 또는 교육문법(didactic grammar)이라고 한다. 따라서 학교문법은 학생들로 하여금 정확하고 효율적인 언어생활을 할 수 있도록 내용을 통일적으로 체계화시킨 문법이므로 그 내용은 문법학자의 학문적인 연구체계일 수 없고, 어느 개인이나 학파의 독단적 학설이나 체계일 수도 없다. 특히, 우리말은 정서적 언어의 특징을 지니고 있어서 論理性이 결여되기 쉽고, 이는 곧 현대국어의 혼란성으로 연계된다. 그러므로 초등학교에서부터 고등학교에 이르기까지 문법교육을 단계적으로 교육함으로써 지적 수준을 높이고 체계화하여 그 문법 지식을 실제 언어생활에 적용할 수 있도록 해야 할 것이다.

제7차 교육과정에서 국민 공통 기본 교육과정으로 1학년에서 10학년까지 '국어' 과목을 다루도록 되어 있지만, 이 중 '문법'에 해당되는 '국어 지식' 영역은 전체 단원에 비해 매우 적은 분량이 수록되어 있으며, 내용 체계도 학년별로 체계적으로 배열되지 않아 문법 지식의 연계성을 기대하기도 어렵다. 또한, 고등학교 〈국어〉 교과서는 초등, 중등(1학년-9학년)의 '국어 지식' 영역이 심화되어 나타나는 것이 아니라, 작품 속에서 문법 지식을 찾아내는 정도로 구성되어 있어 문법 지식을 가르치기가 어렵게 되어 있다. 그리고 현재 고등학교의 '문법' 과목은 심화선택 과목 중 가장 작은 단위(4단위)이며, '문법' 과목을 선택하는 학교도 매우 낮음으로써 정확한 언어생활을 영위하게 한다는 7차 교육과정의 목표를 어렵게 한 것이 사실이다.

개정 교육과정의 국민 공통 기본 교육과정인 '국어'과의 내용 체계는 '듣기, 말하기, 읽기, 쓰기, 문법, 문학' 영역으로 나뉘어 초등학교 1학년부터 10학년(고등학교 1학년)까지의 교육과정이다. 제7차와 다른 것은 '국어 지식'이 '문법'의 용어로 바뀌었고, 내용 체계가 '실제, 지식, 기능(문법의 경우 탐구), 맥락'의 요소로 이루어져 '맥락'이란 범주가 독립 범주로 설정된 점이 다르다. "국어에 대한 이해와 국어에 대한 탐구 활동을 바탕으로 문법 능력을 발달시키고 국어와 국어 문화의 발전에 기여하는 태도를 기르며, 이를 위해 "국어의 원리와 규칙을 이해한다."는 이 목표를 과연 개정 교육과정에서 얼마나 이룰 수 있을지 기대반 우려반이다.

더욱이 21세기의 언어는 컴퓨터와 인터넷의 보급으로 일상적인 언어를 온라인상에서 사용하기 쉽게 변형시켜 어법에 상관없이 편리하게 사용하고 있어 '어법에 맞지 않은 표현'이 상당히 많아 우리 언어의 파괴 현상으로까지 치닫고 있는 실정이다.

이번에 『학교문법론의 이해』 개정판은 제7차 교육과정 〈문법〉 교과서의 틀을 유지하면서도 이러한 현행 문제점을 가급적 해결할 수 있도록 엮었다. 따라서 심화된 개인적 이론보다는 기본적으로 알아야 할 이론과 실제를 통해 학교문법을 이해하도록 집필하였다. 특히, 각 장마다 〈문법〉 교과서에서 다루고 있는 '탐구'와 '가꾸기'를 포괄할 수 있는 내용을 다루었으며, 〔참고〕를 통해 교과서에서 제시하지 못한 부분 등 더 필요한 사항을 기술하였다.

이번 개정판에 새로 들어간 내용이나 보완한 것으로 우선, 제1장의 '제7차 국어과 교육과정의 내용과 발전방안'을 '제7차 및 개정 교육과정의 내용'으로 교체하였다. 따라서 개정 교육과정의 국어과의 내용(성격, 목표, 내용)과 문법 과목의 내용(성격, 목표, 내용, 교수·학습 방법, 평가)을 새로 제시하였다. 그리고 제5장 문법의 내용에서 'Ⅱ. 음운' 영역에 '음운교육의 필요성과 학습방안'의 내용을 첨부함으로써 학교 현장의 글쓰기 실태를 보이고, 이를 해결하는 방안을 제시하였다. 그리고 'Ⅳ. 어휘'의 '은어와 속어' 영역에서 1990년대를 중심으로 제시하던 것을 21세기의 은어와 속어까지 확대하여 그 차이점을 기술하였다. 특히, 21세기의 인터넷 용어의 사례를 보임으로써 언어 파괴 현상의 심각성을 보였다. 또한, 'Ⅶ. 담화' 영역에서 '담화와 텍스트, 담화 연구의 접근방법, 국어 담화 연구의 중요성과 교육방향'을 새로 보완하였다. 그리고 각 단원마다 필요한 사항을 제시한 〔참고〕의 내용을 좀더 구체적으로 기술하였으며, 더 필요한 내용을 보완하였다.

대개 문법은 이론과 실제가 분리되어 그저 암기식 위주로 학습되어 왔으며, 기존의 습관적인 틀에서 벗어나지 못하는 고정적인 틀로 인식되어 온 것이 사실이다. 문법은 단순히 지식을 획득하는 것만이 아니라, 그것을 실제생활에 적용함으로써 국어를 올바르게 사용할 수 있어야 한다. 이에 본서는 문법교육의 이론적인 면에서 문제가 되는 것과, 이론을 실생활에 적용할 수 있는 부분들을 통해 지식 전달 뿐만 아니라 문제해결 능력과 정확한 언어생활을 할 수 있도록 하였다.

끝으로 개정판을 발간할 수 있도록 평강으로 인도하신 하나님께 영광을 돌리며, 묵묵히 사랑과 기도로 응원해 준 가족과 여러 모로 도움을 주신 모든 분들께 감사드린다. 아울러 개정판을 출판해 주신 도서출판 역락의 이대현 사장님과 이태곤 부장님을 비롯한 편집위원께 진심으로 고마움을 전한다.

2009년 8월 1일

저자 씀

차 례

머리말 | 5

| 제 1 장 | 제7차 및 개정 국어과 교육과정의 내용

1. 제7차 국어과 교육과정의 내용 _ 21

2. 개정 국어과 교육과정의 내용 _ 23

2.1. 성격 | 24 / 2.2. 목표 | 25 / 2.3. 내용 | 26

| 제 2 장 | 문법교육의 필요성과 내용

1. 문법교육의 필요성과 발전 방향 _ 33

1.1. 문법 지식의 이론과 발전 | 36
1.2. 문법 지식 지도의 관점 | 37
1.3. 문법 지식 학습의 전략 | 43
1.4. 문법 지식 지도의 문제점과 발전 방향 | 46

2. '국어 지식' 및 〈문법〉 과목의 교육과정 내용 _ 54

2.1. '국어 지식' 교육의 내용 | 54
2.2. <국어> 교과서의 '국어 지식' 내용 | 59
2.3. <문법> 교육과정의 내용 | 64
2.4. <문법> 교과서의 내용 체계 | 70

3. 개정 교육과정의 〈문법〉 과목 내용 _ 72

3.1. 성격 | 72
3.2. 목표 | 73
3.3. 내용 | 74
3.4. 교수·학습 방법 | 79
3.5. 평 가 | 81

| 제 3 장 | 〈문법〉 교과서의 내용 분석

1. 〈문법〉 교과서의 특징 및 구성 _ 85

1.1. <문법> 교과서의 특징 | 85
1.2. <문법> 교과서의 구성 | 86

2. 〈문법〉 교과서의 단원별 내용과 문제점 _ 87

2.1. 제7차 <문법> 교과서에 새로 반영된 내용의 문제점 | 104
2.2. 탐구학습의 문제점 | 108
2.3. 내용상의 문제점 | 111

| 제 4 장 | 학교문법의 성격

1. 학교문법의 개념 _ 117

2. 학교문법과 학문문법 _ 119

2.1. 전통문법과 학교문법 | 120
2.2. 구조문법과 학교문법 | 122
2.3. 변형문법과 학교문법 | 126

| 제 5 장 | 문법의 내용

Ⅰ. 언어와 국어

1. 언어의 본질

1. 언어의 정의와 특성 _ 134

1.1. 언어의 정의 | 134
1.2. 언어의 특성 | 135

2. 언어의 전달 방법과 기능 _ 143

2.1. 음성언어와 문자언어 | 143
2.2. 언어의 중심 기능 | 144

2. 언어와 인간

1. 인간의 언어와 동물의 언어 _ 146

2. 언어와 사고 _ 151

3. 언어와 사회 _ 151

4. 언어와 문화 _ 152

3. 국어와 한글

1. 국어의 특질 _ 153

1.1. 음운의 특질 | 153
1.2. 어휘의 특질 | 154
1.3. 문법의 특질 | 156

2. 위대한 문화유산, 한글 _ 156

2.1. 한글의 우수성 | 156
2.2. 한글(訓民正音)의 제자원리 | 157
2.3. 연서법, 병서법, 부서법 | 160

Ⅱ. 음운

1. 음운과 음운 체계

1. 음성과 발음기관 _ 163
   - 1.1. 음성 | 163
   - 1.2. 발음기관 | 168
2. 국어의 음운 체계 _ 170
   - 2.1. 음운 | 170 / 2.2. 모음 | 172
   - 2.3. 자음 | 175 / 2.4. 소리의 길이 | 177
3. 음절 _ 179

2. 음운의 변동

1. 음절의 끝소리 규칙 _ 181
2. 음운의 동화 _ 183
   - 2.1. 자음동화 | 183 / 2.2. 구개음화 | 184
   - 2.3. 모음동화 | 186 / 2.4. 모음조화 | 186
3. 음운의 축약과 탈락 _ 187
   - 3.1. 음운의 축약 | 187
   - 3.2. 음운의 탈락 | 188
4. 사잇소리 현상 _ 189

3. 음운교육의 필요성과 학습 방안

1. 학생들의 글쓰기 실태와 음운교육의 필요성 _ 192
2. 현행 국어교과서의 문제점과 효율적인 학습 방안 _ 196
   - 2.1. 국어과 교육과정의 문제점과 개선 방안 | 196
   - 2.2. 내용상의 문제점과 효율적인 학습 방안 | 203

Ⅲ. 단 어

1. 단어의 형성

1. 형태소 _ 214

2. 단어의 형성 _ 215

2.1. 파생어 | 216 / 2.2. 합성어 | 219

2. 품사

1. 체언 : 명사, 대명사, 수사 _ 223

1.1. 명사 | 223 / 1.2. 대명사 | 224
1.3. 수사 | 225 / 1.4. 체언의 용법 | 227

2. 관계언 : 조사 _ 228

2.1. 조사의 갈래 | 228

3. 용언 : 동사, 형용사 _ 231

3.1. 동사 | 231 / 3.2. 형용사 | 232 / 3.3. 보조용언 | 232
3.4. 용언의 활용 | 233 / 3.5. 어미 | 237

4. 수식언 : 관형사, 부사 _ 240

4.1. 관형사 | 240 / 4.2. 부사 | 241

5. 독립언 : 감탄사 _ 243

Ⅳ. 어 휘

1. 어휘의 체계

1. 어휘의 체계 _ 245

2. 고유어와 한자어 _ 247

3. 외래어 _ 250

2. 어휘의 양상

1. 방언 _ 257
2. 은어, 속어 _ 259
3. 금기어, 완곡어 _ 268
4. 관용어, 속담 _ 269
5. 전문어 _ 271
6. 새말 _ 272

Ⅴ. **문 장**

1. 문장의 성분

1. 문장과 문법 단위 _ 276
   1.1. 문장 | 276
   1.2. 성분의 재료 | 276
2. 문장 성분의 종류 _ 278
   2.1. 서술어 | 278
   2.2. 주어 | 281
   2.3. 목적어 | 282
   2.4. 보어 | 283
   2.5. 관형어 | 284
   2.6. 부사어 | 285
   2.7. 독립어 | 288

2. 문장의 짜임

1. 문장의 짜임새 _ 289
   1.1. 홑문장과 겹문장 | 289

2. 안은 문장과 안긴 문장 _ 291

2.1. 명사절을 안은 문장 | 292
2.2. 관형절을 안은 문장 | 293
2.3. 부사절을 안은 문장 | 295
2.4. 서술절을 안은 문장 | 296
2.5. 인용절을 안은 문장 | 297

3. 이어진 문장 _ 299

3.1. 대등하게 이어진 문장 | 299
3.2. 종속적으로 이어진 문장 | 300
3.3. 이어진 문장의 문법 현상 | 303
3.4. 이어짐의 제약 | 304
3.5. 문장의 이어짐과 단어의 이어짐 | 305

3. 문법 요소

1. 문장의 종결 표현 _ 307

1.1. 평서문 | 307 / 1.2. 감탄문 | 308 / 1.3. 의문문 | 309
1.4. 명령문 | 310 / 1.5. 청유문 | 311

2. 높임 표현 _ 312

2.1. 주체높임법 | 312 / 2.2. 상대높임법 | 314
2.3. 객체높임법 | 316 / 2.4. 높임말과 낮춤말 | 316

3. 시간 표현 _ 317

3.1. 절대시제와 상대시제 | 318
3.2. 현재 시제 | 319 / 3.3. 과거 시제 | 320
3.4. 미래 시제 | 321 / 3.5. 동작상 | 322

4. 피동 표현 _ 325

5. 사동 표현 _ 331

6. 否定 표현 _ 335

Ⅵ. 의 미

1. 언어와 의미

1. 언어의 의미 _ 342
2. 의미의 종류 _ 344
   2.1. 중심적 의미와 주변적 의미 | 344
   2.2. 사전적 의미와 함축적 의미 | 345
   2.3. 사회적 의미와 정서적 의미 | 346
   2.4. 주제적 의미와 반사적 의미 | 347

2. 단어 간의 의미 관계

1. 유의 관계 _ 348
   1.1. 동의어 | 348 / 1.2. 유의어 | 349
2. 반의 관계 _ 351
   2.1. 상보적 반의 | 351
   2.2. 단계적 반의 | 352
   2.3. 관계적 반의 | 352
3. 상하 관계 _ 353
   3.1. 상의어 | 353 / 3.2. 하의어 | 353

Ⅶ. 담화

1. 담화의 개념

1. 발화와 담화 _ 357
   1.1. 발화 | 357 / 1.2. 담화 | 357
2. 발화의 기능 _ 358

2. 담화의 요소

1. 담화의 구성 요소 _ 359

2. 지시 표현 _ 360

3. 높임 표현 _ 360

4. 심리적 태도 _ 361

5. 생략 표현 _ 362

3. 담화의 구조와 방법

1. 담화의 구조 _ 363

1.1. 담화의 내용 구조 | 364 / 1.2. 담화의 형식 구조 | 364

2. 담화와 텍스트 _ 366

3. 담화 연구의 접근 방법 _ 370

4. 국어 담화 연구의 중요성과 교육방향 _ 373

Ⅷ. 국어의 규범

1. 표준어와 표준 발음

1. 표준어와 방언 _ 377

2. 표준 발음 _ 378

2. 한글 맞춤법

1. 한글 맞춤법 _ 390

2. 한글 맞춤법과 표준어의 문제점 _ 392

2.1. <한글 맞춤법>의 경우 | 392

2.2. <표준어 규정>의 경우 | 398

3. 외래어 표기법과 국어의 로마자 표기법

1. 외래어 표기법 _ 404

2. 국어의 로마자 표기법 _ 406

| 부 록 | 우리말의 변천

1. 국어의 형성과 역사 _ 418

2. 음운의 변천 _ 421

2.1. 자음의 변천 | 421 / 2.2. 모음의 변천 | 422
2.3. 소리의 높이와 길이의 변천 | 423

3. 어휘의 변천 _ 423

3.1. 고유어의 변천 | 423 / 3.2. 외래어의 유입 | 424

4. 문법의 변천 _ 425

4.1. 문법 현상의 바뀜 | 425 / 4.2. 문법 현상이 없어짐 | 426
4.3. 문법 현상이 생겨남 | 427

5. 의미의 변천 _ 428

5.1. 의미의 확대 | 428 / 5.2. 의미의 축소 | 429
5.3. 의미의 이동 | 429

- 참고문헌 _ 431
- 찾아보기 _ 448

제1장 ▌제7차 및 개정 국어과 교육과정의 내용

| 제1장 | 제7차 및 개정 국어과 교육과정의 내용

1. 제7차 국어과 교육과정의 내용

제7차 교육과정에서 국어의 성격을 "한국인의 삶이 배어 있는 국어를 창의적으로 사용하는 능력과 태도를 길러, 정보화 사회에서 정확하고 효과적으로 국어생활을 영위하고, 미래지향적인 민족의식과 건전한 국민정서를 함양하며, 국어 발전과 국어 문화 창달에 이바지하려는 뜻을 세우게 하기 위한 교과"로 규정하고 있다. 이러한 국어과의 성격에 제시된 교육의 목적을 실현하기 위해서는 기존 지식의 단순 수용이나 표출 능력이 아니라, 언어 기능을 통합적으로 운용하여 사고와 언어를 연결시키는 知的 技能(intellectual skills)을 강조해야 한다. 이는 제7차 교육과정이 지향하고 있는 창의적인 국어사용 능력이 언어활동의 반복에 의한 숙달보다 언어활동과 언어 및 문학에 대한 기초적인 지식의 체계적 학습이 선행될 때 효과적으로 향상되어 실제 언어생활에 활용할 수 있을 것이다. 따라서 국어 지식에 대한 학습은 매우 중요한 기저 분야로 교사 위주의 일방적인 전달이 아니라, 학습자가 주체적으로 언어 현상을 탐구하는 과정에서 규칙을 발견하게 하고, 이렇게 습득한 지식을 국어와 일반 언어 생활에서 활용하는 활동을 강조한다.

제7차 국어과 교육과정은 (1) 국민 공통 기본 교육과정(1학년 - 10학년), (2) 국어 생활(7학년 - 9학년, 11학년 : 일반선택), (3) 심화 선택 교육과정(12학년 : 화법, 독서, 작문, 문법, 문학)으로 단계별, 수준별 교육과정을 운영하도록 되어 있다.

국민 공통 기본 교육과정인 '국어'과의 내용 체계는 듣기, 말하기, 읽기, 쓰기, 국어 지식, 문학 영역으로 나뉘어 초등학교 1학년부터 10학년(고등학교 1학년)까지의 교육과정이다. 특히, 7학년인 중학교 1학년부터 9학년인 중학교 3학년까지는 '국어'와 '생활 국어'로 분류하여 '국어'는 '읽기와 문학' 영역을, '생활 국어'는 '듣기, 말하기, 쓰기, 국어 지식' 영역을 다루었다. 고등학교 '국어 생활'은 일반 선택 과목으로 실용적인 생활과 문화적인 생활의 올바른 국어 사용을 위한 과목이다.[1)]

1997년 초등학교 1,2학년을 시작으로 2004년 고3까지 적용되어 진행하고 있는 제7차 교육과정은 새로운 21세기를 대비하여 교육과정의 새로운 패러다임을 추구하고 미래사회의 변화에 따른 국제화, 지식정보화, 지방분권화, 정보통신화 등을 반영하였다. 이를 위해 제7차 교육과정은 국민공통기본 교육과정, 수준별 교육과정, 선택중심 교육과정을 도입하여 운영하고 있지만, 사회적 요구와 학습자 특성을 충분히 수용하지 못한다는 평을 받고 있어 현장 적용 실태와 문제점을 분석하고, 쟁점을 정리하여 개정 교육과정이 고시되었고, 2010년부터 단계

1) 제7차 국어 교과의 과목

구 분	국민 공통 기본 교과	선 택 과 목	
		일반 선택 과목	심화 선택 과목
국 어	국어(8)	국어생활(4)	화법(4), 독서(8), 작문(8), 문법(4), 문학(8)

적으로 검인정으로 바뀐 교과서가 시중에 나올 것이다. 제7차 국어과 교육과정이 지향하고 있는 우리말을 정확하게 사용하는 능력과 국어를 사랑하고 아끼는 태도를 기르기 위해서는 언어의 본질과 국어의 구조에 대한 논리적이고 체계적인 지식을 익히는 데서부터 출발해야 한다.

2. 개정 국어과 교육과정의 내용

개정 교육과정의 내용 체제는 크게 '성격, 목표, 내용, 교수·학습 방법, 평가'로 제7차 교육과정과 같고, 1학년부터 10학년에 이르는 국민 공통 기존 교육과정의 수준별 학습을 제시한 것도 제7차와 동일하다. 다만, 제7차 국어과 교육과정에서의 문제점을 바탕으로 개정 교육과정의 중점 사항으로 '생산 중심의 국어 교육 지향, 실제와 내용 요소 간의 통합성, 수준별 수업 지향, 상황과 사회·문화적 맥락 강조, 교육 내용의 타당성, 적정성, 연계성 강화, 다양한 정보 제공을 통한 소통성의 강화, 매체 언어의 확대에 따른 언어 환경 변화 수용 등을 들 수 있다.

개정 교육과정의 국민 공통 기본 교육과정인 '국어'과의 내용 체계는 '듣기, 말하기, 읽기, 쓰기, 문법, 문학' 영역으로 나뉘어 초등학교 1학년부터 10학년(고등학교 1학년)까지의 교육과정이다. 제7차와 다른 것은 '국어 지식'이 '문법'의 용어로 바뀌었고, 내용 체계가 '실제, 지식, 기능(문법의 경우 탐구), 맥락'의 요소로 이루어져 '맥락'이란 범주가 독립 범주로 설정된 점이 다르다.[2)]

---

2) 손영애(2009:117)에서는 "2007년 개정 국어과 교육과정은 학년별 내용을 제시하는 부분이 상당히 다르다. 5차, 6차, 7차를 거쳐 오면서 교육과정의 '내용' 부분을

2.1. 성격

국어 교과는 한국인의 삶이 배어 있는 국어를 창조적으로 사용하는 능력과 태도를 길러 국어를 정확하고 효과적으로 사용하게 하고, 미래 지향의 민족의식과 건전한 국민 정서를 함양하게 하며, 국어 발전과 국어 문화 창달에 이바지하려는 뜻을 세우게 하기 위한 교과이다.

국어 교과에서 학습자는 국어 활동에 대한 지식을 바탕으로 담화 또는 글의 내용을 정확하고 비판적으로 이해하고, 사상과 정서를 효과적이고 창의적으로 표현하는 능력을 향상시킨다. 또 국어 현상을 탐구하여 국어를 깊이 있게 이해하고 국어에 대한 의식을 높인다. 그리고 문학에 대한 기본적인 지식을 바탕으로 문학 작품을 수용하거나 생산하면서 인간의 다양한 삶을 총체적으로 이해하는 능력을 기르고 심미적 정서를 함양한다. 이를 통해 국어 문화를 바르게 이해하고 존중하는 태도를 길러 성숙한 문화 시민의 소양을 기를 수 있다.

국어 교과의 교수·학습은 정확하고 효과적인 국어 활동, 국어의 발전, 그리고 국어 문화의 계승과 발전에 요구되는 능력과 자질을 기르는 데 필요한 지식과 기능이 유기적으로 통합되게 운용한다. 특히, 국어 교과의 학습은 학습자가 국어 활동에 능동적으로 참여하여 국어의 가치를 체험할 수 있게 운용한다. '듣기, 말하기, 읽기, 쓰기' 학습은 실제 상황에서 주체적인 국어 활동을 강조함으로써 비판적이고 창의적인 국어 능력이 향상되게 한다. '문법' 학습은 언어 현상에서 규칙을 찾아 내

제시하는 방식은 '기능'(글 전체의 짜임을 파악하며 읽는다. 7차), '전략+기능'(각 문단에서 핵심어나 중심 내용을 찾아보고, 이를 관련되는 것끼리 묶어가면서 글 전체 내용을 요약한다. 6차), '활동+기능'(여러 종류의 글을 읽고, 각 글의 줄거리나 주요 내용을 간추려 말한다. 6차)"의 내용을 제시했다.

는 탐구 활동을 강조하고, 학습한 지식을 국어 사용 실제에 적용하는 활동을 강조한다. '문학' 학습은 문학 작품을 찾아 읽고 해석하며, 문학 작품을 생산하는 학습 활동을 함으로써 작품에 나타난 인간의 삶을 총체적으로 이해하고 문학적 상상력이 향상되도록 한다.

초등학교에서는 국어를 정확하고 효과적으로 표현하고 이해하는 능력과 국어 활동을 통한 사고력과 상상력을 기르는 데 중점을 둔다. 또 국어에 대해 관심을 가지고, 국어 활동을 즐기며, 국어를 존중하는 태도를 강조한다.

중등학교에서는 국어를 정확하고 비판적이며, 창의적으로 표현하고 이해하는 능력과 국어 활동을 통한 사고력과 심미적 안목을 기르는 데 중점을 둔다. 또 국어 문화에 대한 관심을 높이고 국어를 발전시키려는 태도를 강조한다.

2.2. 목표

국어 활동과 국어와 문학의 본질을 총체적으로 이해하고, 국어 활동의 맥락을 고려하면서 국어를 정확하고 효과적으로 사용하며, 국어 문화를 바르게 이해하고, 국어의 발전과 민족의 국어 문화 창조에 이바지할 수 있는 능력과 태도를 기른다.

가. 국어 활동과 국어와 문학에 대한 기본적인 지식을 익혀, 이를 다양한 국어 사용 상황에 활용하면서 자신의 언어를 창조적으로 사용한다.

나. 담화와 글을 수용하고 생산하는 데 필요한 지식과 기능을 익혀,

다양한 유형의 담화와 글을 비판적이고 창의적으로 수용하고 생산한다.

다. 국어 세계에 흥미를 가지고 언어 현상을 계속적으로 탐구하여, 국어의 발전과 미래 지향의 국어 문화를 창조한다.

2.3. 내용

제7차 내용 체계의 '원리' 부분은 개정 교육과정에서 '기능'으로 대응되고, '본질' 부분은 '지식'과 '맥락'에 일부 대응되고 있다. 또한, 제7차에서 학년별 제시한 내용을 개정 교육과정에서는 학년별, 영역별로 '수준과 범위'를 제시하고, '성취 기준'(제7차 교육과정에서의 '내용')과 이에 대응되는 '내용 요소를 구체적으로 제시하고 있다.

참고로 개정 국어과 교육과정 중 '문법' 영역의 내용 체계를 보이면 다음과 같다.

▌문법 ▌

국어 사용의 실제	
-음운 -단어 -문장 -담화/글	
지식	**탐구**
o 언어의 본질 o 국어의 특질 o 국어의 역사 o 국어의 규범	o 관찰과 분석 o 설명과 일반화 o 판단과 적용
맥락	
o 국어 의식 o 국어 생활 문화	

또한, 〈문법〉 영역 중 7학년의 내용을 보이면 다음과 같다.

의 표현체로 보는 기능주의적 언어관을 갖게 되었다. 따라서 어린이들의 언어습득은 문법규칙에 의해서 말을 배우는 것이 아니라, 단어에 의해서 배운다고 주장하고, 언어 능력에는 문법적 능력 이외에 인지적 능력이나 화용적 능력이 들어간다고 강조하였다.[2] 그러다가 1990년대에는 Clark(1993), Pinker(1994), Menyuk(1995) 등 경험주의 학습론을 반영한 변형문법과 인지문법의 병존으로 상호보완적인 현상으로 나타나게 되었다.

결국 30여 년 동안 언어학적 내재설과 심리학적 인지이론의 병존은 언어연구의 영역을 확대하였다.[3] 따라서 문법 조직이나 통사적 구조에서 음운조직, 어휘조직, 의미조직으로, 그리고 언어란 결국 의사소통의 한 도구로 쓰이게 된다고 하여 화용적 규칙, 사회문화적 규칙 등 기능적 역할까지 확대된 것이다. 이는 서로 대립적인 학설이면서도 상보적 관계로 발전시켜 나간 것으로 현재 우리 나라 문법교육의 위상을 점검할 때 문법 지식 지도의 관점에 대한 논의를 하고 있는 국어교육에서도 시사하는 바가 크다 하겠다.

1.2. 문법 지식 지도의 관점

앞에서 고찰한 서구의 문법 지식의 이론과 발전은 현재 국어교육에서 고민하고 있는 문법 지식 지도의 방향을 제시할 수 있을 것으로 기

---

2) 심리학자를 중심으로 하는 인지주의 이론은 언어를 성공적으로 배울 수 있는 것은 후천적인 학습 때문도 아니고, 선천적인 보편문법 때문도 아닌, 선천적인 知力의 핵 때문이라는 언어습득론을 제시하고 있다.

3) 김진우(2001:37-70)는 언어학적 내재설의 특징을 '이론중심, 연역적, 논리적, top-down, 성인의 문법, 언어의 여러 구성 요소 중 문법요소'로, 심리학적 인지이론의 특징을 '자료중심, 귀납적, 실증적, bottom-up, 어린이의 문법, 언어를 구성하고 있는 모든 요소'로 비교하였다.

대한다. 이에 몇 가지 관점을 통해 무엇이 문제인지, 그리고 국어과의 교육과정 변천에 따른 문법 지식 지도의 관점이 어떻게 반영되었는지를 살펴보고자 한다.

1) 세 가지 관점

(1) 언어 기능주의 관점

최영환(1995:78)은 언어적 능력 신장 관점에서 언어 지식을 종속적인 것으로 보고, 언어 지식 영역을 다른 기능과 대등하게 함으로써 오히려 기능과 지식이라는 대립 구조를 만든다고 지적하였다.[4] 그리고 결국 언어 지식 영역의 지도는 독립적인 것이 아니므로 언어사용 능력과 관련시켜 선정해야 한다고 했다. 손영애(2004:72)는 국어과에 대한 인식은 기능 중심의 방법 교과로서의 성격이 강하므로 국어과에서 다루는 지식은 '무엇'에 대한 지식이기보다는 '어떻게'에 해당하는 방법이나 절차에 대한 지식이 되어야 한다고 했다. 주세형(2004)은 언어활동의 전 과정에서 의미와 경험을 구성하는 생산적 도구로서의 문법지식이 필요하다는 확장된 통합적 입장을 제시하였지만, 이 역시 기능주의의 입장에서 크게 벗어나지 않는다. 기능주의 입장에서는 언어를 하나의 형태나 통사 구조로 보지 않고 의사소통의 도구로 보기 때문에 의미론과 담화론 및 화용론 중심으로 바뀌어야 한다고 주장한다.[5] 그러나 문법 지식을 언어 기능 영역에 통합하여 교육할 경우, 언어 기능에 관련

---

4) 대립 구도가 아니라 이는 발전적인 구도이다. 과거에도 그러했듯이 어느 한 쪽 논리가 지배적이면 당연히 또 다른 비판적인 관점이 나오기 마련이다. 특히, 언어 능력을 기능 중심으로 본다는 것은 언어의 본질을 간과하는 것이다.

5) 담화나 텍스트까지 문법 지식 영역을 확대한 논의로 주경희(1992), 이은희(1993), 이삼형(1994), 김봉순(1996), 서혁(1996) 등을 들 수 있으며, 이는 1990년대에 주를 이루었다.

된 문법 지식은 체계적으로 구조화되지 않기 때문에 국어 기능 영역 속에 문법을 통합시키는 상황에서는 문법 지식을 학습하기가 어렵다. 국어과 교육이 논리적이고 합리적이며 창의적인 사고력을 길러 주기 위해서는 그 기저가 되는 문법 지식을 독립 영역으로 학습시켜야만 국어를 바르게 사용할 수 있는 기능을 기르게 된다.[6)]

(2) 언어학적인 관점

권재일(1995:58)은 국어학적 관점에서 언어 지식 영역 지도 내용을 제시하였다. 언어 지식은 언어 사용 기능을 향상시키는 데 적극적인 도움을 줄 수 있다. 따라서 언어 지식에 대한 교육이 전적으로 여기에 종속되어 있는 것으로 보지 아니하고, 언어 지식 교육의 독자성을 유지하자는 주장이다. 언어 기능 신장에 직접적인 도움이 되지 않는다고 하여 국어에 대한 체계적인 지식을 학교 교육에서 배제할 수는 없다. 왜냐하면 문법 지식은 국어에 대한 올바른 태도와 가치관을 형성하게 하여 국어의 발전과 민족의 언어 문화 형성에 이바지 하는 데에 필요한 교육이기 때문이다.

고영근(2004)은 문법교육의 독자성을 강조하면서 제8차 교육과정부터는 국정을 해제하여야 하며, 문법의 고유 분야인 음성, 단어, 문장에 국한되는 3부체계의 틀을 주장하여 오히려 전통문법으로 돌아가자고 제기하였다. 이는 수십 년을 두고 검증된 문법 모형만이 학교문법이 가장 안심하고 기댈 수 있는 자산이기 때문이라고 하였다.

결국 문법교육은 구조나 체계 중심으로 이루어져야 바른 언어생활을

---

6) 특히, 일부에서 제기하는 모어 화자로서 문법 지식이 더 이상 필요하지 않다고 보는 견해는 인지주의자들의 유아기 언어습득의 영향이라 본다. 내재된 보편 문법 능력을 주장한 변형문법은 성인을 대상으로 하는 것이므로 학습 모형 제시가 필요함을 보여준다.

할 수 있고, 논리적인 사고력도 함양시킬 수 있지만, 이는 학문 중심의 관점으로 과거 서구의 변형문법이 중심이 되어 인지주의 문법의 반론을 불러일으킨 답습을 초래할 수 있다.

(3) 상호보완적인 관점

이성영(1995:4)은 앞의 기능주의적 관점과 언어학적인 관점을 실용주의적 관점과 학문주의 관점으로 보고 두 관점의 단점을 지적하여 상호보완적인 관점을 제시하였다. 상호보완론적인 관점은 언어 사용 기능 신장에 기여하는 언어 지식만으로 한정하여 가르칠 때에는 누락될 수 있는 중요한 가치들을 모두 포함할 수 있으며, 동시에 언어 사용 기능과는 별개로 언어 지식을 가르칠 때에 발생할 수 있는 중복 현상이나 상호 간섭 현상을 막을 수 있다는 장점이 있다. 이러한 관점에서 가장 중요한 과제는 두 영역 상호 간의 공통 분모를 어떻게 최대화할 수 있느냐는 점이 중요하다며, 한 영역의 학습이 다른 영역의 학습에 기여함으로써 언어 기능 영역의 학습이 언어 지식 영역의 학습에 기여하고, 언어 지식 영역의 학습이 언어 기능 영역의 학습에 기여하며, 한 영역에서 다루지 못하는 부분을 다른 영역이 채워주므로 완성된 전체를 이룸으로써 서로 부족한 부분을 다룰 수 있음을 제시하였다.

김광해(1995, 2000)는 6차 문법 교육부터 내용 체계가 대폭 확대되어 과거와 같은 통사론 위주의 '문법'은 상대적으로 축소되고, 언어 및 국어 지식에 관련되는 내용들을 거의 망라하여 다루도록 내용이 확대된 것으로 보았다. 또한, 국어 과목의 언어 영역에서 전개해야 할 교수, 학습의 내용과 방법에 대하여 좀더 정밀하고 구체적으로 연구할 것을 촉발하는 중요한 계기가 되었다고 보았다. 그리고 지식 자체의 학습보다는 학습자가 스스로 지식을 발견해 낼 줄 아는 능력을 기르는 것이 더 중요하다고 하여 언어 지식 영역의 핵심은 탐구학습이라 보고, 언어 지식 영역과 기능 영역은 서로 존중하고 가치를 인정함을 제시하였다.

일부에서는 현행 국어교육에서 문법적 지식을 더 확장하여 독자적 위상을 강화한 것으로 보고, 이렇게 된 요인을 문법 지식이 기능 중심인 의사소통의 도구임을 강조해야 하는 통합적 위상을 강화하지 못한 데서 온 결과라고 주장하지만 이는 그렇지 않다. 문법적 지식을 통사 중심에서 의미, 어휘, 담화, 그리고 화용론까지 확대해 나가는 것은 문법적 지식을 강화한 것이 아니라, 의사소통의 언어적 영역을 반영한 것으로 오히려 기능주의의 이론을 수용한 것으로 볼 수도 있다.

2) 국어과 교육과정에 반영된 관점

해방 후 시작된 국어과 교육과정은 현재 7차에 이르기까지 많은 변화가 있었지만, 주요 내용은 지식 교육과 기능 교육의 반복적인 대립과 보완으로 이루어져 왔다는 점이다.

(1) 해방 후 1-3차 시기

1955년 제1차 국어과 교육과정이 제정, 공포된 이래, 제2차(1963년), 제3차(1973)년에 각각 개정 공포되었다. 제1차의 경우 초등학교와 중학교에는 언어적 지식이 강조된 점도 있었지만, 대체로 1-3차 시기는 언어사용의 기술에 중점을 둔 시기였다. 이는 실용주의적인 관점에서 언어사용 기능 교육을 강조한 것으로 당시 국어과의 하위 영역은 '말하기, 듣기, 읽기, 쓰기' 4개의 영역으로 이루어졌다.

(2) 1981년 공포된 4차 시기

언어사용 기능교육(표현, 이해 영역으로 말하기, 듣기, 읽기, 쓰기) 외에 문법에 해당되는 언어와 문학 등 지식 교육을 첨부하여 3개의 영역이었다. 이는 서구 변형문법이 성행하던 시기로 언어의 기능적인 측면보다는 언어 지식을 중시하는 학문 풍조와 일치한다.

(3) 1987년 공포된 5차 시기

3개 영역으로 구성된 4차 교육과정을 비판하고 언어 사용 기능을 강조하여 말하기, 듣기, 읽기, 쓰기, 언어, 문학 등 6개의 영역으로 구성하였다. 이는 서구에서 변형문법에 반기를 둔 인지주의 학문의 영향으로 언어는 의사소통의 도구로 종합적이고 통합적인 방법으로 언어적 능력(문법적 지식)을 일반적인 지력이나 사고력의 하위 능력으로 인정하여 언어 기능 교육을 강조한 것과 일치한다.

(4) 1992년 공포된 6차 시기

지식(원리)과 기능(실제) 모두 수용하는 관점으로 언어 사용 기능 중심(언어는 종속적인 기능)으로 '언어 사용 기능(표현, 이해), 언어(지식), 문학'의 3개의 영역으로 구성되었다. 학문 중심의 문법에서 벗어나 교육적 관점에서 연구한 것이다. 이는 서구의 변형생성주의에 반기를 둔 인지주의의 성행과 일치한다.

(5) 1997년에 공포된 7차 시기

학습자 중심의 수준별, 과정별 교육 과정(1학년에서 10학년)에 인지주의의 기능 신장이 다시 강조되어 국어과의 영역을 '읽기, 문학'〈국어〉, '듣기, 말하기, 쓰기, 국어 지식'〈생활국어〉의 6개 영역으로 구성되었다. 이는 지식과 기능의 유기적인 상호보완 운용으로 구성되어 서구의 상호보완적 태도와 일치하지만, 학습의 중요성을 고려하는 경험주의를 수용하는 점이 배제되고 있다.

1.3. 문법 지식 학습의 전략

모든 학문의 이론에는 절대적인 것이 없다. 또한, 그러한 이론은 늘 추상적이고 철학적인 성격을 띨 수밖에 없다. 이성주의 이론과 경험주의 이론 간의 논쟁은 약간 변형될 뿐이지 그 본질은 변함없이 늘 되풀이되는 논쟁이다. 결국, 생득적인 것과 학습적인 것, 그리고 이론적인 것과 실용적인 것 중 어느 것을 상대적으로 더 중요하다고 보느냐는 문제는 어느 하나를 택하고 그것에 대한 가설 검증을 제시하고 있을 뿐이지 절대적인 것일 수는 없다. 인간의 삶이나 학문에나 방법과 결과가 공존하듯이 생득적인 것과 학습적인 것, 그리고 연역과 귀납, 분석과 종합 등 변형·인지 문법의 상호보완적인 것은 물론이거니와 이를 현장에서 교육할 수 있는 학습 모형이 필요하다.

1) 학습 모형 개발

선천적으로 습득할 수 있는 문법 능력과 언어 사용 능력이 몸 안에 내재해 있다는 학설이 중심을 이루다가 최근에는 외부적인 입력의 학습 요인이 제시되어야 내부적인 능력이 밖으로 출력된다는 전제하에 경험주의 학습론을 수용하고 있는 추세이다.

(1) 변형생성론의 보편(학문)문법과 학습 모형

이는 Cook & Newson(1996:86)이 고안한 것으로 음운, 형태, 통사 영역을 중심으로 하는 생득적인 보편문법에 외부적인 학습 모형의 입력이 첨부되어야 한다는 것이다.

(2) 인지주의론의 인지(기능)문법과 학습 모형

이는 어휘, 의미, 담화 영역 등 기능을 중시하는 것으로 Pinker (1994: 408)는 인지주의 입장에서 변형문법의 이론을 수용하고 아울러 경험주의자들의 학습 모형을 수용하였다.

(3) 변형·인지문법의 통합에 따른 학습 모형

인간의 언어 능력에는 선천적인 문법 능력과 사용 능력이 있으므로 이 모두를 체계적으로 포괄하는 문법 지식 영역은 음운, 형태, 어휘, 문장, 의미, 담화 영역으로 확대되어야 하며, 각 영역별로 학습 내용이 제시되어야 한다. 예를 들어 음운 영역에는 음운의 체계와 변동, 운소 체계, 형태 음운 등에 대한 학습 모형이 제시되는 것이 좋다.[7]

결국, 가장 이상적인 문법 지식 교육은 위의 세 가지 학습 모형 중 세 번째인 변형·인지문법의 통합에 따른 학습 모형이다. 그러나 통합된 두 문법 중 어느 쪽이 중심이 되느냐에 따라 학습 모형도 달리 나타난다. 우선, 문법 지식의 독자성을 확보하는 입장에서 '음운론, 형태론, 문장론'을 중심으로 체계적이고 구조적인 문법 지식을 분석적으로 학습해야 한다. 다음으로 기능주의 입장에서 담화론이나 화용론을 중심으로 문법 지식을 종합적으로 고찰하는 학습도 필요하다. 이에 대한 학습 모형을 제시하면 다음 그림과 같다.

7) 영역별 내용에 대한 논의로는 권재일(1995), 이필영(1997), 김광해(1997), 이관규(1997), 고영근(2000), 민현식(2002)을 들 수 있다.

→ 내재된 인지력 → 주변 문법과 담화 규칙 → 언어사용능력

⇑

학 습

⇓

→ 내재된 보편문법 → 핵심문법 → 문법능력

2) 학습의 조건과 특징

어린애가 언어를 습득하는 모방의 대상이 엄마라면, 학교에서의 모방의 대상은 문법지식의 학습 모형이다. 어린애의 모방 행위 조건으로 '생득성, 엄마, 의사소통의 행위, 반복성, 용이성'이 필요하듯이 학습 모형도 마찬가지이다. 학교에서 문법을 배우는 경우에도 '학습성, 학습 모형, 교사의 지도 방법, 분석성, 종합성, 그리고 창조적인 탐구학습'에 의해서 이루어진다.

(1) 문법 지식 학습

보편문법이라는 문법적 원리와 규칙의 조직체가 몸 안에 내재되어 있기에 시간의 흐름에 따라 후천적인 학습 모형에 의해 체계적이고도 구체적인 문법규칙으로 실현된다.

(2) 탐구 학습

보편문법처럼 체계적이고 규칙적인 것보다는 인지력과 같이 가설검증을 통해 문법규칙을 배우는 것으로 문법을 배우는 과정이란 결국 하나의 가설을 설정하고 그것을 검증하는 규칙적인 절차와 그것을 현실

적으로 검증하는 절차를 몇 번이고 되풀이하는 귀납적 과정이다.

(3) 분석과 종합 학습

문법 능력과 언어 사용 능력은 이론 중심과 자료 중심, 연역적 방법과 귀납적 방법, 이론과 실용성의 대립이 아닌, 상호보완적인 것으로 분석적이며 종합적인 언어 연구가 이루어져야 한다. 이는 음운에서 시작하여 단어, 문장, 담화에 이르는 체계적이고도 분석적인 학습이 필요하며, 또한, 담화상에서 나타나는 여러 문법 요소의 기능적이고도 종합적인 학습이 필요하다.

결국, 변형문법 학자들의 생득적인 보편문법을 통해 문법 지식을 배울 수는 있지만 보다 체계적이고 규칙적인 학습이 제시되어야 한다. 또한, 선천적으로 우리 몸 안에 내재된 가설검증의 방법과 같은 일종의 자기발견적인 학습방법을 만들어 낼 수 있는 인지력을 지니고 있으나 적절한 학습 모형이 제시되지 않으면 결론 도출이 어렵게 될 것이다. 따라서 선천적으로 내재된 보편문법이든 기능문법이든 학교에서 체계적으로 학습을 해야 하는 학습의 필요성을 인정해야 한다.

1.4. 문법 지식 지도의 문제점과 발전 방향

1) 문법 지식 학습의 문제

제7차 국어과 교육과정은 (1) 국민 공통 기본 교육과정(1학년 - 10학년), (2) 일반 선택(11학년 : 국어생활), (3) 심화 선택(12학년 : 화법, 독서, 작문, 문법, 문학)으로 단계별, 수준별 교육과정을 운영하도록 되어 있다.

국민 공통 기본 교육과정인 '국어'과의 내용 체계는 '듣기, 말하기, 읽기, 쓰기, 국어 지식, 문학'의 6가지 영역으로 나뉘어 초등학교 1학년부터 10학년(고등학교 1학년)까지의 교육과정이다. 독자적인 문법 지식 단원은 중학교 〈생활국어〉와 독립 교과로는 고등학교 〈문법〉이다. 중학교 국어 교과서는 〈국어〉와 〈생활 국어〉로 분류하여 〈국어〉는 '읽기와 문학' 영역을, 〈생활 국어〉는 '듣기, 말하기, 쓰기, 국어 지식' 영역으로 구성되었다.

제7차 중학교 〈국어〉와 〈생활 국어〉 교과서의 영역별 단원 분포를 비교해 보이면 〈표 1〉과 같다.

<표 1> <국어>와 <생활국어> 영역별 단원 분포

영역 / 학년/학기	국어		생활 국어				합	국어지식 단원명
	읽기	문학	듣기	말하기	쓰기	국어지식		
1-1	3	4	3	3	4	2	19	국어생활과 반성(어휘), 상황에 맞게 말하기(담화)
1-2	3	3	1	2	3	2	14	낱말과 형태소(단어), 낱말의 의미(의미)
2-1	3	4	2	3	4	2	18	국어의 언어적 특징과 음운(언어, 음운), 바르게 쓰기(문장)
2-2	1	4	1	3	2	2	13	낱말형성법과 국어의 관용어(단어, 어휘), 발화의 기능과 표현(담화)
3-1	4	4	2	2	3	3	18	바르고 정확하게 쓰기(맞춤법), 음운의 변동(음운), 남북한 언어
3-2	3	3	1	2	2	2	13	문장의 구조(문장), 품사의 종류(단어)
단원(합)	17	22	10	15	18	13	95	
비율(%)	17.9	23.2	10.5	15.8	18.9	13.7	100%	

중학교 '국어 지식'의 내용 체계(국어의 이해와 탐구 영역)와 '문법' 과목의 내용 체계(국어 알기 영역)의 배열은 '음운-단어-어휘-문장-의미-담화' 순으로 되어 있다.[8] 이는 유아기의 언어 습득론에서 제시한 '음운-단어-문장-담화'의 순서와 일치한다. 즉, 유아기의 언어습득에 대해 一語文의 시기(만 1세)에는 음운 체계를 통합적인 것에서 분석적인 것으로, 분석적인 것에서 통합적인 것으로 습득하며 〈Shvachkin(1973), Jakobson(1968), Menyuk(1986), Locke(1986), Ingram(1986)〉, 二語文의 시기(만 2세 경)에는 단어와 어순에 관한 규칙 〈Braine(1963), Peters(1986)〉을 습득하며, 多語文의 시기(만 3세경)에는 문장 체계 〈Brown(1970), Menyuk(1995)〉를 습득하고, 完習의 시기(만4세-5세 경)에는 대화(담화)의 능력(이야기 문법) 〈Astington(1988), Peterson (1990), Lloyd (1990)〉을 습득한다(김진우, 2001:87-164). 그러나 국어 지식 단원명을 분석해 보면 몇 가지 문제점을 드러낸다.

우선, 국어 지식의 내용 체계가 '어휘, 담화〈통합〉[9](1-1), 단어, 의미(1-2), 언어, 음운, 문장〈통합〉(2-1), 단어, 어휘, 담화〈통합〉(2-2), 맞춤법〈통합〉, 음운(3-1), 문장, 단어(3-1)' 순으로 구성되어 언어 습득의 체계적인 배열이 아니다. 이에 문법 지식의 독립 단원과 통합 단원의 구분이 있어야 하며, 체계적이고 위계적으로 반복 심화된 구성이 되어야 한다.[10] 따라서 변형·인지문법의 통합에 따른 학습 모형 안 입

8) 이에 대한 비교로는 박덕유(2004:106) 참조.

9) 〈통합〉의 의미는 '생활 국어'의 단원별 내용 영역 설정이 통합된 것을 말한다.
1-1 상황에 맞게 말하기(말하기/국어지식)
2-1 바르게 쓰기(쓰기, 국어지식)
2-2 발화의 기능과 표현(국어지식/말하기)
3-1 바르고 정확하게 쓰기(쓰기/국어지식)
남북한의 언어(말하기/국어지식)

10) 문법 교육 내용의 체계화 및 위계화에 대한 논의로 권재일(1995), 최영환(1995),

장에서 문법 지식의 독자성을 확보하기 위해 '음운론, 형태론, 문장론' 중심으로 체계적이고 구조적인 문법 지식을 분석적으로 학습해야 하며, 기능주의 입장에서 담화론이나 화용론을 중심으로 문법 지식을 종합적으로 고찰하는 통합론적인 학습이 이루어지도록 학년별로 적정한 단원 배열이 필요하다.11)

둘째, 6차 교육과정과 비교해 볼 때, 7차에서 국어 지식 단원이 상대적으로 줄어들었음을 알 수 있다.

<표 2> 제6차 중학교 <국어> 교과서 영역별 단원 분포

영역 / 학년/학기	말하기	듣기	읽기	쓰기	언어	문학	합	국어지식 단원명
1-1	2	2	4	3	2	3	18	표준어와 표준발음, 단어들의 의미관계
1-2	2	2	3	2	2	4	17	단어의 갈래, 단어의 형성
2-1	2	2	4	2	2	4	18	음운의 변동, 용언의 활용
2-2	2	2	3	2	2	4	17	문장의 형성, 문장의 결합
3-1	2	2	3	2	3	4	18	문법기능(1), (2), 국어 이야기
3-2	2	2	3	2	2	4	17	이야기, 의미 표현과 이해
단원(합)	12	12	20	13	13	23	105	
비율(%)	12.9	12.9	21.5	14.0	14.0	24.7	100%	
비고	⑤	⑤	②	③	③	①		

〈표 2〉에서 6차는 '문학〉읽기〉쓰기=언어〉말하기=듣기' 순으로 '문법'에 해당되는 '언어'의 단원 설정 비율이 3위인데, 7차(〈표 8〉 참조)는

김광해(1997), 이관규(1998), 고영근(2000), 이춘근(2001), 민현식(2002), 박덕유(2004) 등을 들 수 있다.

11) 각 학년 1학기에는 체계적인 문법 지식을, 각 학년 2학기에는 기능주의적 입장의 통합 지식을 학습할 수 있도록 반복적이고 심화적인 배열이 필요하다.

'문학>쓰기>읽기>말하기>국어지식>듣기' 순으로 5위다. 그리고 6차에는 '말하기, 듣기'외에는 통합 단원이 없는데, 7차에는 통합 단원이 있다. 이는 언어 사용 능력 신장의 기능주의 관점을 수용한 것이다. 문법의 지식 영역인 '음운, 단어, 어휘, 문장, 의미, 담화'에 대한 독립 단원을 제시하고, 담화와 문장을 중심으로 하는 통합 단원은 필요하다고 본다. 중학교에서는 다행히 국어 교과에 '국어 지식' 영역을 독립 단원으로, 그리고 일부 통합 단원으로 설정하여 가르치고 있으나 이나마 현 체제가 무너질까 걱정이 된다. 자주 기능주의 입장에서 완전 통합론이 제기되기 때문이다. 만일 그렇게 될 경우, 초등학교에서부터 고등학교까지 문법 지식을 체계적으로 학습할 기회를 잃어버리게 된다. 결국 고등학교 〈문법〉 과목을 의지할 수밖에 없는데, 〈문법〉을 선택하는 학교가 매우 적으므로 결국 학생들은 문법 지식을 제대로 학습하지 못해 '국어를 올바르게 사용하여 국어의 발전에 寄與하는 태도를 지닌다'는 국어과의 목표를 어렵게 하고 있다.

셋째, 문법 과목을 심화 선택 과목으로 설정한 결과 이를 채택하여 가르치는 학교가 매우 적으며, 더욱이 문법 과목은 다른 과목에 비해 단위수(독서, 작문, 문학은 8단위인 반면 문법은 4단위임)도 적다.[12)]

이는 제6차 교육과정에서 서울시 고등학교를 조사한 비율과 큰 차이가 없다.[13)] 제7차 〈문법〉 교과서가 언어 사용 능력 신장으로 '어휘' 항

12) 서울시 고등학교 국어 관련 교과 선택 비율(2004년도)

		문학	작문	독서	문법	화법	합계
일반계 (206개교)	학교	199	176	177	102	65	719
	백분율	27.7	24.5	24.6	14.2	9.0	100%

13) 이관규(2000:56)의 서울시 고등학교 문법 과목 선택(2002년도 인문사회과정) 비율 조사에 의하면, 문법은 15%인데, 문학(29.0%), 작문(28.6%), 독서(24.9%), 화법(2.5%)의 순으로 되어 있다.

목이 들어갔고, 학습자 중심의 문제해결력을 위한 탐구학습 위주로 구성되었으며, 삽화나 사진 등 흥미 위주의 실용적인 학습 자료로 편찬하였지만 오히려 〈문법〉을 선택한 비율이 제6차보다 줄어들었다는 점에서 근본적인 해결 방안을 세워야 할 것이다.14) 이에 대한 대안으로 심화 선택 과목을 일선학교에서 균형있게 선택할 수 있는 제도적 장치가 필요하다. 즉, 문법은 원리 학습이 필요한 과목이며, 다른 과목에 비해 단위수도 상대적으로 배나 적은 단위이므로 '문학, 작문, 문법', '문학, 독서, 문법' 등 반드시 문법을 포함시키는 안이다. 또한, 실업계는 더 열악한 결과 〈서울시(2.5%)/인천시(0%)〉를 보인다.15) 문법 교육은 우리말을 정확하게 사용하는 능력과 함께 국어를 소중히 여기는 습관과 민족의 언어인 국어를 발전시키려는 데에 목적을 두고 있듯이 문법 교육은 일반계나 실업계 구분 없이 모두 필요한 것이다.

넷째, 고등학교 〈국어〉 과목과 〈국어 생활〉 과목의 성격과 내용 구분을 분명히 했으면 싶다.16) 〈국어〉 과목은 문법 지식이 주로 문학 작품

14) 인천의 경우〈일반계(7.4%)/실업계(0%)〉는 더 열악하다.
인천시 고등학교 국어 관련 교과 선택 비율(2004년도)

		문학	작문	독서	화법	문법	합계
일반계 (68개교)	학교 수	56	51	49	6	13	175
	백분율	32.0	29.1	28.0	3.5	7.4	100%
실업계 (30개교)	학교 수	22	2	5	1	0	30
	백분율	73.3	6.7	16.7	3.3	0	00%

15) 서울시나 인천시의 경우 일반계 고등학교에서는 기본적으로 3과목을 선택하고 있으며, 실업계 고등학교에서는 주로 1과목을 선택한다.

16) 중학교에서 문법지식인 국어지식의 학습은 고등학교에 올라와서 연계, 반복되지 못하고 있다. 제7차 교육과정에서 제시하고 있는 10학년의 내용은 고등학교 국어 〈하〉에 실린 '국어가 걸어온 길' 외에는 일종의 국어 가꾸기 영역이며, 혹 문법적 지식에 대한 내용도 문학 작품 속에 통합되어 문법 지식을 학습하기가 어렵게 되어 있다.

속에 통합적 구성에 의해 제시되어 있으며,[17] 고등학교 〈국어 생활〉은 국민 공통 기본 '국어' 교과의 학습 성과를 바탕으로 하여, 국어 사용의 실천적 능력을 신장시키는 과목이다. 또, 국어 실천에 대한 성숙한 국민적 소양을 더욱 세련화하여 다지고 익히는 과목이다. 따라서 이 과목은 국어 사용의 원리나 지식을 실제의 국어 사용 상황에 적용할 수 있는 실천 능력을 신장시켜 국어를 원만하고 풍부하게 사용할 수 있는 능력과 태도를 기르는 데 목적이 있다(고등학교 교육과정, 1997:117-118).

<표 3> <문법>과 <국어생활>의 내용 체계

	문법			국어생활		
영역	(1) 언어와 국어	(2) 국어 알기	(3) 국어 가꾸기	(1) 국어와 우리의 삶	(2) 국어 생활의 실천	(3) 국어 생활과 국어 정신
내용	(가) 언어의 본질 (나) 언어와 인간 (다) 국어와 국어 문화	(가) 음운의 체계와 변동 (나) 단어의 갈래와 형성 (다) 국어의 어휘 (라) 문장의 구성 요소와 짜임새 (마) 단어의 의미 (바) 문장과 담화	(가) 국어 생활의 규범 (나) 정확한 국어 생활 (다) 국어 사랑의 태도	(가) 국어 생활과 사고 (나) 국어 생활과 사회, 문화 (다) 국어 생활과 문학	(가) 바른 국어 생활 (나) 문화 속의 국어 생활 (다) 창조적인 국어 생활	(가) 국어 생활에 대한 성찰 (나) 국어를 발전시키려는 태도

〈표 3〉에서 고등학교 〈문법〉 과목과 〈국어생활〉의 내용 체계를 비교해 보면, 〈문법〉 과목의 '(1) 언어와 국어' 영역은 〈국어생활〉의 '(1) 국어와 우리의 삶'의 영역과 내용이 유사하며, 〈문법〉 과목의 '(3) 국어

17) 이에 대해서는 박덕유(2004:98-99) 참조.

가꾸기' 영역의 내용은 〈국어생활〉의 '(2) 국어생활의 실천, (3) 국어생활과 국어 정신' 영역의 내용과 유사하다. 고등학교 교육과정 해설(2001: 94-95)에서 "국어 생활에서는 듣기, 말하기, 읽기, 쓰기, 국어 지식, 문학에 대한 기본적인 교육 내용들을 균형있게 가르치는 것에 관심이 있는 것이 아니라, 그 능력을 통합적으로 활용하여 현실적인 언어적 문제 사태를 해결하는 능력을 기르는 것에 관심이 있다."고 진술하고 있다. 따라서 문법의 내용 체계 중 체계적인 구조체의 '국어 알기' 영역은 고등학교 국어교과서에서 독립단원으로 다루는 것이 바람직하다.

2) 문법 지도교사의 문제

국어 교과서나 문법 교과서에 들어 있는 문법 지식을 학교에서 교사가 어떻게 가르치는가도 매우 중요하다. 학생들의 개인차와 환경 요인을 생각할 때 학습 요인은 쉽게 간과할 문제가 아니다. 언어 습득의 속도나 언어 수용의 차이는 개인의 인성적인 것과는 달리, 학습 환경 요소에 의한 것이다.[18] 따라서 국어 교사를 양성하는 사범대학교와 교육대학원에서는 '문법'에 관련된 과목 수를 늘리고, 질적으로도 보다 체계적이고 효율적인 수업을 할 수 있도록 수업 모형이 잘 제시되어 있는 교재 선택과 수업 연구가 필요하다. 참고로 본고에서는 전국 사범대학(40개)에 대해 '문법'에 관련된 교과목을 조사하였다.

서원대, 순천대, 홍익대 등 3과목을 선택하고 있는 대학도 있으나, 1개 과목만 선택하는 학교도 상당수가 된다. 전국 40개 사범대학 중 건국대를 비롯하여 12개 대학은 국어교육과가 없어 28개 대학을 조사

18) Cherry(1975), Bretherton(1983), Wells(1986)는 性, 지능, 성격 등 인성적인 것보다는 체계적인 문법 학습모형 제시와 같은 학습 환경이 필요하다고 하였다.

하였는데, 이에 대한 자료는 〈표 4〉와 같다.

<표 4> 전국 사범대학 국어교육과 문법 교과목명 현황(2004년 12월 자료)[19]

개설과목 / 학교 수	문법교육론(학교문법론, 국어지식교육론, 국어문법론)	중세국어문법(고전문법)	합
28개 대학 (1개 대학)	37과목 (1.3 과목)	9과목 (0.3과목)	46과목 (1.6과목)

〈표 4〉에서 보듯이 문법에 관련된 과목의 설강은 46과목 중 1.6과목에 해당된다. 이러한 현행 사범대학 국어교육과의 교육과정은 중등학교 현장에서 문법을 지도할 만한 마땅한 교사를 배출하지 못하는 요인이 되어 문법 교육의 기피 현상으로까지 이어지게 된다. 그리고 문법 지도교사의 부족은 문법 과목을 선택하지 않으려는 요인의 하나가 될 수 있기 때문에 문법에 관련된 과목을 증설해야 할 것이다.

2. '국어 지식' 및 〈문법〉 과목의 교육과정 내용

2.1. '국어 지식' 교육의 내용

제7차 교육과정에서 국어 지식은 (1) 국어의 본질(언어의 특성, 국어의 특질, 국어의 변천), (2) 국어의 이해와 탐구(음운, 낱말, 어휘, 문장, 의미, 담화), (3) 국어에 대한 태도(동기, 흥미, 습관, 가치), (4) 규범과 적용(표준

19) 참고로 문법 과목명이 3개인 대학은 3개 학교, 2개인 대학은 12개 학교, 그리고 1개인 대학은 13개 학교로 조사되었다.

어와 표준발음, 맞춤법, 문법)의 영역으로 구성되어 있다. 따라서 '국어 지식' 교육은 고등학교 심화과정인 '문법'을 내포하지만, 실제로 이는 주요한 과목임에도 불구하고 선택과목으로 분류되어 일선 학교에서 채택하는 학교가 많지 않아 지식 교육 학습에 많은 문제를 가져오고 있는 실정이다.

'국어 지식' 교육의 내용은 초등학교 1학년부터 10학년까지 연계된 것으로 교육과정에 언급된 내용을 보이면 다음과 같다.

〈1학년〉

(1) 한글 낱자의 음가를 안다.
(2) 우리말이 있음을 알고, 우리말을 소중히 여기는 태도를 가진다.

〈2학년〉

(1) 자음과 모음을 구별한다.
(2) 문장 안에서 꾸며주는 말의 기능을 한다.
(3) 고운말을 사용하려는 태도를 가진다.

〈3학년〉

(1) 우리말에는 어순이 있음을 안다.
(2) 우리말에는 높임법이 있음을 안다.
(3) 이어주는 말의 기능을 안다.
(4) 바른말을 사용하려는 태도를 가진다.

〈4학년〉

(1) 용언의 기본형을 안다.
(2) 문장의 종류를 안다.
(3) 어휘의 개념을 안다.
(4) 낱말과 낱말 사이의 유의관계, 반의관계, 하의관계를 안다.

(5) 문화유산인 우리말과 우리글을 소중히 여기는 태도를 지닌다.

〈5학년〉

(1) 언어가 창조적으로 쓰임을 안다.
(2) 우리말에는 시간을 표현하는 말이 있음을 안다.
(3) 문장 성분의 개념과 기능을 안다.
(4) 표준어와 방언의 개념을 안다.
(5) 공식적인 상황에서 표준어를 사용한다.
(6) 상황에 따라 방언과 표준어를 구별해서 사용하려는 태도를 지닌다.

〈6학년〉

(1) 언어에는 규칙이 있음을 안다.
(2) 언어가 기호임을 안다.
(3) 고유어, 한자어, 외래어, 외국어의 개념을 안다.
(4) 문장과 문장 사이의 연결관계를 안다.
(5) 표준발음법에 맞게 발음한다.
(6) 상황에 따라 표준발음으로 말하려는 태도를 지닌다.

〈7학년〉

(1) 음성언어와 문자언어의 관계를 안다.
(2) 음절의 개념을 안다.
(3) 형태소와 낱말의 개념을 안다.
(4) 은어, 전문어, 속어, 비어, 유행어의 개념을 안다.
(5) 동음이의어와 다의어의 개념을 안다.
(6) 담화의 구성을 안다.
(7) 국어를 순화하려는 태도를 가진다.

〈8학년〉

(1) 언어의 사회성을 안다.

(2) 언어의 역사성을 안다.
(3) 국어의 음운체계를 안다.
(4) 국어의 조어법을 안다.
(5) 관용어의 개념을 안다.
(6) 발화의 기능을 안다.
(7) 국어 사용에서 발견되는 문제를 파악하려는 태도를 지닌다.

〈9학년〉

(1) 남북한 언어의 차이를 안다.
(2) 국어의 음운변동규칙을 안다.
(3) 품사의 분류기준과 각 품사의 특성을 안다.
(4) 각 성분의 특성과 문장의 구성원리를 안다.
(5) 문장의 구조로 말미암아 의미가 여러 가지로 해석되는 현상을 안다.
(6) 맞춤법에 맞게 국어를 사용한다.
(7) 맞춤법에 맞게 국어를 사용하려는 태도를 지닌다.

〈10학년〉

(1) 언어와 주변 세계의 관계를 안다.
(2) 국어의 개략적인 역사를 안다.
(3) 문법요소의 기능을 안다.
(4) 문장의 짜임새를 안다.
(5) 장면에 따른 표현방식을 안다.
(6) 문법에 맞게 국어를 사용한다.
(7) 문법에 맞게 국어를 사용하려는 태도를 지닌다.
(8) 국어를 발전시키려는 태도를 지닌다.

<표 5> '국어 지식' 내용

학습내용(학년별) \ 내용체계		국어의 본질			국어의 이해와 탐구						국어에 대한 태도				국어의 규범과 적용		
		언어의 특성	국어의 특질	국어의 변천	음운	낱말	어휘	문장	의미	담화	동기	흥미	습관	가치	표준어와 표준발음	맞춤법	문법
초등학교	1학년(2)				○								○				
	2학년(3)				○			○					○				
	3학년(4)							○○○					○				
	4학년(5)					○	○	○	○				○				
	5학년(6)	○						○○					○		○○		
	6학년(6)	○○					○	○					○		○		
	합(26개항)	3			2	1	2	8	1				6		3		
중학교	7학년(7)	○			○	○	○		○	○			○				
	8학년(7)	○○			○	○	○			○			○				
	9학년(7)			○	○	○		○	○				○			○	
	합(21개항)	3		1	3	3	2	1	2	2			3			1	
고등학교	10학년(8)	○		○				○○		○			○○				○
	합(8개항)	1		1				2		1			2				1
	총합(55개)	7		2	5	4	4	11	3	3			11		3	1	1

위의 표에서 보듯이 '국어 지식'의 학습 내용은 학년별 배열의 적절성이 고려되지 않았으며, 구조화된 내용을 학습 단계별로 반복·심화하도록 조직되지도 않았다.[20)]

---

20) 이에 대해서 이춘근(2001)은 구조화된 내용을 학습 단계별로 반복·심화되도록 조직하는 것을 계열화라 하고, 동일 구조를 반복해서 가르치되, 점점 복잡하고 깊이 있는 내용으로 조직해야 한다고 했다. 그는 가장 이상적인 계열화는 학습 단계마다 제시되는 내용의 구조는 동일하되 그 깊이는 심화되도록 조직하는 것으로 제6차 교육과정의 국어 교과서(초등학교, 중학교, 고등학교 국어 교과서와 문법교과서)를 대상으로 하여 문법교육 내용을 분석하여 그 계열화를 고찰하였다. 민현식

음성언어와 문자언어의 관계〈(7학년-(1))〉를 '언어의 특성'에, 남북한 언어의 차이〈(9학년-(1))〉를 '국어의 변천'에 넣었으며, 관용어의 개념〈(8학년-(5))〉을 '어휘' 영역에, '우리말이 있음을 알고 우리말을 소중히 여기는 태도'를 '습관'에 놓았다. 이는 제6차의 교육과정에서 '태도와 습관'을 '태도'로 봄에 기인한다.

2.2. 〈국어〉 교과서의 '국어 지식' 내용

1) 중학교 국어과의 영역별 분포

중학교 국어과의 교육 내용 체계는 '듣기, 말하기, 읽기, 쓰기, 국어 지식, 문학' 등 6개 영역으로 구성된다. 이 중 〈국어〉 교과서는 '읽기'와 '문학' 영역으로, 〈생활 국어〉는 '듣기, 말하기, 쓰기, 국어지식' 등 4개 영역으로 이루어진다. 이에 대한 영역 분포를 표로 보이면 다음과 같다.

<표 6> <국어>와 <생활 국어> 교과서 영역별 단원 분포

영역 학년/단원	국어		생활 국어				합
	읽기	문학	듣기	말하기	쓰기	국어지식	
1-1	3	4	3	3	4	2	19
1-2	3	3	1	2	3	2	14
2-1	3	4	2	3	4	2	18
2-2	1	4	1	3	2	2	13
3-1	4	4	2	2	3	3	18
3-2	3	3	1	2	2	2	13

(2002)은 국어 지식의 위계화 방안 연구로 7차 교육과정의 1-10학년까지의 '국어 지식'에 해당되는 영역을 학습자의 수준에 맞추어 배열하고 학습내용도 항목별로 난이도에 따라 위계적으로 조직하는 것이라 하고, 학습내용 배열의 위계화와 학습내용 조직의 위계화로 나누어 설명하였다.

단원(합)	17	22	10	15	18	13	95
비율(%)	17.9	23.2	10.5	15.8	18.9	13.7	100%

위의 표에서 보듯이 '문학(23.2) 〉 쓰기(18.9) 〉 읽기(17.9) 〉 말하기(15.8) 〉 국어지식(13.7) 〉 듣기(10.5)' 순으로 되어 있다.[21]

2) 중학교 〈생활 국어〉의 '국어 지식' 영역

'문법'에 관련된 '국어 지식' 영역은 중학교에서는 〈생활 국어〉에 포함되므로 이를 학년별로 보이면 아래와 같다.

〈1-1〉

4. 국어생활과 반성
(1) 외래어, 은어, 비속어, 유행어 : 개념 및 바르고 곱게 쓰기
(2) 국어 생활 반성하기 : 은어, 비속어, 유행어, 외국어와 외래어, 통신어

〈1-2〉

2. 낱말과 형태소
(1) 음절과 어절, 낱말
(2) 형태소
5. 낱말의 의미
(1) 동음이의어
(2) 다의어

---

21) 〈부록〉으로 수록된 다음 내용들은 본문 내용으로 설정하여 '국어 지식' 영역을 보완할 필요가 있다. 〈1-1〉 교정부호, 혼동하기 쉬운 말/〈1-2〉 띄어쓰기, 국어의 로마자 표기법, 표준 호칭어/〈3-1〉 한글맞춤법, 간추린 표준어, 북한어 알기/〈3-2〉 바꿔 써야 좋은 말, 아름답고 정겨운 우리말들.

〈2-1〉

3. 국어의 언어적 특징과 음운
 (1) 국어의 언어적 특징 : 사회성, 역사성
 (2) 국어의 음운
6. 바르게 쓰기
 (1) 바른 문장 쓰기 : 능동, 높임, 부정(중의), 시제, 호응
 (2) 올바른 국어생활

〈2-2〉

2. 낱말 형성법과 국어의 관용어
 (1) 낱말 형성법 : 어형성, 형태소
 (2) 국어의 관용어
5. 발화의 기능과 표현
 (1) 발화의 여러 가지 기능 : 선언, 명령, 약속, 위로, 제안, 요청 등
 (2) 발화의 기능을 고려하여 말하기

〈3-1〉

2. 바르고 정확하게 쓰기
 (1) 맞춤법의 기능
 (2) 맞춤법에 맞게 쓰기
4. 음운의 변동
 (1) 음절의 끝소리 규칙
 (2) 음운의 동화
 (3) 음운의 축약과 탈락
6. 남북한 언어
 (1) 남북한 언어의 차이
 (2) 남북한 언어가 나아갈 길

〈3-2〉

2. 문장의 구조
 (1) 문장의 구조 : 수형도
 (2) 문장의 주성분
 (3) 문장의 부속 성분과 독립 성분
 (4) 중의적 표현 : 문장의 중의적 표현
5. 품사의 종류
 (1) 단어의 분류
 (2) 품사의 특성

3) 고등학교 〈국어〉 교과서의 '국어 지식' 영역

고등학교 국어 교과서에 실린 '국어 지식' 내용은 주로 문학 작품 속에서 문법적 지식을 찾아내는 정도이기 때문에 실제로 국어 시간에 문법적 지식을 얻는다는 것은 어려운 상황이다.

국어 〈상〉

2. 짜임새 있는 말과 글 : 문장의 짜임(홑문장, 겹문장)
 (1) 용소(龍沼)와 며느리
 (2) 나의 소원/김구
3. 다양한 표현과 이해 : 담화에서 장면의 개념, 장면에 따른 다양한 표현 방식
 (1) 봄봄
 (2) 봉산 탈춤
4. 바른 말 좋은 글 : 성분 갖추기, 불필요한 성분, 문장 성분의 호응, 관형화 구성, 명사화 구성, 정확한 문장(모호성 지양)
 (1) 말 다듬기
 (2) 문장 다듬기
 (3) 글 다듬기

8. 언어와 세계 : 언어와 주변 세계(사고, 문화, 사회와의 관계), 남북한 사전에 실린 어휘 비교
(1) 동국신속삼강행실도(東國新續三綱行實圖)
(2) 삼대/염상섭
부록 : 한글맞춤법, 국어의 로마자 표기법

국어 〈하〉

1. 국어가 걸어온 길 : 국어의 역사, 국어의 음운, 문법, 의미, 표기법의 시대별 변화상, 국어의 변화 과정을 현대국어와 비교
(1) 고대국어 : 국어의 계통, 국어의 형성, 고유어와 한자어
(2) 중세국어 : 훈민정음, 소학언해
(3) 근대국어 : 동명일기, 독립신문
2. 정보의 조직과 활용 : 다양한 매체언어 특성, 문학작품에 나타난 구체적 의미와 보편적 의미
(1) 다매체 시대의 언어활동
(2) 허생전
3. 함께 하는 언어생활 : 시간(시제와 상), 높임, 부정, 피동(되다, 게 되다), 사동 표현(시키다, 게 하다)
(1) 역사 앞에서
(2) 어느 날 심장이 말했다
5. 감동을 주는 언어 : 고어를 현대어로 해석[22]
(1) 관동별곡
부록 : 표준어규정, 표준발음법

이상 〈국어〉 교과서에 실린 '문법'에 관련된 내용을 표로 정리하면 아래와 같다.

22) 당시 표기를 현대어로 해석하는 단원으로 옛말의 문법을 익혀야 하지만, 이에 대한 古文法의 원리에 대한 언급이 전혀 없다.

<표 7> <국어> 교과서에 실린 '국어 지식' 내용

	언어와 국어			국어 알기						국어 가꾸기		
	언어의 본질	언어와 인간	국어와 국어문화	음운	단어	어휘	문장	의미	담화	국어사용의 규범	정확한 국어생활	국어사랑의 태도
1-1						O						O
1-2					O			O				
2-1	O			O			O				O	
2-2					O	O			·O			
3-1			O	O						O		
3-2					O		O					
중학교 합	1		1	2	3	2	2	1	1	1	1	1
고등(상)		O	O				OO	O	O			
고등(하)			O			O	O	O				
고등학교 합		1	2			1	3	2	1			
전체 총합	1	1	3	2	3	3	5	3	2	1	1	1

국어과 교육과정에 따른 '국어 지식' 내용의 〈표 5〉와 실제로 국어 교과서에 실린 〈표 7〉를 비교하면 중학교 1학년에서 '언어의 특성', '음운', '담화' 부분이 국어 교과서에 실리지 않았으며, 중학교 3학년에서 '의미'와 '태도' 부분이 누락되었음을 알 수 있다.

2.3. 〈문법〉 교육과정의 내용

1) 성격

고등학교 '문법' 과목은 '국어' 과목의 교육성과를 바탕으로 언어의 본질과 국어의 특질에 대한 올바른 지식을 갖게 하며, 국어의 구조를 체계적으로 이해하게 함으로써 우리말을 정확하게 사용하는 능력과 함께, 국어를 소중히 여기는 습관과 민족의 언어인 국어를 발전시키려는데 이바지하려는 태도를 기르는 데에 목적을 두고 있다. 따라서 제7차 교육과정의 문법은 제6차 교육과정의 수행과정에서 이루어진 연구 성과를 참고하여 이를 보완하고 발전시킨 것으로 광범위한 지식을 모두 학습하는 과목이기보다는 바람직한 언어생활과 논리적인 사고력의 함양, 그리고 문제해결 능력을 기르는데 도움이 되는 내용을 학생들의 수준에서 학습하는 데에 있다.

고등학교 '문법' 과목의 내용 체계는 '언어와 국어', '국어 알기', '국어 가꾸기'의 세 영역으로 구성된다. '언어와 국어'에서는 '언어의 本質, 언어와 人間, 국어와 국어 文化에 대한 이해'가 교수·학습의 중심이 된다. '국어 알기'에서는 '국어의 音韻, 形態, 統辭, 意味, 談話' 등에 대한 체계적인 이해가 교수·학습의 중심 내용이 된다. '국어 가꾸기'에서는 규범에 맞게 국어를 사용하는 능력을 기르고, 국어 사용에서 발견되는 문제점을 정확히 인식하며, 문화 유산으로서 국어를 보존하고 발전시키려는 바람직한 태도를 기르는 활동이 교수·학습의 중심이 된다. 특히, '문법' 과목에서는 지식을 단순 암기하는 방법을 지양하고 탐구 학습을 강조하여 국어를 더 잘 이해하고 논리적 사고력과 국어 문제 해결을 위한 통찰력을 기르는 데 중점을 둔다. 이에 모든 교수 학습 활동은 인위적인 용례가 아니라 실제 문장, 유명 작품, 신문 기사, 방송 대본 등 실제 언어 장면에 나타난 생생한 사례를 가지고 흥미로운 탐구 활동이 이루어지도록 구성된다.

2) 내 용

(1) 내용 체계

영 역	내 용
(1) 언어와 국어	(가) 언어의 본질 (나) 언어와 인간 (다) 국어와 국어 문화
(2) 국어 알기	(가) 음운의 체계와 변동 (나) 단어의 갈래와 형성 (다) 국어의 어휘 (라) 문장의 구성 요소와 짜임새 (마) 단어의 의미 (바) 문장과 담화
(3) 국어 가꾸기	(가) 국어 생활의 규범 (나) 정확한 국어 생활 (다) 국어 사랑의 태도

(2) 영역별 내용

(1) 언어와 국어

(가) 언어의 본질

① 언어의 기호적 특성을 이해한다.

② 언어의 규칙성과 체계성을 이해한다.

③ 音聲언어와 文字언어의 관계를 이해한다.

(나) 언어와 인간

① 언어와 思考의 관계를 이해한다.

② 언어와 社會의 관계를 이해한다.

③ 언어와 문화의 관계를 이해한다.

(다) 국어와 국어 문화

① 국어의 특질을 이해한다.

② 국어의 역사를 이해한다.

③ 한글의 가치를 이해한다.

(2) 국어 알기

㈎ 음운의 체계와 변동

① 음성과 음운에 대하여 이해한다.

② 국어의 음운과 그 체계를 이해한다.

③ 국어의 음운 변동 규칙을 이해한다.

㈏ 단어의 갈래와 형성

① 국어의 품사 분류와 그 기준을 이해한다.

② 국어의 단어를 형성하는 단위와 방법을 이해한다.

㈐ 국어의 語彙

① 국어 어휘의 존재 양상을 이해한다.

② 국어 어휘의 체계를 이해한다.

㈑ 문장의 구성 요소와 짜임새

① 국어의 문장 성분과 구조를 이해한다.

② 국어 문법 요소의 기능과 그 의미를 이해한다.

③ 국어 문장의 여러 가지 짜임새를 이해한다.

㈒ 단어의 의미

① 의미의 종류와 단어 사이의 의미관계를 이해한다.

② 의미 변화의 樣相을 이해한다.

㈓ 문장과 談話

① 發話行爲로서의 언어 현상을 이해한다.

② 談話의 표현 및 이해에 작용하는 요소를 이해한다.

③ 談話의 구조를 이해한다.

(3) 국어 가꾸기

㈎ 국어 생활의 규범

① 표준 발음을 이해하고, 정확하게 발음한다.

② 표준어와 방언에 대하여 이해하고, 이를 狀況에 따라 바르게 사용한다.

③ 맞춤법의 원리와 규정을 이해하고, 국어 생활에서 이를 지킨다.

㈏ 정확한 국어 생활

① 국어 音韻의 체계와 변동에 맞추어 정확하게 발음한다.
② 조사, 어미를 정확하게 사용하고, 문법에 맞는 문장을 사용한다.
③ 단어의 의미를 정확하게 알고 사용한다.
④ 논리적이며 凝集性이 있는 談話를 생산한다.

㈐ 국어 사랑의 태도

① 국어 사용에서 발견되는 문제 양상을 파악하여 국어를 바르게 사용하는 태도를 지닌다.
② 국어를 가꾸고 발전시키려는 태도를 지닌다.

'국어 지식' 내용(〈표 5〉)을 '문법' 과목의 내용 체계에 적용하면 〈표 8〉와 같다.

<표 8> '국어 지식' 내용을 '문법'의 내용 체계에 적용

내용체계 / 학년군 (개수)		언어와 국어			국어 알기						국어 가꾸기		
		언어의 본질	언어와 인간	국어와 국어 문화	음운	단어	어휘	문장	의미	문장 담화	국어 사용의 규범	정확한 국어 생활	국어 사랑의 태도
초등학교	26	3			2	1	2	8	1		3		6
중학교	21	3		1	3	3	2	2	1	2	1		3
고등학교	8	1		1				2		1		1	2
합	55	7		2	5	4	4	12	2	3	4	1	11

'국어 지식'의 내용 체계를 '문법' 과목의 내용 체계와 비교하면 아래와 같다.

〈국어 지식〉		〈문법〉
1. 국어의 본질	→	1. 언어와 국어
(1) 언어의 특성	→	(1) 언어의 본질 (2) 언어와 인간
(2) 국어의 특질 (3) 국어의 변천	→	(3) 국어와 국어문화
2. 국어의 이해와 탐구	→	2. 국어 알기
(1) 음운		(1) 음운
(2) 낱말		(2) 단어
(3) 어휘		(3) 어휘
(4) 문장		(4) 문장
(5) 의미		(5) 의미
(6) 담화		(6) 문장과 담화[23]
3. 국어에 대한 태도	→	3. 국어 가꾸기
동기/흥미/습관/가치		국어 사랑의 태도
4. 국어의 규범과 적용	→	3. 국어 가꾸기
(1) 표준어와 표준발음 (2) 맞춤법	→	(1) 국어 생활의 규범
(3) 문법	→	(2) 정확한 국어 생활

국어에 대한 태도의 하위 영역으로 '동기, 흥미, 습관, 가치'로 세분하였지만, 학년별 국어 지식의 내용 체계(〈표 1〉)에서 보듯이 '습관'에만 국한되었음을 보인다. 동기, 흥미, 가치는 해당 사항이 없다. 따라서 〈문법〉의 내용에서 이를 '국어 사랑의 태도'라는 하나의 소영역으로 묶은 것은 바람직하다고 본다.

---

23) '문장과 담화'의 영역은 '담화'로 고쳐야 한다.

2.4. 〈문법〉 교과서의 내용 체계

현행 〈문법〉 교과서의 내용 체계를 좀더 잘 이해하기 위해 제5차 문법 교과서(성균관대 대동문화연구원), 제6차 문법 교과서(서울사대 국어연구소)와 함께 제시할 것이다.

<표 9> <문법> 교과서 내용 체계(제5차 : 제6차 : 제7차)

5차	6차	7차
총설 1. 언어와 문화, 사회(말과 글, 말과 생각, 언어와 민족, 문화, 국어와 국문(한글) 2. 문법과 문법지식	언어와 국어 1. 언어와 인간(언어와 사회, 문화, 사고) 2. 국어의 특질(음운, 어휘, 문법 특질) *심화 : 표음문자와 표의문자	언어와 국어 1. 언어의 본질(언어의 기호적 특성:자의성, 사회성, 역사성, 분절성, 추상성, 구조적 특성:규칙, 체계, 음성언어와 문자언어) 2. 언어와 인간(언어와 사고, 사회, 문화) 3. 국어와 한글(국어의 특질:음운, 어휘, 문법, 위대한 문화유산 한글:한글의 우수성, 제자원리)
단어 1. 문장과 단어(어절, 형태소, 단어) 2. 품사 3. 단어의 형성(파생법, 합성법, 한자)	말소리 1. 음운과 음절(음성과 음운, 음운의 체계, 음절) 2. 음운의 변동(음운의 변동 현상, 사잇소리 현상) 된소리되기 *심화 : 어감의 분화, 변이음	말소리 1. 음운과 음운체계(음성과 발음기관, 국어의 음운체계, 음절) 2. 음운의 변동(음절의 끝소리, 음운의 동화, 음운의 축약과 탈락, 사잇소리 현상)
문장 1. 문장의 성분(성립, 주성분, 부속성분, 독립성분) 2. 문법요소의 기능과 의미(사동과 피동, 시간:현재, 과거, 미래, 높임, 문장의 종결, 긍정과 부정) 3. 문장의 짜임새(문장 속의 문장, 이어진 문장, 문장과 이야기)	단어 1. 단어의 갈래(체언, 관계언, 용언, 수식언, 독립언) 2. 단어의 짜임새(형태소와 단어, 단어의 형성:파생어, 합성어, 한자어) *심화 : 통사적, 비통사적 합성어	단어 1. 단어의 형성(형태소, 단어의 형성:파생어,합성어) 2. 품사(체언, 관계언, 용언, 수식언, 독립언) * 5차 체제와 동일

〈7학년〉

〈언어 자료의 수준과 범위〉

- 음성 언어와 문자 언어가 사용된 다양한 매체 언어 자료
- 속담, 명언, 관용어 등이 들어 있는 언어 자료
- 품사가 다른 단어가 들어 있는 언어 자료
- 사동·피동 표현에 의해 의미 해석 양상이 달라지는 언어 자료
- 여러 가지 지시어가 사용된 언어 자료

성취기준	내용 요소의 예
(1) 다양한 매체에 나타난 언어 사용 방식의 차이점을 파악한다.	o 언어의 기능과 특성 이해하기 o 다양한 매체에 나타난 언어 사용 방식 비교하기 o 매체의 특성을 고려하여 음성언어와 문자언어 사용하기
(2) 관용 표현의 개념과 효과를 이해한다.	o 속담, 명언, 관용어 등의 개념 이해하기 o 관용 표현 사용의 효과를 알고 적절하게 활용하기 o 관용 표현이 사용되는 상황 이해하기
(3) 품사의 개념, 분류 기준, 특성을 이해한다.	o 품사의 개념 이해하기 o 품사의 분류 기준 발견하기 o 품사 분류하기 o 품사의 종류와 특성 설명하기
(4) 표현 의도에 따라 사동·피동 표현이 달리 사용됨을 안다.	o 사동·피동 표현의 개념 이해하기 o 사동·피동 표현에 따라 의미 해석이 어떻게 달라지는지 이해하기 o 사동·피동 표현을 사용하는 심리적·사회적 특성 이해하기
(5) 지시어가 글의 구조와 의미에 미치는 영향을 분석한다.	o 지시어의 개념 이해하기 o 담화 또는 글에서 지시어가 어떻게 사용되고 있는지 분석하기 o 지시어가 담화 또는 글 전체 구조에 끼치는 의미 관계 파악하기

다음으로 1학년에서 10학년에 이르는 〈성취 기준〉을 보이면 다음과 같다.

〈1학년〉
(1) 한글 자모의 이름과 소리를 안다.
(2) 소리와 표기가 다를 수 있음을 이해한다.
(3) 문장 부호의 이름과 쓰임을 안다.

〈2학년〉
(1) 소리를 혼동하기 쉬운 낱말을 정확하게 발음한다.
(2) 표기와 소리가 다른 낱말을 정확하게 표기한다.
(3) 낱말과 낱말 간의 의미 관계를 이해한다.

〈3학년〉
(1) 국어 사전에서 낱말 찾는 방법을 안다.
(2) 소리가 동일한 낱말들이 여러 가지 의미로 사용되는 현상을 분석한다.
(3) 의도에 따라 여러 종류의 문장으로 표현할 수 있음을 설명한다.

〈4학년〉
(1) 표준어와 방언의 사용 양상을 이해한다.
(2) 국어의 높임법을 이해한다.
(3) 문장을 구성하는 성분을 분석한다.

〈5학년〉
(1) 반언어적 표현의 특성을 알고 의사소통에서의 역할을 이해한다.
(2) 단어의 사전적 의미와 문맥적 의미를 구별하고 효과적으로 사용한다.
(3) 시간 표현 방식을 이해한다.

(4) 말하는이, 듣는이, 상황, 매체 등에 따라 언어 사용 방식이 달라짐을 안다.

〈6학년〉

(1) 고유어, 한자어, 외래어, 외국어의 개념을 알고 국어 어휘의 특징을 이해한다.
(2) 문장의 연결 관계를 이해한다.
(3) 문장에 쓰인 호응 관계의 적절성을 판단한다.
(4) 한글의 의의를 알고 우수성을 설명한다.

〈7학년〉

(1) 다양한 매체에 나타난 언어 사용 방식의 차이점을 파악한다.
(2) 관용표현의 개념과 효과를 이해한다.
(3) 품사의 개념, 분류기준, 특성을 이해한다.
(4) 표현 의도에 따라 사동·피동 표현이 달리 사용됨을 안다.
(5) 지시어가 글의 구조와 의미에 미치는 영향을 분석한다.

〈8학년〉

(1) 남한과 북한의 언어 차이를 비교한다.
(2) 여러 종류의 어휘를 비교하고, 그 사용 양상을 설명한다.
(3) 국어 단어 형성법을 이해하고 활용한다.
(4) 문장이 여러 가지 의미로 해석되는 현상을 이해한다.
(5) 담화나 글의 의미 해석에 상황 맥락이 관여함을 이해한다.

〈9학년〉

(1) 언어의 규칙성, 사회성, 역사성, 기호성, 창조성 등을 이해한다.
(2) 국어의 음운 체계를 이해한다.
(3) 문장의 짜임새를 설명한다.
(4) 담화 또는 글 구성의 기본 개념을 이해한다.
(5) 한국어의 언어 문화적 특성과 가치를 이해한다.

〈10학년〉

(1) 국어의 역사를 이해한다.

(2) 국어의 음운 규칙을 안다.

(3) 장면에 따른 표현 방식을 안다.

(4) 국어의 로마자 표기법과 외래어 표기법을 알고 정확하게 사용한다.

(5) 한글의 창제 원리와 한글의 독창성을 안다.

제2장 ▌ 문법교육의 필요성과 내용

| 제2장 | 문법교육의 필요성과 내용

1. 문법교육의 필요성과 발전 방향

우리는 언어를 사용할 때 문법적인 문장인가 혹은 비문법적인 문장인가의 판단에 관심을 기울이게 되는데, 이러한 의미의 문법은 言語凡節(linguistic etiqette)이 중요하다. 마치 우리가 집에서 혼자 있을 때, 두 다리를 자유롭게 테이블 위에 올려 놓을 수는 있어도 점잖은 자리에서 이렇게 하면 예의에 어긋나는 것과 같다.

우리말은 정서적 언어의 특징을 지니고 있어서 論理性이 결여되기 쉽다. 특히, 대집단 사회에서는 논리적인 표현이 중요한데, 이러한 논리성의 결여를 극복하기 위해서는 문법 교육이 필요하며, 또한, 문법 의식을 啓發시키기 위해서도 문법 교육이 필요하다. 文法 意識은 단순히 문법 지식을 의미하는 것이 아니다. 많은 사람들이 비문법적인 문장을 사용하거나 잘못된 말을 거침없이 사용하고 있다는 것은 文法 知識이 부족하기에 앞서 문법 의식이 부족하기 때문이다. 이에 문법 의식을 통해 언어를 자각적으로 사용하는 일만이 바르고 효과적인 언어사용으로 이끄는 길임을 인식해야 할 것이다. 표준어 사용의 지도를 할 때,

기초단계로서 잘못된 말을 하나하나 일일이 지적하면서 교정하는 방법이 있는데, 이와 같은 지도방법은 효과도 없을 뿐만 아니라 발전성도 없다. 動詞의 활용법이라든지 助詞와 語尾의 기능 등 문법 지식을 체계적으로 가르침으로써 효과적인 학습이 가능하게 되는 것이다.

그러나 문법교육의 무용론이 대두되면서 신(8차)교육과정에 문법을 배제시키는 안이 나오기도 하였다. 결국 문법교육학회를 비롯하여 많은 학자들이 제동을 걸어 겨우 백지화시켰지만, 이런 논의는 언제 또다시 야기될지 모른다. 그렇다면 문법을 배제하자는 기능주의가 나오게 된 배경은 무엇인지 고찰해보자.

형태적인 측면에 바탕을 둔 통사부 중심의 變形文法 이론은 20세기 중반에 출현하여 지금까지 그 영향력을 이어오고 있다. 이러한 구조적이고 체계적인 문법능력 습득론에 회의를 품은 認知主義 이론이 1970년대 중반 이후 모색되기 시작하여 1990년대에는 인지문법으로 성행하여 변형문법론 독주론에 제동을 걸면서 양분된 언어학 발전을 가져왔다. 심리학자 중심으로 시작된 인지문법은 문법능력의 습득이 선천적이라는 점에는 동의하지만, 언어는 형태적 구조보다는 소리를 내서 의미의 전달함을 강조해야 한다는 기능 중심의 이론을 대두시켰다.

이러한 언어학적 이론의 영향으로 우리나라는 1960년대에 학문문법 중심의 중학교 문법교과서와 고등학교 문법 교과서가 따로 나왔으며, 어느 정도 용어의 통일과 품사를 체계화시키는 문법 구조의 통일을 이루었다. 그러다가 1979년 중학교 과정에서 문법 과목이 없어지고 최초의 국정교과서(1985년)가 발간되었다가 1991년 제5차 교육과정의 문법교과서를 편찬하였다. 그러다가 제6차 교육과정의 문법교과서(1996년)에서 언어 사용 능력을 신장시키기 위한 담화 영역과, 국어 사용 능력과 태도를 기르기 위한 국어 규범 영역을 포함시켰으며, 현재 제7차

1.1. 문법 지식의 이론과 발전

언어는 철학자인 Descartes를 중심으로 한 理性主義와 Locke를 중심으로 한 經驗主義로 나뉘어져 내재설과 경험설의 대립으로 출발하였다. 그러다가 20세기에 Saussure(1916)와 Bloomfield(1933)의 경험주의 언어관에 입각한 구조문법이 등장하였으며, 개별적인 어휘로부터 문법적 규칙이나 화용적 규칙에 이르기까지의 모든 언어적 요소들은 후천적인 경험이나 학습에 의해서만 배우게 된다는 Skinner(1957)의 경험주의 학습론이 제시되었다. 반면에 Chomsky(1957)는 후천적인 경험이나 학습은 언어습득자가 각 언어마다의 매개변수를 정하는데 도움을 줄 뿐, 그것의 기본적인 구조와 원리에 관한 보편문법 능력은 生得的으로 이미 몸 안에 내재되어 있다는 변형문법을 생성시켰다. 언어의 습득은 후천적인 학습에 의해서가 아니라, 선천적인 능력에 의해서 얻어진다는 이론은 Piaget(1955), Vygotsky(1962), Slobin(1973)과 같은 인지주의 학자들에서도 동일하게 나타난다. 이들은 언어 능력을 사고나 인지 능력의 하위 영역으로 보고, 유아의 언어는 일정한 기간에 걸쳐서 단계별로 발달되어 가는 인지력 사고에 의해 습득된다고 주장하였다. 문법이 체계적으로 학문의 자리를 잡기 시작한 1960년대에는 후천적인 경험주의와 인지주의 학설보다는 변형문법론이 성행하여 심층구조와 표층구조(1965), 지배와 결속이론(1981), 최소주의 이론(1995)으로 수정 보완되면서 오늘에 이르고 있다.

1980년대부터 이 이론에 반론을 제기해온 인지주의 이론은 어순이나 문장의 구조 등 통사적 문제로 국한되었던 학문 중심의 변형문법을 의미나 기능적인 문제에까지 확대해야 한다며 의사소통의 도구나 의미

교육과정의 문법교과서(2002년)에서는 제6차와 유사하나 어휘 영역을 포함하였으며, 문법 지식을 바탕으로 언어 현상의 탐구와 국어 생활의 활용 능력을 기르도록 구성되었다.

20세기 말부터 언어습득 목적을 意思疏通에 두어야 한다는 인지주의 학자들의 기능적 이론은 교육적인 관점에서 국내 국어교육학자들 중심으로 힘을 얻게 되었다. 따라서 母語 話者들의 '문법 지식' 영역은 '표현과 이해' 영역에 통합되어야 하며, 심지어는 문법교육의 無用論까지 확산되고 있는 실정이다. 그러나 효율적이고 체계적으로 배워야 할 문법 지식을 단지 언어 사용 능력과 관련시켜서 선정해야 한다는 종속적인 관점은 국어과 교육의 본질에서 벗어나는 것이다. 이는 모어 화자의 생득적 언어 능력과 후천적 학습의 문법 지식을 혼동한 데서 나온 것이다.

현재 학교 현장에서 문법 지식 지도 방법의 유형으로 초등학교에서는 언어 사용 기능 영역에 통합하여 지도하고 있으며, 중학교에서는 독자적인 단원(국어 지식 영역)을 설정하여 지도하고, 고등학교에서는 심화 선택 과목으로 문법 과목을 지도하고 있다. 이는 국어과 목표나 성격을 어디에 두느냐에 따라 달라질 수 있으며, 문법 지식을 어떤 관점에 두느냐에 따라 지도 방법이 달라질 수 있음을 내재한다. 분명한 것은 국어의 문법 지식을 정확하게 익혀야만 국어 사용 능력을 기르고, 보다 합리적이고 창의적인 사고력도 기를 수 있다는 점이다.[1)]

---

1) 법이란 언어 현상 전반에 나타나는 체계적인 규칙이며, 언어 현상 자체가 인간의 언어 능력(linguistic competence)을 반영하는 것이다. 모어 화자들의 선천적인 언어 능력에는 문법 능력과 사용 능력을 포함하는데, 문법 능력이란 문법에 맞는 문장을 만들어내는 능력이며, 사용 능력은 담화 상황을 내포하는 것으로 사회적 능력과 화용적 능력이라 할 수 있다. 언어 능력은 선천적으로 지니고 태어나는 것이지만, 문법 지식은 학습에 의해 이루어지는 것이다.

5차	6차	7차
말소리 1. 음성과 음운 2. 국어의 음운(모음과 자음, 소리의 길이) 3. 음절 4. 음운의 변동(음절의 끝소리, 자음동화, 구개음화, 모음동화, 모음조화, 축약과 탈락, 된소리되기) 5. 사잇소리 현상 6. 어감의 분화(의성, 의태)	문장 1. 문장의 짜임새(문장의 성격, 문장의 성분, 겹문장의 짜임새: 홑문장과 겹문장) 2. 문법의 기능(문장종결:평서, 감탄, 의문, 명령, 청유문/높임/시간: 현재, 과거, 미래, 동작상, 사동, 피동, 부정)	어휘 1. 어휘의 체계(어휘의 체계, 고유어와 한자어, 외래어) 2. 어휘의 양상(방언, 은어와 속어, 금기어와 완곡어, 관용어와 속담, 전문어, 새말)
의미 1. 언어의 의미 2. 소리와 의미의 관계(자의성, 상징어, 단의어와 다의어) 3. 의미의 종류(중심적 의미, 주변적 의미) 4. 단어들의 의미관계(동의, 이의:동음이의, 유의, 반의, 하의 관계)	의미 1. 언어와 의미(언어의 의미, 의미의 종류:중심적・주변적 의미, 외연적・내포적 의미, 사회적・정서적 의미) 2. 단어 간의 의미관계(유의・반의・하의 관계)	문장 1. 문장의 성분(문장과 문법 단위, 문장성분의 종류) 2. 문장의 짜임(문장의 짜임새: 홑문장, 겹문장/안은문장과 안긴문장/이어진문장)
5. 의미의 사용(중의적, 간접적, 관용적, 잉여적:군더더기 표현) 6. 의미의 변화(의미의 확장, 축소, 이동)	*심화학습 : 주제적・반사적 의미/의미변화의 원인	3. 문법요소(문장의 종결표현: 평서문, 의문문, 명령문, 청유문, 감탄문/높임표현/시간표현: 과거, 현재, 미래, 동작상/ 피동표현, 사동표현, 부정표현)
부록 : 옛말의 문법	이야기 1. 이야기의 구성과 기능(이야기와 장면, 이야기의 구조, 발화의 기능) 2. 장면에 따른 표현과 이해(장면에 따른 표현, 장면에 따른 이해) * 심화 : 텍스트	의미 1. 언어와 의미(언어의 의미, 의미의 종류:중심적・주변적, 사전적・함축적, 사회적・정서적, 주제적・반사적 의미) 2. 단어 간의 의미관계(유의・반의・상하 관계)

5차	6차	7차
	바른 언어 생활 1. 규범(바른 말, 고운 말) 2. 발음(음운의 발음, 소리의 길이, 변동된 음운의 발음, 외래어의 발음) 3. 단어(적합한 단어의 선택, 단어의 바른 사용, 자연스러운 표현) 4. 문장(문법에 맞는 문장, 명확한 문장, 논리적이고 구체적인 문장)	이야기 1. 이야기의 개념(발화와 이야기, 발화의 기능) 2. 이야기의 요소(이야기의 구성 요소, 지시표현, 높임표현, 심리적 태도, 생략표현) 3. 이야기의 짜임(이야기의 구조, 이야기의 내용구조, 이야기의 형식구조)
	표준어와 맞춤법 1. 표준어 2. 맞춤법 * 심화 : 남북한 언어 차이	국어의 규범 1. 표준어와 표준발음(표준어와 방언, 표준발음) 2, 한글맞춤법 3. 외래어 표기법과 국어의 로마자표기법
	부록 1. 옛말의 문법(문자와 말소리, 단어, 문장, 이야기) 2. 우리말의 변천(국어의 형성과 역사, 음운, 어휘, 문법, 의미의 변천)	부록 1. 국어의 옛모습(역사적 개관, 중세국어의 문법) 2. 국어의 변화(음운·어휘·문법·의미의 변화)

3. 개정 교육과정의 〈문법〉 과목 내용

3.1. 성 격

문법은 언어에 내재하여 있는 원리와 규칙을 가리킨다. 따라서, 국어 문법은 개별 언어로서 국어에 내재해 있는 원리와 규칙을 가리킨다. 이러한 원리와 규칙은 국어 생활, 즉 듣기, 말하기, 읽기, 쓰기의 활동에서 국어를 정확하고 효율적이며 창의적으로 사용하는 데 필요한 기저 지식 체계라고 할 수 있다.

국어 문법은 국어와 구조의 기능을 분석적으로 이해하고 국어를 통합적으로 구사할 수 있는 국어 능력을 기르는 데 기여한다. 문법 능력은 국어 능력의 토대로서 듣기, 말하기, 읽기, 쓰기, 문학 등과 관련을 맺으며, 국어의 소중함과 가치를 일깨우고 국어 지식을 높이는 데에 기여한다.

'문법'은 국민 공통 기본 '국어' 과목의 '문법' 영역에 대한 학습 내용을 심화·발전시킨 과목이다. 이 과목에서는 언어의 특성과 국어에 대한 체계적인 지식을 탐구하여 국어를 정확하고 효율적이며, 창의적으로 사용하는 능력을 기르고, 나아가 국어를 사랑하고 국어 문화를 창의적으로 계승·발전시키는 태도를 기르는 데 중점을 둔다.

3.2. 목 표

국어에 대한 이해와 국어에 대한 탐구 활동을 바탕으로 문법 능력을 발달시키고 국어와 국어 문화의 발전에 기여하는 태도를 기른다.

가. 국어의 원리와 규칙을 이해한다.
나. 실제 국어 생활에 대한 탐구를 바탕으로 문법 능력을 기른다.
다. 국어를 사랑하고 국어 문화를 창의적으로 발전시킨다.

3.3. 내 용

1) 내용 체계

국어와 앎 ○언어의 본질 ○국어의 구조
국어와 삶 ○국어와 규범 ○국어와 생활
국어와 얼 ○국어의 변천 ○국어의 미래

2) 세부 내용

(1) 국어와 앎

(가) 언어의 본질

① 언어와 인간

㉮ 언어와 사고, 언어와 사회, 언어와 문화의 관계를 이해한다.

㉯ 인간의 언어 습득 과정을 이해하고 실제 언어생활에서 실례를 찾아 설명한다.

② 언어의 특성

㉮ 언어의 기호적 특성을 이해한다.

㉯ 언어의 규칙성, 창조성, 사회성, 역사성을 이해하고 실제 언어생활에서 실례를 찾아 설명한다.

㈏ 국어의 구조

① 음운

㉮ 음성과 음운을 구별하고 국어의 음운 체계를 이해한다.

㉯ 음운규칙과 음운 변동 현상을 이해하고 정확한 발음의 원리와 효과를 설명한다.

② 단어

㉮ 형태소와 단어의 개념, 단어의 구조, 단어 형성법 등을 이해하고, 단어 형성법에 따라 새로운 단어를 만드는 방법을 이해한다.

㉯ 단어의 품사 분류를 이해하고 단어 분류의 의의와 효용성을 국어 생활과 관련하여 설명한다.

③ 문장

㉮ 문장의 성분에 따라 문장의 구조를 분석하고 문장의 종류를 이해한다.

㉯ 문법 범주를 이해하고 자연스러운 문장 표현 방법을 설명한다.

④ 담화

㉮ 의사소통 현상, 매체와 의사소통의 관계를 이해한다.

㉯ 담화의 종류에 따른 특성을 구체적인 사례를 바탕으로 설명한다.

⑤ 의미

㉮ 단어의 의미 유형과 단어 간 의미 관계, 의미 변화의 양상을 이해한다.

㉯ 문장, 발화, 담화의 의미 생성 방식을 설명한다.

(2) 국어와 삶

(가) 국어와 규범

① 정확한 발음

㉮ 표준 발음법의 원리와 규정을 이해하고 정확하게 발음한다.

㉯ 각 지역 방언의 특징을 이해하고 상황에 맞게 효과적으로 발음한다.

② 올바른 단어 사용

㉮ 한글 맞춤법 원리와 표준어 규정을 이해하고, 단어를 올바르게 사용한다.

㉯ 외래어 차용 현상을 이해하고, 외래어 표기법의 원리와 규정을 익혀 외래어를 올바르게 표기한다.

㉰ 국어의 로마자 표기법이 필요한 이유를 이해하고, 그 표기 원리와 규정을 익혀 국어를 로마자로 올바르게 표기한다.

③ 좋은 문장 표현

㉮ 문장부호 사용의 원리와 규정을 익혀 문장 부호를 효과적으로 사용한다.

㉯ 잘못된 어법이나 번역체 등에 의한 문장의 오용 현상을 비판적으로 이해하고 자율적으로 교정한다.

④ 효과적인 담화 구성

㉮ 담화의 표현 원리를 이해하고 담화를 효과적으로 구성한다.

㉯ 표준화법과 언어예절에 맞게 담화를 효과적으로 구성한다.

㈏ 국어와 생활

① 일상 언어

㉮ 일상 언어의 소통 원리와 표현 특징을 이해한다.

㉯ 국어 생활에 문법 지식을 효과적으로 적용하여 사용한다.

② 예술 언어

㉮ 예술 언어에 나타나는 다양한 표현 원리와 효과를 문법과 관련지어 이해한다.

㉯ 문법을 고려하되, 창의적이고 효과적인 방법으로 국어를 사용한다.

③ 매체 언어

㉮ 신문, 방송, 인터넷 등의 매체에 나타난 언어의 표현 원리와 효과를 이해한다.

㉯ 매체에 사용된 언어를 비판적으로 이해하고, 매체 특성에 적합한 언어 표현을 구사한다.

④ 전문어

㉮ 직업 세계에서 나타나는 언어의 사용 원리와 효과를 이해한다.

㉯ 전문어의 오남용 현상을 비판적으로 이해하고 전문어를 올바르게 사용한다.

(3) 국어와 얼

㈎ 국어의 변천

① 국어가 걸어온 길

㉮ 음운, 단어, 문장, 담화/글의 국어 변천사를 개략적으로

이해한다.

㉯ 옛말의 특성에 대한 기초적인 이해를 바탕으로 옛 문헌의 특징을 설명한다.

② 한글의 창제와 문자 생활

㉮ 한글의 창제 원리와 그 의의를 이해한다.

㉯ 한글 창제 이전과 이후의 문자 생활사를 설명한다.

③ 선인들의 국어 생활

㉮ 전통적 수사, 속담, 관용어 등에서 알 수 있는 선인들의 국어 생활을 이해하고 이를 실제 국어 생활에 응용할 수 있다.

㉯ 국어 수난의 역사를 이해하고 국어를 지키고 사랑한 선인들의 삶이 지니는 의의를 설명한다.

㈏ 국어의 미래

① 통일 시대의 국어

㉮ 남북한 언어의 공통점과 차이점을 이해하고 동질성 회복 방안을 탐구한다.

㉯ 지역, 성별, 세대, 계층, 인종 간 언어 갈등이 있음을 이해하고 현 국어가 처한 상황을 점검하여 해결책을 탐구한다.

② 세계 속의 국어

㉮ 국외 한민족 공동체가 직면하고 있는 다중언어 사회의 언어 문제를 이해하고 그 해결 방안을 탐구한다.

㉯ 세계의 다양한 언어들 사이에서 국어가 차지하고 있는 위상을 이해하고 국어의 발전과 보급 방안을 탐구한다.

③ 국어와 인접 분야

㉮ 정보화 시대에 국어의 ㅈ ...을 이해하고 국어의 발전 방안을 탐구한다.

㉯ 국어와 인접 분야(심리학, 사회학, ... 공학 등)의 상관성을 이해하고, 국어의 발전 방안을 ...다.

3.4. 교수 · 학습 방법

1) 교수 · 학습 계획

(1) 학습자가 의미 있는 문법 학습 경험을 하여 문법 능력이 실질적으로 계발되도록 계획한다.

(2) 교수 · 학습 시 도입할 문법 관련 용어와 개념을 학습자의 이해 수준을 고려하여 선정하고, 과도한 지식 중심 수업이 되지 않도록 계획한다.

(3) 국어를 정확하게 이해하고 국어의 가치를 바르게 이해할 수 있도록 하는 데 중점을 두어 계획한다.

(4) 국어 활동의 총체성을 고려하여 '문법' 과목과 다른 과목의 학습 요소를 통합하여 지도할 수 있도록 계획한다.

(5) 학습자의 학습 준비도나 학습 목표 도달 여부를 파악하고, 개인차를 해소하기 위한 교수 · 학습 방안을 계획한다.

2) 교수 · 학습 운용

(1) '문법' 과목의 지도는 국민 공통 기본 과목인 '국어'에 제시된 '교수 · 학습 방법'을 참고하여 지도한다.

(2) 효율적인 수업을 위해서 다양한 교수 · 학습 방법을 사용한다.

학습자 중심, 과정 교수·학습 방법은 물론이고, 필요할 경우 교사 중심, 결과 교수·학습 방법도 사용한다.

(3) 문법 교육 특성을 고려하여 듣기, 말하기, 읽기, 쓰기 활동과 통합하여 ·학습될 수 있게 한다. 특히 문법 지식을 토대로 토론과 글쓰 의 표현 활동을 하면서 문법 능력을 함양해 가도록 지도한다.

(4) 학 상호 간, 교사-학생 상호 간의 활발한 교실 탐구 활동을 통하여 어 자료를 분석하고 종합하여, 국어 자료의 적절성을 진단하고 설명할 수 있는 능력을 기를 수 있도록 지도한다.

(5) 교수·학습 시 도입하는 문법 관련 용어와 개념은 학습자 수준에 따라 조절하되 필수적인 용어와 개념의 이해를 중심으로 지도하고 언어 자료를 적극 활용하여 이해하기 쉽게 지도한다.

(6) 단편적인 단어나 문장보다는 실제 국어 생활 속의 담화/글 자료를 통하여 지도한다. 이 경우, 학습자들이 쉽게 접근할 수 있는 전자우편, 휴대전화, 광고의 표현 등도 유용한 자료가 된다.

(7) 어문 규정이나 표준 화법과 같은 발음, 단어, 문장, 담화와 관련한 규범을 정확하게 이해하고 국어 생활 속에서 잘못 적용된 예를 학습자가 찾아내어 교정할 수 있도록 지도한다.

(8) 문학 작품이나 매체 언어 등에 나타나는 창의적인 국어 표현도 적극적으로 다루도록 한다.

(9) 국어가 가지는 민족어로서의 가치를 인식하여 세계 속에서 우리말이 차지하는 위상을 이해하며 국어가 나아갈 방향을 탐구하는 태도를 지니도록 지도한다.

(10) 학습자가 다음과 같은 절차로 탐구 학습을 수행하여 문법 규칙

이나 원리를 찾아낼 수 있게 지도하되, 내용 요소의 성격이나 상황에 따라 협동 학습, 토의·토론식 학습, 역할놀이 학습 등 다양한 교수·학습 방법을 활용한다.

(가) 주어진 자료에 대한 논제를 이해하고 문제를 제기한다.

(나) 해당 논제에 대하여 가설을 설정한다.

(다) 가설을 검증하기 위해서 적절한 국어 자료를 수집한다.

(라) 자료를 이용하여 합리적 과정에 따라 규칙이나 원리를 도출한다.

(마) 도출된 규칙이나 원리의 적절성을 확인하거나 반례를 든다.

3.5. 평 가

1) 평가 계획

(1) 평가 계획을 수립할 때에는 평가 목표와 내용을 고려하여 평가 방법을 선택하도록 한다.

(2) 국어에 대한 인지적 학습 능력과 정의적 학습 능력, 이해 능력과 표현 능력을 균형 있게 평가할 수 있도록 계획을 수립한다.

2) 평가 목표와 내용

(1) '문법' 과목의 평가 목표와 내용은 교육 과정의 '내용 체계'와 '세부 내용'을 근거로 설정한다.

(2) 국어에 대한 체계적인 지식과 바람직한 태도를 평가한다.

(3) 국어 생활 속에서 실제로 사용되는 표현의 옳고 그름을 판단하고 그 이유를 설명할 수 있는 능력을 평가한다.

(4) 문법 지식을 바탕으로 국어를 정확하고, 효율적이며, 창의적으

로 사용할 수 있는지를 요소별로 평가하며, 구어 능력과 문어 능력을 구별하여 평가한다.

3) 평가 방법

(1) 평가 내용에 따라 다양한 평가 방법을 사용한다. 양적 평가와 질적 평가, 형식 평가와 비형식 평가, 간접 평가와 직접 평가, 지필 평가와 구두 평가, 진단·형성·총괄 평가를 적절하게 활용한다.

(2) 듣기, 말하기, 읽기, 쓰기의 국어 활동을 통해서 문법 능력을 평가한다. 특히 말하기나 쓰기 등의 표현 활동을 통한 평가 방법을 적극 활용한다.

(3) 단어나 문장과 같은 자료뿐만 아니라 담화 자료를 적극적으로 활용하여 평가한다.

(4) 주어진 논제에 대한 문제 제기, 가설 설정, 가설 증명, 결론 도출, 결론의 일반화와 같은 학습자의 탐구 학습 과정이 적절한지 평가한다.

4) 평가 결과의 활용

(1) 진단 및 형성 평가 결과는 학습자의 성취 수준을 판단하고 해당 학습자에 대한 교수·학습 방법과 내용을 개선하는 데 적절히 활용한다.

(2) 총괄 평가 결과는 학생, 교사, 학부모, 행정가에게 알려, 이후의 문법 교수·학습 방법과 내용을 개선하는 데 적절히 활용한다.

제3장 ❙ 〈문법〉 교과서의 내용 분석

| 제3장 | 〈문법〉 교과서의 내용 분석

1. 〈문법〉 교과서의 특징 및 구성

1.1. 〈문법〉 교과서의 특징

국어과목을 통하여 달성하고자 하는 목표 중 하나는 우리말을 탐구하고 이를 바탕으로 하여 우리말을 사랑하는 마음과 우리말을 발전시키려는 태도를 기르는 것이다. 이러한 내용을 7차 교육과정에서는 '국어 지식'이라 부르며, 이 내용들을 심화하여 고등학교 상급학년에서 배우도록 한 것이 '문법' 과목이다.

'문법'은 흔히 '문장을 구성하는 법칙'이라는 의미로 사용되는 것이 보통이지만, 이 책에서는 '언어를 운용하는 데 필요한 여러 가지 원리'라는 넓은 의미로 사용된다. 이 과목에서는 국어를 이루는 가장 작은 단위인 '음운'에서부터 가장 큰 단위인 '이야기'에 이르기까지 국어에 관한 문제들을 하나씩 탐구하여 나간다. 이와 더불어 여기에서 공부한 지식들을 바탕으로 우리말을 정확하게 사용하는 능력과 우리말을 사랑하는 태도도 길러 나간다. 따라서 학습자들은 새 교육과정이 제시하고 있는 방향에 따라 국어에 대한 지식을 알아가되, 그 과정에서 하나의 정답만을 암기하는 방식이 아니라 우리말을 요모조모로 탐구하는 경험을 쌓을 수 있다.

1.2. 〈문법〉 교과서의 구성

(1) 구성상의 특징

이 교과서는 국어과 교육과정의 12학년 심화 과목인 문법의 교육내용을 통합적으로 재구성하여, 총 8개의 대단원으로 구성하였다. 각 단원은 2-3개의 중단원으로 구성하였다.

(2) 대단원의 구성

대단원은 학습의 과정을 고려하여 '단원의 길잡이 - 준비학습 - 중단원 학습 - 단원의 마무리'의 순으로 구성하였다.

① 단원의 길잡이

단원의 학습 내용과 목표를 제시하되, 단원 목표는 교육 과정의 내용을 재구성하여 구체적으로 제시하였으며, 지식, 수행, 경험, 태도 등의 모든 내용 범주를 포괄할 수 있도록 하였다.

② 준비 학습

단원의 학습 방향과 내용에 대한 문제 의식과 호기심을 유발할 수 있도록, 실제 언어 자료를 제시하였다. 오늘날 다양한 매체 언어 자료를 많이 제시하여 학습자의 생활 문화에서 탐구활동의 동기를 마련할 수 있도록 하였다.

③ 중단원 학습

학습자 활동 중심의 탐구 학습을 원칙으로 하여, '학습목표 - 기초학습

(기초적인 이론이나 내용을 다룸, 여러 개의 소단원으로 구성) - 탐구활동(앞서 배운 문법지식을 체계적으로 이해) - 가꾸기 활동(앞서 학습한 지식을 실제 언어생활에 직접 적용하고, 이를 바탕으로 주변 언어 현상에 대하여 관심을 갖는 태도를 기를 수 있도록 실제 언어 자료를 중심)' 순으로 구성하였다.[1)]

④ 단원의 마무리

단원에서 학습한 내용을 확인하여 보는 간단한 활동을 제공하여, 각 단원의 중심 개념과 지식을 효과적으로 점검하고 정리할 수 있도록 하였다.

2. 〈문법〉 교과서의 단원별 내용과 문제점

(1) 언어와 국어

<table>
<tr><th>단원</th><th>중단원</th><th>소단원</th><th>항목</th><th>핵심어</th><th>탐구</th><th>가꾸기</th><th>단원의 마무리</th></tr>
<tr><td rowspan="6">I. 언어와 국어</td><td rowspan="3">1. 언어의 본질</td><td>1.언어의 기호적 특성</td><td></td><td>기호성, 자의성, 사회성, 역사성, 분절성, 추상성</td><td>자의성, 역사성, 분절성, 추상성</td><td rowspan="3">언어의 기호적 특성, 언어의 규칙성, 청소년의 통신언어</td><td rowspan="6">진술 중 맞는 것 찾기(언어의 연속성, 음성언어, 유행어, 발음기관 상형, 감각어휘, 언어와 사고, 언어의 규칙/ 자의성, 추상화, 첨가어적 특질, 가획의 원리</td></tr>
<tr><td>2.언어의 구조적 특성</td><td></td><td>규칙, 체계</td><td>국어의 규칙성, 체계성</td></tr>
<tr><td>3.음성언어와 문자언어</td><td></td><td>음성언어, 문자언어</td><td>차이점</td></tr>
<tr><td rowspan="3">2. 언어와 인간</td><td>1. 언어와 사고</td><td></td><td>사고</td><td>언어와 사고</td><td rowspan="3">언어와 사회의 관계(광고문), 오늘날의 언어 현실(대학의 강의 담화), 우리말의 반영 태도 비교</td></tr>
<tr><td>2. 언어와 사회</td><td></td><td>사회</td><td>언어와 사회</td></tr>
<tr><td>3. 언어와 문화</td><td></td><td>문화</td><td>언어와 문화, 각국 언어문화의 차이점</td></tr>
</table>

---

1) '탐구활동'과 '가꾸기 활동'의 경우 일부 단원에서는 거의 차이가 없다. 이에 대해서는 '2. 〈문법〉 교과서의 단원별 내용과 문제점' 참조.

	3. 국어와 한글	1. 국어의 특질	(1) 음운의 특질	음운	모음조화	국어의 로마자 표기법, 한글표음 능력, 한글 적는 방법	
			(2) 어휘의 특질	어휘	아버지, 어머니 어휘		
			(3) 문법의 특질	첨가어	문법적 특질		
		2. 위대한 문화유산 한글	(1) 한글의 우수성	한글, 훈민정음	사상, 문자적 가치		
			(2)한글의 제자원리	상형, 가획, 병서, 연서, 합용	가획의 원리, 한글의 특성		

〈표 5〉를 참고하면 '국어 지식' 영역의 '언어의 특성, 국어의 특질, 국어의 변천' 중 '국어의 특질'과 '국어의 변천'(혹 국어의 역사성) 부분을 보완하는 것이 필요하다. 따라서 '3.1 국어의 특질'을 '국어의 변천[2]과 특질'로 하는 것이 좋다. 따라서 '음운의 특질'을 음운의 변천과 특질'로, '어휘의 특질'을 '어휘의 변천과 특질'로, '문법의 특질'을 '문법의 변천과 특질'로 하는 것이 좋다. 그리고 '(2) 한글의 제자원리'에서 '부서(附書)'법을 넣는 것이 필요하다.

(2) 말소리

단원	중단원	소단원	소항목	핵심어	탐구	가꾸기	단원의 마무리
		1. 음성과 발음 기관	(1) 음성	음성	음성과 소리		
			(2) 발음 기관	기관, 후두, 목청, 성문, 입안, 목안, 코안, 발음 기관	말할 때 사용하는 소리, 입이나 혀의 모양에 유의 발음		

2) 제7차 문법 교과서 부록에서는 '국어의 변화'라고 하여 '변화'라는 용어를 사용하였다.

II. 말소리	1. 음운과 음운체계	2. 국어의 음운체계	(1) 음운	음운	변별적 기능의 음운, 음성과 음운의 개념 및 관계	국어 모음의 발음 (에:애), 자음의 발음(정확한 발음, 틀린 발음)	모음의 분류, 자음의 분류/ 음운변동 분류
			(2) 모음	모음, 단모음, 전설모음, 후설모음, 고모음, 중모음, 저모음, 원순모음, 평순모음, 이중모음, 반모음	단모음, 단모음과 이중모음, 입의 움직임		
			(3) 자음	자음,조음위치와 방법, 순음, 치조음, 경구개음, 연구개음, 후음, 파열음, 파찰음, 마찰음, 비음, 유음	자음체계, 영어의 자음		
			(4) 소리의 길이	긴소리, 짧은소리	장음과 단음(눈), 단어의 발음		
		3.음절		음절, 초성, 중성, 종성	영어 단어 발음(milk)		
		1. 음절의 끝소리 규칙		음절의 끝소리 규칙	표준발음법(9항,10항, 11항, 15항)		
		2. 음운의 동화	(1) 자음동화	자음동화	단어의 실제 소리 및 규칙, 자음동화의 유형		
			(2) 구개음화	구개음화	단어의 실제 소리 및 규칙, 구개음화 사례		
			(3) 모음동화	모음동화	모음동화의 설명과 사례, 단모음체계		
			(4) 모음조화	모음조화	모음조화(의성어, 의태어, 부사형 어미 '아/어')		

		3. 음운의 축약과 탈락	(1) 축약	축약	'-이어'의 줄임 표현(한글맞춤법 38항)		
			(2) 탈락	탈락	'달 줄'에서 '달'의 탈락, 음운 탈락		
		4. 사잇소리 현상		사잇소리 현상	사잇소리 현상 유무, 사잇소리 현상과 자음동화		

우선 단원명인 '말소리'를 '음운'으로 바꾸는 것이 좋다. 중단원이나 소단원에서도 모두 '음운'이란 용어를 사용하고 국어 알기의 하위 영역 모두를 漢字語로 사용하였다. 또한, 〈표 12〉의 국어 지식 내용 체계에서나 〈표 15〉 문법의 내용 체계에서나 모두 '음운'의 용어를 사용하였다. 그리고 '韻素(超分節音) 체계에 대한 내용(강세, 고저, 억양) 첨부가 필요하고, 사잇소리 현상에서 〈된소리〉와의 구별이 필요하다. 그리고 중단원 '1. 음운과 음운체계' 중 '(3) 자음'에서 탐구문제 중 영어와 비교하는 것으로 그치지 말고 중세국어(15세기)의 자음체계와 비교함으로써 15세기와 현대국어 자음의 조음위치와 조음방법의 차이를 제시함이 필요하다. 또한, '2. 음운의 동화'에서 '(2) 구개음화'는 '자음·모음간 동화'의 일종이며, '(3) 모음조화'는 '모음동화'의 일종이다. 참고로 '음운의 동화'의 종류를 보이면 다음과 같다.

▌참고▐ 음운의 동화

1) 자음동화 : (1) 비음화 (2) 유음화
2) 자음·모음간 동화 : (1) 구개음화 (2) 間隙化
3) 모음동화 : (1) 모음조화 (2) ㅣ모음동화(umlaut)

(3) 단어

<table>
<tr><th>단원</th><th>중단원</th><th>소단원</th><th>소항목</th><th>핵심어</th><th>탐구</th><th>가꾸기</th><th>단원의 마무리</th></tr>
<tr><td rowspan="11">Ⅲ. 단어</td><td rowspan="3">1. 단어의 형성</td><td>1. 형태소</td><td></td><td>형태소, 자립, 의존, 실질, 형식, 단어</td><td>형태소 분류, 단어(조사의 경우)</td><td rowspan="3">단어 형성법, 단어의 오용 사례, '-음'의 문법적 의미 기능</td><td rowspan="11">어형성법, 품사분류표</td></tr>
<tr><td rowspan="2">2. 단어의 형성</td><td>(1) 파생어</td><td>파생어, 접두사, 접미사</td><td>파생어, 접두사, 접미사</td></tr>
<tr><td>(2) 합성어</td><td>합성어, 반복 합성어</td><td>합성어</td></tr>
<tr><td rowspan="8">2. 품사</td><td rowspan="3">1. 체언: 명사, 대명사, 수사</td><td>(1) 명사</td><td>명사, 고유명사, 보통명사, 의존명사</td><td>고유명사, 보통명사, 자립명사, 명사 분류 기준(고유, 보통)</td><td rowspan="8">형태소 단위 분석과 품사 구별, '-(으)ㅁ'의 기능, 수관형사, 단어의 성격(不屈, 未然)</td></tr>
<tr><td>(2) 대명사</td><td>대명사, 지시대명사, 인칭대명사, 재귀대명사</td><td>2인칭 대명사, '우리'의 의미 및 사용방식</td></tr>
<tr><td>(3) 수사</td><td>수사, 양수사, 서수사</td><td>'시, 분, 초', 특별한 수사</td></tr>
<tr><td rowspan="3">2. 관계언: 조사</td><td>(1) 격조사</td><td>주격, 목적격, 관형격, 부사격, 보격, 호격, 서술격</td><td>'이/가, 을/를' '이다'</td></tr>
<tr><td>(2) 접속 조사</td><td>접속조사</td><td>'와'</td></tr>
<tr><td>(3) 보조사</td><td>보조사</td><td>'은/는', '마저/까지/조차/도'</td></tr>
<tr><td rowspan="2">3. 용언: 동사, 형용사</td><td>(1) 동사, 형용사</td><td>동사, 자동사, 타동사, 형용사, 성상형용사, 지시형용사</td><td>동사와 형용사 구별, 품사 논의</td></tr>
<tr><td>(2) 보조 용언</td><td>보조용언, 보조형용사, 본용언</td><td>보조용언</td></tr>
</table>

		3. 용언 : 동사, 형용사	(3) 용언의 활용	어간, 활용, 불규칙활용, 불규칙용언, 어미, 어말, 선어말, 종결, 연결, 전성어미	어미의 종류, 불규칙활용		
		4. 수식언 : 관형사, 부사		수식언, 관형사, 지시, 성상, 수 관형사, 성분, 문장, 접속 부사, 성상, 지시, 부정, 의성, 의태 부사	관형사와 접두사의 차이, 품사 구별(이, 다섯, 여기), '바로'의 쓰임		
		5. 독립언 : 감탄사		감탄사, 독립언	품사 구별(있지, 뭐, 어디), 감탄사 찾기		

〈표 5〉 '국어 지식'에서는 '낱말'이라고 하였으나 이를 '단어'라고 하였다. '1. 단어의 형성'에서 '굴절어(굴절법)' 첨부와 '체언과 관계언'에서 '띄어쓰기' 원리 소개가 필요하다. 대부분 학생들이 띄어쓰기가 틀리는 곳이 이 부분이다. 중단원명이 5차와 동일하다(〈표 9〉 참조).

(4) 어휘

단원	중단원	소단원	소항목	핵심어	탐구	가꾸기	단원의 마무리
Ⅳ. 어휘	1. 어휘의 체계	1. 어휘의 체계		어휘, 폐쇄집합, 개방집합	어휘, 어휘분류 기준	고유어와 한자어 구별, 한자 기원 단어, 외래어를 통한 언어생활의 문제점	진술에서 맞는 것 찾기(방언, 은어, 속어, 속담,
		2. 고유어와 한자어		고유어, 한자어, 다의어	고유어의 기능, 고유어(생각)와 한자어, 한자어의 기능		
		3. 외래어		외래어	외래어 문제, 광고전단지(외래어) 어휘 발생 원인 및 특징		

Ⅳ. 어휘	2. 어휘의 양상	1. 방언		방언, 사회 방언, 방언 어휘	방언 어휘와 표준어	방언(지방별, 실태, 기능과 가치,)과 표준어, 속어자료, 속담, 외래어(신문 기사, 인터넷 관련 기사) 이해와 문제점	전문어, 고유어/사회방언, 완곡어, 관용어, 새말
		2. 은어, 속어		은어, 속어	은어(청과물시장, 우시장)의 원인과 용도, 속어의 기능, 은어와 속어 사용의 영향		
		3. 금기어, 완곡어		금기어, 완곡어	금기어와 완곡어 생성 원인		
		4. 관용어, 속담		관용어, 속담	관용적 의미(발), 속담		
		5. 전문어		전문어	전문어 종류, 전문어의 존재 이유와 기능		
		6. 새말		새말, 차용어	새말의 유형별 특징, 새말의 뜻, 방법, 생겨난 이유		

'어휘' 단원은 제7차에 새로 설정된 단원이다. 보완할 점이 있다면, '1. 어휘의 체계'에서 '외래어'를 '외래어와 외국어'로(외래어 표기법 첨부), '2. 어휘의 양상'에서 '새말'을 '신어(新語)'로, 그리고 '은어와 속어'에서 '속어'의 정의를 재정립할 필요가 있으며 아울러 '비어(卑語)와 구별할 필요가 있다.3)

3) 속어는 현대사회에서 상호작용의 다양성을 촉진시키는 복합적인 언어의 의미를 가짐으로써 더 이상 하위문화의 언어로 다루어서는 안 된다. 이에 대해서는 박덕유(2002) 참조.

(5) 문장

<table>
<tr><th>단원</th><th>중단원</th><th>소단원</th><th>소항목</th><th>핵심어</th><th>탐구</th><th>가꾸기</th><th>단원의 마무리</th></tr>
<tr><td rowspan="12">V. 문장</td><td rowspan="4">1. 문장의 성분</td><td>1.문장과 문법 단위</td><td></td><td>문장, 어절, 구, 주어부, 서술부, 절</td><td>어절, 구, 절로 나누기</td><td rowspan="4">어색한 문장과 바른 문장, 문장의 의미(중의성), 정확한 문장</td><td rowspan="12">맞는것 찾기(주어와 서술어, 서술어자릿수, 상대높임법, 피동사, 사동사, 미래시제, 파생적 사동문, 통사적 사동문/홑문장, 이어진 문장, 안은 문장</td></tr>
<tr><td rowspan="3">2.문장 성분의 종류</td><td>(1) 서술어와 주어</td><td>서술어, 서술어 자릿수, 주어</td><td>서술어, 주어</td></tr>
<tr><td>(2) 목적어와 보어</td><td>목적어, 보어</td><td>문장 성분(에/를, 이/으로)</td></tr>
<tr><td>(3) 관형어, 부사어, 독립어</td><td>관형어, 부사어, 성분, 문장, 접속 부사어, 독립어</td><td>관형어, 부사어, 문장성분(바로, 여기)</td></tr>
<tr><td rowspan="8">2. 문장의 짜임</td><td>1. 문장의 짜임새</td><td></td><td>홑문장, 겹문장, 이어진 문장, 안은 문장, 문장의 확대</td><td>겹문장, 홑문장과 겹문장 구별과 그 이유</td><td rowspan="8">정확한 문장, 바른 문장으로 고치기</td></tr>
<tr><td rowspan="5">2. 안은 문장과 안긴 문장</td><td>(1)명사절을 안은 문장</td><td>명사절</td><td>명사절 구성요소</td></tr>
<tr><td>(2)관형절을 안은 문장</td><td>관형절</td><td>관형절</td></tr>
<tr><td>(3)부사절을 안은 문장</td><td>부사절</td><td>부사절(안은문장과 이어진 문장)</td></tr>
<tr><td>(4)서술절을 안은 문장</td><td>서술절</td><td>서술절</td></tr>
<tr><td>(5)인용절을 안은 문장</td><td>인용절, 직접, 간접 인용절</td><td>인용절, 직접, 간접 인용절</td></tr>
<tr><td rowspan="2">이어진 문장</td><td>(1)대등하게 이어진 문장</td><td>대등하게 이어진 문장</td><td>대등하게 이어진 문장(요소)</td></tr>
<tr><td>(2)종속으로 이어진 문장</td><td>종속적으로 이어진 문장</td><td>종속적으로 이어진 문장(요소)</td></tr>
</table>

	3. 문법 요소	1. 문장 종결 표현		종결 표현, 평서문, 의문문, 명령문, 청유문, 감탄문	다양한 문장 종결 표현	종결어미 표현(인터넷), 잘못된 시제 표현, 잘못된 표현(사동, 피동, 부정)	
		2. 높임 표현	(1) 상대 높임법	상대 높임법, 격식체, 비격식체	상대 높임법(6단계)		
			(2) 주체 높임법	주체 높임법, 직접 높임, 간접 높임	주체 높임, 높임의 정도		
			(3) 객체 높임법	객체 높임법	객체 높임법		
		3. 시간 표현	(1) 과거 시제	과거 시제	과거 시제(았/었)		
			(2) 현재 시제	현재 시제	현재 시제(는/ㄴ)		
			(3) 미래 시제	미래 시제	미래 시제(겠/리)		
			(4) 동작상	동작상, 진행상, 완료상	동작상의 종류		
		4. 피동 표현		능동, 피동, 파생적 피동문, 통사적 피동문	피동문(만들기, 의미 차이)		
		5. 사동 표현		주동, 사동, 파생적 사동문, 통사적 사동문	사동문(만들기, 의미 차이)		
		6. 부정 표현		짧은 부정문, 긴 부정문, 중의성	부정문(안/못, 의미 차이)		

특히, 이 부분은 제7차에 와서 바뀐 부분이 많은 단원이다. 접속부사(그리고, 그러나, 그러므로)의 문장성분을 독립어에서 부사어로 처리하였으며, 전성어미에 부사형어미를 포함시켰다. 따라서 종속적 연결어미를 부사형어미로 보면서 부사절 개념을 확대하였다. 이외에 피동접미사로 '-되-', '-게 되-'를 추가하였으며, 사동접미사로 '-시키-'를 추

가하였다. 이에 대한 문제점은 후술하겠다.

(6) 의미

단원	중단원	소단원	소항목	핵심어	탐구	가꾸기	단원의 마무리
VI. 의미	1. 언어와 의미	1. 언어의 의미		의미, 지시 대상, 개념	지시 대상, 의미의 본질	시어의 사전적 의미와 함축적 의미(소풍), 정확한 단어의 사용	내용과 일치하는 문장 찾기 (다의어, 주제적 의미, 반의어, 상하 관계, 함축적 의미, 유의관계, 정서적 의미, 반의 관계/유의, 반의, 상하 관계
		2. 의미의 종류	(1) 중심적 의미와 주변적 의미	중심적 의미, 주변적 의미	중심적 의미와 주변적 의미(가다, 매운 계절)		
			(2) 사전적 의미와 함축적 의미	사전적 의미, 함축적 의미	사전적 의미와 함축적 의미 설명		
			(3) 사회적 의미와 정서적 의미	사회적 의미, 정서적 의미	사회적 의미, 정서적 의미 (그렇게 할게요)		
			(4) 주제적 의미와 반사적 의미	주제적 의미, 반사적 의미	주제적 의미와 반사적 의미		
	2. 단어 간의 의미 관계	1. 유의 관계		유의 관계, 유의어	유의 관계의 단어 간의 의미 차이, 유의어 조사와 발달 이유	적절한 단어 선택, 유의어 의미 차이, 단어의 의미	
		2. 반의 관계		반의 관계, 반의어	반의어의 특성과 기능		
		3. 상하 관계		상하 관계, 상의어	상의어와 하의어		

'의미의 자질'과 '의미변화의 양상' 부분을 첨부할 필요가 있으며, '다의어와 동음어 및 동의어 개념'을 추가 설명하는 것이 좋다. 참고로 '국어 지식'(4학년)에서는 '상하관계'를 '하의관계'라고 하였다.

(7) 이야기

단원	중단원	소단원	소항목	핵심어	탐구	가꾸기	단원의 마무리
VII. 이야기	1. 이야기의 개념	1. 발화와 이야기		발화, 이야기	발화의 의미(만화)	이야기의 표현과 이해, 발화의 기능(여우와 염소)	진술에서 맞는것(이야기의 장면, 이야기와 발화, 지시표현/발화, 연결어, 지시표현, 통일된 주제, 장면
		2. 발화의 기능		행위, 직접적인 발화, 간접적인 발화	발화의 기능, 여러 상황에서의 발화		
	2. 이야기의 요소	1. 이야기의 구성요소		내용, 장면	구성 요소	이야기의 장면, 이야기의 태도, 높임 표현	
		2. 지시 표현		지시 표현	지시 표현		
		3. 높임 표현		상하 관계, 친소 관계	높임 표현		
		4. 심리적 태도		심리적 태도	심리적 태도		
		5. 생략 표현		생략	생략 성분(감자), 표제어와 생략 요소		
	3. 이야기의 짜임	1. 이야기의 구조			이야기의 판정과 이유	연결어, 유기적이고 통일적인 이야기	
		2. 이야기의 내용구조		통일된 주제	이야기의 내용구조		
		3. 이야기의 형식구조		연결어	연결어의 활용		

우선, 단원명인 '이야기'를 '담화'로 바꿀 필요가 있다. 〈표 5〉, 〈표 7〉, 〈표 8〉에서 보듯이 교육과정이나 교과서에 실린 '국어 지식' 영역과 '문법' 교육과정 모두 '담화'라고 하였다. 그리고 이는 'discourse(談

話) : narration(이야기)'에서처럼 'telling story'의 혼란을 초래할 수도 있다. 또한, '국어 지식' 영역인 '담화의 구성(7학년), 발화의 기능(8학년), 장면에 따른 표현방식(10학년)'의 내용으로는 담화를 이해하기가 어렵다. 뿐만 아니라, 현행 〈문법〉 교과서의 '이야기' 단원의 체제와 내용으로는 담화의 개념(텍스트와의 차이 등), 원리, 구조 등을 명확하게 설명하기가 어렵기 때문에 보다 구조화되고 체계화된 내용이 필요하다. 본서에서도 이 부분에 대해서는 연구 과제로 남겨 놓는다.

(8) 국어의 규범

단원	중단원	소단원	소항목	핵심어	탐구	가꾸기	단원의 마무리
Ⅷ. 국어의 규범	1. 표준어와 표준발음	1. 표준어와 방언		표준어 규정, 표준어, 복수표준어	방언(詩)과 표준어, 방언의 효과와 가치, 표준어 찾기	방언과 표준어의 효과와 기능, 표준어 찾기, 표준발음법	진술 중 맞는 것(표준어, 방언, 표준발음, 외래어표기법, 로마자표기법/한글맞춤법의 역사
		2. 표준발음		표준발음법	표준발음		
	2. 한글 맞춤법			한글맞춤법	맞춤법의 필요성, 한글맞춤법(1988)과 한글맞춤법통일안(1933), 표기방식의 비교(장단점)	맞춤법규정과 표준어규정, 컴퓨터 통신언어에 관한 토론, 가장 혼란을 느끼는 맞춤법, 컴퓨터 맞춤법검사기	
	3. 외래어 표기법과 국어의 로마자 표기법	1. 외래어표기법		외래어 표기법	올바른 외래어 표기법, 인명과 지명의 외래어 표기법	외래어 표기법, 성씨의 로마자 표기법, 로마자 표기법의 통일, 로마자 표기와 의역 표기	
		2. 국어의 로마자표기법		국어의 로마자 표기법, 전자법, 전음법	로마자 표기법(이름, 주소, 인명, 지명)		

이 단원은 정확한 국어생활을 할 수 있는 가장 기본적이고도 중요한 단원임에도 불구하고 소홀이 여겨왔다. '국어 지식'에 관련된 내용으로는 '고운말 사용태도(2학년), 바른말 사용태도(3학년), 표준어와 방언의 개념(5학년), 표준발음(6학년), 국어 순화태도(7학년), 맞춤법에 맞게 국어 사용 태도(9학년)' 등 주로 '태도'에 관한 내용이며, 실질적인 내용은 대부분 부록으로 수록하였다(〈1-1〉 교정부호, 혼동하기 쉬운 말, 〈1-2〉 띄어쓰기, 국어의 로마자 표기법, 표준 호칭어, 〈3-1〉 한글맞춤법, 간추린 표준어, 〈고등학교 상〉 한글맞춤법, 국어의 로마자 표기법, 〈고등학교 하〉 표준어 규정, 표준발음법). 또한, 국어 규범이 매우 중요함에도 불구하고 〈표 5〉, 〈표 7〉에서 보듯이 '규범'의 내용이 부분적으로 수록되어 있으며 체계적으로 학습할 연계성도 없다. 이러한 현실은 오늘날 학생들의 맞춤법 실태를 그대로 반영하고 있다. 맞춤법과 표준어 실태를 알아보기 위해 자주 사용하는 어휘 100문항을 선택해 중고생 850명을 대상으로 설문조사한 결과 평균점수를 보이면 아래와 같다. 중1과 고2와의 성적 차이가 나지 않는다는 사실은 학교 현장에서 '규범' 교육이 거의 이루어지지 않음을 입증한다. 이에 대한 자세한 논의는 박덕유(1998b) 참조.

학년	중1(남)	중2(남)	중3(남:여)	합(%)	고1(남)	고2(남:여)	합(%)
평균	59.6	54.3	57.8:61.0	58.2	55.5	58.1:61.9	58.5

(9) 부록

단원	대항목	중항목	소항목	세목	핵심어	기타
부록	1. 국어의 옛모습	1. 역사적 개관				
		2. 옛말의 문법:중세 국어의 문법	1) 문자와 말소리	(1) 문자		
				(2) 표기법		
				(3) 음운	자음, 모음	
			2) 단어	(1) 단어의 갈래		
				(2) 체언과 조사	명사, 대명사, 수사, 조사, 체언의 형태 바꿈	
				(3) 용언	자동사, 타동사, 보조용언, 불규칙 활용, 어미	
				(4) 단어의 형성		
			3) 문장	(1) 문장의 짜임새	문장성분, 겹문장의 짜임새,	
				(2) 문법요소	문장 종결표현, 높임표현, 시간표현, 사동표현, 피동표현, 부정표현, 선어말어미(오/우)	
			4) 이야기			
	2. 국어의 변화	1. 음운의 변화				
		2. 어휘의 변화				
		3. 문법의 변화				
		4. 의미의 변화				

'국어의 변화'는 1단원 '언어와 국어'의 하위 영역으로 '국어의 특질과 변화'로 하든지, 아니면 '국어의 변천과 발전 영역'의 새로운 영역을 만

들어 내포시키든지 하는 것이 좋다. 그리고 '옛말의 문법'을 부록에서 본 단원으로 돌리고 내용도 고어를 현대어로 해석할 수 있는 실질적인 문법 원리를 제시하는 것이 바람직하다. 일례로 고등학교 하권에 수록된 '관동별곡'을 현대어로 해석할 수 있는 古文法 능력을 길러주는 내용이 필요하다.

앞에서 교육과정에 제시된 '국어 지식' 내용과 '문법' 내용, 그리고 실제로 〈국어〉 교과서와 〈문법〉 교과서에 실린 지식 내용을 비교 검토하였다. 이를 바탕으로 일선 학교 현장에서 필요한 영역과 효율적인 학습 내용을 고려하여 단계별로 제시하려고 한다. 여기서 내용 체계의 문제점은 다시 제시하지 않는다.[4] 이에 본항에서는 앞에서 고찰한 '국어 지식' 내용의 위계화와 계열화에 따른 문제점을 바탕으로 학습내용이 효율적으로 이루어지도록 학년별 배열의 적절성을 고려하고, 다음으로 체계적으로 구조화된 내용을 학습 단계별로 반복·심화함으로써 문법 내용을 크게 '(1) 언어와 국어 (2) 음운 (3) 형태(단어) (4) 문장 (5) 의미 (6) 담화 (7) 국어 규범 (8) 국어의 변천과 발전' 등 8개 영역으로 세분하여 제시함으로써 문제점을 대신한다.

1. 언어 영역

(1) 언어의 정의

(2) 언어의 기능

(3) 언어의 본질과 특성

① 언어의 기호성, 사회성, 역사성, 창조성, 초월성

② 언어의 규칙성, 체계성

---

4) 이에 대한 논의로는 권재일(1995), 이필영(1997), 김광해(1997), 이관규(1998), 고영근(2000), 민현식(2002) 등을 들 수 있다.

③ 音聲언어와 文字언어

(4) 매체언어

(5) 언어와 인간

① 언어와 사고, 사회, 문화

③ 인간의 언어와 동물의 언어

2. 음운 영역

(1) 음운의 체계와 변동

① 음성과 음운

② 국어의 음운과 체계 : 15세기 자음, 모음과 비교

③ 국어의 음운 변동 규칙 : 음절의 끝소리 규칙, 음운의 동화, 음운의 축약과 탈락, 된소리와 사잇소리

(2) 韻素 체계 : 장단, 고저, 강세, 억양

(3) 형태 음운

(4) 표준발음법(음운 표기)

3. 형태(단어) 영역

(1) 형태소의 분류와 합성법

① 변이음과 이형태, 어근과 어간

② 음절, 형태소, 단어, 어절

③ 형태소 종류와 합성 : 자립, 의존, 실질, 굴절, 파생

(2) 단어의 갈래와 형성

① 품사 분류와 기준 : 체언, 관계언, 용언, 수식언, 독립언

② 단어 형성 단위와 방법 : 합성법(통사적 합성어, 비통사적 합성어), 파생법, 굴절법(곡용법, 활용법)

(3) 어휘 : 고유어와 한자어

① 어휘의 존재 양상

② 어휘의 체계

③ 외래어(표기법 포함)와 외국어, 은어, 속어, 비어, 유행어, 전문어, 관용어

4. 문장 영역

(1) 문장의 구조와 짜임새

① 구조주의 방법 : 구성체와 구성요소, 직소분석

② 변형·생성주의 방법 : 언어능력과 언어수행, 구절구조규칙, 심층구조와 표층구조

③ 홑문장, 겹문장(안은 문장, 이어진 문장)

(2) 문장의 성분

① 주성분

② 부속성분 : 특히 부사어(7차 교육과정에서 다른 점)

③ 독립성분

(3) 문장의 중의적 표현

(4) 문법 요소

① 높임 표현 : 주체 높임, 상대 높임, 객체 높임

② 시간 표현 : 시제(과거, 현재, 미래), 相(완료상, 진행상), 敍法

③ 사동 표현, 피동 표현

④ 부정 표현

5. 의미 영역

(1) 의미의 종류와 자질

(2) 의미의 관계

① 유의어 관계 : 다의어와 동의어, 동음어

② 반의어 관계 : 상보적 반의, 단계적 반의

③ 상하 관계 : 상의어, 하의어

(3) 의미 변화의 樣相

6. 담화 영역

(1) 담화의 개념과 기능

① 담화와 텍스트

② 담화의 영역과 기능

(2) 담화의 표현 및 이해
① 담화의 요소
② 담화의 구조

7. 국어 규범 영역
(1) 맞춤법의 원리와 규정
(2) 표준어의 원리와 규정
(3) 외래어 표기법
(4) 국어의 로마자 표기법

8. 국어의 변천과 발전 영역
(1) 국어의 특질
(2) 국어의 역사
(3) 훈민정음
① 제자원리
② 한글의 가치
(4) 고전문법의 원리
① 음운론 : 표기, 법칙, 변천, 소멸
② 형태론 : 체언, 조사, 용언, 수식언, 접사

2.1. 제7차 〈문법〉 교과서에 새로 반영된 내용의 문제점

제7차 문법 교과서에 '어휘' 단원이 새로 설정되고, 전성어미로 부사형 어미를 첨부하는 등 여러 면에서 새로운 내용이 반영되었지만, 'V. 문장 - 3. 문법요소' 중 '4. 피동표현, 5. 사동표현'을 중심으로 문제점을 제시하고자 한다.

1) 피동 접미사

〈문법〉 교과서(p.183,184)에서 피동사는 능동사의 어간에 피동접미사 '-이-, -히-, -리-, -기-'가 붙어서 만들어지며, 피동문은 이런 접사 이외에 '-되다', '-어지다', '-게 되다'에 의해 만들어진다고 하였다.

최현배(1978:422-433)에 의하면 서술성을 갖는 '하다'류 따위의 용언을 피동으로 만들기 위해서는 '되다, 받다, 당하다'로 바꿀 수 있다고 하였다. 우인혜(1997:148-150)는 '하다'류 동사 1,310개 중 143개(10.91%)만이 이들 동사와 어울린다고 했으며, 이 중 가장 활발히 쓰일 수 있는 것으로 '되다'를 들었다. 즉, '되다' 단독으로 피동표현이 가능한 동사는 569개(43.43%), '되다', '당하다'가 함께 피동 표현을 이룰 수 있는 동사는 231개(17.63%), '되다', '받다' 는 209개(15.95%), 그리고 '되다', '받다', '당하다' 3개 모두와 어울릴 수 있는 동사는 143개(19.91%)이며, 일부 동사는 '받다'나 '당하다'와만 결합이 가능한 동사도 있다고 하여 '되다'만을 피동으로 보는 것은 무리가 따른다고 하였다.

그렇다면, '되다'는 피동형을 만드는 접사로 볼 수 있을까?

(1) 학생들이 선생님을 주목하였다.
(2) 선생님은 학생들에게 {주목되었다/주목당했다/주목받았다}
(3) 가. 경찰이 범인을 잡았다.
　　나. 범인이 경찰에게 잡히었다.
(4) 가. 경찰이 범인을 체포하였다.
　　나. 범인이 경찰에게 체포되었다.
　　다. 범인이 경찰에게 체포가 되었다.

주어가 제힘으로 행하는 동작을 나타내는 문법기능의 능동문 (3가)

는 주어가 남의 행동에 의해 행해지는 동작을 나타내는 피동문인 (3나)로 바뀌었다. (4)의 예문 역시 (3)처럼 능동문이 피동문으로 바뀐 것으로 볼 수 있다. 그러나 (4나)와 (4다)의 차이는 무엇일까? 이에 대해서는 우인혜(1997:169)도 제시하였지만, '되다'는 선행어를 피동 동사 형태로 바꾸는 문법요소라기보다는 피동성 의미를 지닌 낱말 범주로 보는 것이 타당하다.

'되다'는 영어에서도 'become'으로 하나의 어근이 된다.

(5) 가. become grow up into a man.(어른이 되다)
　　나. become rich.(부자가 되다)

다음으로 '-게 되다' 역시 피동문을 만드는 형태로 보기 어렵다.

(6) 가. 경찰이 도둑을 잡았다.
　　나. 도둑이 경찰에게 잡히었다.
　　다. 경찰이 도둑을 잡게 되었다.
　　라. 도둑이 경찰에게 잡히게 되었다.

위의 예문에서 (나)는 피동문이다. 그러나 (다)는 (가)와 형태가 같은 능동형이다. '-게 되-'를 피동형으로 만들고 싶으면 (라)처럼 파생적 피동접사와의 결합(-히+게 되-)으로 이루어진다. 그렇다면 '-게 되-'는 무엇인가? 이에 대해서는 박덕유(1998c:219)에서 제시하고 있듯이 미래에 어떤 동작이 펼쳐질 것으로 기대하는 豫定相이다.

(7) 가. 영수는 며칠 후 미국으로 떠나게 된다.
　　나. 철수는 그 사실을 곧 알게 된다.

다. 얼음이 녹게 된다.

2) 사동 접미사

주어가 동작을 직접 하는 것을 主動이라 하고, 주어가 남에게 동작을 하도록 시키는 것을 使動이라 한다. 이에 〈문법〉 교과서(p.185, 186)에서는 주동사의 어간에 결합하는 접미사 '-이-, -히-, -리- -기-, -우-, -구-, -추-' 외에 '-시키다'를 추가하였다.

(8) 차를 정지시켰다.(문법교과서 p.186)

위의 예문에서 '시키다'는 체언에 '하다'가 붙는 서술성 동사에 '시키다'로 대체되는 동사부류로 남에게 동작을 하도록 시키는 의미로 파악한 것이지만, 이는 일부 제한된 '하다'류 동사에 국한된다. 최현배(1937)는 '-시키다'를 '하다' 동사의 대당 사동사로 보았으나, 이익섭・임홍빈(1983), 남기심・고영근(1985)은 사동을 만드는 접미사로 보지 않았다. 또한, 김성주(2003:123-143)는 '하다'류 동사 중 '시키다'로 대치시킬 수 있는 동사부류를 크게 3개의 부류로 분류하였다.

(9) 가. 철수와 영희는 결혼했다.
나. 부모님은 철수와 영희를 결혼시켰다.
(10) 가. 정부는 교육부 장관을 경질했다.
나. 정부는 교육부 장관을 경질시켰다.
(11) 가. 영희는 기계를 가동했다.
나. 영희는 기계를 가동시켰다.
다. 작업반장은 영희에게 기계를 가동시켰다.

(9)는 사동문으로 가능하지만, (10)은 '하다'와 '시키다'의 형태구조가 같으므로 사동문으로 볼 수 없다. 반면에 (11)은 사동문으로 되는 경우(11다)와 되지 않는 경우(11나)로 볼 수 있다. 따라서 '시키다'를 사동문을 만드는 접미사로 본다는 학교문법의 결정은 여전히 논란이 될 수 있다. 더욱이 교재에서 제시한 (8)의 예문은 문제가 있다.

(12) 가. 영수는 차를 정지했다.
나. 영수는 차를 정지시켰다.

(12)의 예문에서 보듯이 동일한 어휘 의미와 동일한 논항구조를 갖는다. 따라서 (12나)를 사동문으로 볼 수는 없다. '제거하다, 차단하다, 처분하다, 취소하다' 등도 마찬가지이다.

2.2. 탐구학습의 문제점

제7차 교육과정의 '문법' 과목은 학습자 활동 중심의 탐구학습을 원칙으로 하여 기초적인 이론이나 내용을 다루고, 앞서 배운 문법지식을 체계적으로 이해하는 탐구활동 위주로 구성되었다. 김광해(1997:121-122)는 탐구학습을 학습의 한 방법으로서 자기 스스로 문제를 해결해 나가는 학습 전략으로 삼아 ① 문제의 정의 ② 가설 설정 ③ 가설의 검증 ④ 결론 도출 ⑤ 결론의 적용 및 일반화라는 탐구과정을 제시하였다.

이관규(2001:40-41)는 탐구학습의 효율성으로 학생들의 지적 호기심 유발(40%), 학생들의 탐구력·사고력 향상에 도움(30%), 학생들의 수업 참여도 향상(26.5%), 학생들의 집중력 향상(3%)으로, 한계점으로는 너무 많은 학생 수(33.75%), 과중한 입시 부담(24%), 수업 시간의 제약(20%), 입시에서의 문법 문제 출제 경시(13.75%), 교사의 수업 준비 부담(6.25%)을 제시하였다.

앞의 각 단원의 내용체계에서 제시하였듯이 동일한 문제가 '탐구', '가꾸기', '단원의 마무리'에서 반복되는 것은 학습효과도 있겠지만, 수업 시간이 부족한 현실 문법 수업에 과연 효율성이 있는지도 생각해 보아야 한다. 특히, 소단원마다 제시한 탐구학습은 적절한 문제도 있지만, 그렇지 않은 경우도 많다. 본고에서는 단지 한 일례로 2단원인 '말소리' 중 '2.2.1. 자음동화'의 〈탐구〉에 대해 살펴볼 것이다. 아래의 내용은 〈문법〉 교과서에 실린 내용을 그대로 보인 것이다.

2. 음운의 동화

(1) 자음동화(p.67)

음절의 끝 자음이 그 뒤에 오는 자음과 만날 때, 어느 한쪽이 다른 쪽 자음을 닮아서 그와 비슷한 성질을 가진 자음이나 같은 소리로 바뀌기도 하고, 양쪽이 닮아서 두 소리가 다 바뀌기도 한다. 이러한 현상을 자음동화(子音同化)라고 한다. 대표적인 자음동화 현상으로는 비음화(鼻音化)와 유음화(流音化)가 있다.

〈탐구〉(p.68)

1. 다음 단어들이 실제로 소리나는 모습을 알아보고, 규칙을 정리하여 보자.

■ 밥물 → 〔 〕 잡는다 → 〔 〕 맏며느리 → 〔 〕
국물 → 〔 〕 속는다 → 〔 〕 속는다 → 〔 〕
--〉 규칙 : ㅂ, ㄷ, ㄱ → 〔 〕 / ㅁ, ㄴ 앞에서

■ 남루 → 〔 〕 종로 → 〔 〕
--〉 규칙 : 〔 〕 → ㄴ / ㅁ, ㅇ 뒤에서

■ 신라 → 〔 〕 난로 → 〔 〕 칼날 → 〔 〕

--〉 규칙 ㄴ → 〔 〕 / ㄹ의 앞이나 뒤에서

2. 다음 단어들은 어떤 관계로 자음동화가 일어나는지 설명하여 보자.

섭리 → 〔 〕 → 〔 〕

몇리 → 〔 〕 → 〔 〕

문법교과서 67쪽의 '자음동화'에 대한 설명을 보면 자음동화가 무엇이라는 개념만 언급을 하고, 바로 탐구로 넘어가 문제로 출제하고 있다. 이는 오히려 학습 효율성의 저해가 된다고 본다. 따라서 본문에서 개념적 원리에 따른 예를 보이고, 탐구학습에서는 말 그대로 탐구할 수 있는 문제를 제시하는 것이 좋다.

〈본문〉의 예

(1) 비음화

① 'ㅂ, ㄷ, ㄱ'이 비음 'ㅁ, ㄴ' 앞에서 'ㅁ, ㄴ, ㅇ'이 된다.

밥물 → 〔밤물〕 잡는다 → 〔잠는다〕 맏며느리 → 〔만며느리〕

받는다 → 〔반는다〕 국물 → 〔궁물〕 속는다 → 〔송는다〕

② 비음 'ㅁ, ㅇ'과 유음 'ㄹ'이 만나면 'ㄹ'이 비음 'ㄴ'이 된다.

남루 → 〔남누〕 종로 → 〔종노〕

③ 'ㅂ, ㄷ, ㄱ'과 'ㄹ'이 만나면 'ㄹ'이 'ㄴ'이 되고, 이 'ㄴ'을 닮아서 'ㅂ, ㄷ, ㄱ'은 각각 비음 'ㅁ, ㄴ, ㅇ'이 된다.

섭리 → 〔섭니〕 →〔섬니〕 몇 리 → 〔멷리〕 → 〔멷니〕 → 〔면니〕

백로 → 〔백노〕 → 〔뱅노〕

(2) 유음화

'ㄴ'이 'ㄹ' 앞에 오거나 뒤에 오면 'ㄴ'이 'ㄹ'로 변한다.

신라 → 〔실라〕 난로 → 〔날로〕 칼날 → 〔칼랄〕

〈탐구〉의 예

철수 : 서울 지하철 2호선에 '선릉'역이 있는데, 이 역에 대한 정확한 발음 아니?

영희 : 내 생각으로는 〔설릉〕이 맞는 것 같아.

철수 : 나는 〔선능〕이 맞는 것 같은데...

영희의 생각대로 'ㄴ'이 'ㄹ' 앞에서 'ㄴ'이 'ㄹ'로 변하는 경우만 있지 않고, 철수의 생각대로 'ㄹ'이 'ㄴ'으로 변하는 경우도 있을 수 있지 않을까?

〈보기〉의 예를 활용하여 탐구과정을 단계별로 제시하라.

〈보기〉

(1) 음운론　(2) 공권력　(3) 의견란　(4) 광한루

2.3. 내용상의 문제점

내용상으로 보완할 점이나 문제점 등은 여러 면에서 보이지만, 〈옛말의 문법〉을 중심으로 고찰하고자 한다.[5)]

1. 〈p. 281 : 1〉 : 중세국어에는 이외에도 'ㄱ, ㄷ, ㅂ, ㅸ, ㆆ'의 다섯 글자도 사잇소리를 적는 데 쓰였다. 반치음이 쓰인 경우도 있다.
   → ① 사잇소리는 'ㄱ, ㄷ, ㅂ, ㅸ, ㆆ' 외에도 'ㅅ'을 첨부해야 한다. 사잇소리 'ㅅ'은 순수국어 유성음과 무성음 사이에 사용되었다. 예) 긼ᄀᆞᅀᅢ,
   → ② 사잇소리 예 중 한자어 유성음 아래서 사용된 'ㅿ'의 예를 첨

5) 〈p.41, 42.〉 '(2) 한글의 제자원리' 중 '가획의 원리' 설명에서 음운 'ㅍ'이 빠졌고, 異體字인 'ㆁ, ㄹ, ㅿ'을 첨부해야 한다. 그리고 訓民正音 附帶규정으로 附書法(부텨쓰기)을 첨부하고, 〈p.73〉 사잇소리 현상에서 정의를 보완하는 등 여러 면에서 문제점이 보인다. 이외에도 〈p.182〉 동작상에서 '완료상'도 문제가 있다. 이에 대해서는 박덕유(1999b) 참조.

부해야 한다. 예) 후(後)ᅀ날

2. 〈p. 282 : 23,24,25〉 : ㅳ, ㅄ, ㅶ, ㅷ / ㅺ, ㅻ, ㅼ, ㅽ/ ㅴ, ㅵ
〈p. 283 : 2,3,4〉 : ᄠᅳᆮ, ᄡᆞᆯ, ᄧᅡᆨ / ᄭᅩ리, ᄯᅡ, ᄲᅧ / ᄢᅳᆷ, ᄣᅢ
→ 'ㅷ', ㅻ'이 사용된 예가 없다. 따라서 'ᄩᅱ(跳), ᄮᅡ히(男)'를 첨부해야 한다.

3. 〈p. 285 : 7, 10〉 : 믈읫 字ㅣ 모로매 어우러ᅀᅡ 소리 이ᄂᆞ니 / 위의 문장에서 '믈읫'은 관형사다.
→ '믈읫'은 대저(凡)를 나타내는 '부사'다.

4. 〈p. 300 : 8〉 : (이성계) ── 모딘 도ᄌᆞᄀᆞᆯ 믈리시니이다 (용비어천가 35장)
→ 위의 예문에서 '믈리시니이다'의 주체는 이성계가 아니라, 唐太宗 이세민이다. 이성계가 주체가 되려면 '믈리시니이다'를 '자ᄇᆞ시니이다'로 고쳐야 한다. 참고로 〈용비어천가 35장〉 全文과 그것에 대한 解說을 보이면 다음과 같다.

셔ᄫᅳᆯ ᄀᆡ벼를 알씨 ᄒᆞᄫᆞᅀᅡ 나ᅀᅡ가샤 모딘 도ᄌᆞᄀᆞᆯ <u>믈리시니이다</u>
ᄉᆞᄀᆞᄫᆞᆯ 軍馬ᄅᆞᆯ 이길씨 믈리조치샤 모딘 도ᄌᆞᄀᆞᆯ <u>자ᄇᆞ시니이다</u>

〈용비어천가 35장〉

<解說>

돌궐족이 당나라 서울의 소식을 알고 침입하기에, 唐太宗이 혼자 나아가시어 악독한 도둑(돌궐족)을 물리치셨습니다.

나하추(納哈出)가 동북면에 침입하여 시골의 군마를 이기기에, 太祖 이성계가 혼자 나가시어 거짓 도망가는 양 쫓기어 물러나시어 악독한 도둑을 잡으셨습니다.

5. 〈p. 300 : 20〉 : 열본 어르믈 하ᄂᆞᆯ히 <u>노기시니</u> 〈용비어천가 30장〉
→ 위의 예문에서 '노기시니'는 '구티시니'의 誤記이다. 참고로 〈용비

어천가 30장〉 全文과 그 解說을 보이면 다음과 같다.

뒤헤는 모딘 도ᄌᆞᆨ 알ᄑᆡᄂᆞᆫ 어드본 길헤 업던 번게를 하ᄂᆞᆯ히 <u>ᄇᆞᆯ기시니</u>
뒤헤는 모딘 즁ᄉᆡᆼ 알ᄑᆡᄂᆞᆫ 기픈 모새 열본 어르믈 하ᄂᆞᆯ히 <u>구티시니</u>
〈용비언천가 30장〉

<解說>

後唐 太祖가 朱全忠에게 속아 성을 넘어 달아날 때, 뒤에는 포악한 도둑(주전충의 무리), 앞에는 어두운 길인데, 없던 번개를 하늘이 밝혀 길을 찾게 하시도다.

李太祖가 사냥할 때, 뒤에는 사나운 짐승, 앞에는 깊은 연못인데, 엷은 얼음을 하늘이 굳게 하시어 피신하게 하시도다.

6. 〈p. 301 : 7〉 : 가다가 가다가 <u>드로라</u> / 위의 밑줄 그은 부분은 과거이다.
→ ‘드로라’를 과거의 표현으로 보았는데 ‘드로라’는 ‘듣+오라(감탄형 어미)’로 보는 것이 좋다.

제4장 ▎ 학교문법의 성격

| 제4장 | 학교문법의 성격[1)]

1. 학교문법의 개념

學校文法은 문법의 용도 내지는 목표면으로 본 實用文法의 명칭이다. 실용문법은 우리의 언어생활을 올바르게 하기 위하여 규칙을 정하고 그것을 명령하는 문법이다. 개별언어의 문법현상을 있는 그대로 기술 설명하는 과학문법 내지는 학문문법에 대립된다. 일정한 기준에 따라 옳고 그름을 단정하기 때문에 언어의 시대적·지역적·사회적 位相性을 무시해 버리는 경향이 있다. 주로 청소년들에게 자국어나 외국어를 학습시킬 때, 특히 학교교육에서 교육되는 문법이므로 학교문법(school grammar) 또는 교육문법(didactic grammar)이라고 한다. 국어문법에서는 그 연구가 국어 국문의 정리운동과 결부되어 이루어졌으므로, 초창기의 대부분의 문법서들은 教科 문법서의 성격을 지니고 있다.

학교문법의 성격을 목표와 내용면에서 살펴보면 다음과 같다.

첫째로 목표면에서의 학교문법은, 학문문법으로서의 지식이나 문법이론을 중심으로 하는 체계문법이 아니라, 우리의 언어생활에서 실제로

---

1) 이철수, 박덕유(1999:8~15) 참조.

직면하는 언어적 사실의 일반적 질서, 곧 문법적 지식을 학습하고 자신의 언어생활을 반성하는 능력을 기르며, 동시에 정확한 언어표현의 요령을 습득시키는 실용적이며 실제적인 의의를 지니는 機能문법이다.

말을 자각적으로 사용하는 일, 말에 대한 예민한 감각을 갖는 일, 문법적 의식을 높이는 일 등이 중요한 목표가 된다. 文法意識은 문법지식을 의미하는 것이 아니라 문법적 眼識을 말한다. 이러한 문법의식을 발전적으로 계발하기 위하여 필요한 문법으로 말의 秩序性 내지는 규범성을 인식하고, 문법의식을 예민하게 하며, 문법적 지식을 익히면서 문법적 문장의 자각적 사용으로 유도한다.

다음으로 내용면에서의 학교문법은, 순수한 문법부문 자체에서 좀 이탈된 부문일지라도 언어활동으로서의 표현과 이해의 능력을 기르는 것이 국어과 교육의 중요한 목표이므로 형태론과 구문론뿐만 아니라 음운(음성을 포함한), 어휘, 의미, 대우법, 정서법, 담화론 등 언어표현의 諸相에 관한 내용이 학습되어야 한다.

학교문법은 학생들로 하여금 정확하고 효율적인 언어생활을 할 수 있도록 제재를 선정하여 지도한다. 따라서 학교문법의 내용은 문법학자의 학문적 연구체계일 수 없고, 어느 개인이나 학파의 독단적 학설이나 체계일 수도 없다. 문법을 교육적인 안목에서 실용적인 효용성을 고려하여 교육 효용상에 근거를 두고 통일적으로 체계화시켜야 하며 학문적 전문성을 피하고 관용성을 근거로 응용언어학적 측면에서 문법이론을 다루어야 한다.

후란시스(W. Nelson Francis, 1954)는 그의 "문법의 혁신"(Revolution in Grammar)이라는 논문에서 문법을 3가지 유형으로 나누고 세 가지 부류의 문법개념을 제시했다. 이에 따르면 문법1은, 어떤 언어의 말들이 보다 큰 의미를 전하기 위해서 질서정연하게 배열되어 이루어진 일련의 형식적 모형으로서 언어구조 중의 한 특수 분야, 즉 문법2의 주제를 이루는 복잡한 인간 언어체계를 지칭한다. 따라서 문법1은 개별언어의 원화자의 내면에 형성되어 있는 기구(mechanism)이다.

다음으로 문법2는 이러한 기구의 작용에 관한 연구라고 할 수 있다. 뉴톤이 사과나무에서 떨어지는 사과를 보고 만유인력을 발견하였는데, 그 이전에도 우주인력은 여전하게 작용했던 것처럼, 어느 누가 제일 먼저 의미의 규칙을 형식화하여 학문으로서의 문법의 역사를 밝히기 이전에도 문법1은 여전히 작용하고 있는 것이다.

끝으로 文法3은 언어를 사용할 때, 무엇이 옳고 무엇이 그른가에 관하여 따지는 것으로서, 문법적인 문장인가 혹은 비문법적인 문장인가의 판단에 관심을 기울인다. 이러한 의미의 문법은 言語凡節(linguistic etiqette)이 중요하다. 마치 우리가 집에서 혼자 있을 때, 두 다리를 자유롭게 테이블 위에 올려 놓을 수는 있어도 점잖은 자리에서 이렇게 하면 예의에 어긋나는 것과 같이, 언어사용에 있어서의 적정성을 문제 삼는다.

학교문법은 Francis가 분류한 세 가지의 유형 중에서 주로 文法3의 성격을 지니고 있음에 유의해야 한다.

2. 학교문법과 학문문법

언어관 및 문법관에 따라 문법을 구분하면, 이른바 사변철학에 근거한 전통문법과 실증론에 근거한 과학문법, 경험론에 입각한 구조문법,

그리고 합리론에 따른 변형·생성문법으로 대별된다. 각 문법관의 특징을 열거하고 학교문법과의 관계를 살펴보면 다음과 같다.

2.1. 전통문법과 학교문법[2)]

전통문법의 일반적 특징을 열거하면 다음과 같다.

① 문법이란 글을 쓰는 규칙이며, 언어를 타락에서 수호하고 통제하는 규칙의 임무를 띤 것이라고 주장한다.

② 언어는 사상 표현의 도구로서 변화될 수도 모순도 없는 것이며, 변천은 곧 타락이라고 본다.

③ 모든 언어규칙은 본질적으로 하나라고 생각하는 보편문법의 성격을 지녔으며, 또한 문법은 글을 올바르게 쓰는 규칙이며, 이 규칙은 철학자가 안출해 내는 것으로서, 문법은 이 규칙을 잘 지켜 일정하게 고정시키며, 타락에서 수호하는 일이라고 생각한다.

④ 구어보다는 문어의 문법을 중시하여 권위 있는 글의 격식을 바르게 가르치는 길, 곧 규범적 태도를 취함이라 생각한다.

⑤ 문법의 하위부문은 대개 5부문(정서법, 어원론, 구문론, 운율론, 구두

---

2) 전통문법(그리스-18세기) : 구조문법 이전의 규범문법으로 문법은 문자를 바르게 읽고 쓰는 기술(규칙)이다.
① 그리스 전통문법(B.C 4,5C) : 플라톤, 아리스토텔레스, 스토아학파
→ tēkhnē grammatikē = art of reading and writing letter
② 라틴 전통문법(AD 4C) : 와로, 도나투스
→ ars of grammar = that which is written or written letter
③ 사변문법(12C-18C) : 그리스, 라틴 문법 계승(사변적, 철학적)
④ 과학적 전통문법(19C) : 실증주의(스위트, 예스페르슨), 객관적, 과학적인 문법에 접근 시도, 언어학의 독자성과 자율성을 확보하지 못하였다.

법)이었으며, 모든 언어는 논리학의 명제인 주사, 빈사, 계사로 구분된 것으로 본다.

⑥ 전통문법에서 추구하는 문법은 직관적인 설명이었으며, 의미나 관념에 기반을 둔 설명 방법이었다. '명사는 사물의 이름을 나타내는 것', '문장은 하나의 완결된 사상을 나타내는 것' 등과 같이 의미적 관념적인 기준에 의한 定義들은 그 구체적인 예의 하나다.

⑦ 어떤 때는 기능적 기준에서, 어떤 때는 형태적 기준에서 분류 설명하는 등의 이론적 일관성을 잃고 있다. 품사의 정의에서 '부사는 동사를 한정하는 것'이라 한 것은 전자의 예이며, '동사는 활용변화사다'라고 정의하는 것은 후자의 예이다.

⑧ 전통문법은 논리학에서 출발하였으므로 기본문에 있어서 平敍文을 기본적인 것으로 간주하였고, 이에 따라 품사도 평서문 속에서의 기능에 따라 규정하였고, 다른 문형도 평서문의 변형으로 설명되었다.

이상에서 열거한 전통문법의 특성에서 학교문법의 성격과 일치하는 점은, 첫째로 전통문법이 실용성을 강조하고 있어서, 학교문법이 표현과 이해의 실용적인 목적을 중시하고 있는 점에서 서로 밀접한 관계에 있으며, 둘째로, 전통문법이 규범성·통일성을 강조하고 있어, 학교문법이 모든 사람에게 공통적으로 쓰일 수 있고, 표준이 될 만한 보편성을 띤 규칙을 중시하며, 규범적 규칙에서 출발하므로, 전통문법과 학교문법은 긴밀히 연관되어 있다는 것이다.

그러나 전통문법이 곧 학교문법이라는 생각은 잘못이다. 위에 든 예만 보더라도, 문법이 언어를 타락에서 수호하는 규칙이라는 생각, 언어의 변천을 타락이라고 생각한 점, 문법규칙이 위대한 철학자에 의하여 안출된 것이라고 생각한 점, 구어보다 문어를 강조한 점 등의 여러가지는 학교문법의 성격과 거리가 멀기 때문이다.

국문법의 전통문법적 연구는 대부분이 학교문법을 위한 규범문법이었고, 실용적 성격에서 기술되었음은 특기할 일이다.

2.2. 구조문법과 학교문법3)

과학문법은 앞에서 언급한 바와 같이, 근대 實證論에 입각한 학문문법으로서, 설명·이론문법을 계승한 이론문법이다. 과학문법의 모델은 스위트(H.Sweet)에서 비롯하여 예스페르슨(O.Jespersen)에 이르러 그 절정에 달했던 문법이론이다. 과학문법의 특징을 열거하면 다음과 같다.

① 라틴 전통문법에서의 탈각.
② 음성언어의 중시와 논리학에서의 해방.
③ 의미보다 형태를 중시하고, 규범성에서의 탈피와 放棄의 경향.
④ 언어는 인간이 교섭 협동하는 수단이라는 관점에서 역사적으로 타락하지 않고 변천 발전하는 것.
⑤ 언어는 인간사회의 협약적 약속이므로 인위적으로 수정 개선해 나갈 수 있다고 봄.

---

3) 구조주의 문법 : 20세기에 Saussure, Bloomfield 중심
① 언어의 객관적 분류와 기술 목표(형태중심의 기계적 분석주의)
② 공시적 기술태도(문법현상을 있는 그대로 기술)
③ 음운론이 중심
④ 인간의 선천적 언어능력과 무한한 문장의 창조성 소홀

⑥ 문법은 언어사실과 현상에서 관찰된 규칙이며, 그러한 이유를 반드시 고증·설명해야 한다는 성격을 띠고 있음.

한편 기술문법, 즉 構造文法은 경험론에 입각한 구조주의 언어학으로서 共時的 기술태도를 지닌 문법이다. 경험론의 언어관에 있어서 언어구조는 선천적으로 결정되는 것이 아니며, 언어는 전적으로 경험을 통해서 습득된다고 주장한다. 인간에게는 언어습득을 위해서 특별하고 선천적인 능력을 가지고 있지 않다는 것이다. 이 점이 합리론의 언어관과 근본적으로 다른 점이다. 우리가 언어를 습득한다는 사실과 우리가 배우는 언어의 구조는, 모두 우리가 어렸을 때 받은 훈련의 덕택이다. 언어습득의 관점에서 볼 때, 우리는 空白의 石板에서부터 시작되는 것이다. 이 공백의 석판에 최종적으로 쓰이는 언어체계는 無의 상태에서 구축되며, 그 구조는 경험에 의해서만 결정되는 것이다. 그래서 언어의 습득은 마치 우표수집이나 포크를 사용하는 방법을 습득하는 것처럼 문화적 被傳達사실이라 보는 견해다.4)

구조문법의 특징을 항목별로 열거하면 다음과 같다.

① 전통문법이 의미를 연구의 출발점으로 하는 주관주의 내지는 멘탈리즘에 기반을 두고 있는 데 반하여, 구조문법은 형태를 중심으로 한, 객관적 기계주의적 입장을 고수했다. 그러므로 전자가 언어의 중요한 특질이 나에게 어떻게 관계되는가를 설명하고자 하는 데 반하여, 후자는 언어의 중요한 특질이 그들 상호간에 어떻게 관계되어 있는가를 기술한다.

---

4) Langacker, Ronald W.(1968:235).

② 전통문법은 어떠한 문법사실이 왜 나타났으며, 그것이 어떻게 운용되어야 하는가를 설명하는 설명문법인 데 반하여, 구조문법은 하나의 문법사실을 객관적으로 관찰하고 분석하고 기술하는 분류·기술문법이다.

③ 전통문법은 여러가지 位相(level)의 혼동, 곧 중심적 개념에 의하여 특징지어지는데, 구조문법은 이들 계층을 명확히 하여 구별하기에 힘쓰고, 다른 위상과의 교착을 배제한다. 예를 들면, 형태적 계층과 통사적 계층을 준별하여 형태적 분석 다음에 통사적 분석으로 옮기는 것과 같은 것이다. 언어단위의 분석적 계층을 혼동했던 전통문법과는 달리 구조문법은 여러 가지 분석계층을 구별하고 있다.

④ 전통문법이 라틴문법의 이론에 따라 논리학이나 사변철학 등의 추상적인 것에 근거하여 의미·언어외적 기준에서 출발하는 데 반하여, 구조문법은 철학적 사변을 배제하고 언어 내적 관계의 기준에 대폭적으로 의존하고 있다.

⑤ 전통문법이 서구 언어를 대상으로 하여 문자언어를 중시한 데 반하여, 구조문법은 아메리칸 인디언과 같이 문자가 없는 종족의 언어를 연구 대상으로 한 데서 발달된 관계로 음성언어가 연구의 중심이 되었다.

⑥ 전통문법은, 기술방법이 다분히 직관적이고 추상적 진술에 가까운데, 구조문법은 객관적이며 類型 형성적이며 언어자료에 의하여 증명 가능하고 귀납적이며 上向的이다.

⑦ 구조문법은 인문과학적 성격의 전통문법을 자연과학적 경험과학의 방향으로 轉移시킨 것이라 할 수 있다.

이상의 과학문법과 구조문법에서 정의하는 문법의 개념은 다음과 같다. 즉, 문법이란 언어의 사실과 현상을 있는 그대로의 모습에서 관찰·분석·기술하는 규칙이며, 언어자료에서 구성의 분류와 목록을 작성하는 작업이다. 있는 그대로의 언어사실을 기술하고 설명하려는 문법학은 학문분법으로서의 기술문법이다. 규범성과 실용성은 별로 문제가 되지 않는다. 심지어는 일시적인 잘못 쓰인 말까지도 연구의 대상으로 하여 분석 기술하려는 태도를 고수한다. 이러한 점에서 학교문법과는 성격이 다르다. 학교문법이 실용성 규범성에 의한 규칙에서 출발하려는 것이라면, 기술문법인 구조문법은 있는 그대로의 언어사실에서 출발하며, 여기에서 체계적인 것을 찾으려고 한다.

그러나 학교문법에서 제공하는 규칙은 가공적이거나 공상적인 것이 아니다. 교육문법에서 제공하는 언어사실은 가상적인 것이 아니다. 역시 과학적이며 기술적 연구의 결과를 이용하는 것이다. 실지의 언어사실에 토대를 두고 그 언어사실에서 규범이 될 만한 규칙만을 선택하여 교육한다는 점이 다를 뿐이다. 있는 그대로의 언어사실에서 출발하여 귀납적인 방법으로 문법체계를 세워나가는 것이 과학적 기술문법이라면, 학교문법은 이 기술의 결과에서 모범이 될 만한 규칙적 사실은 정화하여 이 규범적 사실에 따라 언어생활을 하기를 요구하는 演繹的 문법으로 운용하는 것이 다르다. 학교문법에서는 언어사실을 토대로 하여 歸納的 방법으로 규칙을 이끌어 내는 것이 교육상 매우 중요한 일이다.

학교문법과 구조문법은 서로 밀접한 관계를 가지고 있으면서 성격을 달리한다. 구조문법, 과학문법 등은 과학적 학문문법이며, 학교문법은 그 중에서 실용성·규범성을 고려하여 선정된 규칙을 교육하는 應用문법이다.

2.3. 변형문법과 학교문법[5)]

촘스키(N.Chomsky, 1957)는, 언어분석의 목표는 개별언어의 문법적 문장을 비문법적 문장으로부터 구별하고 문법적인 문장의 구조를 보이는 데 있다고 말했다. 따라서 문법이라는 것은 문법적인 문장만을 生成하고 비문법적인 문장은 절대로 생성하지 않는 일련의 규칙임을 제시하였다. 언어습득의 이론에 있어서 變形文法은 합리론에 근거하여, 어린이가 말을 배우게 되는 것은 인간에게 선천적으로 언어능력이라고 하는 生得的(a priori) 능력을 가지고 있음을 보였다. 언어경험의 기능은 언어를 형성한다는 것보다 오히려 생득적인 언어능력을 활동하게 하는 일이다. 가능한 모든 언어체계의 청사진은, 어린이들이 갖고 태어나는 선천적인 신경장비의 일부로서 가지게 된다. 그러므로 학습의 역할은 최소한도라는 것이다. 어린이는 자기의 주위에서 쓰이는 언어를 다른 가능한 인간언어로부터 구별해 주는 구조상의 세부를 배우기만 하면 되는 것으로 자기가 이미 소유하고 있는 언어체계와 골격에 살을 붙이기만 하면 된다. 따라서 이상적인 화자의 지식으로 문법적 능력, 화용적 능력의 言語能力을 운용하게 되는데 언어학의 과제는 바로 이 언어능력(competence)을 해명하는 일이다.

변형문법의 특징을 항목별로 열거하면 다음과 같다.

① 有限한 문법규칙으로 無限한 문장을 生成해 낼 수 있는 언어능력

---

5) 변형생성문법 : 20세기 중반, 촘스키
① 有意的 단위인 형태소, 단어, 문장과 그 결합에 나타나는 통사적 관계
② 언어능력(문법적 능력, 화용적 능력)과 언어수행
③ 심층구조와 표층구조

의 창조성을 해명하려는 것으로, 문법은 모든 문법적 連鎖를 생성해 내는 장치라는 관점에서 유기적·규칙적 체계의 유한문법의 성격을 띠고 있다.

② 잠재적 언어능력은 어느 민족이나 인종과 관계없이 인간이면 누구나 선천적으로 지니고 있다는 가설에 입각하고 있다.

③ 구조문법이 귀납적이며 상향적으로 자료의 유형분류 등을 중시하는데 반하여, 변형문법은 연역적이며 문장에서 출발하는 하향성으로, 제한된 현지조사나 계층분리 형식기준의 방법, 곧 분석단어 출현 빈도 등도 거의 무시된다.

④ 언어분석의 목표는 문법적인 문장을 비문법적인 문장에서 구별하고, 문법적 문장의 구조를 보이는 데 있다.

⑤ 반드시 기호와 규칙으로 추상화된 가설적 구조를 설정하고, 경험이 아닌 생성능력과 계시적 예보능력의 해명, 기저형식에서 파생된 관계 등을 일정한 공식으로 전개한다.

⑥ 변형문법의 이론은 시대와 연구자에 따라 여러 유파로 나뉘는데, 일반적으로 초기이론, 확대이론, 표준이론, 생성의미론, 관계문법 등 매우 多岐하다. 그러나 이들 이론의 공통점은 문법의 기술에 있어서 변형 내지 변형규칙이라 불리는 규칙이 불가결한 점과 生成이론이라는 점이다. 따라서 이 문법을 변형·생성문법이라 한다.

변형문법에서 정의하는 문법의 개념은 앞에서 이미 언급한 바와 같이, 문법은 언어의 문법적 연쇄를 생성하는 장치인 유기적 규칙이다. 그러므로 국어문법은 국어의 잘 짜여진 바른 문장을 상술하고, 그들 각각에 구조적 기술을 부여하는 장치라고 말할 수 있다. 국어의 잘 짜여진 바른 문장을 지도하는 것은 학교문법의 중요한 목표인 것이다.

지금까지의 문법교육은 품사나 음운에 편향된 경향을 걸어왔다. 구조문법에서도 音韻에서 출발하여 形態로, 형태에서 統辭로의 해명에 접근했다. 그러나 그 중에서 통사부문은 별로 중시하지 않았다. 이에 반하여 變形문법에서는 통사적 사실에서 출발하여 의미론적 혹은 음운론적 해석에 접근한다. 문법교육은 문법적인 문장을 비문법적인 문장에서 구별하고, 문법적 문장의 구조를 인식하고 사용하는 데 있다. 문법교육이 문장에서 시작하여 문장으로 끝나는 통사론이 중심이 되어야 함을 시사하는 것이다.

또한 언어습득에 대한 태도와 방법에서 구조문법에서는, 언어란 후득적(a posteriori) 경험으로 습득되는 것이므로, 마치 공백의 석판에 우표수집이나 수저를 사용하는 방법을 익히듯이 반복과 연습을 통해서만 가능하다고 생각했다. 그러나 합리론에 근거한 變形·生成이론에서는 인간에게는 선천적으로 언어능력이라고 하는 생득적 능력이 있어서, 언어 경험능력은 언어를 형성하는 것이 아니라 선득적인 언어능력을 활동하게 하는 일이라 생각한다. 그러므로 문법교육은 이 이상적인 화자의 양성이라는 점에서 학교문법의 성격과 일치한다.

학문문법과 학교문법은 서로 대립되거나 상치되는 것이 아니다. 학문문법의 발달에 따라 얼마간의 간격을 유지하면서 보편적 규칙이 선택되고 정화하여 이를 교육적으로 지도 운용하는 것이 교육문법인 것이다.6)

---

6) 문법학의 유형

(1) 일반문법(general grammar) : 모든 언어에 공통되는 문법체계로 보편문법

(2) 개별문법(particular grammar) : 개별언어의 문법으로 특정문법

① 이론문법(theoretical grammar) : 문법적 사실을 있는 그대로 객관적이며 과학적으로 체계화하고 기술하는 문법으로 학문문법이라고도 함(㉠ 역사문법 ㉡ 비교문법 ㉢ 대조문법 ㉣ 기술문법 ㉤ 생성문법)
② 실용문법(practical grammar) : 규칙을 통일하여 설정하고 그것을 지키도록 규범화하고 가르치는 문법이므로 규범문법, 학교문법, 교육문법이라고도 함.
* 학문문법 → 규범문법 → 학교문법(실용문법)
(통일하여 규범화) (통일되고 규범화된 문법을 재구성=쉽고 적절하게 배열)

제5장 ▌ 문법의 내용

| 제5장 | 문법의 내용

Ⅰ. 언어와 국어

1. 언어의 본질

(1) 언어의 정의와 특성 (2) 언어의 전달 방법과 기능

2. 언어와 인간

(1) 인간의 언어와 동물의 언어 (2) 언어와 사고

(3) 언어와 사회 (4) 언어와 문화

3. 국어와 한글

(1) 국어의 특질 (2) 위대한 문화 유산, 한글

■ 단원 학습 목표

1. 언어의 기호적, 구조적 특성을 이해한다.
2. 언어와 사고, 사회, 문화의 관계를 이해한다.
3. 국어의 음운, 어휘, 문법의 특질을 이해한다.
4. 한글문화를 이해하고 바르게 가꾸는 태도를 기른다.

1. 언어의 본질

▪ **학습 목표**

1. 언어의 기호적 특성을 이해한다.
2. 언어의 구조적 특성을 이해한다.
3. 음성언어와 문자언어의 관계를 이해한다.

1. 언어의 정의와 특성

1.1. 언어의 정의

언어는 의사소통의 한 형태로 비한정적이며 어떤 틀이나 범위의 제한 없이 무한하게 생산할 수 있는 創造的인 것이다. 인간만이 가진 고유한 능력으로서의 언어는 사물의 소리나 동물의 의사소통의 수단인 音響과는 달리 말소리와 의미 내용 사이의 대응관계를 맺어주는 규칙 체계로서 실현된 현상으로서의 언어이다.

인간의 일상 생활 가운데 나타나는 언어 현상은 복합적이고 추상적인 것으로 사회적인 성격을 지닌다. 많은 사람들이 언어와 국가를 혼동하고, 인종과 문화를 언어와 관련시켜 이해하고 있다. 민족과 언어가 고유한 관계에 있다고 생각하는 사람들도 있지만, 언어는 인종이나 문화보다는 그 언어사회와 불가분의 관계성 속에서 습득되고 학습된다.

언어는 인간만이 갖는 고유한 특성으로 言衆의 공인으로 이루어지는 사회적인 특성을 가지며, 나아가 新生, 成長, 死滅하는 역사적인 특성을 갖는다. 언어학자들은 일정한 가정으로부터 출발한 것으로 가장 기본적인 가정은, 인간은 청각적인 음성기호를 통하여 의사를 전달하며, 인간의 이러한 행위는 객관적으로 연구 기술될 수 있다는 것이다. 따라서 우리가 추구하는 언어의 정의는 말의 특성과 본질을 해명하는 중요한 내용으로 제시될 것이다. E. Sturtevant은 그의 저서 『언어학입문』(1947)에서 "언어는 사회집단의 구성원들이 협력하고 상호작용하는 恣意的인 音聲記號이다."라고 정의하고 있다.[1] 이는 Saussure의 개념설

1) Sturtevant, Edgar H., *An Introduction to Linguistic Science*, New Haven: Yale

(1916)이나 Ogden& Richard의 지시설(1923)에서 이미 제시하고 있는 것을 보다 체계적으로 설명하고 있는 것이다.

1.2. 언어의 특성

1) 자의성

우리가 어떤 사물을 보면 그 사물의 의미를 파악하고 다시 그 개념을 전달하기 위해 이름을 만들어 사용한다. '배'라는 사물을 보고, '사람이나 물건을 싣고 물이 떠다니는 물건'이라는 개념을 파악하고 그 개념에 따른 명칭을 부여하는데, 이 명칭을 音聲記號로 나타낸다. 그런데 이 이름은 나라와 시대에 따라 다를 수도 있다. 즉, '배'라는 사물에 대한 개념적 의미는 과거에서나 언어사회가 다른 나라에서나 모두 동일하다. 단지 사물과 이름과의 관계에서 나타나는 그 명칭만 다를 뿐이다. 이는 恣意的 音聲記號(arbitrary vocal symbols)로 설명되는데, 일정한 음성 및 音聲連鎖는 특정한 언어사회의 약속에 의해서만 일정한 의미를 갖게 되는 것으로 그 언어사회의 범위를 벗어나서는 의미 전달이 불가능하게 되는 것이다. 따라서 단어는 사물이나 생각을 나타내는 것이긴 하지만 기호와 그것이 나타내는 의미 사이에 직접적인 관계는 없다. 사물은 개념을 통해서만 이름으로 표현되고 이름은 개념을 연상해야 사물에 대한 이해에 이르게 된다. 결국 화자는 사물에서 개념, 개념에서 이름의 순서로 표현하게 되면, 청자는 이름에서 개념으로, 개념에서 사물의 순서로 이해하게 된다.

University Press, 1947. p.5. "a system of arbitrary vocal symbols by which members of social group cooperate and interact."

이러한 자의성은 감탄사나 동물의 울음소리에서도 발견할 수 있다. 한국 사람들은 어디가 조금 아플 때 '아야, 아이구'라고 표현하는데, 영국 사람들은 ouch, 프랑스 사람들은 aïe, 독일 사람들은 au, 헝가리 사람들은 jaj(거의 yoy처럼 발음함)라고 표현한다. 다시 말하면 감탄사도 신음소리처럼 모르는 사이에 본능적으로 나오는 소리가 아니라, 약정되어서 우리가 배워야 할 다른 連續音처럼 익혀야 할 말이다. 의성어나 감탄사도 언어의 중요한 일부이긴 하지만, 그것이 전체 어휘에서 차지하는 비율은 아주 적은 부분에 불과하다. 어쨌든 의성어나 감탄사까지도 음성기호와 의미와의 任意的인 관련성을 배제할 수 없는 것이다.[2] 개 짓는 소리를 한국어로 '멍멍, 왕왕'으로 표현하지만, 영어로 bow-wow, 독일어로 wauwau(w는 〔v〕로 발음함), 불어로 toutou 라고 말한다. 이렇게 볼 때, 소리를 직접 흉내내는 의성어의 경우도 어느 정도 임의적으로 선택되는 것이며, 다분히 인습적이라는 것을 알 수 있다.

2) 사회성

언어는 개인적인 것이 아니라 사회 대중의 약속에 의해 이루어진 객관적인 현상이다. 또한, 언어는 그 사회의 오랜 역사를 통해 생성되고 발전되어 내려온 것으로 역사적으로 물려 받은 문화적 유산이다. 따라서 언어는 언어사회와 밀접한 관련을 가진다. 언어사회(Speech Community)는 동일한 언어로써 의사를 소통하며 공동생활을 영위하는 사회집단인 언어공동체를 말한다. 엄밀한 의미에서 동일한 언어는 존재하지 않으며 실제로 언어는 시대, 지역, 연령, 성별, 직업, 계층 등에 따

---

2) 擬聲法은 새로운 단어를 造語하는데 특히 중요한 구실을 한다. 가령 coo와 같은 의성어를 살펴보면, 이 말은 원래 비둘기가 조그맣게 재재거리는 소리를 뜻하였는데, 발전해서 '연인들이 정답게 사랑을 속삭이는 행위'를 의미하게 되었다.

라 다양하게 變異하고, 그 범위를 규정하는 객관적인 기준이 없어 상대적인 가치를 가지는 개념이다. 이러한 변이 속에서도 공통적인 언어생활이 유지되는 것은 언중의 언어 경험에 공통적인 현상이 있기 때문이다. 언어는 음성과 의미와의 자의적인 결합으로 이루어지지만, 언어가 하나의 언어로 인정을 받으려면 의미는 음성기호로 나타내기 위해 그 사회 구성원들의 약속이 전제되어야 한다. 이는 어느 개인에 의해서나 어느 특정한 집단에 의해서도 언어가 임의로 變改되는 것을 용납하지도 않는다. 언어는 한 언어 공동체가 공유하는 것으로 언중의 사회적 약속 없이는 바뀌지 않는 일종의 不易性의 성질을 갖는다.

3) 역사성

언어가 어떤 사회 구성원의 약속에 의해 성립되더라도 문화의 발달과 인간 사회의 제반 요소들의 변화에 의해 언어도 끊임없이 변화한다. 새로운 말이 생겨나기도 하고, 있던 말이 변화하기도 하며 쓰이던 말이 없어지기도 한다. 이러한 언어의 특성을 歷史性이라 한다. 그러나 이렇게 역사적으로 신생, 성장, 사멸하는 것도 어느 개인이나 특정한 집단에 의해 변화하는 것이 아니라, 반드시 언어사회의 구성원인 언중의 協約이 있어야 하는 것이다. 이는 언어의 可易性의 성질을 갖고 있으면서도 또한, 언중의 공인이라는 전제가 뒷받침되어야 하는 것이다. 이와 같은 언어의 변화는 어휘, 음운, 문법 등의 언어 전반에 걸쳐 일어나지만, 가장 두드러진 변화는 어휘의 변화다.[3]

---

3) 언어의 역사적인 변화로 신생, 성장, 사멸을 들 수 있는데, 신생의 예로 컴퓨터, 인터넷 등을 들 수 있으며, 성장은 다시 기호변화와 의미변화로 나눌 수 있다. 전자의 예로 '거우르>거울, 곶>곶>꽃>꽃', 후자의 예로 '어리다(어리석다(愚)→어리다(幼), 어엿브다(불쌍하다(憐)→예쁘다(艶))' 등을 들 수 있으며, 사멸의 예로 '슈룹(우산),

4) 기호성

인간이 가지고 있는 지식, 의지, 언어, 감정 등을 나타내기 위해 사용하는 음성이나 문자 등의 기호를 언어기호라 한다. 이 언어기호는 언어의 형식인 音聲과 내용인 意味와의 관계를 맺고 있는 기호로 특정한 음의 연쇄는 특정한 의미와의 연합되어 있는 기호이다. 즉, 'ㅅ+ㅏ+ㄴ'이 연쇄된 '산〔san〕'이라는 음성은 '山'이라는 의미와 연합되어 있는 기호인 것이다.

언어기호의 특성은 해당 언어사회 구성원이 공유하는 것으로 다른 언어사회 구성원이 공유하는 것과는 구별되는 표현과 전달의 도구이다. 원칙적으로 모든 언어기호는 고유의 의미용법을 갖는 것으로 그 기호의 사용이 어떤 규칙이나 제약에 기반을 두고 있는가는 그들 기호의 창작과정과 그 후의 발달 과정 여하에 의해 자연스럽게 결정되어 그 사회의 관습으로 전승된 것이다. 결국 기호 체계로서의 언어는 그 사회 구성원이 공유하는 표현 전달의 도구로 이는 언어의 역사성과 사회성을 지닌다.

5) 규칙과 체계성

언어를 이루는 음운, 단어, 문장, 담화는 각각의 구조를 가지며, 그 구조는 일정한 규칙과 체계로 짜여 있다. 여기서 규칙은 문법으로 문장 구조는 물론 조사, 어미, 나아가 의미적으로도 타당해야 하는데, '영수는 작년에 제주도에 갈 것이다', '할아버지가 온다', '청소년 축구시합에서 일본에게 이겼다' '꽃이 밥을 먹는다' 등은 문법적으로 맞지 않는다.

나조(저녁), 즈믄(천)' 등을 들 수 있다.

'짐승, 날짐승, 꿩, 장끼, 카투리'로 나뉘어 단어들이 상위와 하위의 체계를 이루고 있다. 우리가 사용하는 모든 단어들은 이와 같은 체계를 이루고 있으며, 언어의 또 다른 단위인 음운, 형태소, 문장들도 그 나름대로의 체계를 이루고 있다. 어휘는 단어들이 무의미하게 엉켜 있는 집합이 아니라 일정한 체계를 이루고 있는 구조로 하나의 단어는 여러 다른 단어들과 의미적으로 유기적인 관계를 맺으며 하나의 체계를 이루고 있는데, 예를 들어 '하얗다-허옇다', '파랗다-퍼렇다'를 들 수 있다. 언어가 하나의 체계(system)라고 하는 것은, 음성기호와 의미와의 관계가 비록 임의적이긴 하지만, 말의 최소단위로서의 음성, 그리고 통사적 의미와 어휘적 의미를 지닌 상위단위로서의 음성 결합체가 주어진 언어에서 결합되기 위해서는 반드시 하나의 일관성이 있다는 사실이다. 따라서 언어에 있어서 음성들이 결합되는 방식과, 그들이 모형을 이루어 상위단위를 형성하는 방식은 체계적이라고 말할 수 있다. 예를 들어, 어떤 음성은 단어의 첫머리에 나타나지 못하며(語頭音의 制約), 또 어떤 음성은 단어의 끝자리에 오지 못한다(語末音의 制約). 개별언어에 따라 명사는 성별, 형태별, 생물 무생물의 구별에 따라 여러 가지로 분류되며, 동사는 시제(과거, 현재, 미래)나 相(완료, 미완료)에 따라 달리 선택되기도 한다. 어순상의 특징을 보아도 인구어는 散列文(loose order sentence)의 어순구조, 즉 S+V+O 인데, 한국어는 掉尾文(periodic order sentence)의 어순구조, 즉 S+O+V 여서 인구어와는 상이한 특징을 보이고 있다.

이 모든 것은 한 가지의 기본적인 원리로 요약될 수 있다. 즉, 각 언어는 자체의 체계를 지니며 그 언어음과 언어음이 큰 단위로 결합하는 방식에 있어서 질서와 일관성 그리고 모형을 보이고 있다는 사실이다.

Sturtevant이 언어를 정의한 구절 가운데, '사회적 집단의 成員들이 서로 협동하고 상호작용한다' 는 내용은 언어의 사회적 기능을 지적한 것으로, 한 개인의 마음 속에 가지고 있는 생각이 다른 사람에게 전달되지 않으면 협력관계나 상호작용은 이루어질 수 없는 것이다. 이러한 사실은 성경에 나오는 바벨탑의 이야기 속에 잘 나타나 있다. 사람들이 바벨탑을 하늘에 닿도록 높이 쌓아 올려, 인간의 위대한 힘을 증명하려고 한 인간의 부질없는 자만심을 벌하기 위하여, 하나님은 인간언어를 혼란시킴으로써 상호 의사소통을 못하게 하여 바벨탑의 성축을 불가능하게 했다. 이는, 인간의 언어생활이 언중이라고 하는 언어사회 구성원의 일치된 언어기호 체계를 통해서 의사소통이 가능함을 말하는 것이다.

6) 초월성

어제 고양이가 뒷골목에서 밤을 지새고 돌아와 발 언저리에서 '야옹' 하고 울 때, 고양이가 무엇을 전달하려고 했는지 이해할 것이다. 고양이에게 어제 저녁 어디서 무엇을 했느냐고 물어보아도 고양이는 마찬가지로 '야옹'할 것이다. 동물의 전달은 오로지 그 순간, 그 장소, 바로 지금에 한해서만 사용된다. 예를 들어 새는 위험이 직접 다가왔을 때 위험을 알리기 위해 소리를 지른다. 새는 시간상이나 공간상으로 떨어져 있는 위험을 알릴 수는 없다. 이에 비해 인간은 과거와 미래에 대하여, 그리고 발화의 장소 이외의 것에 대하여 언급할 수 있는데 이를 超越性이라 한다.

벌의 경우는 약간의 초월성이 있다고 한다. 복잡한 춤을 춤으로써 어느 정도 떨어져 있는 지점을 가리키는 능력(원을 그리는 춤, 꼬리를 흔드는 춤, 춤의 회전 속도 등)이 있다고 한다. 그러나 이는 매우 제한적인 형식의 초월성이다. 인간은 존재가 불확실한 사물이나 장소에 대해서도 말할 수 있다. 그래서 미래의 가능한 세계를 기술할 수도 있다.

7) 창조성

새로운 사태가 출현하거나 새로운 사물을 기술할 필요성이 생겼을 때, 언어사용자는 그 언어의 능력을 구사하여 새로운 표현이나 새로운 문장을 산출하는 것으로 일종의 創造性을 갖는다. 이 특성은 어떤 인간 언어에도 그것을 사용하여 만든 발화의 수는 무한하므로 무한성이라고도 한다. 그러나 동물들의 경우는 제한되어 있다. 매미는 4가지의 신호, 원숭이는 36가지의 소리(여기에는 구토하는 소리나 재채기 소리까지 포함)가 있다고는 하지만 동물에게는 새로운 신호를 만들어 낼 능력이 없다. 일벌의 경우는 어느 정도 시간과 공간을 초월한다고 하지만 그것은 어디까지나 수평적 거리에만 해당되고 무한한 거리는 역시 제한된다. Karl von Frisch에 의하면 "꿀벌의 언어 중에는 '상(up)'이라는 단어가 없다."고 했다. 즉, 벌들에게는 '上'이라고 하는 단어를 만들어 낼 능력이 없다는 것이다. 동물의 신호에는 고정적 지시 대상(fixed reference)이라고 이르는 특성이 있다는 점이다.4)

8) 분리성

/p/와 /b/는 같은 양순음 계열로 별 차이가 없는 것 같지만 실제로 의미적 변별의 차가 있다. 영어의 경우, pack(꾸러미)과 back(등)은 의미에 있어서 차이가 있는데, 이는 /p/와 /b/의 음차 때문이다. 이와 같

4) 각각의 개별적 신호는 개별 대상이나 경우에 따라서 고정적으로 사용할 수 있다 (George Yule, 1985:19-20).

은 특성을 分離性(discreteness)이라 한다.[5] 국어의 경우 파열음은 /ㄱ, ㄲ, ㅋ/, /ㄷ, ㄸ, ㅌ/, /ㅂ, ㅃ, ㅍ/으로 분리된다. 따라서 '달:딸:탈'처럼 의미의 차이를 갖는다.

9) 이중성

언어라고 하는 것은 동시에 두 레벨 또는 두 계층으로 이루어지는데 이 특성을 二重性(duality) 또는 이중분절(double articulation)이라 한다. 예를 들어 n, b, i 와 같은 음이 있다고 할 때, b+i+n 이라고 하면 bin(상자)가 되고, n+i+b로 결합하면 nib(부리)가 된다. 따라서 하나의 레벨에는 서로 다른 음이 있고, 또 하나의 레벨에서는 서로 다른 의미를 갖는다. 이는 국어에서도 마찬가지로 'ㅅ+ㅜ+ㅁ'(숨), 'ㅁ+ㅜ+ㅅ'(뭇)의 예를 들 수 있다. 이와 같은 레벨의 이중성은 실제로 인간언어의 경제적 특징의 하나이다. 그 이유는 한 언어에서 사용되는 서로 다른 음은 모두 합해도 그 수는 많지 않으며, 그들을 여러 가지로 결합하면 그 결과 여러 개의 단어가 만들어지게 되며, 그들 단어는 모두 의미가 달라지기 때문이다. 이에 비해 동물은 그렇지 못하다. 예를 들어 개는 낮은 신음소리 woof를 낼 수 있으나, 개 울음소리의 레파토리의 특징에서 w와 oo, 그리고 f가 독립된 발음의 요소로 추출될 것이라고는 생각되지 않는다. 만일 개가 두 가지의 레벨(이중성)로 인하여 소리를 낼 수 있으면, oowf, foow와 같은 소리를 내어, 그들이 각각 의미가 다른 것으로 나타나야 하는데, 그러한 사실이 없다는 것이다(George Yule, 1985:22).

5) George Yule(1985:21) 참조.

10) 문화적 전승

부모에게 유전적으로 갈색의 눈과 검은 머리를 이어받을 수는 있지만, 언어를 유전적으로 이어받을 수는 없다. 언어를 습득하는 것은 문화적 공동체 속에서 다른 화자를 통하여 습득되는 것이지, 부모의 유전자에서 습득되는 것이 아니다. 중국어를 사용하는 중국 부모에게서 태어난 아이가 생후 즉시 미국으로 데려가 영어를 사용하는 사람들에게 양육되었다면, 이 아이의 신체적 특징은 중국 부모에게서 받았지만 언어는 영어를 사용한다. 이렇게 언어가 한 세대에서 다음 세대로 이어지는 과정을 문화적 전승이라 한다. 인간은 태어나면서부터 先得的으로 언어를 습득할 수 있는 소질이 있지만 어느 특정언어를 사용하여 발화하는 능력을 갖는 것은 아니다. 동물의 신호전달의 일반적 양식은, 사용되는 신호가 본능적인 것이지 습득되는 것이 아니라는 사실이다. 설사 새가 울음소리를 학습한다고 하지만 그것은 어디까지나 훈련에 의한 것이지 습득 능력에 의한 것이 아니다. 그 증거로 그 새를 다른 환경의 집단에 옮겨 놓으면 그 울음소리는 이상한 것이 되고 만다.[6)]

2. 언어의 전달 방법과 기능

2.1. 음성언어와 문자언어

언어는 자기의 의사를 상대방에게 알리는 전달기능을 가진 음성기호 체계로 의사 전달의 방법에는 비언어적 방법과 언어적 방법이 있다. 전

6) George Yule(1985 : 19-21) 참조.

자는 다시 동작언어(gesture language)와 신호언어(signal language)로 나뉘는데, 동작언어에는 표정, 손짓, 발짓, 몸짓, 수화 등을 들 수 있으며, 신호언어에는 깃발, 횃불, 신호, 호각소리, 나팔소리, 軍號 등을 들 수 있다. 언어적 방법으로는 음성언어와 문자언어로 나뉘는데, 음성언어는 사람의 발음기관을 통해 나오는 소리로써 상대방의 청각에 호소하는 진정한 의미의 언어로 1차적 언어에 해당된다. 문자언어는 음성언어의 단점을 보완하기 위해 문자로써 시각에 호소하는 언어로 2차적 언어라고 한다. 그러나 대중매체의 발달과 인터넷 발달에 따른 영향으로 의사소통의 수단이 문자로 되면서 음성언어보다 문자언어가 더욱 중요시 되었다. 특히, Vachek(1973) 이후, 귀로 듣는 언어보다 눈으로 보는 언어의 表意主義 이론이 대두되어 정서법을 개정하는 일면의 동기부여도 일으키게 되었다.

음성언어는 청각의 감각기관을 수단으로 하며 시간과 공간적으로 제한을 받지만, 문자언어는 시각적인 수단에 의한 것으로 시·공간의 제한을 받지 않는다. 또한, 음성언어는 화자의 발화에 직접적인 반응으로 동적인 특성으로 나타나지만, 문자언어는 간접적인 반응으로 정적인 특성을 갖는다. 또한, 음성언어는 감정 표현이 자유롭고, 직접 문답이나 자동 이해가 가능한 반면, 문자언어는 생각을 정리하거나 수정이 가능한 장점을 갖는다. 그리고 음성언어는 선천적으로 습득되지만, 문자언어는 후천적으로 학습된다.

2.2. 언어의 중심 기능

언어는 화자와 청자 간의 의사소통의 수단으로 화자의 생각을 상대방에게 알리는 전달 기능을 가진 음성기호 체계이다. 따라서 인간의 언어 활동은 화자와 청자가 말을 주고 받는 행위로 화자가 상대방에게 어떤 내용을 전달하기 위해서는 우선 사물을 보고 그 사물의 의미를 파악한 다음 머릿속에 청각영상으로 각인시킨 후에 발음기관을 통해 상대방에게 전달한다. 이때, 발화된 내용을 음성 기호화하게 된다. Saussure(1916)는 『Course de linguistique générale』에서 개념(concept)과 청각영상(image acoustique)의 결합, 즉 signifié(記義)와 signifiant(記標)의 결합으로 파악하였다. '나무' 라는 사물을 보고 이를 청자에게 전달할 때에는 그 사물의 특성에 따른 것으로 나무의 의미(木)를 파악한 후에 이를 음성기호 〔namu〕로 기호화 하게 된다. 그러면 청자는 화자의 발화과정과 반대적인 순서로 받아들이는데, 음성으로 전달된 언어기호인 〔namu〕를 귀로 들어 해독하여 '나무(木)'의 의미로 이해하게 된다. 이 음성기호와 의미의 관계는 자의적인 것으로 '나무'에 대한 〈木〉의 개념을 가정할 수 있으나 일종의 관계 개념으로서의 의미로 인정하게 된다. 한편, Ogden-Richards(1923)는 『The Meaning of Meaning』에서 이들의 관계를 〈basic triangle〉(기본 삼각형)로서 설명하였다. 즉, 사물을 보고 우선 그 개념을 파악한 후에 이름을 음성기호로 명명하게 되는데, 이 때, 사물과 이름과의 관계는 자의적인 관계로 설명하였다. 즉, '사람'〔人〕이라는 뜻을 음성기호 〔sa:ram〕으로 표현하는데, 반드시 〔sa:ram〕만이 되는 것이 아니라, 〔rein〕, 〔hito〕, 〔mæn〕 등 다양하게 기호화 될 수 있다는 것이다. 이는 음성기호가 언어사회와 밀접한 관련을 갖기 때문이다. 결국 의사소통은 화자와 청자 그리고 메시지를 포함하는 모든 활동이 된다. 이와 같이 의사소통의 전달은 언어의 중심기능이라고 할 수 있다.

2. 언어와 인간

■ **학습 목표**

1. 언어와 사고의 관계를 이해한다.
2. 언어와 사회의 관계를 이해한다.
3. 언어와 문화의 관계를 이해한다.

1. 인간의 언어와 동물의 언어

인간이 언어를 본격적으로 사용하게 된 것은 지금으로부터 약 10만 년 전으로 추정할 수 있다. 인간이 다른 동물과 구별되는 두드러진 특징 중의 하나는 인간만이 언어를 구사할 수 있다는 점이다. 인간 유전자의 98%를 닮은 침팬지도 언어를 구사할 수 있는 능력이 없다고 한다. 미국의 유명한 언어학자 Chomsky는 컴퓨터에 내장된 하드웨어처럼 인간은 유전적으로 언어습득 능력을 갖고 태어난다고 했다. 스웨덴의 생물학자 Linne는 인간을 '언어적 인간(Homo loquens)'이라고 하였으며, 독일의 철학자 Heidegger는 언어를 '존재의 집'이라고 하여 언어의 주택 속에 인간이 살고 있다고 설명하였다. 그리고 독일의 철학자 Cassirer는 "인간은 언어가 형성해주는 현실만 알고 있다."고 함으로써 인간과 언어의 중요 관계에 대해서 설명했다.

인간의 언어는 복잡하고 추상적인 것으로 무한한 언어를 창조해 낼 수 있다는 변형생성문법론을 창시한 Chomsky는 이를 인간의 언어에만 나타나는 回歸性(recursion)이라고 규정했다. 또한, 하버드 대학의

Hauser 교수는 이런 회귀성이 진화 과정에서 숫자 사용이나 방향설정과 같은 기능을 잘 수행하기 위한 필요성 때문에 생겨났다는 이론을 제시했다. 예를 들어 숫자를 더 잘 다루고, 먹이가 있는 장소를 찾거나 짝짓기를 하는 장소를 잘 찾는 동물이 생존 능력이 뛰어날 것이며 그런 과정에서 회귀성을 갖춘 인간의 언어가 생겨났다는 것이다. 2001년에 영국 옥스퍼드대학의 모나코 박사팀은 정확한 발음을 내기 어렵고, 말소리의 구별과 문장을 이해하거나 문법적인 면을 판단하는 데에 장애가 있는 가계 구성원들의 유전자를 면밀히 조사한 결과 'FOXP2'라는 유전자에 이상이 있어서 이런 언어 장애가 발생한다는 연구결과를 발표했다. 그는 이 가계의 언어 장애자 14명에게서 'FOXP2' 유전자에 있는 715개의 아미노산 중 1개가 일반인과 다른 것임을 밝혀 냈다. 또한, 인간과 침팬지의 언어유전자(FOXP2)를 비교한 결과 아래와 같이 2개만 다르다는 것을 2002년에 독일 막스플랑크 연구소의 파보 박사팀이 발견했다.

인 간 → MMQ……SS**N**TS……VL**S**AR……LSEDLE
침팬지 → MMQ……SS**T**TS……VL**T**AR……LSEDLE

파보 박사팀은 이처럼 아주 적은 유전자의 차이가 언어 능력을 결정지을 수 있다고 추정한 것이다.

호모 로쿠엔스는 높은 차원의 특징으로서 '언어를 사용하는 인간'이라는 뜻의 라틴어다. 사람의 大腦에는 말을 하도록 작용하는 중추신경이 있다. 이 신경의 작용으로 발음기관을 움직여서 발음하고 또 聽覺神經과 대뇌를 통하여 타인의 언어를 이해하는 것이다. 물론 다른 동물도 자신의 소리로써 그 나름의 신호를 교환한다. 침팬지는 수십 종의 소리를 내어 동료를 부르거나 탓하며, 경계, 공포, 고통, 경악, 기쁨, 슬픔 등을 표현한다고 한다. 그러나 이것은 감정의 직접적 표현에 불과하다.

사람의 언어는 감탄사가 아니라 세분된 음성으로 의미 있는 단어를 이루고, 이 단어들을 일정한 법칙에 따라 운용함으로써 복잡한 의미를 자유롭게 표현하는 象徵的인 것이다. 인간은 이 언어를 사용함으로써 자기의 경험을 타인에게 전달할 뿐만 아니라, 타인의 경험을 제삼자에게 전달할 수 있다. 그리고 이러한 소통은 기억을 낳게 하며, 언어를 통해서 복잡한 事象을 추상화할 수 있고, 이에 따라 사고능력을 발달시킬 수 있다.

언어는 인간정신에 의하여 개발된 가장 귀하고 거대한 勞作이며, 인간행위의 가장 특징적인 형태이기도 하다. 그러나 언어는 우리의 일상생활에서 항상 사용하고 있는 것이지만, 너무 흔한 것이기 때문에 우리는 그것에 관하여 탐구하려 들지 않는다. 마치 공기를 호흡하고 있으면서 공기의 존재와 가치에 대하여 관심을 갖지 않는 것과 같다. 항상 말을 하고 있으면서도 생활에 무관심하다. 이와 같이 어떤 事象이 우리에게 너무 친숙할 때 그것을 옳게 인식하기가 어려운 것이다. 마치 바닷가에서 사는 사람들이 파돗소리에 익숙해 있어서 그것을 들을 수 없는 것과 같다.

또한 언어를 '걷는 일'과 같이 자명한 것으로 생각하기도 한다. 그러나 걷는 일은 사람에게 있어서 선천적으로 유기적이고 생리적인 데 반하여 언어의 습득은 후천적으로 얻게 된 문화적 기능이다. 미국의 인류학자 E. Sapir의 말과 같이, 걸음을 배우는 것은 선배들이나 이웃사람들에 의하여 걷는 기술을 배우는 것이 아니라 정상적인 사람이면 누구나 자기의 유기적 생체가 출생시부터 걸을 수 있는 모든 신경작용의 에너지와 근육 적응을 받아들일 수 있는 조건과 태도가 갖추어져 있기 때문이다. 이러한 특수한 활동은 육체적으로 건전한 개인에게 선천적으로 타고난 것이다. 한편, 언어는 한 개인이 태어난 특정 사회, 즉 그가 생활하고 있는 주위 사람들에게서 습득되고 전승되는 것이라고 말할 수 있다. 이 두 가지의 양면 활동, 즉 '걸음'이 '언어습득'과 다르다는 근본적인 차이는 어린 아이들을 자기가 태어난 환경으로부터 전혀 다른 언어환경으로 이주시켜 보면 분명해진다. 아마도 새로운 환경에도 불구하고 그들의 걸음은 옛날부터 걸어온 그대로의 버릇으로 발육되어 걸을 것이다. 그러나 언어의 습득은 자기가 태어난 환경과는 전혀 다른 양식으로 배우게 될 것이다.

언어습득이 사람의 생존에 필요한 것이 아니라 인간 생활에 반드시 필요한 것이다. 어떠한 인간의 활동이든지 언어에 의존하지 않은 것은 거의 없다. 따라서 실제적으로 우리가 활동하는 모든 일에서 언어를 사용한다. 인간의 사고가 언어 없이는 불가능하다고 생각하는 사람들도 있다. 넓은 의미에서 언어는 목소리, 몸짓, 신호(signals), 문자기호 등을 이용하여 하나의 인간 내심에서 다른 인간 내심으로 의미를 전달하는 수단이다. 그러므로 모든 인간 활동 중에서 가장 보편적이고 널리 보급된 것이 바로 언어로, 영국의 사학자 H. Goad가 말한 바와 같이 말은 인간 최고의 능력이며, 사람이 다른 동물과 구별되는 유일한 것이다.

사실상 사람이 다른 동물과 구별되는 것은 소리를 낼 수 있는 능력이 아니라, 그 소리와 의미를 有意的으로 결합시킬 수 있는 인간의 능력이다. 그리하여 서로의 상호이해를 가능하게 하고, 한 인간 내심의 사고가 다른 인간 내심으로 옮겨지는 실제의 전이가 성립되는 것이다.

훈련을 받은 작은 앵무새가 "새도 말을 해요"와 같은 문장의 말을 제법 音高(pitch)와 抑揚을 어울리게 나타내어 표현했다고 하여 앵무새가 언어를 사용한다고 말하지는 않는다. 왜냐하면 앵무새가 사람의 말을 단지 모방했을 뿐이기 때문이다. 사람을 제외한 다른 동물에게는 언어 활동을 수행할 능력이 없다. 일련의 낱말이 모여서 일정한 의미를 이루는 복잡한 연결체의 '조직화된 소리'를 내지 못한다. 앵무새의 소리는 조직화된 사고에 의한 동기에서 나온 것이 아니라 무의식적인 모방의 소리에 불과한 것이다.

따라서 동물들의 의사소통 신호는 경직된 固定型(stereo-type)을 띠고 있어서 인간 언어의 창조성과는 구별된다. 동물들의 신호에는 청각적 신호와 시각적 신호 그리고 후각적 신호 등이 있다. 소라게는 집게다리를 뻗침으로써 공격 자세를 취하여 다른 게나 물오리를 쫓아 버린다. 그리고 큰가시고기는 자기의 영토를 침범하는 숫놈의 붉은 배와 목덜미를 보기만 하면 무서운 공격력을 발휘하여 자기의 영토를 방위한다.

이와 같은 시각적 신호와는 달리 새들은 소리를 내어 날아 도망하라는 신호나 자기의 짝을 부르는 소리를 낸다. 새들이 짝을 고르고 구애하고 어미의 의무를 수행하는 '소리의 신호'는 대개 소리의 급작스러운 높낮이나 진폭의 변화를 가져온다.

한편, 불개미는 먹이 있는 곳을 발견하면 집으로 돌아올 때 냄새 나는 화학물질을 내뿜어 자취를 남겨, 다른 개미들이 찾아갈 수 있도록 후각적 신호를 사용한다. 그런데 꿀벌들의 의사소통 과정은 매우 복잡하다. 꿀벌은 먹이의 위치를 벌통 안에서 춤을 추는 '회전 속도'로 알린다. 먼 거리에 먹이가 있을 경우, 멀면 멀수록 이에 비례하여 춤추는 회전의 빈도가 낮다. 그리고 먹이의 방향은 태양의 위치에 비추어 벌춤의 직선 부분의 각도에 의하여 표시된다. 그러나 꿀벌의 신호도 먹이, 거리, 방향 등을 지시하는 단순한 고정형 신호에 불과한 것이다.

2. 언어와 사고

언어는 인간의 思考행위와 밀접한 관련을 지닌다. 인간의 知的 능력이 발달하게 된 것은 언어를 사용할 수 있었기 때문이다. 결국 인간은 언어를 도구로 하여 생각을 하며, 그 결과 사고력과 인지 능력이 점점 발달한다고 말할 수 있다. 인간이 사물을 인식하거나 판단할 때 언어가 커다란 영향을 끼친다.

Humboldt는 한 국민의 사고방식이나 세계관이 다른 국민과 차이가 있는 이유는, 그 국민이 사용하는 언어구조가 다른 국민이 사용하는 언어구조와 차이가 있기 때문이라 주장했다. 이는 '한 민족의 언어는 곧 그 민족의 정신'이라는 말이다.

사물의 공통성을 추출하고 하나의 범주로 추상화하여 받아들이는 抽象化능력은 언어능력의 가장 중요한 특징이다. 결국 인간은 언어를 도구로 하여 생각을 하며, 그 결과 사고력과 인지 능력이 점점 발달한다고 할 수 있다.

3. 언어와 사회

인간은 사회적 동물이다. 언어를 意思傳達의 도구로 하여 사회적 관계를 맺는다. 따라서 언어는 사람이 사는 사회의 구조와 밀접한 관련이 있다. 따라서 언어는 사람이 살아가는 사회구조와 떼려야 뗄 수 없는 관계를 맺는다.

말은 사회의 구조와 지방에 따라 다르다. 즉 사회적인 신분, 지위,

학력, 연령, 경제력, 직업 등에 따라 언어는 달라지며, 강원도, 충청도, 경상도, 전라도, 제주도, 평안도, 함경도 등 지방에 따라 다르다. 또한, 사회적 환경이나 상황에 따라서도 억양, 어휘, 문장 유형 등이 다양하게 나타난다. 그리고 사회적 계층(양반과 상인의 언어), 직업이나 집단(군대언어, 심마니말 등), 性別(여성어, 남성어), 世代差(노인층의 언어, 청소년의 언어)에 따라서도 언어는 다르다.

4. 언어와 문화

인간의 문화생활을 지탱해주는 중요한 요소인 언어는 다른 양식의 문화를 창조하고 축적하는 수단으로 사용된다. 언어는 그 나라 사람들의 삶의 모습, 즉 문화가 반영되며, 특히 어휘에 반영된다.

에스키모人의 말은 '눈'에 관한 단어가 매우 다양하고, 오스트레일리아 원주민의 말은 바다에 둘러싸였으므로 '모래'에 관한 단어 발달하였다. 한국어의 고유 어휘로 '가야금, 삿갓, 간장, 김치, 아리랑, 온돌, 장아찌, 족두리, 옷고름' 등과 농경 중심의 사회의 농사 용어로 '따비, 괭이, 쇠스랑, 삽, 종가래, 가래, 헹가래, 호미, 낫, 도끼, 고무래, 두레박, 용두레, 무자위, 도리깨, 쟁기, 멍에, 보습, 써레, 길마, 옹구, 망구, 꼴망태' 등 우리만의 고유한 문화를 반영한다.

문자는 음성언어를 기록하는 하나의 수단으로서 인간의 가장 중요한 문화적 업적이다. 따라서 문학 작품은 귀중한 문화재의 일부가 된다. 문자를 사용해서 지식과 정보를 보존하고 잔달할 수 있게 됨으로써 음성 언어의 시간적 공간적 제약을 극복하여 찬란한 문화를 꽃피울 수 있었다.

3. 국어와 한글

▪ **학습 목표**

1. 국어의 특질을 이해한다.

2. 한글의 국어 문화적 가치를 이해한다.

1. 국어의 특질[7)]

1.1. 음운의 특질

국어의 음운 특질은 우선, 音聲目錄(sound inventories)이 다르다. 영어에는 脣齒音(labiodentals) /f, v, Θ, ð/ 같은 음성목록이 있는데 국어에는 없으며, 중국어에는 捲舌音(retroflex)이 있는데, 국어에는 없다. 그리고 국어 자음에 유성・무성의 대립이 없다. 둘째로 음절구조가 다르다. 국어에는 閉音節과 開音節이 공존하는데, 현대 일본어, 중국어는 개음절이 주를 이룬다. 셋째로 음성들은 서로 다른 序列로 나타난다. 국어의 子音은 三肢相關束을 갖는다. /ㄱ ㄲ ㅋ/, /ㄷ ㄸ ㅌ/, /ㅂ ㅃ ㅍ/, /ㅈ ㅉ ㅊ/ 처럼 예사소리, 된소리, 거센소리가 짝을 이루지만, 영어, 독일어, 프랑스어와 같은 서양어(영어)나 일본어는 '/k/-/g/, /t/-/d/, /p/-/b/, /ch/-/j/'처럼 유성과 무성의 대립을 이룬다. 넷째, 개별언어에 따라 發話의 흐름, 즉 리듬(rhythm)이 다르다. 영어는 强勢・時間리듬(stresstimed rhythm)이고, 중국어는 高低・時間리듬(pitch-

---

7) 이철수・박덕유(1999:51-53) 참조.

timed rhythm)이지만, 현대 국어에서는 音節·時間리듬(syllabletimed rhythm)이다. 그러므로, 韻素(prosody)에 있어서 현대 국어는 音長韻素, 즉 소리의 길이가 말의 뜻을 구별하는 데 쓰인다. 다섯째, 국어에 어두에는 'ㄹ'이나 'ㄴ'이 오지 못하지만, 영어는 여러개의 자음이 첫소리에 온다. 여섯째, 국어에는 모음조화 현상이 있다. 양성모음인 'ㅏ, ㅗ'는 양성모음끼리, 음성모음인 'ㅓ, ㅜ'는 음성모음끼리 어울린다. 현대에 와서는 모음조화 현상이 발음의 강화 현상으로 많이 붕괴되었지만, 아직도 음성상징어(의성어, 의태어)에는 철저한 편이다. 마지막으로 음절 끝 위치에 오는 파열음들이 파열되지 않을 수 있다. 즉, 파열음이 음절 끝 위치에 올 때에는 터뜨림의 단계를 갖지 않고 닫힌 상태로 발음되는데, '밭'이 〔받〕으로, '꽂'이 〔꼳〕으로 발음되는 것은 이 때문이다.

1.2. 어휘의 특질

국어의 어휘는 크게 고유어와 외래어로 양분된다. 한자어는 고유어는 아니지만 국어의 어휘체계에 매우 큰 비중을 차지하고 있다. 고유어가 표현하지 못하는 어휘의 빈 자리를 대신해 줄 수 있다는 긍정적인 면이 있는 반면, 이미 존재하는 고유어를 위축시켰다는 부정적인 면도 있다.

고유어는 감각어와 상징어에서 많은 양을 차지하고 있다. 擬聲語나 擬態語의 발달이 그 대표적인 예다. 예를 들어 친족 관계를 나타내는 어휘가 발달하였다. 영어의 'aunt'에 해당되는 말로 관계에 따라 '큰어머니, 작은어머니, 이모, 고모' 등 다양하다.

外來語는 중국어, 몽골어, 여진어, 만주어, 일본어, 서양어 등 여러 언어에서 들어왔다.

- 中國語: 많은 漢字語뿐만 아니라 漢語原音借用 외래어들이 많다. 나박(김치)(蘿蔔, 무), 김치(沈菜), 배추(白菜), 시금치(赤根菜), 먹(墨), 붓(筆), 실(絲兒), 상투(上頭), 노털(老頭兒), 배갈(빼갈)(白乾兒), 한탕(一趟), 시늉(形容), 핑계(憑借, 憑藉)
- 몽골語: 보라매(秋鷹, boro), 송골매(海靑, šingqor), 수라(水剌, šüllen), 깁(絹, kib)
- 女眞語: 두만강(豆滿江, tümen<萬>, 衆水至此合流故名之也), 바치(把持, 工匠), 아씨(丫寸 <婦>)
- 滿洲語: 朱蒙 <善射> '朱蒙'의 '蒙'과 만주어 /mangga/ <善射>와 대응된다. 外來語라기보다는 같은 알타이語로서 對應되는 어휘들이 많다. /muke/(水), /tümen/(萬), /firu-/(祈), /holo/(谷, /kol/) 등
- 日本語: 쓰리(ツリ)꾼, 고데(コテ,鏝)하다, 쇼부(ショウブ,勝負)보다, 앗사리(アッサリ)하다. 오뎅(オデン)집, 구두(クツ)방, 다다미(タタミ)방, 찹쌀모지(モチ), (電氣)다마(タマ)
- 西洋語: 빵(pão<포>, pan<서>), 뎀뿌라(テンプラ, tempora<포>), 고무(신)(gomme<프>), 담배(tabacco<포>), 깡패(gang- 牌)

또한, 고유어에는 감각어와 상징어가 크게 발달되어 있다. 고유어를 사용하면 미세한 감각의 차이를 다양하게 표현할 수 있다. '발갛다, 벌겋다, 빨갛다, 뻘겋다, 새빨갛다, 시뻘겋다, 붉다, 불긋불긋하다' 등 다채롭다. 그리고 국어에는 의성어나 의태어도 발달하여 있다. '졸졸, 줄줄, 퐁당, 풍덩, 알록달록, 얼룩덜룩' 등 대부분 모음조화가 엄격하던 시대에 분화되어 현재까지 이어오고 있다.

1.3. 문법의 특질

국어는 添加語(膠着語라고도 함)로 실질적인 의미를 가진 단어, 또는 어간에 문법적인 기능을 가진 조사와 어미가 결합함으로써 문장 속에서 문법적인 역할을 하게 된다. 국어의 語順配列은 '주어+목적어+서술어' 순으로 배열(S+O+V, 掉尾式)되어 영어의 어순배열인 '주어+서술어+목적어'(S+V+O, 散列式)와 대조적이다. 그리고 국어는 높임법이 발달되었다. 높임의 대상에 따라 표현하는 방법이 다양한데, 先語末어미의 사용('-(으)시-'), 終結어미의 사용('-습니다, -(으)오')을 들 수 있다. 국어에는 또한 단어 형성법이 발달하여 있다. '오르내리다, 검푸르다'(용언+용언), '누비옷, 덮밥'(용언+명사). 반면에 명사에 性의 구별이 없고, 數의 개념이나 관계대명사가 없으며, 형용사에 비교급과 최상급이 없다.

2. 위대한 문화유산, 한글

2.1. 한글의 우수성

한글은 독창적이며 과학적인 점에서 세계적 자랑거리이다. 그 이유는 첫째로 다른 나라의 문자로부터 영향을 받은 것이 아니라 독창적으로 발음기관과 天地人을 본뜬 상형의 원리로 세종 때 만들어진 것이다. 둘째로 문자를 만든 사람과 연대가 정확하다. '訓民正音'으로 1443년(세종 25년) 음력 12월에 세종이 창제하였다. 그 뒤 집현전 학자들이 이에 대한 解例를 짓고 시험적으로 사용한 뒤, 1446년 음력 9월 上旬에 반포하였다.

▌참고▐ 한글의 문자적 가치

그림문자 → 表意文字(의미의 다양성, 예 : 발〔足〕 = 발과 서다) → 表音文字(문자의 수를 제한하고 본래의 의미와는 달리 발음에 해당되는 글자)

표음문자 : 음절문자(일본의 가나문자, 예 : 카〔力〕), 음운문자(로마문자, 카〔k〕+〔a〕)

자질문자 : 발음기관을 본떠 만든 기본글자에 음운자질을 반영하는 글자로 조직적이고 체계적인 특성(예 : ㄱ, ㅋ, ㄲ)

2.2. 한글(訓民正音)의 제자원리

1) 初聲(자음)

① 초성 17자의 체계

五音	象形(상형)	기본자	가획	이체
牙音	혀뿌리가 목구멍을 막는 꼴	ㄱ	ㅋ	ㆁ
舌音	혀가 윗잇몸에 붙는 꼴	ㄴ	ㄷ, ㅌ	ㄹ (반설)
脣音	입의 꼴	ㅁ	ㅂ, ㅍ	
齒音	이의 꼴	ㅅ	ㅈ, ㅊ	ㅿ (반치)
喉音[8]	목구멍의 꼴	ㅇ	ㆆ, ㅎ	

8) 후음의 기본자인 'ㅇ〔ɦ〕(유성성문마찰음), ㆆ〔ʔ〕(성문폐쇄음)'의 음가 구별.

② 초성 23자의 체계

발음위치 \ 소리성질	全淸 예사소리	次淸 거센소리	全濁 된소리	不淸不濁 울림소리
牙音 (엄쏘리)	ㄱ 君 군	ㅋ 快 쾡	ㄲ 虯 뀽	ㆁ 業 업
舌音 (혀쏘리)	ㄷ 斗 둫	ㅌ 呑 튼	ㄸ 覃 땀	ㄴ 那 낭
脣音 (입시울쏘리)	ㅂ 彆 볋	ㅍ 漂 푷	ㅃ 步 뽕	ㅁ 彌 밍
齒音 (니쏘리)	ㅈ 卽 즉	ㅊ 侵 침	ㅉ 慈 쭝	
齒音 (니쏘리)	ㅅ 戌 슗		ㅆ 邪 썅	
喉音 (목소리)	ㆆ 挹 흡	ㅎ 虛 헝	ㆅ 洪 뽕	ㅇ 欲 욕
半舌音 (반혀쏘리)				ㄹ 閭 령
半齒音 (반니쏘리)				ㅿ 穰 샹

▌참고▐ 'ㆆ, ㅇ'은 형식적인 자음이지 실질적인 자음이 아니며, 위 음운에 빠진 'ㅸ'은 당시 훈민정음에 사용된 음운이다. 이는 동국정운식 한자음에 순경음을 채택하지 않았기에 제외된 것이다. 각 글자는 발음기관을 모방해서 만들었다.(초성 17자 참조)

▌참고▐ 전탁음은 전청음의 병서표기로 'ㄱ→ㄲ, ㄷ→ㄸ, ㅂ→ㅃ, ㅈ→ㅉ'이다. 그러나 'ㆅ'은 차청음인 'ㅎ'의 병서표기이다.

	모 양	기본자	초출자	재출자
양성모음	하늘(天)	·	ㅗ, ㅏ	ㅛ, ㅑ
음성모음	땅(地)	ㅡ	ㅜ, ㅓ	ㅠ, ㅕ
중성모음	사람(人)	ㅣ		

① 기본자와 초출자는 단모음이고, 재출자는 이중모음이다.

② 이중모음 : ㅛ, ㅑ, ㅠ, ㅕ, ㆎ, ㅢ, ㅚ, ㅐ, ㅟ, ㅔ, ㅘ, ㅝ

삼중모음 : ㅙ, ㅞ, ㅒ, ㅖ, ㆈ, ㆌ, ㅙ, ㅞ

▌참고 ▌ 중세국어, 근대국어, 현대국어의 단모음 체계

중세국어(15, 16세기)의 단모음은 기본자와 초출자로 'ㆍ, ㅡ, ㅣ, ㅏ, ㅗ, ㅓ, ㅜ'의 7모음 체계였다. 16세기에 非語頭 음절에서 'ㆍ' 가 소멸되면서 'ㅏ(ᄇᆞ롬>ᄇᆞ람), ㅡ(마ᄉᆞᆯ>마슬)' 등으로 바뀌었으며, 18세기 중엽에는 語頭 음절에서 'ㆍ'가 소멸되어 'ㅏ'로(ᄇᆞ람>바람) 바뀌었다. 이와 더불어 'ᄃᆞ리고>ᄃᆡ리고', '머기>메기' 등 'ㅣ'모음 역행동화 현상이 일어나게 되면서 중세국어의 이중모음이었던 'ㅐ, ㅔ'가 단모음으로 바뀌었다. 따라서 근대국어(17-19세기)의 단모음은 'ㅏ, ㅓ, ㅗ, ㅜ, ㅡ, ㅣ, ㅔ, ㅐ'의 8모음 체계가 되었다. 현대국어(20세기 이후)에서는 이중모음이던 'ㅚ, ㅟ'가 단모음으로 합세하면서 모두 10개의 단모음 체계로 인정하고 있지만, 'ㅚ, ㅟ'가 단모음인가에 대해서는 의문이 제기되고 있다.

3) 終聲(받침)

① 終聲復用初聲 원칙 : 받침은 초성 글자를 그대로 사용한다.

예) 곶 됴코〈龍歌 2장〉, 깊고〈龍歌 34장〉, 빛나시니이다〈龍歌 80장〉

* 이 원칙의 적용은 龍飛御天歌(8종성+ㅈ,ㅊ,ㅍ)와 月印千江之曲(8종성+ㅈ,ㅊ,ㅌ,ㅍ)이다.

② 八終聲法 : 八終聲可足用

세종 때부터 17세기까지 사용되었으며 받침으로 8자(ㄱ, ㄴ, ㄷ, ㄹ, ㅁ, ㅂ, ㅅ, ㆁ)만으로 족하다는 원칙

예) '닞디>닛디, ᄉᆞᆷ돗디>ᄉᆞᆷ돗디, 븥는>븓는' 등

③ 七終聲法 : 17세기 말부터 20세기 초까지 사용되었으며 7자(ㄱ, ㄴ, ㄹ, ㅁ, ㅂ, ㅅ, ㆁ)를 사용하는 문자 표기 원칙.

예) '돋도록→돗도록, 걷고→것고, 묻친→뭇친, 벋→벗, 뜯→뜻' 등

* 현재는 발음 표기 원칙의 七終聲法(ㄱ, ㄴ, ㄷ, ㄹ, ㅁ, ㅂ, ㅇ) 사용

▌참고▐ 중세국어, 근대국어, 현대국어의 종성 표기

訓民正音 해례(解例)의 종성해에서 終聲復用初聲 원칙을 규정하고 있다. 이는 초성 (ㄱ, ㅋ, ㆁ, ㄴ, ㄷ, ㅌ, ㄹ, ㅁ, ㅂ, ㅍ, ㅅ, ㅈ, ㅊ, ㅿ, ㅇ, ㆆ, ㅎ)글자를 받침에 그대로 사용한다는 것이지만, 八終聲(ㄱ, ㆁ, ㄴ, ㄷ, ㄹ, ㅁ, ㅂ, ㅅ)만으로도 족하다는 원칙이다. 그런데 8종성법에서 'ㄷ'과 'ㅅ'의 발음상 표기 구별이 어려우므로 17세기 이후 'ㄷ'을 'ㅅ'으로 표기함으로써 7종성법을 사용하게 되었다. 현대국어의 종성법은 근대국어와 마찬가지로 7종성법이지만, 'ㅅ'을 'ㄷ'으로 적는 규정이다. 근대국어가 문자 표기상의 7종성법이었다면, 현대국어는 발음상 표기의 7종성법이다. 즉, 근대국어가 '돋도록→돗도록, 벋→벗' 등으로 표기했다면, 현대국어는 '낫[낟], 낟[낟], 낱[낟], 낮[낟], 낳[낟]'으로 발음 표기한다.

2.3. 연서법, 병서법, 부서법

1) 連書法(니ᅀᅥ쓰기, 이어쓰기)

脣音 아래에 'ㅇ'을 이어쓰는 것으로 'ㅸ, ㅱ, ㆄ, ㅹ' 등이 있으며, 순

수국어에 사용된 것은 'ㅸ'뿐이며, 나머지는 한자음에 쓰였다.

2) 竝書法(갈바쓰기, 나란히쓰기)

둘 이상의 낱글자를 합하여 쓸 경우 'ㄲ, ㄸ, ㅄ, ㅼ…'처럼 나란히 쓰는 규정으로

첫째, 各自竝書로 같은 자음을 나란히 쓰기한 것이다. 'ㄲ, ㄸ, ㅃ, ㅉ, ㅆ, ㆅ' 등을 들 수 있다. 이들 글자는 된소리 글자로 초성 체계에서는 全濁音으로 규정되어 있으며, 주로 漢字音의 표기에 사용되었다. 세종 때부터 세조 때까지 사용된 것으로 '覃땀, 便뼌, 字쫑, ᅘᅧ' 등을 들 수 있다.

둘째, 合用竝書는 서로 다른 자음을 나란히 쓰기한 것으로 2자 병서와 3자 병서가 있다. 2자 병서는 'ㅅ'계로 'ㅺ, ㅼ, ㅽ, ㅾ'이 있으며, 20세기 초(1933)까지 사용되었다. 그리고 'ㅂ'계는 'ㅳ, ㅄ, ㅶ, ㅷ'로 18세기까지 사용되었다. 3자 병서는 'ㅄ'계로 'ㅴ, ㅵ'이 16세기까지 사용되었다. 'ᄭᅮᆷ(꿈), ᄯᅡ(땅), ᄠᅳᆮ(뜻), ᄡᅡᆯ(쌀), ᄩᅱ다(튀다), ᄢᅰ다(꿰다), ᄣᅢ(때)' 등을 들 수 있다.

3) 附書法(부터쓰기)

附書法(부텨쓰기, 부쳐쓰기)은 초성과 중성이 합쳐질 때 중성(모음)이 놓이는 자리를 규정한 것으로 오늘날의 표기법도 이에 따르고 있다. 이 부서법은 자음과 모음의 음운을 음절이 한 글자처럼 인식시킨 성과가 있다. 즉, 자음에 모음을 붙여씀으로써 한 음절이 되도록 적은 것이다. 부서법에는 초성의 아래에 붙여쓰는 下書로 'ㅗ, ㅜ, ㅛ, ㅠ', 초성의 오른편에 붙여쓰는 右書로 'ㅏ, ㅓ, ㅑ, ㅕ, ㅐ, ㅔ' 등이 있으며, 초성의

아래와 오른편에 붙여쓰는 '下書+右書'로 'ㅚ, ㅟ, ㅘ, ㅝ, ㅙ, ㅞ' 등이 있다.

▌참고▐ 한글은 본래 모아쓰기 방식이었다. 그런데 주시경, 최현배 선생이 서구어식 방식의 풀어쓰기를 도입한 것은 일종의 한자 배척 정신에서 나온 것으로 볼 수 있다.

Ⅱ. 음운

1. 음운과 음운 체계
   (1) 음성과 발음기관 (2) 국어의 음운 체계 (3) 음절
2. 음운의 변동
   (1) 음절의 끝소리 규칙 (2) 음운의 동화
   (3) 음운의 축약과 탈락 (4) 사잇소리 현상

■ 단원 학습 목표

1. 국어의 음성, 음운, 음절을 이해한다.
2. 국어의 음운체계를 이해한다.
3. 국어의 음운 변동 규칙을 이해한다.
4. 정확한 국어발음을 알고 이를 바르게 사용한다.

1. 음운과 음운 체계

▪ **학습 목표**

1. 국어의 음성, 음운, 음절을 이해한다.
2. 국어의 음운 체계를 이해한다.

1. 음성과 발음기관

1.1. 음성

1) 음성의 개념

'고기'에서 첫음절의 'ㄱ'과 둘째 음절의 'ㄱ'은 혀와 입천장을 이용하여 공기의 흐름을 막았다(閉鎖)가 터뜨려 낸다(破裂)는 공통점이 있지만, 첫음절의 'ㄱ'은 無聲音이고 둘째 음절의 'ㄱ'은 有聲音이라는 차이점이 있다. '목'에서의 'ㄱ'은 '고기'의 첫 'ㄱ'과는 무성음이라는 공통점이 있지만 공기의 흐름을 閉鎖하기만 하고 破裂하지 않는다는 점에서 다르다. 이와 같이 구체적인 소리의 하나하나를 音聲이라 한다.

▌참고▐ 음성과 소리의 차이

음성은 인간의 발음기관을 통하여 만들어진 소리(③)로, 말을 만드는 데 활용되는 분절적인 소리이다. 반면에 소리는 더 넓은 의미로 모든 자연의 소리(①)를 말한다. 그러나 인간의 발음기관을 통하여 만들어진 소리라고 해서 음운의 실현인 음성이라는 의미를 포함하고 있지 않으므로 ②를 음성으로 보지 않는다.

① 새소리, 바람소리
② 아기의 울음소리, 노랫소리
③ 그 사람의 음성은 저음이다

2) 음성학의 개념

음성학은 언어학의 한 분야로 언어학에서 차지하는 비중이 매우 크다. 音聲學(phonetics)은 音韻論(phonology)과 유사한데, 음성학이 소리에 대한 靜寂(static)인 학문이라면 음운론은 動的(dynamic)인 학문이다. 그리고 음성학이 소리에 대한 과학적인 기술과 분류인 반면에, 음운론은 소리의 체계와 기능을 생각한다. 또한, 음성학이 소리의 존재에 대한 학문이라면, 음운론은 소리의 행위에 대한 학문이다.

인간이 낼 수 있는 수많은 종류의 소리 중에서 언어에 이용되는 소리를 언어음(speech sounds)이라 하고, 이 언어음을 연구하는 것을 음성학이라 한다. 음성학에서는 소리가 어떻게 나오며 어떻게 음파를 타고 전달되고 어떻게 지각되는지 언어음의 특성에 대한 일반적인 연구를 다룬다. 따라서 이는 音素의 구현으로서의 음성을 대상으로 하여 음성을 기술하고 분류하는 분야로서 음성모형과 음운체를 연구하는 음운론(phonology)과 구별된다. 음성언어는 말소리, 즉 사람의 음성기관을 움직여서 내는 언어음(speech sound)으로 이루어지는 말이다.

3) 음성학의 유형

말소리는 여러 가지 방법으로 분석 기술된다. 發生的 방면으로 화자가 소리내는 조음기관의 움직임을 연구하는 調音音聲學과 음향적 방면으로 소리를 전파 매개하는 音波의 성질을 연구하는 音響音聲學 그리고 청취자의 입장에서 귀로 感知하는 음성을 고찰하는 聽取音聲學 등 여러 측면에서 말소리를 기술할 수 있다.

① 청취음성학

흔히들 cash, father에서 나는 a음을 평탄한(flat) 혹은 넓은(broad) a음이라 하고, go에서 소리나는 g를 센(hard) g 소리라고 한다. 거센소리(harsh)니 밝은 소리(bright)니 하여 음성을 특징짓게 되는데, 어떤 소리가 아무리 개인의 귀에 거세게 들렸다 해도 그것이 다른 사람의 귀에는 전혀 다르게 들릴 수도 있다. 이와 같이 청자가 느끼는 聽覺印象에 근거하여 말소리를 기술하는 일은 마치 식물학자가 색깔과 냄새에 의하여 꽃과 나무를 판별하는 것과 같이 객관적이고 과학적인 면이 결여되어 있다. 더구나 청자의 관점에서 말소리를 연구한다면 말소리의 특성을 확인하는데 필요한 객관적 기준이 없으므로 청자의 주관으로 좌우되기 쉽다. 따라서 청자의 귀로 감지하는 음성을 고찰하는 聽取音聲學(auditory phonetics)은 고도의 경지에 이른 음성학자의 섬세하고 정확한 귀로 판단한다는 장점보다는 음성의 물리적 성질을 과학적으로 규명할 수 없다는 점에서 문제가 있다.

② 음향음성학

공기 중의 진동으로서의 음성의 波形을 연구 대상으로 하는 음성학을 音響音聲學(acoustic phonetics)이라 한다. 음성 자체의 물리적 구조를 살피고, 그 음파의 특성을 물리 기계의 도움으로 분석 기술한다. 지금까지 가장 많이 쓰이는 기록계로는 음파기록기(kymograph), 진동기록기(oscillograph), 음향스펙트럼 분석기, 오실로스코프(oscilloscope) 등이 있다. 특히 음향스펙트럼 분석기는 물리현상으로서의 음파를 진동수·진폭·스펙트럼 분포 등 3가지 측면에서 관찰할 수 있다. 귀로만 들어서 아는 청각인상만으로는 음성의 물리적 성격을 정확히 규명할 수 없으므로 음향음성학에서는 이들을 기계로 측정 처리하여 보다 더 정확하고 수량화된 음성학을 시도하는 것이다.

③ 조음음성학

말소리를 구체적으로 포착하여 처리하려고 할 때 취할 수 있는 3가지 방법 중 생리적 발생적 측면에서 하나의 말소리가 어떤 음성기관을 어떻게 사용해서 만들어지는가를 기술하고, 그 음성의 분류를 위한 기틀을 제공한다. 이와 같이 음성기관의 움직임을 생리적으로 연구하는 음성학을 調音音聲學(articulatory phonetics) 또는 생리음성학(physiological phonetics)이라 한다. 화자가 발음할 때의 음성기관의 움직임을 연구하고, 이것에 근거하여 말소리가 어떻게 산출되느냐에 따라 언어음을 정의하고 분류한다. 예를 들면, [ʃ]라는 음은 "혀의 앞부분을 윗잇몸보다 약간 후면에 대어 銳擦한 소리를 내며, 성대가 진동하지 않는 무성음이다" 와 같이 분석한다.

④ 유성음・무성음

음성은 성대진동, 즉 聲(voive)의 유무에 따라 유성음과 무성음으로 나뉜다. 성대를 진동시킴으로써 발음되는 소리, 곧 성대 진동을 동반하여 산출되는 소리를 有聲音(voiced)이라 하고, 유성음과는 달리 성대진동을 동반하지 않는 소리를 無聲音(voiceless)이라 한다. 예를 들면 국어의 모든 모음과, 자음 중 /ㄴ,ㄹ,ㅁ,ㅇ/ 등이나 /b, d, g/ 등은 유성음이고, 국어에서 /ㄴ,ㄹ,ㅁ,ㅇ/을 제외한 모든 자음이나, /p, t, k/ 등은 무성음이다. 영어 단어 pit(구멍)에서 p는 무성음이고, bit(작은 조각)에서 b는 유성음이다.

⑤ 구음・비음

음성은 호기가 입안으로 향하느냐 코안으로 향하느냐에 따라 口音(구강음)과 鼻音(비강음)으로 나뉜다. 목젖(velum, 라틴어로 '돛'의 뜻)을 올려서 비강을 차단하고 구강쪽으로 기류를 향하게 하여 산출되는 소리를 구음 또는 구강음(orals)이라 하고, 목젖을 아래로 내려서 기류 전체

혹은 일부를 코로 통하게 하여 비강에서 공명하여 산출되는 소리를 비음 또는 비강음(nasals)이라 한다.

⑥ 지속음 · 비지속음

또한 呼氣를 완전히 차단하느냐, 혹은 부분적으로 차단하느냐에 따라 조음시의 소요되는 시간이 달라져 지속음과 중단음으로 발음된다. 발화할 때 기류가 완전히 막히지 않거나 부분적으로 막혀서 내는 소리를 持續音(continuant)이라 하고, 완전히 차단하여 내는 소리를 비지속음 또는 中斷音(interrupted)이라 한다. 기류가 음성기관에서 방해를 받는 정도에 따라 자음적인 말소리와 모음적인 말소리로 나뉜다. 다음은 調音連續圖(continuum of articulation)로 그 차례를 보인 것이다.

⑦ 저지음 · 공명음

조음방법에 따른 분류의 하나로서 폐쇄의 정도와 비강공명과 같은 소리의 변화에 따라 저지음과 공명음으로 나뉜다. 沮止音(obstruents)은 공기의 흐름을 저지함으로써 산출되는 폐쇄음, 마찰음, 파찰음 등을 말한다. 共鳴音(resonants)은 성도를 저지하지 아니하고 성도의 모양을 변형함으로써 산출되는 비음, 설측음, 설전음, 인두음, 반모음, 모음 등을 말한다.

⑧ 성절음·비성절음

모음과 같이 음절을 이루는 분절음을 成節音(syllabics)이라 하고, 자음과 같이 음절을 이루지 못하는 분절음을 비성절음(unsyllabics)이라 한다. 성절음을 이루는 가장 일반적인 것은 모음이지만, 영어와 같은 일부 개별언어에는 성절자음도 있다. 그러나 반모음은 비성절음이다. 모음이 비성절음일 경우에는 보조기호 〔 ̯ 〕를 하여 표시한다. 과도음 〔j〕, 〔w〕는 비성절음으로서 종종 〔i̯〕, 〔u̯〕로 기록한다. 자음이 성절음일 경우에는 보조기호 〔 ̩ 〕로 표시한다. 예를 들면 r이 성절음이면 〔r̩〕로 기록한다.

1.2. 발음기관

음성을 발음해 내는 人體의 모든 기관을 발음기관(organs of speech)이라고 한다. 발음기관은 크게 3부위로 나뉘는데, 공기를 움직이게 하는 發動部(initiator)와 소리를 발성해 내는 發聲部(vocalizator) 그리고 발성된 소리를 고루는 調音部(articulator) 등이 있다.

1) 발음기관

발음기관
- 발동부: 공기를 움직이게 하는 부분(폐, 후두, 후부구강)
- 발성부: 소리를 발성하는 부분(성대)
- 조음부: 발성된 소리를 조음하는 부분(구강, 비강)

【발음기관(The Organs of Speech)】

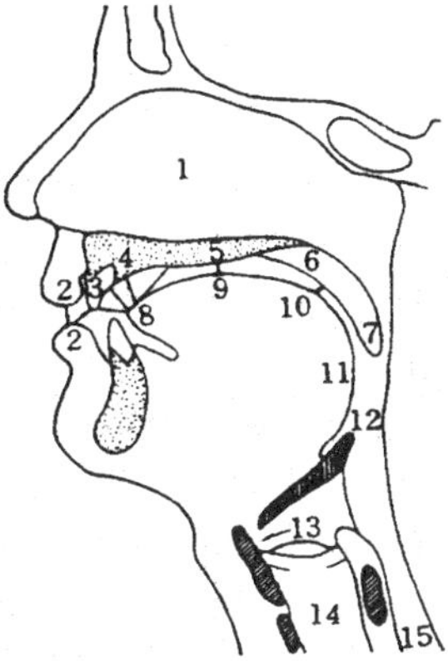

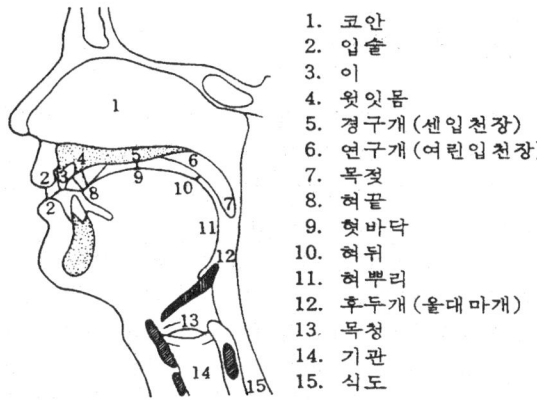

1. 코안
2. 입술
3. 이
4. 윗잇몸
5. 경구개(센입천장)
6. 연구개(여린입천장)
7. 목젖
8. 혀끝
9. 혓바닥
10. 혀뒤
11. 혀뿌리
12. 후두개(울대마개)
13. 목청
14. 기관
15. 식도

2) 조음부

성대에서 발성된 소리를 조음하는 입안(구강)과 코안(비강)을 調音部(articulator)라고 한다. 조음부에는 固定部와 能動部가 있다. 윗입술, 윗잇몸(치조)·경구개, 연구개 등은 전자에 속하고, 아랫입술, 혀끝(설단), 혓바닥(설면), 혀뿌리(설근) 등은 후자에 속한다. 고정부는 조음기관에서 가장 큰 수축이 일어나는 조음위치를 나타내므로 調音點(point of articulation)이라 하고, 능동부는 呼氣를 막거나 일변하는 데 사용하는 조음기관이므로 調音部(articulator)라 하여 구별하기도 한다.

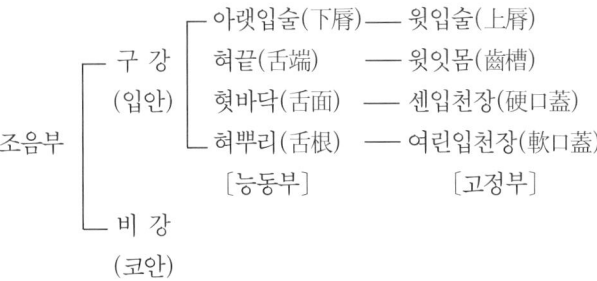

조음부
- 구 강(입안)
  - 아랫입술(下脣) — 윗입술(上脣)
  - 혀끝(舌端) — 윗잇몸(齒槽)
  - 혓바닥(舌面) — 센입천장(硬口蓋)
  - 혀뿌리(舌根) — 여린입천장(軟口蓋)
  - [능동부] [고정부]
- 비 강(코안)

2. 국어의 음운 체계

2.1. 음운

국어에서 '굴, 꿀, 둘, 물, 불, 뿔, 술, 줄' 등은 첫소리 'ㄱ,ㄲ,ㄷ,ㅁ,ㅂ,ㅃ,ㅅ,ㅈ' 에 의하여 서로 뜻이 다른 언어가 되고, '발 벌, 볼, 불' 등은 가운뎃소리 'ㅏ, ㅓ, ㅗ, ㅜ'에 의하여 뜻이 다른 단어가 된다. 이처럼 말의 뜻을 구별해 주는 기능을 가진 소리의 단위를 音韻이라 한다.

▌참고▐ 음소(音素)와 운소(韻素)

음소(phoneme)는 자음이나 모음처럼 분리되는 분절 음운을 말한다. 반면에 운소(prosody)는 말소리의 운율적 구조에 관한 연구로 음절에 관계되는 음량, 강세, 성조에 관한 연구와 음성적 구절과 문장에 관련된 억양에 관한 연구로 비분절 음운에 의해 의미가 분화된다. 일부 언어학자들은 초분절음(suprasegmentals)이라고도 한다. 음량(音量)은 분절음의 상대적 길이를 의미하는 것으로 국어는 語意가 분화되는 음절 시간 리듬(syllable-timed-rhythm) 언어에 속한다.

▌참고▐ 음성과 음운의 비교

음 성	음 운
① 발음기관을 통하여 실제로 소리나는 물리적인 소리	① 비슷한 음성군으로 기억되어 있는 관념적인 소리
② 한 개인이라도 때에 따라서 발음이 달라지는 구체적인 소리	② 모든 사람이 같은 소리값으로 생각하는 추상적인 소리
③ 문자로 나타낼 수 없는 순간적이며 일시적인 소리	③ 문자로 나타낼 수 있는 역사적이며 전통적인 소리
④ 뜻의 차이를 구별할 수 없는 소리(변별적 기능이 없음)	④ 뜻을 구별하여 주는 가장 작은 음성단위(변별적 기능이 있음)
⑤ 시대나 나라와 관계 없는 일반적인 소리	⑤ 일정한 음운체계와 관계가 있는 소리
⑥ 음성학의 단위	⑥ 음운학의 단위

① 변이음 : 하나의 음운이 음성 환경에 따라서 음성적으로 실현된 각각의 소리를 말한다. '가곡'에 사용된 'ㄱ'이라는 음운은 각각의 음성 환경에 따라 무성음 'ㄱ'[k], 유성음 'ㄱ'[g], 내파음 'ㄱ'[k˺]으로 발음되지만 뜻을 구별짓는 일을 하지 못할 때, 그들 음성을 가리켜 變異音(allophone)이라 한다.

▌참고▐ 최소대립어, 변이음과 상보적 분포

(1) 최소대립어 : 동일한 환경에서 하나의 음운(소리)만이 달라져서 의미의 분화가 생기는 짝을 '최소대립의 쌍'이라 하고, 그 단어들을 최소대립어라 한다. 예를 들어 '불 : 뿔 : 풀', '발 : 벌, 볼 : 불' 등을 들 수 있다.

(2) 변이음과 상보적 분포 : '밥'에서 첫소리인 'ㅂ'[p]은 입술을 열면서 내는 개방폐쇄음인 외파음(explosive)이지만, 끝소리인 'ㅂ'[p]은 열렸던 입술이 닫히면서 내는 억지폐쇄음으로 내파음(implosive)이다. 이에 비해 '가방'의 단어에서 모음 사이에 있는 'ㅂ'[b]은 유성폐쇄음이다. 이처럼 한 개의 음운이 각각의 음성 환경에 따라 다르게 발음되지만 의미를 구별 짓지 못할 때, 이들 음성을 변이음(變異音, allophone)이라 한다. 그리고 이들 변이음이 나타나는 환경은 서로 뒤바뀌지 않는 성질이므로 상보적 분포를 가진다고 한다.

② 국어의 음운 : 국어의 음운에는 단모음 10개, 이중모음 11개, 자음 19개가 있다.

- 음운
  - 모음
    - 단모음: 'ㅏ, ㅓ, ㅗ, ㅜ, ㅡ, ㅣ, ㅐ, ㅔ, (ㅚ, ㅟ)'(10개)
    - 이중모음: 'ㅑ, ㅕ, ㅛ, ㅠ, ㅒ, ㅖ, ㅘ, ㅙ, ㅝ, ㅞ, ㅢ'(11개)
  - 자음
    - 안울림소리(저지음): 'ㅂ,ㅃ,ㅍ,ㄷ,ㄸ,ㅌ,,ㄲ,ㅋ,ㅈ,ㅉ,ㅊ,ㅅ,ㅆ,ㅎ'(15개)
    - 울림소리(공명음): 'ㅁ,ㄴ,ㄹ,ㅇ'(4개)

2.2. 모음

날숨이 목청 사이를 지나면서 아무런 장애를 받지 않고 입안에서 목청이 떨어 나는 소리를 母音(vowels)이라 한다. 모음의 종류에는 말소리를 발음하는 도중에 입술이나 혀가 고정되어 움직이지 않는 소리인 단모음과 소리를 내는 도중에 입술 모양이나 혀의 위치가 처음과 나중이 달라지는 소리인 이중모음이 있다. 단모음은 혀의 앞뒤의 위치에 따라(二分法) 前舌모음과 後舌모음으로 나뉜다. 전설모음은 혀의 앞쪽에서 발음되는 모음('ㅣ, ㅔ, ㅐ, ㅚ, ㅟ')이고, 후설모음은 혀의 뒤쪽에서 발음되는 모음('ㅡ, ㅓ, ㅏ, ㅜ, ㅗ')이다. 또한, 혀의 높낮이에 따라(三分法) 고모음, 중모음, 저모음이 있다. 高모음은 입이 조금 열려서 혀의 위치가 높은 모음('ㅣ, ㅟ, ㅡ, ㅜ')이고, 中모음은 혀의 위치가 중간인 모음('ㅔ, ㅚ, ㅓ, ㅗ')이며, 低모음은 입이 크게 열려서 혀의 높이가 낮은 모음('ㅐ, ㅏ')이다. 그리고 입술의 모양에 따라 원순모음과 평순모음으로 나뉜다. 圓脣모음은 입술을 둥글게 오므려 내는 모음('ㅚ, ㅟ, ㅜ, ㅗ')이고, 平脣모음은 원순모음이 아닌 모음('ㅏ, ㅓ, ㅡ, ㅣ, ㅔ, ㅐ')이다. 이에 국어의 모음체계(학교문법)를 보이면 아래와 같다.

국어의 모음체계

혀의 앞뒤	전설모음		후설모음	
혀의 높이	평 순	원 순	평 순	원 순
고 모 음	ㅣ	ㅟ	ㅡ	ㅜ
중 모 음	ㅔ	ㅚ	ㅓ	ㅗ
저 모 음	ㅐ		ㅏ	

▌참고▐ 현대국어의 모음

현대 표준국어의 단순모음 음소는 다음 아홉 개로 보고 있으며, 여기에 길이의 韻素가 결합된다.

母音	이	에	애	아	어	오	우	으	어ˑ
IPA	i	e	ɛ	a	ʌ	o	u	ɯ	ə

이 중에서 /i, e, ɛ/는 전설모음, /ə, a/는 중설모음, /u, o, ʌ, ɯ/는 후설모음에 속한다. 후설모음 중 /u, o/와 전설모음 중 /ø, y/ 등은 원순모음이며, 그 나머지는 모두 평순모음이다.

발음될 때 혀의 높이에 따라 이 아홉 母音을 다시 분류하면 다음과 같다.

閉母音(高)	i		ɯ u
半閉母音(半高)	e	ə	o
半開母音(半低)	ɛ		ʌ
開母音(低)		a	

IPA의 기준에 따라 국어의 母音을 모음 사각도 위에 나타내 보이면 다음과 같다.

【표준국어의 모음사각도】

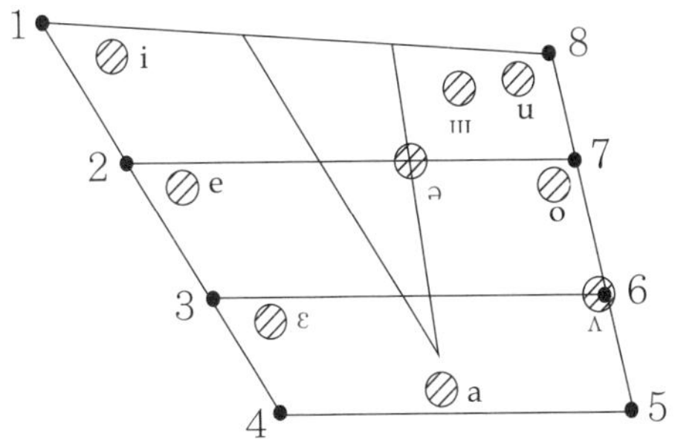

▌참고▐ 탐구 문제

① 'ㅔ[e]'와 'ㅐ[ɛ]'의 구별 : 'ㅔ'는 전설 중모음이고, 'ㅐ'는 전설 저모음이다. 따라서 'ㅐ'보다 'ㅔ'는 개구도가 작으므로 입을 좀 더 닫고, 센입천

장과 앞 혀의 간격을 좁혀서 발음하여야 한다. 그러나 일반적으로 '찌개'와 '찌게'의 발음 구별이 어렵듯이 표기도 그대로 하기 때문에 정서법의 문제를 드러낸다. 그렇다고 어느 하나로 표기 통일도 어렵다. '세집'과 '새 집', '네것'과 '내것'은 분명 다르기 때문이다.

② 'ㅐ〔ɛ〕'의 개구도 : 학교문법은 저모음, 국제음성기호에서는 중모음(半開母音)이다.

③ 'ㅟ'와 'ㅚ' : 학교문법은 단모음으로 보고 있으나 'ㅟ'와 'ㅚ'는 〔wi〕, 〔we〕로 이중모음이다.

④ 이중모음 : 이중모음은 입술모양이나 혀의 위치가 처음과 나중이 달라지는 음운으로 시작되는 혀의 위치에 따라 구분된다. 'ㅣ̆'의 자리에서 시작되는 모음('ㅑ, ㅕ, ㅛ, ㅠ, ㅒ, ㅖ'), 'ㅗ̆/ㅜ̆'의 위치에서 시작되는 모음('ㅘ, ㅙ, ㅝ, ㅞ, (ㅟ)'), 'ㅡ'의 위치에서 시작되어 'ㅣ̆'의 위치에서 끝나는 모음('ㅢ')이 있는데, 이들 이중모음을 형성하는 'ㅣ̆'〔j〕, 'ㅗ̆/ㅜ̆'〔w〕 등이 반모음이다.

	혀뿌리-연구개	혓바닥-경구개
반 모 음	ㅗ̆ / ㅜ̆〔w〕	ㅣ̆〔j〕

▌참고 ▌ 반모음과 '의'

국어의 반모음은 크게 경구개 반모음인 /j/와 연구개 반모음인 /w/가 있다. /w/는 입술을 둥글게 하여 소리를 내므로 순음(脣音)으로 간주하기도 한다. 반모음은 이중모음을 만드는 데 반드시 포함된다. ① 야〔j+a〕, 여〔j+ə〕, 요〔j+o〕, 유〔j+u〕, ② 와〔w+a〕, 워〔w+ə〕, 웨〔w+e) 등과 같이 '반모음+단모음'의 상향이중모음(上向二重母音)의 형식을 취한다.

그러나 '의'는 이러한 상향식 구성 방법인 '반모음+단모음'의 형식으로 한다면 반모음 'ㅡ'를 새로 설정해야 한다. 이에 대응되는 반모음으로 /ɯ/가 있어 '의'는 〔ɯi〕가 되는데 이는 오직 '의' 하나에만 나타나고, '긔, 늬' 등 자음이 오면 탈락해버리는 특성이 있다. 반면에 일반적으로 사용되는 반모음 /j/를 이용하면 이중모음 '의'는 〔ɯ+j〕가 된다. 그런데 이 경우 결합 방식은 '단모음+반모음'으로 이루어져 하강이중모음(下降二重母音)

의 형식을 취한다. 이러한 방식의 이점은 /ɰ/의 특수한 반모음을 설정하지 않아도 된다는 점이다.

그리고 'ㅢ'의 발음에 대해 표준발음법에 의하면 다음과 같다.

① 자음을 첫소리로 가지고 있는 음절의 'ㅢ'는 〔ㅣ〕로 발음한다.
늴리리 닁큼 무늬 띄어쓰기 희어 희망 유희

② 단어의 첫음절 이외의 '의'는 〔ㅣ〕로, 조사 '의'는 〔ㅔ〕로 발음함도 허용한다.
주의〔주의/주이〕 협의〔혀븨/혀비〕 우리의〔우리의/우리에〕 강의의〔강:의의/강:이에〕

2.3. 자음

목청을 통과한 공기의 흐름이 입안 또는 입안의 어떤 자리가 완전히 막히거나 좁혀지거나 하는 장애를 받고 나는 소리를 자음이라 한다. 자음의 종류에는 소리 내는 자리(調音位置)에 따라 순음, 치조음, 경구개음, 연구개음, 후음 등이 있다. 입술소리인 兩脣音은 두 입술에서 나는 소리(ㅂ, ㅃ, ㅍ : ㅁ), 혀끝소리(舌端音)인 齒槽音(치조음)은 혀끝과 윗잇몸 사이에서 나는 소리(ㄷ, ㄸ, ㅌ ; ㅅ, ㅆ ; ㄴ ; ㄹ), 硬口蓋音(경구개음)은 혓바닥과 경구개 사이에서 나는 소리(ㅈ, ㅉ, ㅊ), 軟口蓋音(연구개음)은 혀의 뒷부분과 연구개에서 나는 소리(ㄱ, ㄲ, ㅋ ; ㅇ), 목청소리인 喉音(후음)은 목청 사이에서 나는 소리(ㅎ) 등이 있다. 소리를 내는 방법(調音方法)에 따라서는 크게 저지음과 공명음으로 분류된다. 안울림소리인 저지음에는 파열음, 마찰음, 파찰음이 있다. 破裂音은 폐에서 나오는 공기를 막았다가 그 막은 자리를 터뜨리면서 내는 소리(ㅂ, ㅃ, ㅍ ; ㄷ, ㄸ, ㅌ ; ㄱ, ㄲ, ㅋ)이고, 摩擦音은 입안이나 목청 사이의 통로를 좁혀서, 공기가 그 사이를 비집고 나오면서 마찰하여 나는 소리(ㅅ, ㅆ ;

ㅎ)이며, 破擦音은 처음에는 파열음, 나중에는 마찰음의 순서로 두 가지 성질을 다 갖는 소리(ㅈ, ㅉ, ㅊ)이다. 이런 沮止音(파열음, 마찰음, 파찰음)은 다시 예사소리(ㅂ, ㄷ, ㄱ, ㅈ), 된소리(ㅃ, ㄸ, ㄲ, ㅉ), 거센소리(ㅍ, ㅌ, ㅋ, ㅊ) 등으로 나뉜다.

울림소리인 共鳴音은 비음과 유음으로 나뉘는데, 鼻音은 입안의 통로를 막고 코로 공기를 내보내면서 내는 소리(ㅁ, ㄴ, ㅇ)이고, 流音은 혀끝을 잇몸에 가볍게 대었다가 떼거나('노래'의 'ㄹ'), 혀끝을 잇몸에 댄 채 공기를 그 양 옆으로 흘러 보내면서 내는 소리('달'의 'ㄹ')이다.

▌참고▐ 자음의 분류

子音을 안울림소리와 울림소리로 양분하는 것은 잘못된 분류방법이다. 무성음 'ㅂ, ㄷ, ㄱ, ㅈ'은 유성음 사이에서 유성음으로 발음되기 때문이다. 따라서 저지음(obstruent)과 공명음(resonants)으로 분류하는 것이 타당하다. 따라서 울림소리(有聲音)는 비음(ㄴ, ㅁ, ㅇ)과 유음(ㄹ)이며, 안울림소리(無聲音)는 저지음(파열음, 마찰음, 파찰음)이지만, 이 중에서 'ㅂ, ㄷ, ㄱ, ㅈ'은 울림소리 사이에서는 울림소리로 발음된다.

국어의 자음체계

조음 방법 \ 조음 위치			두입술	윗잇몸 혀 끝	경구개 혓바닥	연구개 혀 뒤	목청사이
안울림 소리 (저지음)	파열음	예사소리	ㅂ	ㄷ		ㄱ	
		된 소 리	ㅃ	ㄸ		ㄲ	
		거센소리	ㅍ	ㅌ		ㅋ	
	파찰음	예사소리			ㅈ		
		된 소 리			ㅉ		
		거센소리			ㅊ		
	마찰음	예사소리		ㅅ			ㅎ
		된 소 리		ㅆ			
울림 소리 (공명음)	비음(鼻音)		ㅁ	ㄴ		ㅇ	
	유음(流音)			ㄹ			

영어의 자음체계

조음점 / 조음법			양순음	순치음	치 음	치조음	경구개음	연구개음	성문음
폐쇄음		무성음	/p/ (pin)			/t/ (tin)		/k/ (coal)	
		유성음	/b/ (bin)			/d/ (din)		/g/ (goal)	
파찰음		무성음					/č/ church		
		유성음					/ǰ/ (judge)		
마찰음	평평한	무성음		/f/ (fine)	/θ/ (think)				/h/ (house)
		유성음		/v/ (vine)	/ð/ (this)				
마찰음	홈이 생긴	무성음				/s/ (seal)	/š/ (shoe)		
		유성음				/z/ (zeal)	/ž/ (azure)		
설측음						/l/ (life)			
비 음			/m/ (man)			/n/ (now)		/ŋ/ (sing)	
반모음			/w/ (water)				/j/ (yes)		

2.4. 소리의 길이

국어에서 같은 모음을 특별히 길게 소리냄으로써 단어의 뜻을 분별하는 기능을 갖는 경우가 많다. 이처럼 소리의 길이는 뜻을 구별하여 준다는 점에서 자음이나 모음과 같은 기능을 갖는다.

1) 소리의 길이에 따라 뜻이 분별되는 말

눈:〔雪〕 - 눈〔目〕	밤:〔栗〕 - 밤〔夜〕
발:〔簾〕 - 발〔足〕	장:〔將, 醬〕 - 장〔場〕
벌:〔蜂〕 - 벌〔罰〕	손:〔損〕 - 손〔手〕
배:〔倍〕 - 배〔梨, 舟〕	매:〔鷹〕 - 매〔磨石, 회초리〕
돌:〔石〕 - 돌(생일)	굴:〔窟〕 - 굴(굴조개)
고:적(古蹟) - 고적(孤寂)	광:주(廣州) - 광주(光州)
부:자(富者) - 부자(父子)	방:화(放火) - 방화(防火)
유:명(有名) - 유명(幽明)	적:다(小量) - 적다(記錄)
갈:다(耕) - 갈다(代)	곱:다(麗) - 곱다(손이)
가:정(假定) - 가정(家庭)	무:력(武力) - 무력(無力)
걷:다(步) - 걷다(收)	영:리(怜悧) - 영리(營利)
대:전(大戰) - 대전(大田)	이:사(理事) - 이사(移徙)
사:실(事實) - 사실(寫實)	묻:다(問) - 묻다(埋)
달:다(물이 졸아 붙다, 다오) - 달다(甘)	말:다(勿) - 말다(卷)
잇:다(續) - 있다(有)	성:인(聖人) - 성인(成人)

▌참고 ▌ 동철이의어, 사잇소리

① 동철이의어(同綴異意語)

사과(沙果) 〔sagwa〕　　사과(謝過)〔sa:gwa〕

사과(赦過) 〔sa(:)gwa〕　　사과(四科, 史科)〔sa:k'wa〕

語〔:말〕 斗, 末, 橛〔·말〕　　마름(藻)〔·뭘〕 馬〔뭘〕

② 사잇소리

돌집〔돌:집〕(석조건물) - 돌집〔돌:찝〕(石材商)

대:가(代價) - 단가(單價)　　성:격(性格) - 결격(缺格)

전:과(戰果) - 성과(成果)　　교:무과(敎務課) - 인사과(人事課)

교:권(教權) - 공권(公權)	거:물급(巨物級) - 부장급(部長級)
윤:기(潤氣) - 인기(人氣)	세:방(貰房) - 금방(金房)
헌:법(憲法) - 문법(文法)	폐:병(肺病) - 전염병(傳染病)
수:자(數字) - 문자(文字)	채:점(採點) - 관점(觀點)
외:출증(外出證) - 사증(査證)	광:증(狂症) - 실어증(失語症)

2) 긴소리의 위치 : 긴소리는 일반적으로 단어의 첫째 음절에서 나타난다.

명사 - 곰:보, 그:네, 대:추, 자:랑, 호:박

동사 - 긋:다, 깁:다, 놀:다, 살:다, 울:다

형용사 - 검:다, 멀:다, 좋:다, 참:하다, 가:엾다

부사 - 모:두, 진:작, 아:무리

또한, 본래 길게 나던 것도 둘째 음절 이하에 오면 짧게 발음된다.

옷+솔: → 옷솔	우리+말: → 우리말
구두+솔: → 구둣솔	함박+눈: → 함박눈

3. 음절

한 뭉치를 이루는 소리의 덩어리로서 모음과 자음이 결합되어 이루는 가장 작은 발음 단위를 音節이라 한다. 국어에서 음절이 만들어지려면 반드시 성절음인 모음이 있어야 한다. 음절의 구조는 '모음(V)' 단독(이, 어, 애, 왜), '자음+모음(cV)'(가, 노, 대, 표), '모음+자음(Vc)'(앞, 열,

옷, 왕), '자음+모음+자음(cVc)'(감, 돌, 벌, 집) 등을 들 수 있다. 음절을 구성할 때, 우선, 음절의 첫소리로 올 수 있는 자음은 모두 18개이며, 'ㅇ'[ŋ]은 첫소리에 올 수 없다. 그리고 음절의 끝소리로 올 수 있는 자음은 7개('ㄱ, ㄴ, ㄷ, ㄹ, ㅁ, ㅂ, ㅇ')의 자음만 올 수 있으며, 자음 단독으로는 음절을 이루지 못한다.

▌참고 ▌ 음절(音節)

음절(syllable)이란 공명도(sonority)가 높은 음절주음이 되는 모음을 중심으로 하나의 글자의 단락을 이룬 최소의 음성연쇄로 일종의 발음의 단위이다. 국어의 문자체계에 있어서 한글은 音素文字이지만, 표기에 있어서는 음절(모아쓰기) 단위로 기호화하고 있다. 국어의 음절은 종성 없이 모음으로 끝나는 개음절과 종성을 갖는 폐음절이 있으며, 초성이 자음으로 시작되는 경우 음절 두음 제약이 있다. 영어의 'stop'은 한 음절인데, 국어에서는 '스톱'으로 2개의 음절을 이룬다. 이는 두 언어 간의 음운론적 구조상의 차이 때문이다.

▌참고 ▌ 성절음과 연음

음절의 중심을 이루는 모음(가운뎃소리)은 成節音이고, 첫소리와 끝소리를 이루는 자음은 비성절음이다. 또한, '값이→ 갑시, 흙을→흘글, 읊어→을퍼'처럼 형태소의 경계를 넘어 다음 음절로 음이 이동하는 현상을 連音이라 한다.

2. 음운의 변동

▪ **학습 목표**

1. 음운 변동의 개념을 이해한다.
2. 국어의 음운 변동 규칙을 이해한다.
3. 국어의 발음을 올바르게 하는 능력을 기른다.

음운의 변동이란 한 형태소가 다른 형태소와 결합할 때, 형태소의 음운이 조건에 따라 다른 음운으로 바뀌는 현상을 말한다. 음운의 변동에는 어떤 음운이 형태소의 끝에서 다른 음운으로 바뀌는 교체, 한쪽의 음운이 다른 쪽 음운의 성질을 닮는 동화, 두 개의 음운이 하나의 음운으로 합쳐지는 축약, 두 음운 중 어느 하나가 없어지는 탈락, 형태소가 합성될 때 그 사이에 음운이 덧붙는 첨가 등이 있다.

▌참고▐ 동화와 비동화

조건에 의한 결합변화의 음운변화에는 동화와 비동화가 있는데, 동화에는 자음동화(비음화, 유음화), 자음·모음간 동화(구개음화), 모음동화(모음조화, ㅣ모음동화), 비동화에는 축약, 탈락, 첨가, 이화, 중화, 음운도치 등이 있다.

1. 음절의 끝소리 규칙

비동화과정의 하나로 중화(中和)라고도 하는데, 현대국어에서 음절의 끝소리로 발음될 수 있는 자음은 'ㅂ, ㄷ, ㄱ, ㅁ, ㄴ, ㅇ, ㄹ' 일곱 소리뿐이다. 따라서 음절 끝에 일곱 소리 이외의 자음이 오면 이 일곱 자음 중의 하나로 바꿔어 발음하는데, 이러한 음운의 교체현상을 음절의 끝소리 규칙이라 한다.

㈎ 음절 끝자리의 'ㅍ'은 'ㅂ'으로 소리난다.

앞→〔압〕, 잎→〔입〕

(나) 음절 끝자리의 'ㅅ, ㅆ, ㅈ, ㅊ, ㅌ, ㅎ'은 'ㄷ'으로 소리난다.

옷→〔옫〕, 낮→〔낟〕, 꽂→〔꼳〕, 바깥→〔바깥〕, 히읗→〔히읃〕

(다) 음절 끝자리의 'ㄲ, ㅋ'은 'ㄱ'으로 소리난다.

밖→〔박〕, 부엌→〔부억〕

(라) 음절 끝자리의 겹받침은 하나만 발음된다.

① 'ㅄ, ㄳ, ㄽ, ㄾ, ㅉ'은 첫째 자음만 발음된다.

값→〔갑〕, 몫→〔목〕, 외곬→〔외골〕, 핥다→〔할따〕, 앉다→〔안따〕

② 'ㄻ, ㄿ'은 둘째 자음만 발음된다.

젊다→〔점따〕, 읊지→〔읍찌〕

③ 'ㄺ, ㄼ'은 불규칙적이다.

읽고→〔일꼬〕, 읽지→〔익찌〕, 넓다→〔널따〕, 밟다→〔밥:따〕,
넓둥글다→〔넙뚱글다〕 넓죽하다→〔넙쭈카다〕

④ 'ㅄ, ㄳ, ㄽ, ㄾ, ㄵ' 등은 첫째 자음으로 발음한다.

'값'→〔갑〕

(마) 끝에 자음을 가진 형태소가 모음으로 시작되는 형식 형태소와 만나면, 그 끝 자음은 다음 음절의 첫소리로 발음된다. 그러나 뒤에 오는 형태소가 실질 형태소이면 음절 끝소리 규칙에 따라 대표음으로 바뀌고 뒤의 음절 첫소리로 발음된다.

옷이→〔오시〕 옷을→〔오슬〕 옷 안→〔오단〕 옷 아래〔오다래〕
꽃 위〔꼬뒤〕 값이→/갑시/→〔갑씨〕 값을→/갑슬/→〔갑쓸〕
값 없다→/갑업다/→〔가법따〕
값있는→/갑읻는/→〔가빋는〕→〔가빈는〕
맛있는〔마딘는〕, 〔마신는〕, 닭 앞에〔다가페〕

2. 음운의 동화

2.1. 자음동화

음절과 음절이 결합할 경우, 음절 끝 자음이 그 뒤에 오는 자음과 만나면서 어느 한쪽이 다른 쪽 소리를 닮아서 그 영향을 준 소리로 바뀌거나 그와 비슷한 성질을 가진 소리로 바뀌기도 하고, 양쪽이 서로 닮아서 두 소리가 모두 바뀌기도 하는 현상을 子音同化라고 한다. 자음동화에는 비음화와 유음화가 있다.

(1) 비음동화

비음이 아닌 자음이 비음(ㄴ, ㅁ, ㅇ)으로 바뀌는 현상으로 다음과 같다.

(가) 'ㅂ,ㄷ,ㄱ' → 'ㅁ,ㄴ,ㅇ'(ㄴ,ㅁ, 앞에서)
밥물 → 〔밤물〕, 잡는다 → 〔잠는다〕, 앞날 → 〔암날〕
맏며느리 → 〔만며느리〕, 속는다 → 〔송는다〕
(나) 'ㄹ' → 'ㄴ'(ㅁ, ㅇ 뒤에서)
남루 → 〔남:누〕, 종로 → 〔종노〕
음운론 → 〔음운논〕, 공권력 → 〔공꿘녁〕, 상견례 → 〔상견녜〕
(다) 'ㅂ,ㄷ,ㄱ' → 'ㅁ,ㄴ,ㅇ'('ㅂ,ㄷ,ㄱ'이 'ㄹ'과 만나면 우선, 'ㄹ→ㄴ'으로 바뀌고, 다음으로 'ㅂ,ㄷ,ㄱ → ㅁ,ㄴ,ㅇ'으로 바뀜)
섭리 → 〔섭니〕 → 〔섬니〕, 백로 → 〔백노〕 → 〔뱅노〕
몇리 → 〔멷리 → 멷니 → 면니〕(음절의 끝소리 규칙이 먼저 일어나고, 비음화 규칙이 일어남)

(2) 유음동화

유음이 아닌 자음이 유음으로 바뀌는 현상이다.

칼날 → 〔칼랄〕, 신라〔실라〕, 천리 → 〔철리〕

▌참고 ▌ 동화과정의 유형

크게 동화의 정도, 방향, 위치에 따라 분류된다.

(1) 동화의 정도에 따라

① 완전동화 : 동화음이 조건음과 완전이 같은 경우
잡말 → 〔잠말〕, 난로 → 〔날로〕

② 부분동화 : 동화음이 조건음을 부분적으로 닮은 경우
국물 → 〔궁물〕, 먹는 → 〔멍는〕

(2) 동화의 방향에 따라

① 순행(진행)동화 : 앞선 조건음이 뒤에 오는 음을 동화시킬 경우
종로 → 〔종노〕, 신라 → 〔실라〕

② 역행(후진)동화 : 앞선 음이 뒤에 오는 조건음에 의해 동화될 경우
닫는 → 〔단는〕, 국민 → 〔궁민〕

③ 상호동화 : 앞뒤의 두 음이 조건음이 되어 서로 영향을 미칠 경우
섭리 → 〔섬니〕, 백로 → 〔뱅노〕

(3) 동화의 위치에 따라

① 인접동화 : 두 음운이 바로 인접되어 음을 동화시킬 경우
국물 → 〔궁물〕, 선로 → 〔설로〕

② 원접동화 : 두 조건 음운 사이에 다른 음운이 들어 있어 떨어져서 영향관계를 가질 경우
창피 → 〔챙피〕, 바람 → 〔바램〕

2.2. 구개음화

끝소리가 'ㄷ, ㅌ'인 형태소가 'ㅣ' 혹은 반모음 'ㅣ'로 시작되는 형식

형태소와 만나면 'ㅈ, ㅊ'으로 발음되는 음운현상을 口蓋音化라고 한다. 이는 자음·모음간 동화로 볼 수 있다.

굳이→〔구지〕, 해돋이→〔해도지〕, 같이→〔가치〕, 붙이다→〔부치다〕

'ㄷ'의 뒤에 형식 형태소 '히'가 오면, 먼저 'ㄷ'과 'ㅎ'이 결합하여 'ㅌ'이 된 다음, 'ㅌ'이 구개음화하여 'ㅊ'이 된다.

닫히어→/닫혀/→/다텨/→〔다처〕, 굳히다→/구티다/→〔구치다〕

▌참고▐ 구개음화의 종류

현대국어의 구개음화는 형식형태소인 조사나 접사가 결합한 경우에 일어나며, 한 형태소 내에서나 합성어 안에서는 구개음화가 일어나지 않는다. 그러나 근대국어에서는 한 형태소 안에서도 구개음화가 일어났다.

텬디〉쳔지〉천지	부텨〉부쳐〉부처
디다〉지다	됴타〉죠타〉좋다

또한, 구개음화에는 폐쇄음 구개음화 외에도 마찰음 구개음화, 통비음 구개음화, 설측음 구개음화 등이 있다. '싈, 씨, 힘〉심' 등은 마찰음 구개음화이고, '어머니, 소녀' 등은 통비음 구개음화이다. 그리고 '달리, 달력' 등은 설측음 구개음화이다.

① 폐쇄음 구개음화 $\begin{bmatrix} t \to \check{c} \\ t^h \to \check{c}^h \end{bmatrix} / \_ \begin{bmatrix} i \\ j \end{bmatrix}$

② 마찰음 구개음화 $\begin{bmatrix} s \to ʃ \\ s' \to ʃ' \\ h \to ʃ \end{bmatrix} / \_ \begin{bmatrix} i \\ j \end{bmatrix}$

③ 통비음 구개음화 $n \to ɲ / \_ \begin{bmatrix} i \\ j \end{bmatrix}$

④ 설측음 구개음화 $l \to ʎ / \_ \begin{bmatrix} i \\ j \end{bmatrix}$

2.3. 모음동화

母音同化는 모음과 모음 간에 일어나는 동화 현상으로 'ㅏ, ㅓ, ㅗ, ㅜ'가 'ㅣ'모음의 영향으로 'ㅐ, ㅔ, ㅚ, ㅟ' 등으로 변하는 현상('ㅣ'모음 역행동화)을 말한다. 이들 발음은 대부분 표준어로 인정하지 않는다.

아비→[애비], 손잡이→[손재비], 먹이다→[메기다], 창피→[챙피]
올창이→[올챙이], 남비→[냄비], 아지랑이→[아지랭이], 시골나기→[시골내기]

한편, 'ㅣ' 뒤에 'ㅓ, ㅗ'가 오면 'ㅣ' 모음의 영향으로 'ㅕ, ㅛ'로 바뀌는 경우가 있다('ㅣ'모음 순행동화). 다만 '되어, 피어, 이오, 아니오'의 경우는 [어]와 [오]로 발음하는 것을 원칙으로 하되, [여]와 [요]로 발음하는 것도 허용한다.

드디어→[드디여], 참이었다→[참이였다]
오시오→[오시요], 당기시오→[당기시요]

▌참고▐ 'ㅣ' 모음 역행동화
'냄비, 멋쟁이, 댕기다(성냥불을), 올챙이, 신출내기, 수수께끼' 등은 'ㅣ'모음 역행동화로 굳어져 표준어로 인정된 것이다.

2.4. 모음조화

母音調和는 모음동화의 일종으로 양성모음('ㅏ, ㅗ, ㅑ, ㅛ')은 양성모음끼리, 음성모음('ㅓ, ㅜ, ㅡ, ㅕ, ㅠ')은 음성모음끼리 어울리는 현상으로

15세기에는 철저히 지켜졌지만, 현대 국어에서는 현실발음의 모음 강화현상으로 모음조화 현상이 많이 붕괴되었다. 용언어간에 붙는 어미는 대부분 모음조화를 지키고 있으나(①), 일종의 발음 강화현상으로 모음조화가 붕괴된 단어가 많다(②). 반면에 의성어와 의태어에서는 지금도 철저히 지켜지고 있다(③).

① 막아 : 먹어, 막았다 : 먹었다, 막아라 : 먹어라
② 오순도순, 오뚝이, 괴로워, 아름다워, 소꿉놀이
③ 졸졸 : 줄줄, 캄캄하다 : 컴컴하다, 알록달록 : 얼룩덜룩
살랑살랑 : 설렁설렁, 찰찰 : 철철, 달달 : 들들

▌참고▐

'깡총강총'은 예외로 현실 발음을 따라 '깡충깡충'을 표준어로 인정한다. 그리고 'ㅣ' 모음은 중세어에서 중모음이었지만, 현대어에서는 음성모음으로 처리한다.

가ᄅᆞ치다 : 가ᄅᆞ쵸ᄃᆡ, 가ᄅᆞ촘
비어, 끼어, 이어

3. 음운의 축약과 탈락

3.1. 음운의 축약

두 형태소가 서로 만날 때에 앞뒤 두 음운이나 두 음절이 하나로 줄어드는 현상을 縮約이라 하는데, 'ㅂ,ㄷ,ㄱ,ㅈ'과 'ㅎ'이 서로 만나면

'ㅍ, ㅌ, ㅋ, ㅊ'으로 축약되는 자음 축약(①)과 두 모음이 서로 만나서 한 음절이 되는 모음 축약(②)이 있다.

① 좋다→〔조:타〕, 잡히다→〔자피다〕, 먹히다→〔머키다〕, 닫히다→/다티다/→〔다치다〕
② 되어→〔돼:〕, 가리어→〔가려〕, 뜨이다→〔띄:다〕, 두었다→/뒀다/→〔뒫:따〕

3.2. 음운의 탈락

두 형태소가 만날 때에 앞뒤 두 음운이 마주칠 경우, 한 음운이 완전히 발음되지 않는 현상을 脫落이라 한다. 子音 탈락은 자음이 3개 이상 연이어 만나면 어느 하나가 탈락하거나 'ㄴ, ㅅ, ㅈ, ㄷ' 앞에서는 'ㄹ'이 탈락하고(①), 모음 탈락은 한 음절이나 모음의 한 음운이 탈락한다(②).

① 값도→/갑도/→〔갑또〕, 딸님→〔따님〕, 울는→〔우는〕, 열닫이→여닫이, 울짖다→우짖다
② 가아서→〔가서〕, 서었다→/섰다/→〔섣따〕, 뜨어→〔떠〕

▌참고▐ 축약과 탈락

학교 현장에서 학생들은 실제로 축약과 탈락의 원리를 모르는 경우가 많다. 다음 예문은 중학교 2학년 학생들의 쓰기에서 발췌한 일부분인데, '되다, 돼(되어)', '안(아니), 않(아니하)'의 구별을 못하고 있다.

월드컵과 월드컵까지 개최한 세계적인 국가가 됬다(되었다).
이것도 안 돼고(되고) 여러 가지가 걱정이 됀다(된다).

2학년에 올라온지아직별로안되(돼)
정말그렇게됬음(되었으면)좋겠다.
이빨이 않(안)좋은게 아니라
용서가 돼지 안(않)을만한 것이다.
외국인과의 의사소통이 않(안)되었을때
집에 가지 안고(않고) 놀러갔다.

4. 사잇소리 현상

두 개의 형태소 또는 단어가 어울려 합성어를 이룰 때, 앞의 말의 끝소리가 울림소리이고 뒤의 말의 첫소리가 안울림소리이면 뒤의 예사소리가 된소리로 변하는 음운의 변동을 사잇소리 현상이라 한다. 이외에도 앞말이 모음으로 끝나고 뒷말이 'ㅁ, ㄴ'으로 시작되면 'ㄴ'소리가 첨가되고, 앞말의 음운과 상관없이 뒷말이 모음 'ㅣ'나 반모음 'ㅣ'로 시작될 때 'ㄴ'이 하나 혹은 둘이 첨가되는 현상도 사잇소리 현상이라 한다.

① 앞의 말이 모음으로 끝나면 사이시옷을 적는다.

초+불→촛불, 배+사공→뱃사공, 뒤+동산→뒷동산

② 말에 따라서 사잇소리 현상이 일어나기도 하고 안 일어나기도 한다.

아침+밥→〔아침빱〕, 비빔+밥→〔비빔빱〕, 밤+길→〔밤낄〕, 촌+사람〔촌싸람〕, 등+불〔등뿔〕, 길+가〔길까〕 : 김밥→〔김:밥〕, 콩밥→〔콩밥〕, 기와+집→〔기와집〕, 말+방울→〔말방울〕

노랫말, 본딧말, 존댓말, 혼잣말 : 인사말, 머리말, 반대말, 나라말

머릿기름, 머릿결, 머릿돌 : 머리글, 머리글자, 머리기사
바닷자갈, 바닷소리 : 바다제비, 바다수세미

❙ 참고 ❙

'처소, 기원, 용도'의 경우에는 사이시옷을 표기하고, '유형, 대상'의 경우에는 표기하지 않는다고 하지만, 반드시 그런 것만은 아니라, 사이시옷 표기의 유무는 복잡하다.

③ 사잇소리 현상이 있고 없음에 따라 뜻이 분화되기도 한다.

나무+집→나무집〔나무집〕(木造建物)　돌+집→〔돌:집〕(石造建物)
나무+집→나뭇집〔나무찝〕(木材商)　돌+집→〔돌:찝〕(石材商)
고기+배→고기배〔고기배〕(魚腹)
고기+배→고깃배〔고기빼〕(漁船)

④ 앞말이 모음으로 끝나고, 뒷말이 'ㅁ, ㄴ'으로 시작되면 'ㄴ'소리가 덧나는 일이 있다.

이+몸→잇몸〔인몸〕　코+날→콧날〔콘날〕

⑤ 뒤의 말이 모음 'ㅣ'나 반모음 'ㅣ'로 시작될 때에는 'ㄴ'이 하나 혹은 둘이 겹쳐 나는 일이 있다.

집+일→〔짐닐〕, 부엌+일→〔부엉닐〕, 콩+엿→〔콩녇〕, 물+약→〔물냑〕→〔물략〕, 논일→〔논닐〕

⑥ 漢字가 합쳐서 단어를 이룰 경우에는 앞말이 모음으로 끝나더라도 사이시옷을 표기하지 않는다. 다만 6개의 한자어에만 사이시옷을 적는다.

곳간(庫間), 셋방(貰房), 숫자(數字), 찻간(車間), 툇간(退間), 횟수(回數)

▌참고▐ 된소리되기

두 개의 안울림소리가 서로 만나면 뒤의 소리가 된소리로 발음되는 현상으로 어간과 어미 사이(①), 체언과 조사 사이(②), 명사와 명사의 합성어의 경우(③), 접사(④) 등에서 나타난다.

① 입고→〔입꼬〕, 먹자→〔먹짜〕, 잡자→〔잡짜〕
② 법도→〔법또〕, 떡과→〔떡꽈〕, 밭과→〔받꽈〕
③ 앞길→〔압낄〕, 젖소→〔전쏘〕
④ 덮개→〔덥깨〕, 값지다→〔갑찌다〕

▌참고▐

사잇소리와 된소리의 차이는 선행 형태소가 울림소리인가 아닌가에 달려 있다. 따라서 선행형태소가 울림소리일 경우, 후행 형태소의 초성 자음의 유성음화를 방지하기 위해 15C에 사용되었다.

예) 등+불 → 등ㅅ불, 길+ㄱ새 → 길ㅅㄱ새

3. 음운교육의 필요성과 학습 방안

밖으로는 한류 열풍으로 한국어를 배우려는 사람들이 갈수록 늘어나는 추세인 반면에, 정작 모국어 화자인 초중고등 학생들의 한국어 쓰기 실태는 오히려 더 심각한 오용 현상에 직면하고 있다. 더욱이 요즘 국어교육이 말하기-듣기 중심의 기능주의로 가고 있어 국어 오용 사례는 더욱 심각해지고 있는 상황이다. 본인이 지난 해 중학교 2학년 학생들을 대상으로 글쓰기를 실시한 결과 띄어쓰기와 문장이 잘못된 것은 제외하더라도 맞춤법이 잘못된 경우가 약 30%에 이르고 있다. 예를 들어 "어머니는 아프싶니다. 슬펏던 일, 사람들 아페 못나감니다, 일본이 실습니다. 여러가지가 걱정이 돼다. 지금까지 꿈은 수도없이 밖였다" 등 잘못 쓰고 있는 경우가 너무 많아 그 어느 때보다도 정확한 언어생활을 할 수 있는 교육 정책이 필요한데, 그 출발점이 음운교육일 것이다. 이에 본고에서는 학생들의 글쓰기 실태를 통해 음운교육의 필요성을 제기하고, 현행 중학교 국어교과서의 음운교육에 관련된 내용을 분석하여 문제점을 제시함과 아울러 이에 대한 보다 체계적이고 효율적인 학습방안을 제시하고자 한다.

1. 학생들의 글쓰기 실태와 음운교육의 필요성

실제적이고 효율적인 음운교육의 학습방안을 제시하기 위해 학생들의 글쓰기 실태를 분석하여 보일 것이다. 지난해 12월 서울, 인천, 천안의 6개 중학교생 200명을 대상으로 자유 주제를 주고 글짓기를 실시(45분 간)하였다. 그 내용을 분석한 결과 약 30% 정도가 기본적인 맞춤법조차 모르고 있었는데, 그 대부분이 문법 지식의 기본인 '음운'에 관련된 내용이어서 음운교육의 필요성을 새삼 확인하였다.[9]

학생들이 쓴 글 중 띄어쓰기가 잘못된 것과 비문이 너무 많아 이에 대한 논의는 다음으로 미루고, 본고에서는 맞춤법에 국한시켜 200명 중 50명의 학생 글에서 잘못된 문장을 발취하여 분석 대상으로 삼을 것이다. 이를 보이면 다음과 같다.

9) "'영어 배우느라 한글 잊었나'…초중고생 국어교육 소홀", 지난해 12월 서울과 인천, 충남 천안시의 6개 중학교에서 치른 글짓기 시험 답안을 보고 박덕유 교수는 고개를 흔들었다. 2학년 학생 200여 명이 자유로운 주제로 글짓기를 한 결과 맞춤법이 하나도 틀리지 않은 학생은 2명뿐이었다. 〈2006년 2월 16일(목) 동아일보〉

<표 1> 학생들의 글쓰기 실태

번호	학생들이 쓴 문장	잘못된 부분	영역
1	한국가 일본사이에 애매하게 위치해 있는 독도	가 → 과	조사
2	남북서로서로 휴전선을 없에고 통일을 한다면	에 → 애	고설 모음화
3	월드컵과 월드컵까지 개최한 세계적인 국가가 됬다	되+었 → 됐	축약
4	노력 할꺼고 좋은 아빠가 될꺼다	ㄹ꺼고 → ㄹ거고	발음
5	내 서적에도 안 돼고 여러 가지가 걱정이 돼다	되+고/되+다	축약
6	일본은 작은 섬 하나가 모가 그렇게 좋다고	모 → 뭐(무어)	축약
7	일본이 독도는 자기꺼라고 할때 기분이 나뻤다	자기+거/ 나쁘+았	발음, 탈락
8	독도의 대해 찾아볼것이다	의 → 에	조사
9	그 날도 나는 얼마 안있음 시작할 과외를 준비하기위해 거의 달리다싶히 집으로 걸어갔다	안 있음 → 안 있으면/달리다+시피	접미사
10	저번해 뉴스에서 이산가족상봉장면을 보았습니다	저번 +에	조사
11	지금까지 꿈은 수도없이 밖였다	바뀌+었+다	어휘, 축약
12	우리나라는 꿈의 독도를 안뻬끼는 것 이다	안+빼앗+기+는	어휘, 발음
13	만약 한국껏이되면	한국 것이	발음
14	한번자면 수차레 꾸는 꿈 중에 한가지를 쓸꺼다	쓸+거다	발음
15	그리고우리동뇨는	동료	어휘
16	독도는 어면히우리땅인데 일본을 그렇게 실어했는데	엄연+히/ 싫+어	어휘
17	그때잘했을껄.. 이미 지나간 후회 말해봤짜다	했을+걸(것을)/ 말해+보+았+자	발음, 축약
18	강하다면 두려울껀없다	두려울+건(것은)	발음
19	북한에 대한 말이라던가	말+이라+든+가	어미
20	원레 1학년 때는 왼쪽무릎의 쓸개골에 염증이 생겨 깊스를 했었습니다	원래 / 깁스	고설모음화, 외래어 표기
21	작년이나 제작년에는	재+작년+에는	접두사/ 고설모음

22	2학년에 올라온지아직별로안되	안되→안+되어(돼)	축약
23	그집은 자매나형재고	형제	어휘
24	시험이끊나고	끝나+고	어휘
25	가장 기뻣던일	기쁘+었+던	탈락
26	그니깐 방학식날이라도 그게 머냐면	그러니까 / 뭐(무엇)냐면	축약
27	이빨이 않좋은게 아니라	안(아니)+좋은+게	탈락,준말
28	이렇게 나쁜 날은 아마 업을겁니다	없+을+겁(것입)	어휘,탈락
29	자기소게	자기소개	어휘/고설모음화
30	정말그렇게됬음좋겠다	되+었+으면	축약
31	일본이란개념은없어진지 오래됬다	되+었(됐)+다	축약
32	용서가 돼지 않을만한 것이다	되+지	축약
33	뜨거운 포웅, 다시 또 보고싶다	포옹	어휘
34	외국인과의 의사소통이 않되었을때	안(아니)+되+었+을+때	탈락,준말
35	일본땅이라고 치밀한계획을세우고 한국을 약오릴려는 수법이었다	약올리(약오르다의 사동)+려는	어휘
36	땀과눈물이 흘렸다. 꿈이였다, 슬폈다	흐르/꿈/슬프+었	탈락
37	언른 나으셔서 오래오래 사시게 해주세요	얼른	어휘
38	앞으로 좋은꿈만 꿨으면 조겠다	좋+겠+다	어휘,축약
39	몇일전 너무나 어이없고	며칠+전	발음
40	무슨일을하던, 무슨꿈을위해달리던 구지 하나만고집했다가	하든지, 달리든지/굳이	어미,구개음화
41	기술시간의 배운 생명공학이라는	의 → 에	조사
42	태어나서 1살 때 한글 때고 3살 천자문때고	떼+고	어휘
43	일본이 실습니다	싫+습니다	어휘,발음
44	지금 난리라고 함니다	하+ㅂ니다	끝소리,높임표현
45	사람들아페못나갑니다	앞+에	발음
46	내생애 가장 기뻣던 일	기쁘+었+던	탈락

47	대학교발표날때 누나는 국사교육과를 썻었다	쓰+었+었+다	탈락
48	또 때부자가 되었다	떼부자	어휘
49	채벌을 하지 않겠다	체벌	어휘
50	정이 있어서 돌아가셨십니다	돌아가+시+었+습니	축약, 높임표현
51	어머니는 아프싶니다	아프+시+ㅂ니다	끝소리, 높임표현
52	슬펏던일	슬프+었+던+일	탈락
53	모만 하면 걱정부터 앞서고 마음이 불안하다	뭐(무엇, 무어)	축약

〈표 1〉의 학생들이 쓴 문장 중 잘못된 사항을 영역별로 보이면 〈표 2〉와 같다.

<표 2> 영역별 글쓰기 실태(빈도수)

영역	세부 영역	빈도수(%)	세부 사항
음운	음운과 음운체계		
	음운의 변동	29(43.3%)	축약(13), 탈락(9), 구개음화(1), 끝소리규칙(2), 고설모음화(4)
단어	단어의 형성		
	품사	8(11.9%)	조사(4), 어미(2), 접사(2)
어휘		16(23.9%)	
문장[10]	문장의 성분		
	문장의 짜임		
	문법 요소	3(4.5%)	높임표현(3)
규범	표준발음법	10(14.9%)	발음(10)
	외래어표기법	1(1.5%)	
		67(100%)	53개 항목이지만 12개는 복수 인정

10) 바른 문장을 사용하지 않은 경우가 너무 많아 이번 분석 대상에서 '비문'은 빈도수에 포함시키지 않았다.

영역별 글쓰기 실태를 분석한 결과 잘못된 것을 빈도수로 보면 음운 영역(29), 어휘 영역(16), 표준발음법(10), 품사(8) 순으로 나타났다.[11] 띄어쓰기를 제대로 한 학생은 거의 없어 본고에서 이 영역에 대해서는 언급하지 않았다. 음운 영역 중에서도 많은 학생들이 축약과 탈락 현상에 대해 오용 현상을 보이고 있어 이에 대한 원리와 실제 교육이 필요함을 알 수 있다.

2. 현행 국어교과서의 문제점과 효율적인 학습 방안

학생들의 글쓰기 실태를 분석한 결과 주로 음운 영역에 대한 교육이 필요하다는 사실을 알게 되었다. 이에 국어 지식의 내용이 들어 있는 현행 〈생활국어〉 교과서의 내용 중 '음운'에 관련된 단원을 중심으로 분석 고찰하여 문제점을 제시하고, 이에 대한 보다 효율적인 학습방안을 제시할 것이다.[12]

2.1. 국어과 교육과정의 문제점과 개선 방안

제7차 국어과 교육과정 중 '국어 지식' 영역의 내용 체계와 이에 관련된 55개항의 내용을 학년별로 정리한 결과를 보이면 〈표 3〉, 〈표 4〉와 같다.

---

11) 후술하겠지만 본고에서는 '표준발음법'도 음운 영역에 포함시킨다. 그럴 경우 실제로 학생들이 오용 현상의 58.2%가 음운교육에서 이루어짐을 알 수 있다.

12) 개정 교육과정에 의한 교과서를 집필할 경우, 본고의 내용이 도움이 되어 실제적인 학습안이 제시되기를 기대한다.

<표 3> 제7차 '국어 지식' 영역의 내용 체계

국어 지식	• 국어의 본질 -언어의 특성 -국어의 특질 -국어의 변천	• 국어의 이해와 탐구 -음운 -낱말 -어휘 -문장 -의미 -담화	• 국어에 대한 태도 -동기 -흥미 -습관 -가치
	•국어의 규범과 적용 -표준어와 표준 발음 -맞춤법 -문법		

<표 4> '국어 지식'의 내용

내용체계 / 학습내용 (학년별)		국어의 본질			국어의 이해와 탐구						국어의 태도				국어의 규범과 적용		
		언어의 특성	국어의 특질	국어의 변천	음운	낱말	어휘	문장	의미	담화	동기	흥미	습관	가치	표준어와 표준 발음	맞춤법	문법
초등학교	1학년(2)				O								O				
	2학년(3)				O			O					O				
	3학년(4)							OO O					O				
	4학년(5)					O	O	O	O				O				
	5학년(6)	O						OO					O		OO		
	6학년(6)	OO					O	O					O		O		
	합(26개항)	3			2	1	2	8	1				6		3		
중학교	7학년(7)	O			O	O	O		O	O			O				
	8학년(7)	OO			O	O	O			O			O				
	9학년(7)			O	O	O		O	O				O			O	
	합(21개항)	3		1	3	3	2	1	2	2			3			1	
고등학교	10학년(8)	O		O				OO		O			OO				O
	합(8개항)	1		1				2		1			2				1
	총합(55개)	7		2	5	4	4	11	3	3			11		3	1	1

〈표 4〉에서 보듯이 '국어 지식'의 학습 내용은 학년별 배열의 적절성

이 고려되지 않았으며, 구조화된 내용을 학습 단계별로 반복·심화하도록 조직되지도 않았다.13) 또한, 교육과정의 내용 55개 항 중 문법 지식에 대한 '국어의 이해와 탐구' 영역이 전체 30개항으로 '음운(5), 낱말(4), 어휘(4), 문장(11), 의미(3), 담화(3)'로 구성됨을 알 수 있다. 이 중 음운의 내용을 보이면 다음과 같다.

〈1학년〉
(1) 한글 낱자의 음가를 안다.
〈2학년〉
(1) 자음과 모음을 구별한다.
〈7학년〉
(2) 음절의 개념을 안다.
〈8학년〉
(3) 국어의 음운체계를 안다.
〈9학년〉
(2) 국어의 음운변동규칙을 안다.

이 중 중학교 교육과정의 내용(7학년-10학년)에 해당되는 국어교과서의 단원 내용을 좀더 구체적으로 보이면 〈표 5〉와 같다.14)

13) 이에 대해서 이춘근(2001)은 구조화된 내용을 학습 단계별로 반복·심화 되도록 조직하는 것을 계열화라 하고, 동일 구조를 반복해서 가르치되, 점점 복잡하고 깊이 있는 내용으로 조직해야 한다고 했다. 그는 가장 이상적인 계열화는 학습 단계마다 제시되는 내용의 구조는 동일하되 그 깊이는 심화되도록 조직하는 것으로 제6차 교육과정의 국어 교과서(초등학교, 중학교, 고등학교 국어교과서와 문법교과서)를 대상으로 하여 문법교육 내용을 분석하여 그 계열화를 고찰하였다. 민현식(2002)은 국어 지식의 위계화 방안 연구로 7차 교육과정의 1-10학년까지의 '국어 지식'에 해당되는 영역을 학습자의 수준에 맞추어 배열하고 학습내용도 항목별로 난이도에 따라 위계적으로 조직하는 것이라 하고, 학습내용 배열의 위계화와 학습내용 조직의 위계화로 나누어 설명하였다.

<표 5> 음운에 관련된 단원 내용[15]

학년-학기	대단원	소단원	기타
1-2	2. 낱말과 형태소	(1) 음절과 어절, 낱말 (2) 형태소	
2-1	3. 국어의 언어적 특징과 음운	(1) 국어의 언어적 특징: 사회성, 역사성 (2) 국어의 음운	
3-1	4. 음운의 변동	(1) 음절의 끝소리 규칙 (2) 음운의 동화 (3) 음운의 축약과 탈락	

〈표 5〉를 통해 보면, 우선 문법 학습 체계가 혼란스럽다. 문법의 기본은 음운, 형태(단어), 문장(통사)이다. 따라서 구조주의 학문 입장에서 보면 '음운-형태(단어)-문장' 순으로 되어야 하고, 변형문법 입장에서 보면 '문장-형태(단어)-음운' 순이어야 한다. 대체로 학교문법에서는 '음운-형태-문장' 순으로 구성되어 있는 것이 일반적이다.[16]

---

14) 중학교 국어교과서의 부록에 실린 국어 지식 내용으로 '〈1-1〉 교정부호, 〈1-2〉 띄어쓰기, 국어의 로마자 표기법, 〈3-1〉 한글맞춤법, 간추린 표준어, 〈3-2〉 바꿔써야 좋은 말, 아름답고 정겨운 우리말들' 등을 들 수 있다. 또한, 고등학교 국어교과서에 실린 '국어 지식' 내용은 주로 문학작품 속에서 문법적 지식을 찾아내는 정도이기 때문에 실제로 국어 수업 시간에 문법적 지식을 얻는다는 것은 어려운 상황이다. 그나마 소개하고 있는 '한글맞춤법, 국어의 로마자표기법(상권), 표준어규정, 표준발음법(하권)이 〈부록〉에 실려 있다.

15) 본고에서는 '음운'에 관련된 내용을 음절까지 내포해야 한다고 보는 입장에서 '낱말과 형태소' 단원을 포함시켰다.

16) 문법 교육과정의 내용 체계를 보면 크게 (1) 언어와 국어 (2) 국어 알기 (3) 국어 가꾸기 등 3개 영역으로 구성되며, 이 중 문법 지식에 해당되는 '(2) 국어 알기' 영역의 세부 항목은 아래와 같은 순서로 배열되어 있다.

㈎ 음운의 체계와 변동

㈏ 단어의 갈래와 형성

그러나 현재 중학교 〈생활국어〉 교과서의 내용은 '낱말과 형태소(1-2) - 국어의 언어적 특징과 음운(2-1) - 음운의 변동(3-1) 순으로 되어 있다. 물론, '음운'부터 시작하고 나서 '단어'로 가는 것이 반드시 필수적인 것은 아니다. 그러나 '음절 및 단어'를 설명하려면 음운을 설명해야만 할 것이다. 〈생활국어〉 1학년 2학기 2단원 '(3) 음절과 어절, 낱말'에서 '모음', '모음+자음', '자음+모음', '자음+모음+자음'으로 음절을 설명하고 있다. 반면에 2학년 1학기 3단원의 '(2) 국어의 음운'에서는 모음과 자음에 대해 설명하고 이에 대한 분류 기준, 발음, 위치 등에 대해 기본적인 사항을 세부적으로 설명하고 있다. 이에 국어의 자음과 모음을 먼저 학습하고 음절을 학습하는 것이 학생들이 이해하는 데에 훨씬 용이할 것이다. 따라서 현행 중학교 교과서를 학습할 경우에 순차적 학습이 이루어진다고 보기 어렵다.

다음으로 1학년 2학기 2단원 '(2) 형태소'에서 '홀로 쓰일 수 있는 것과 홀로 쓰일 수 없는 것', '실질적인 뜻을 지니는 것과 문법적인 뜻을 지니는 것'에 대해 기술하고 있다. 또한, 2학년 2학기 2단원 '(1) 낱말 형성법'에서도 형태소가 홀로 쓰일 수 있는 것, 그리고 실질적인 의미를 나타내는 부분과 그 뜻을 제한하는 부분에 대해 기술하고 있다.[17] 중복되어 설명하고 있는 셈이다. 따라서 순차적인 체계적 학습법과 반복을 피하려면 다음과 같은 단원으로 구성되는 것이 효율적인 음운교육이 될 것이다.

(다) 국어의 어휘
(라) 문장의 구성 요소와 짜임새
(마) 단어의 의미
(바) 문장과 담화

17) 중학교 생활국어 2학년 2학기 2단원 〈낱말의 형성법과 국어의 관용어〉는 형태와 의미 영역이라 〈표 5〉에서 제시하지 않았다.

1. 음운과 음절
2. 음운의 변동
3. 형태소와 단어
4. 단어 형성법

〈표 1〉의 학생들의 글쓰기 실태를 통해 고찰했듯이 음운교육 내용이 정확한 발음교육으로 그칠 것이 아니라, 실제 글쓰기 능력 향상에도 기여할 수 있도록 해야 할 것이다. 그러려면 음운 영역에 관련된 음운교육 항목을 보다 세부적으로 제시하여 학습해야 할 것이다.

1. 음운과 음절
  (1) 음운
    ① 음성과 음운
    ② 음운의 체계
  (2) 음절
    ① 음절의 구조
    ② 음절의 제약
    ③ 음성적 음절과 음운적 음절
2. 음운의 변동
  (1) 결합적(조건) 변화
    ① 동화
      ㉠ 자음동화 : 비음화, 유음화
      ㉡ 자음·모음동화 : 구개음화
      ㉢ 모음동화 : 모음조화, ㅣ모음 역행동화
    ② 비동화
      ㉠ 축약
      ㉡ 탈락
      ㉢ 받침의 끝소리규칙

㉣ 첨가 : 된소리, 사잇소리

(2) 자생적(무조건적) 변화

① 자음변화 : 어두강음화

② 모음변화 : 高舌모음화[18)]

3. 운소 체계

(1) 장단

(2) 고저

(3) 강세

(4) 억양

4. 형태음운

(1) 음운의 이형태

(2) 형태의 이형태

(3) 연성규칙(탈락, 첨가)

5. 표준발음법[19)]

(1) 총칙

(2) 자음과 모음 → 음운

(3) 음의 길이 → 운소

(4) 받침의 발음 → 끝소리규칙, 연성규칙

(5) 음의 동화 → 비음화, 유음화, 구개음화, 모음동화

(6) 경음화 → 된소리, 사잇소리

(7) 음의 첨가 → 비동화

---

18) 일반적으로 모음 발음을 고설화 하는 경향이 있다. 즉, 'ㅐ'를 'ㅔ'로 'ㅗ'를 'ㅜ'로 발음하는 것이다. 이에 대한 사례로 〈표 1〉에서 보듯이 '없애고'를 '없에고'로, '원래'를 '원레'로 표기하고 있다. 이외에 '재작년→제작년', '자기소개→자기소게'로 오용하고 있는데, 이는 漢字 어휘 문제이기도 하다.

19) '표준발음법'은 〈표 3〉에서 보듯이 '국어의 이해와 탐구' 영역이 아니라, 독립된 범주인 '국어의 규범과 적용'에 들어 있다. 그러나 이에 대한 내용이 〈부록〉에 실려 있어 실제로 학교 현장에서 학습하지 않게 되고, 또한, '표준발음법' 하위 영역이 음운에 관련된 전반적인 내용이므로 음운 영역에서 다루는 것이 실제 학생들의 오용 현상을 바로 잡을 수 있는 방안이 될 수 있다.

그렇다면 '국어의 규범' 영역은 어떻게 설정되어야 할 것인가? 개정 국어과 교육과정 '문법' 영역에서는 〔표 6〕에서 보듯이 크게 '실제, 지식, 탐구, 맥락'의 영역으로 분류하여[20] 독립된 범주였던 '규범'이 '지식' 범주 속으로 포함되었다. 따라서 본고에서는 표준어와 맞춤법으로 제한하여 '규범' 대신 '정서법'으로 제안한다.

<표 6> 개정 국어과 교육과정 '문법' 영역 내용 체계

국어 사용의 실제 - 음운 - 단어 - 문장 - 담화/글	
지 식 ○언어의 본질 ○국어의 특질 ○국어의 역사 ○국어의 규범	탐 구 ○관찰과 분석 ○설명과 일반화 ○판단과 적용
맥 락 ○국어 의식 ○국어 생활 문화	

2.2. 내용상의 문제점과 효율적인 학습 방안

현행 〈생활국어〉 교과서의 '국어의 음운(2-1)'과 '음운의 변동(3-1)'에 대한 내용을 중심으로 분석함으로써 문제점을 제시하고, 이에 대한 보다 효율적인 학습방안을 제시하고자 한다.

20) 개정 교육과정에 새로 들어간 것이 '맥락'이다. 문법은 지식 위주의 내용인데 탐구 영역과 또 다른 범주를 설정함으로써 이에 대한 개념 정의는 물론, 문법 내용을 어떻게 기술할 것인지 궁금하다.

1) 국어의 음운(2학년 1학기)

(1) 음운 → 음성과 음운

> 언어는 참새가 지저귀는 소리나 지하철 전동차의 소리와는 달리 뜻이 있는 말이다. (중략) 이처럼 말의 뜻을 구별해 주는 소리의 가장 작은 단위를 음운이라고 한다. (68쪽)

위 내용을 좀더 보완하는 것이 좋다. 사람의 소리인 음성과 자연의 소리와의 차이점, 그리고 음성과 음운에 대한 내용을 언급하는 것이 필요하다. 따라서 음성의 개념을 설명하는 것이 좋다. '고기'에서 첫음절의 'ㄱ'과 둘째 음절의 'ㄱ'은 혀와 입천장을 이용하여 공기의 흐름을 막았다(閉鎖)가 터뜨려 낸다(破裂)는 공통점이 있지만, 첫음절의 'ㄱ'은 무성음이고 둘째 음절의 'ㄱ'은 유성음이라는 차이점이 있다. '목'에서의 'ㄱ'은 '고기'의 첫 'ㄱ'과는 무성음이라는 공통점이 있지만 공기의 흐름을 폐쇄하기만 하고 파열하지 않는다는 점에서 다르다. 이와 같이 구체적인 소리의 하나하나를 音聲이라 한다. 음성과 연결지어 음운에 대한 개념도 설명하는 것이 더 효율적인 학습방안이 될 것이다. 즉, "사람의 소리인 음성은 인간의 발음기관을 통하여 만들어진 소리로, 말을 만드는 데 활용되는 분절적인 소리(자음과 모음으로 나뉘는 소리)인 반면에 자연의 소리는 자음과 모음으로 나뉠 수 없어 뜻이 없는 말이다. 따라서 말의 뜻을 구별해 주는 소리(음성)의 가장 작은 단위를 음운이라고 한다."

(2) 혀끝소리(설단음) → 윗잇몸소리(치조음)

> 자음은 소리나는 위치에 따라 입술소리(순음), 혀끝소리(설단음), 센입천장소리(경구개음), 여린입천장소리(연구개음), 목청소리(후음)로 나뉜다. (73쪽)

성대에서 발성된 소리를 조음하는 입안(구강)과 코안(비강)을 調音部(articulator)라고 한다. 조음부에는 고정부와 능동부가 있다. 윗입술, 윗잇몸(치조), 경구개, 연구개 등은 전자에 속하고, 아랫입술, 혀끝(설단), 혓바닥(설면), 혀뿌리(설근) 등은 후자에 속한다.

<그림 1> 조음부

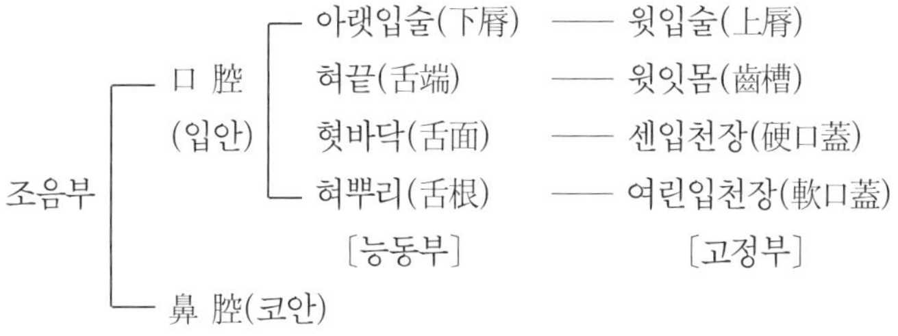

따라서 조음위치 명칭을 경구개음, 연구개음 등 고정부에 두었듯이 '혀끝소리(설단음)'를 '윗잇몸소리(치조음)'으로 하는 것이 좋다.

(3) 울림소리 → 저지음과 공명음

> 자음은 발음할 때 목청의 울림이 일어나는가 일어나지 않는가에 따라 울림소리와 안울림소리로 나뉘는데, 자음 가운데 'ㄴ, ㄹ, ㅁ, ㅇ'만이 울림소리이다. 울림소리 중 'ㄴ, ㅁ, ㅇ'은 발음할 때 입 안의 통로를 막고 코로 공기를 내보내면서 내는 콧소리(비음)이고, 'ㄹ'은 혀끝을 잇몸에 가볍게 대었다가 떼거나 혀끝을 윗잇몸에 댄 채 공기를 그 양 옆으로 흘려보내면서 내는 흐름소리(유음)이다.
> (74쪽)

조음 방법상 울림소리인 비음과 유음에 대한 설명만 하고, 안울림소리에 대해서는 언급하지 않았다. 자음은 크게 저지음과 공명음으로 나뉜다. 이를 그림으로 보이면 〈그림 2〉와 같다.

<그림 2> 자음적인 음(consonantlike sounds)

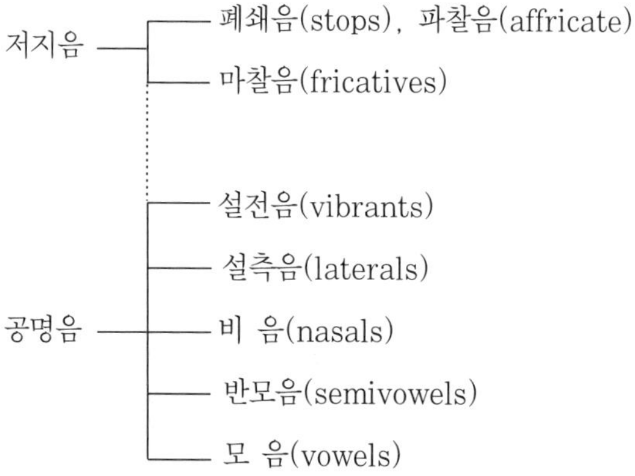

소리를 내는 방법(調音方法)에는 크게 저지음과 공명음으로 분류된다.

안울림소리인 저지음에는 파열음, 마찰음, 파찰음이 있다. 파열음(폐쇄음)은 폐에서 나오는 공기를 막았다가 그 막은 자리를 터뜨리면서 내는 소리(ㅂ, ㅃ, ㅍ ; ㄷ, ㄸ, ㅌ ; ㄱ, ㄲ, ㅋ)이고, 마찰음은 입안이나 목청 사이의 통로를 좁혀서, 공기가 그 사이를 비집고 나오면서 마찰하여 나는 소리(ㅅ, ㅆ ; ㅎ)이며, 파찰음은 처음에는 파열음, 나중에는 마찰음의 순서로 두 가지 성질을 다 갖는 소리(ㅈ, ㅉ, ㅊ)이다. 이런 저지음(파열음, 마찰음, 파찰음)은 다시 예사소리, 된소리, 거센소리 등으로 나뉜다.

또한, 자음을 안울림소리와 울림소리로 양분하는 것은 잘못된 분류 방법이다. 무성음 'ㅂ, ㄷ, ㄱ, ㅈ'은 유성음 사이에서 유성음으로 발음되기 때문이다. 따라서 저지음(obstruent)과 공명음(resonants)으로 분류하는 것이 타당하다. 그리고 저지음 중 파열음과 파찰음은 비지속음이고 마찰음과 울림소리인 공명음은 지속음이다.[21)]

(4) 소리의 세기 → 조음 방법과 소리의 세기

(1) 자음 중 안울림소리는 소리의 세기에 따라 예사소리, 된소리, 거센소리로 나뉜다. (75쪽)

(2) 국어의 자음 (80쪽)

소리위치 소리성질		두 입술	윗잇몸 혀끝	센입천장 혓바닥	여린입천장 혀뒤	목청 사이
안울림 소리	예사소리		ㄷ, ㅅ			ㅎ
	된소리		ㄸ, ㅆ			
	거센소리		ㅌ			
울림 소리	비음				ㅇ	
	유음		ㄹ			

21) 지속음과 비지속음에 대한 논의는 중학교에서 조금 어려울 듯싶지만, 조음 방법을 설명하려면 당연히 포함시켜야 할 것이다.

국어의 자음에 대해 안울림소리를 소리의 세기에 대해서만 언급하고, 그 종류와 조음 방법에 대한 설명이 없다. 저지음에 대한 조음 방법은 앞에서 이미 설명하였으므로 국어의 자음체계를 보이면 〈표 7〉과 같다.

<표 7> 국어의 자음체계

조음 방법 \ 조음 위치			두입술	윗잇몸 혀 끝	경구개 혓바닥	연구개 혀 뒤	목청사이
沮止音	파열음	예사소리	ㅂ	ㄷ		ㄱ	
		된 소 리	ㅃ	ㄸ		ㄲ	
		거센소리	ㅍ	ㅌ		ㅋ	
	파찰음	예사소리			ㅈ		
		된 소 리			ㅉ		
		거센소리			ㅊ		
	마찰음	예사소리		ㅅ			ㅎ
		된 소 리		ㅆ			
共鳴音	비음(鼻音)		ㅁ	ㄴ		ㅇ	
	유음(流音)			ㄹ			

2) 음운의 변동(3학년 1학기)

(5) 겹받침의 발음 → 보완(불규칙적 발음, 연음규칙)

(1) 우리말에서는 'ㄱ, ㄴ, ㄷ, ㄹ, ㅁ, ㅂ, ㅇ'의 7자음만이 음절의 끝소리로 발음된다. 이외의 받침은 7자음 중의 하나로 바뀌어 발음된다. 이런 현상을 음절의 끝소리 규칙이라고 한다.
(2) 겹받침의 발음에 대해 공부해 보자
① 넋, 몫, 삯 ② 닭, 칡, 흙 ③ 삶, 앎, 옮(기다) (79쪽)

겹받침의 발음에 대해서 ① 넋, 몫, 삯 ② 닭, 칡, 흙 ③ 삶, 앎, 옮

(기다)에 대해서만 제시하고 있다. 좀더 보완이 필요하다. 음절 끝자리의 겹받침은 하나만 발음되는데, 다음과 같은 규칙을 갖는다.

① 'ㅄ, ㄳ, ㄽ, ㄾ, ㄵ'은 첫째 자음만 발음된다.
값→〔갑〕, 몫→〔목〕, 외곬→〔외골〕, 핥다→〔할따〕, 앉다→〔안따〕
② 'ㄻ, ㄿ'은 둘째 자음만 발음된다.
젊다→〔점따〕, 읊지→〔읍찌〕
③ 'ㄺ, ㄼ'은 불규칙적이다.
읽고→〔일꼬〕, 읽지→〔익찌〕, 넓다→〔널따〕, 밟다→〔밥:따〕,
넓둥글다→〔넙뚱글다〕 넓죽하다→〔넙쭈카다〕

겹받침 외에 더 필요한 사항이 있다. 끝에 자음을 가진 형태소가 모음으로 시작되는 형식 형태소와 만나면, 그 끝 자음은 다음 음절의 첫소리로 발음된다. 그러나 뒤에 오는 형태소가 실질 형태소이면 음절 끝소리 규칙에 따라 대표음으로 바뀌고 뒤의 음절 첫소리로 발음된다.

옷이→〔오시〕, 옷을→〔오슬〕, 옷 안→〔오단〕, 옷 아래〔오다래〕

(6) 비음화 → 보완(ㄹ→ㄴ)

다음 낱말을 소리내어 읽고, 〈보기〉와 같이 빈 칸을 채워 보자.
〈보기〉 밥물(ㅂ+ㅁ) → 〔밤물〕(ㅁ+ㅁ)
칼날(ㄹ+ㄴ) → 담력(ㅁ+ㄹ) → 입는(ㅂ+ㄴ) →
닫는(ㄷ+ㄴ) → 급류(ㅂ+ㄹ) → 백로(ㄱ+ㄹ) →
(81쪽)

'ㄱ→ㅇ, ㄷ→ㄴ, ㄹ→ㄴ, ㅂ→ㅁ'에 대한 제시는 있는데, 'ㄹ'→'ㄴ'('ㄴ'뒤에서)에 대한 설명이 없다. 따라서 이에 대한 내용을 보완하는 것이 필요하다.

> 'ㄹ'→'ㄴ'('ㄴ'뒤에서)의 경우
> 의견란→〔의견난〕, 임진란→〔임진난〕, 음운론→〔음운논〕,
> 공권력→〔공꿘녁〕, 상견례→〔상견녜〕

(7) 축약 → 보완(실제로 많이 오용되는 사례 제시)

> 두 음운이 합쳐져서 하나의 음운으로 줄어 소리나는 것을 음운의 축약이라고 한다. (87쪽)

두 형태소가 서로 만날 때에 앞뒤 두 음운이나 두 음절이 하나로 줄어드는 현상을 축약이라 하는데, 'ㅂ,ㄷ,ㄱ,ㅈ'과 'ㅎ'이 서로 만나면 'ㅍ,ㅌ,ㅋ,ㅊ'으로 축약되는 자음 축약(①)과 두 모음이 서로 만나서 한 음절이 되는 모음 축약(②)이 있다. 교과서에서는 '빨갛고, 씹히면, 하얗다, 젖히다' 등에 대한 자음 축약과 '맞추어, 그리어, 되었다, 먹이어, 남기어' 등 모음 축약에 대해 설명하고 있다. 실제로 학생들이 모음 축약에서 잘못 사용하고 있는 경우가 많아 이에 대한 보다 많은 용례로 설명하는 것이 필요하다.

> ① 좋다→〔조:타〕, 잡히다→〔자피다〕, 먹히다→〔머키다〕,
> 닫히다→〔다티다〕→〔다치다〕

② 되어→〔돼:〕, 가리어→〔가려〕, 뜨이다→〔띄:다〕,
두었다→〔뒀다〕→〔뒬:따〕

오래됬다→〔되었다=됐다〕, 공부가 잘 되요→〔되어요=돼요〕
잘 됬으면 좋겠다→〔되었으면=됐으면〕
용서가 돼지 않다→〔되지〕

(8) 탈락(자음) → 탈락(자음, 모음)

> 두 음운이 만나면서 한 음운이 아예 사라져 소리나지 않는 것을 음운의 탈락이라고 한다. (89쪽)

두 형태소가 만날 때에 앞뒤 두 음운이 마주칠 경우, 한 음운이 완전히 발음되지 않는 현상을 탈락이라 한다.22) 자음 탈락은 자음이 3개 이상 연이어 만나면 어느 하나가 탈락하거나 'ㄴ, ㅅ, ㅈ, ㄷ' 앞에서는 'ㄹ'이 탈락하고(①), 모음 탈락은 한 음절이나 모음의 한 음운이 탈락한다(②). 특히 학생들이 많이 틀리는 것 중 하나가 '으' 탈락 현상이다(③). '으'로 끝나는 어간은 예외없이 모음으로 된 어미 '-어/아' 앞에서 모음 충돌을 막기 위해 '으'가 탈락된다.

① 값도→/갑도/→〔갑또〕 딸님→〔따님〕 울는→〔우는〕,
열닫이→여닫이 울짖다→우짖다 날(다)니→〔나니〕
딸님→〔따님〕 솔나무→〔소나무〕

---

22) 국어교과서에는 자음 탈락에 대해서만 설명하고, 모음 탈락에 대해서는 언급하지 않았다. 그러나 실제로 학생들이 잘못 사용하고 있는 것은 주로 모음 탈락 현상이다.

② 가아서→가서　　서었다→섰다→〔섣따〕
뜨어→떠　　그리+어→그려
③ 쓰어→써　　끄어→꺼　　아프+아→아파
슬프+어→슬퍼　　기쁘+어→기뻐
가았다→〔갔다〕　　쓰었다→〔썼다〕
서었다→〔섰다〕　　뜨어→〔떠〕

이외에 표준발음법 교육이 필요하다. 〈표 1〉의 글쓰기 실태에서 살펴보았듯이 이 영역 역시 학생들이 '할꺼고, 쓸꺼다, 말해봤짜다, 두려울낀' 등 실제 발음을 그대로 표기에 잘못 사용(15.4%)하고 있다.

〈표준발음법〉 제27항에 "관형사형 '-으(ㄹ)' 뒤에 연결되는 'ㄱ,ㄷ,ㅂ,ㅅ,ㅈ'은 된소리로 발음하며, '-으(ㄹ)'로 시작되는 어미의 경우에도 이에 준한다."[23]고 했다.

할 것을〔할꺼슬〕　　갈 데가〔갈떼가〕　　할 바를〔할빠를〕
할걸〔할껄〕　　할지라도〔할찌라도〕

---

23) 표준발음법에 대한 내용은 중학교 국어교과서에서는 언급하지 않고, 고등학교 국어교과서 〈부록〉에 게재되어 있어 이에 대한 조정도 필요하다.

Ⅲ. 단 어

1. 단어의 형성
   (1) 형태소 (2) 단어의 형성
2. 품 사
   (1) 체 언 (2) 관계언
   (3) 용 언 (4) 수식언
   (5) 독립언

▪ **단원 학습 목표**

1. 형태소, 단어, 어절의 개념을 알고 문장을 분석할 수 있다.
2. 단어의 짜임새를 이해한다.
3. 파생어와 합성어의 형성을 이해한다.
4. 단어를 갈래짓는 원리를 이해한다.
5. 단어의 품사별 특성을 알고 단어를 어법에 맞게 쓴다.

1. 단어의 형성

▪ **학습 목표**

1. 형태소의 개념과 종류를 안다.
2. 단어가 형성되는 여러 가지 방식을 안다.

1. 형태소

일정한 뜻을 가진 가장 작은 말의 단위(意味의 最小單位)를 形態素라고 한다. 형태소는 어절을 분석한 것으로 '영수-는/넓-은/바다-를/보-았-다.'는 문장은 {영수}, {-는}, {넓-}, {-은}, {바다}, {-를}, {보-}, {-았-}, {-다}로 형태소가 분류되어 9개의 형태소를 갖는다.

민수가 만화책을 읽었다.

위의 문장을 형태소로 분류하면, 홀로 설 수 있음과 없는 자립성의 여부에 따라 자립형태소인 {민수} {만화} {책}과 자립성이 없고 다른 말에 의존하여 쓰이는 의존형태소 {-가} {-을} {읽-} .{-었-} {-다}로 분류된다. 또한, 의미가 실질적인가 형식적인가에 따라 실질형태소(그 의미가 실질적인 형태소로 자립형태소와 용언의 어간을 포함)인 {민수} {만화} {책} {읽-}과 형식형태소(실질형태소에 붙어 말과 말 사이의 관계를 형식적으로 표시함)인 {-가} {-을} {-었-} {-다}로 분류된다.

▌참고▐ 형식형태소

의미를 語彙的 의미와 文法的 의미로 나눌 때 문법적 의미란, 말과 말 사이의 관계를 나타내는 것일 수도 있고, 어떤 단어의 품사를 바꾸는 것일 수도 있다. 이렇게 문법적 의미를 가지고 있는 형태소를 形式形態素 한다. 또한 單語形成에 참여하는 접사도 형식형태소다.

할수없다(하-ㄹ-수-없-다), 시원하다(시원-하-다),
걱정스럽지(걱정-스럽-지), 첫꿈(첫-꾸-ㅁ),
가니(가-니), 퍽좋구나(퍽-좋-구나), 촛불(초-ㅅ-불)(형태음소 'ㅅ'은 형

태소로 취급하지 않음)
돼지들이올벼를짓밟아놓았다(돼지-들-이-올-벼-를-짓-밟-아-놓-았-다)

2. 단어의 형성

단어는 최소자립형식으로 의존형태소들의 결합이되, 자립성을 발휘하는 것이다. 따라서 자립형태소에 붙되, 그것과 쉽게 분리되는 의존형태소인 조사도 단어가 될 수도 있다. '나-까지-는'과 '바다-부터-를'에서 '까지는, 부터를'은 단어가 된다. 그리고 실질형태소인 어간과 형식형태소인 어미가 결합된 '먹다, 먹고' 등을 하나의 단어로 본다. 국어에서 단어는 하나의 어절을 이루므로 띄어쓰기가 기준이 된다. 따라서 내부에 휴지를 둘 수 없으며 사이에 다른 말이 들어갈 수 없다. 다만, 체언에 붙는 조사를 단어로 인정하고 있다.

▌참고▐ 형태소와 단어

形態素는 의미를 가지는 최소의 단위로 정의되고, 單語는 최소의 자립형태소로 정의된다. 그러나 이 정의에는 약간의 문제가 있다. 우선, 助詞는 자립할 수 없고 체언에 붙어서만 사용된다. 따라서 조사는 단어일 수 없다. 그러나 조사와 어미를 비교해 보면, 조사가 없이도 체언은 자립할 수 있는데 비해, 어미가 없으면 用言은 자립할 수 없다. 이런 측면에서 보면, 조사는 準自立性을 가지고 있다고 할 수 있다. 따라서 학교문법에서는 조사를 단어로 본 것이다. 또한, 依存名詞도 자립성에 문제가 있다. 항상 관형어와 동반해야 하는 것이다. 그러나 의존명사가 나타날 수 있는 환경을 보면, 다른 체언이 나타날 수 있는 환경과 일치한다. 따라서 의존명사도 단어로 본 것이다.

단어에는 '땅, 하늘, 꽃, 나무, 높다'처럼 단일어와 둘 이상의 어근(합성어)

으로 되거나 어근에 접사가 결합(파생어)된 복합어가 있다. '강산, 집안, 소나무, 밤낮, 어깨동무, 굳세다' 등은 합성어이고, '지붕, 맏아들, 치밀다, 풋과일, 톱질, 먹히다, 번쩍거리다' 등은 파생어이다. 하나의 단어에는 파생어와 합성어가 같이 들어 있는 경우가 있다. '코+(웃+음)(합성어)', '평화적'은 '(평+화)+적(파생어)', '시부모'는 '시+(부+모)(파생어)'이다.

▍참고 ▍ 語形成法

(1) 자립형태소 결합 : 합성법(어기+어기) ┌ 체언 어기+어기
　　　　　　　　　　　　　　　　　　　　└ 용언 어기+어기

(2) 의존형태소 결합 : 활용법, 파생법
　① 활용법 : 용언 어기+활용어미　예) 읽-는, 먹-다
　② 파생법 : 접사+용언어기　　　예) 짓-밟다

(3) 자립형태소+의존형태소 : 파생법, 곡용법
　① 파생법 : 접사+체언어기　　예) 풋-고추, 선생-님
　　㉠ 어류유지파생 : 부채-질, 떡-보, 잠-꾸러기, 짓-밟다, 휘-감다, 보-이-다.
　　㉡ 어류변화파생 : 사랑-하-다, 먹-이, 지혜-롭-다, 검-정, 높-이-다, 잡-히-다
　② 곡용법 : 체언어기+곡용어미　예) 꽃-이, 꽃-을

(4) 어형성법
　① 합성법 : 어기+어기　예) 마소, 등불, 오르내리다, 검붉다
　② 파생법 : 접사+용언어기　예) 짓밟다, 치밀다, 되씹다
　　　　　　접사+체언어기　예) 맏아들, 형님, 개살구, 공부하다
　③ 굴절(곡)법 : 활용법 - 용언어기+활용어미 예) 먹다, 읽는
　　　　　　　　곡용법 - 체언어기+곡용어미　예) 사랑이, 꽃을

2.1. 파생어

어근의 앞이나 뒤에 접사가 붙어서 만들어진 단어를 파생어라 하는데, 어근 앞에 붙는 접사를 접두사, 어근 뒤에 붙는 접사를 접미사라고

한다. 어근은 실질적인 의미를 나타내는 부분이며, 접사는 어근에 붙어 그 뜻을 제한하는 부분이다. 따라서 어근은 자립형태소일 수도 있고, 의존형태소일 수도 있다. 그리고 어근과 어간은 다르다. 접사가 없는 경우에는 어근과 어간이 같지만(먹다), 語根은 단어 형성의 측면에서 쓰이는 용어이고, 語幹은 활용(체언에 격조사가 결합되는 것을 曲用이라 하면, 곡용도 포함됨)의 측면에서 쓰이는 용어로 파생접사를 내포한다.

▌참고 ▌ 파생접사와 굴절접사

어근에 붙어 그 뜻을 더하거나 제한하는 주변 부분을 접사라고 하는데, '치밀다'에서 '치-'처럼 단어 파생에 기여하는 접사를 파생접사라 하고, '-다' 처럼 문법적 기능을 하는 어미를 굴절접사라고 한다.

어근 : 어른-
어간 : 어른스럽-(어근+파생접사)
어미 : -다(굴절접사)
으르렁-거리-다, 훌쩍-대-다, 글썽-이-다, 반짝반짝-하-다, 아름-답-다

파생어는 접사에 의해 이루어지므로 접사의 위치와 기능이 중요하다. 우선, 위치에 따라 接頭辭(맨손, 들볶다, 시퍼렇다)와 接尾辭(덮개, 지붕(집-웅))로, 그리고 기능에 따라 限定的(어근의 뜻만을 더해주거나 제한하는) 접사와 支配的(어근의 뜻을 제한하고 품사도 바꾸는) 접사로 나뉜다.

① 접두사에 의한 파생어 : 접두사는 뒤에 오는 어근의 뜻만을 제한하고 품사를 바꾸는 일은 없다. 체언 앞에 오는 접두사는 관형사적 성격을 가지며, 용언 앞에 오는 접두사는 부사적인 성격을 가진다.

㉠ 한정적(부사성) 접두사 : 용언 어근 앞에 붙어서 添意的 기능을

가지며, 어근의 의미를 제한할 뿐 품사를 바꾸지 못한다.

'갓-나다, 되-묻다, 들-볶다, 빗-나가다, 설-익다, 엇-갈리다, 짓-누르다, 치-솟다, 휘-젓다, 드-세다, 올-되다, 새-빨갛다, 시-뻘겋다'

㉡ 관형적 접두사 : 명사류의 앞에 붙어서 添意的 기능을 하는 접두사이다.

'갓-스물, 개-살구, 군-말, 날-감자, 덧-신, 돌-배, 들-장미, 맨-손, 선-잠, 숫-총각, 알-부자, 애-벌레, 올-벼, 풋-사랑, 홀-아비, 홑-이불, 참-기름'

② 접미사에 의한 파생어 : 접미사는 어근의 뜻을 제한할 뿐만 아니라 어근의 품사를 바꾸기도 하고, 사동, 피동 접미사는 문장 구조와 의미를 바꾸기도 한다.

㉠ 명사 파생 : 명사에서 명사로 바뀌는 경우(송-아지, 선생-님, 학생-들, 저-희, 바느-질, 털-보, 잠-꾸러기, 땜-장이, 가난-뱅이, 마음-씨, 값-어치, 집-웅(지붕), 눈-치, 잎-아리(이파리), 끝-으머리(끄트머리), 꾸밈-새)와 다른 품사에서 명사로 바뀌는 경우(믿-음, 슬-픔, 먹-이, 크-기, 베-개, 막-애(마개), 놀-애(노래), 묻-엄(무덤), 맞-웅(마중), 늙-다리, 노라+ㅇ)가 있다.

㉡ 동사 파생 : 동사에서 동사로 바뀌는 경우(놓-치-다, 먹-히-다, 울-리-다, 깨-뜨리-다)와 다른 품사에서 동사로 바뀌는 경우(위반-하다 : 밝-히-다, 낮-추-다 : 출렁-거리-다, 반짝-이-다), 문장 구조와 의미를 바꾸는 경우(먹-이-다, 입-히-다, 알-리-다, 웃-기-다, 재-우-다, 달-구-다, 맞-추-다 : 보-이-다, 업-히-다, 들-리-다, 감-기-다)가 있다.

㉢ 형용사 파생 : 형용사에서 형용사로 바뀌는 경우(검-엏-다, 높-다랗-다, 차-갑-다)와 다른 품사에서 형용사로 바뀌는 경우(학생-답-다, 슬기-롭-다, 사랑-스럽-다 : 믿-업-다(미덥다), 앓-브-다(아프다), 곯-브-다(고프다), 그리+ㅂ(그립다) : 총명-하다, 멋-지다)가 있다.

㉣ 부사 파생 : 부사로 파생된 접미사(없-이, 급-히, 곳곳-이, 가만-히, 비로-소, 맵-우(매우), 힘-껏, 진실-로, 참-아(차마), 끝-내, 쉽-사리) 등을 들 수 있다.

2.2. 합성어

합성어는 둘 이상의 어근이 결합된 단어로 합성어는 제3의 뜻(돌아가다→죽다, 밤낮→늘)을 갖기도 하고, 특이한 음운 첨가나 탈락이 일어나기도 한다(뱃노래, 마소). 합성법의 유형에는 통사적 합성법과 비통사적 합성법이 있다. 전자는 자립성을 지닌 두 단어가 결합된 합성법으로 국어의 일반적 단어 배열과 같은 유형의 합성법이다. 그리고 후자는 자립성이 없는 두 어근이 결합된 합성법(용언의 어기+어기)으로 국어의 일반적 단어 배열에 어긋나는 합성법이다.

1) 합성어의 유형

우리말의 일반적인 단어 배열법을 이해하기 위해 다음 문장을 고찰할 필요가 있다.

하얀(Det) 목련이(S) 활짝(Adv) 피었다(V).
개나리(N), 진달래(N) 등이 활짝(Adv), 많이(Adv) 피었다.

① 통사적 합성어 : 우리말의 일반적인 단어 배열

㉠ 관형어+체언

㉡ 주어+목적어+서술어(주어+서술어, 목적어+서술어)

㉢ 부사어+서술어

② 비통사적 합성어

㉠ 서술어+체언

㉡ 부사어+체언

㉢ 서술어+서술어

▌참고▐ 합성어와 句(節)

합성어는 '큰집, 큰형'처럼 하나의 단어로 다른 말이 그 사이에 끼어 들 수 없다. 반면에 句는 두개의 단어이므로 띄어쓰기가 가능하다. 따라서 다른 말이 그 사이에 끼어 들 수 있다. 즉, 다른 말에 의해 분리가 가능하다(예컨대, '큰 아들', '다 큰 우리 아들'). 이에 '큰형'과 '큰 형'을 합성어와 구로 구별하면 다음과 같다.

① 붙여쓰기(1개 단어)와 띄어쓰기(2개 단어)
예) 큰형이 오늘 집에 온다/ 키가 큰 형이 밀었다.

② 서술성의 유무
예) *형이 키가 크다/형이 키가 크다

③ 분리성의 유무
예) *큰 우리 형/키가 큰 철수네 형

④ 의미의 차이
예) '맏형'의 의미/'키가 크다'의 의미

2) 합성어의 갈래

① 통사적 합성어 : 우선, 체언(명사)의 합성어로 '명사+명사'(돌다리, 집안, 눈물, 밤낮), '관형사+명사'(새해, 첫사랑, 이승), '관형사형+명사'(작

은형, 큰집, 군밤, 젊은이)가 있으며, 둘째로 부사의 합성어로 '부사+부사'(더욱더, 곧잘, 울긋불긋, 철썩철썩)가 있다. 그리고 셋째로 용언의 합성어로 '주어+서술어'(동사 : 힘들다, 재미나다, 맛들다, 정들다, 형용사 : 낯설다, 값없다, 배부르다, 재미있다), '목적어+서술어'(힘쓰다, 애쓰다, 노래부르다), '부사어+서술어'(앞서다, 뒤서다, 마주서다, 가로지르다, 앞세우다, 손쉽다), '본동사+연결어미+보조동사'(알아보다, 돌아가다, 찾아보다, 살펴보다, 들어가다, 걸어가다, 흘러가다)를 들 수 있다.

② 비통사적 합성어 : 우선, 체언(명사)의 합성어로 '어간+명사'(늦잠, 누비옷, 들것, 접칼, 검버섯), '부사+명사'(산들바람, 부슬비, 척척박사, 촐랑새)가 있다. 다음으로 용언의 합성어로 '어간+어간'(동사 : 오르내리다, 날뛰다, 여닫다, 듣보다, 형용사 : 검푸르다, 높푸르다, 굳세다)를 들 수 있다.

참고 합성어의 파생

합성어가 파생법에 의해 다시 새로운 파생어가 되기도 한다.

해돋이, 품갚음, 팽이치기, 새큼달큼하다

3) 두 어기 성분 사이의 관계에 따른 합성어 : 병렬합성어, 수식합성어, 융합합성어로 분류된다.

① 병렬합성어 : 두 어기의 대등한 결합으로 이루어진 합성어

'마소, 손발, 앞뒤, 오르내리다'

② 수식합성어 : 앞의 어기가 뒤의 어기에 영향을 주는 합성어

'물굽이, 부삽, 소나무, 안집, 속옷'

③ 융합합성어 : 두 어기의 결합으로 전혀 다른 의미를 갖는 합성어

'밤낮, 나들이, 손위, 큰집, 돌아가다'

2. 품 사

▪ **학습 목표**

1. 품사 분류의 기준에 대하여 안다.
2. 각 품사의 특징을 알고, 단어들을 품사로 구분할 수 있다.

공통된 성질을 지닌 단어끼리 모아 놓은 단어의 갈래를 품사라고 한다. 국어 品詞의 갈래는 다음과 같다.

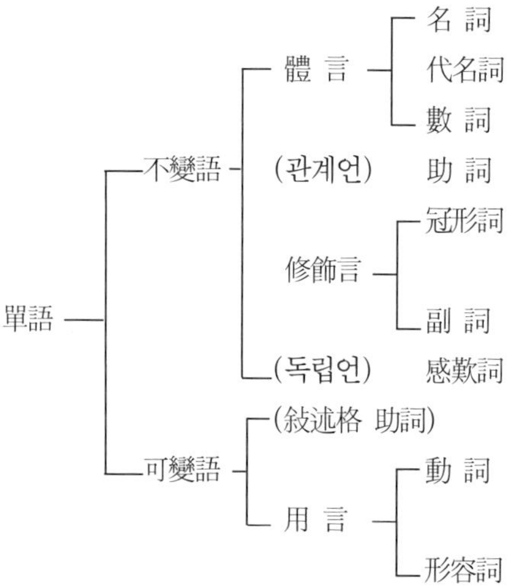

1. 체언 : 명사, 대명사, 수사

체언은 문장에서 주로 주어의 자리에 오며, 조사와 결합한다. 때로는 목적어나 보어의 자리에도 올 수 있으며, 체언에는 명사, 대명사, 수사가 있다. 이들은 일반적으로 형태의 변화가 없다.

1.1. 명사

사물의 명칭을 표시한 단어의 묶음을 명사라 한다. 명사에는 固有性의 여부에 따라 고유명사(특정한 사람이나 물건에 대한 이름)와 보통명사(같은 사물에 두루 쓰이는 명사)로 나뉜다. 또한, 자립성의 여부에 따라 자립명사(다른 말(관형어)의 도움을 받지 않고 쓰이는 명사)와 의존명사(다른 말(관형어)에 기대어 쓰이는 명사)가 있다. 그리고 有情性의 유무에 따라 유정명사(사람이나 동물을 가리키는 명사)와 무정명사(식물이나 무생물을 가리키는 명사)가 있다.

명사 중에는 반드시 그 앞에 꾸며 주는 말, 즉 관형어가 있어야만 문장에 쓰일 수 있는 것들이 있는데, 이들을 의존명사라고 한다. 의존명사의 종류로 다음을 들 수 있다.

① 普遍性 의존명사 : 모든 성분으로 두루 쓰이는 의존명사(분, 이, 것, 데).
② 主語性 의존명사 : 주어로만 쓰이는 의존명사(지, 수, 리 등).
③ 敍述性 의존명사 : 서술어로만 쓰이는 의존명사(따름, 뿐, 터 등).
④ 副詞性 의존명사 : 부사어로 쓰이는 의존명사(대로, 양, 듯, 체, 척, 만큼, 채, 뻔, 줄 등).

⑤ 單位性 의존명사 : 앞에 오는 명사의 수량을 단위의 이름으로 가리키는 의존명사(개, 분, 마리, 말, 섬, 자루, 그루, 채 등).

▌참고 ▌ 의존명사와 조사

의존명사와 조사는 문장에서 그 쓰임에 따라 달라진다. 체언에 붙으면 조사이고, 관형형 어미의 수식을 받으면 의존명사이다.

의존명사	조사
나는 영희를 좋아할 뿐이다.	영수가 좋아하는 사람은 영희뿐이다.
너는 본 대로 느낀 대로 말하면 된다.	이 일은 약속대로 처리한다.
애쓴 만큼 얻는 법이다.	나는 바다만큼 너를 좋아한다.
집을 떠난 지 벌써 3년이다.	집에 가야 할지(어미) 망설여진다.

▌참고 ▌ 고유명사와 보통명사

고유명사는 복수를 갖지 않으며(*영수들이), 관형사와의 결합이 부자연스럽고(*이 철수가), 數와 결합되지 않는다(*두 철수). 다만 고유명사에 복수형이 결합되는 경우가 있는데, 이는 보통명사로 처리된다(장래의 이순신 장군들을 기다린다). '안성맞춤, 초코파이, 마당놀이, 크리넥스' 등은 고유명사였지만 보통명사로 일반화되었다.

1.2. 대명사

代名詞는 말 그대로 명사를 대신한다는 의미이다. 즉, 사람, 장소, 사건의 내용 등을 대신하여 쓰이는 단어들의 묶음을 뜻하는 것으로 대명사의 종류에는 인칭대명사와 지시대명사가 있다.

① 人稱대명사 : 1인칭(나, 저, 우리, 저희, 소인), 2인칭(너, 자네, 그대,

당신, 여러분, 임자, 자기), 3인칭 대명사(그, 그분, 저분, 이분, 이이, 그이, 저이)

② 指示대명사 : 事物대명사(이, 그, 저, 이것, 그것, 저것, 무엇), 處所대명사(여기, 저기, 거기, 어디)

▌참고▐ '내'와 '우리'

'우리'는 단순히 '나'의 복수만을 뜻하지는 않는다.

내(우리) 나라, 내(우리) 집, 내(우리) 아버지

▌참고▐ 재귀대명사

재귀대명사는 3인칭 주어로 쓰인 명사나 명사구를 다시 가리키는 데에 쓰인다.

영수는 저밖에 모른다.

이 물건은 先親께서 물려 주신 건데, 당신이 무척 아끼시던 물건이지.

1.3. 수사

數詞는 앞서는 명사의 수량이나 순서를 가리키는 단어의 묶음을 뜻하는 체언으로 그 종류로는 양수사와 서수사가 있다.

① 量수사 : 수량을 가리키는 수사(하나, 둘, 셋, 일, 이, 삼, 세 개째 등)

② 序수사 : 순서를 가리키는 수사(첫째, 둘째, 셋째, 제일, 제이, 제삼, 세 번째 등)

▌참고▐ 특별한 수사

① 가축의 나이 : 하릅, 두습, 사릅, 나릅, 다습, 여습, 이롭, 여듭, 구릅, 열릅

② 날짜 : 하루, 이틀, 사흘, 나흘, 닷새, 엿새, 이레, 여드레, 아흐레, 열흘

③ 달 : 정월(맹춘, 초춘), 중춘, 계춘(만춘), 맹하(초하), 중하, 계하(만하), 맹추(초추), 중추, 계추(만추), 맹동(초동), 동짓달(중동), 섣달(계동, 만동)

▌참고▐

① 지시대명사 / 지시관형사

㉠ 조사와의 결합 유무

이는 우리가 찾던 것이다. / 이(*는) 나무는 잎이 단풍들었다.

㉡ 이것, 저것, 그것으로 대체 유무

이(이것) 가운데서 고르시오. / 이(*것) 사람들에서 찾으시오.

㉢ 복수접미사(-들)과 결합 유무

이들, 저들 / 이(*들) 사람, 저(*들) 산

㉣ 복수접미사와 결합한 대명사는 용언의 관형사형 어미와 결합하지만, 관형사와는 결합하지 않음

젊은 그들 / *저 그들

② 수사 / 수관형사

㉠ 조사와의 결합 유무

하나의 상징, 천의 얼굴 / 한(*의) 사람, 천(*의) 사람

㉡ 수사는 체언이지만 관형사와 관형사형의 수식을 받지 않는다. 다만 특수한 경우에는 예외

*새 하나, *첫 둘, *큰 하나 / 다른 하나

③ 명사, 대명사와 수사가 다른 점

㉠ 명사, 대명사는 복수접미사와 결합하지만, 수사는 결합하지 않음

사람들, 이들 / *하나들, *첫째들

㉡ 수사는 반복을 통해 복수를 나타내거나 접두사와 결합함

하나하나, 둘둘 / 수백, 수천

④ 관형사 / 접두사

㉠ 합성어(새해) / 파생어(풋고추)

㉡ 분리성의 유무

새 옷→새 큰 옷 / 맨발→*맨 큰 발

㉢ 두 개의 단어(띄어쓰기) / 한 개의 단어

1.4. 체언의 용법

체언은 조사와 결합하여 문장 안에서 주어, 목적어, 보어, 관형어, 부사어, 서술어 등의 기능을 한다. '-들'은 셈의 대상이 되는 명사나 대명사와 결합하여 복수를 나타낸다. 그러나 복수 표현에 '-들'을 꼭 붙여야 하는 것은 아니다.

참새 세 마리가 앉아 있었다.

또한, 셀 수 없는 명사나 장소 표시의 고유명사에는 '-들'이 붙을 수 없다(예: *철수들, *仁川들). 그러나 주어 이외의 자리에 나타날 때는 '-들'이 붙을 수 있는데, 이 때는 주어가 복수임을 표시한다(예: 여기들 잠자코 앉아 있어라).

▎참고 ▎ 복수접미사 '-들'

① 가산명사에만 붙음
사람들, 학생들

② 물질명사나 대명사(장소)에는 붙지 않음
*<u>눈들</u>이 내린다. / *<u>저기들</u>이 대공원이다.

③ 복수접미사 '-희' 뒤에 붙음
너희들, 저희들

④ 대명사, 부사, 용언의 어미 뒤에 붙을 수 있으며, 수사에는 붙지 않음
<u>여기들</u>(대명사+들→부사) 잠자코 앉아 있어라.
여기 <u>잠자코들</u>(부사) 앉아 있어라. <u>어서들</u>(부사) 오너라.
여기 잠자코 <u>앉아들</u>(용언어간 뒤) 있어라.
*하나들, *셋들, *첫째들 *셋째들

2. 관계언 : 조사

주로 체언 뒤에 붙어서 다양한 문법적 관계를 나타내거나 특별한 뜻을 더해 주는 관계사를 助詞라고 한다. 조사는 형태상으로 활용하지 않지만, 서술격 조사는 활용하며, 의미상으로 격조사와 접속조사는 구체적인 의미가 없으나 보조사는 구체적인 의미가 있다. 또한, 조사는 주로 체언에 붙지만, 용언(연결어미)이나 부사에 결합되기도 한다(①). 그리고 '-요'나 '-고'처럼 語末어미에 결합되기도 하며(②), 여러 개의 조사가 겹쳐 쓰일 수 있다(③). 조사는 형식형태소이면서 의존형태소이지만 하나의 단어로 취급된다.

① 이 옷을 한번 입어만 보아라. 몹시도 그립다.
② 빨리만 오너라, 빨리요(존대의 보조사)? 언제 오셨느냐고(인용의 부사격조사) 여쭈었다.
③ 이 곳에서만은 조용히 해라. 인천에서부터 왔다.
④ 이것은 사과요(나열의 보조사), 저것은 감이다.

2.1. 조사의 갈래

1) 격조사

한 문장에서 선행하는 체언으로 하여금 일정한 자격을 갖도록 해 주는 조사를 격조사라고 한다. 격조사에는 주격(-이/가, -께서(높임), -에서(단체), -서(사람 수 '혼자서'), 서술격(-이다(조사와 용언의 속성〈즉 어미 활용〉을 함께 지님), 목적격(-을/를), 보격(-이/가), 관형격(-의), 호격(-아/야, -(이)여, -(이)시여)과 부사격 조사가 있다.

부사격 : 處所(-에, -에서, -한테, -께,- 에게); 道具(-로써, -로); 資格(-로, -로서); 指向點(-로, -에) 原因(-에); 時間(-에); 所在地(-에); 落着點(-에, -에게〈有情名詞〉); 出發點(-에서, -에게서, -한테서); 比較(-처럼, -만큼, -대로, -하고, -와/과, -보다); 與同(-하고, -와/과); 變化(-으로, -가/이); 引用(-고, -라고)

강조의 격조사: '가, -를'

본래가 그런 사람은 아니다. 너는 또 어쩌자고 백화점에를 갔니?

▌참고▐ 이다

선행하는 체언이 문장 안에서 일정한 자격을 갖추도록 하는 격조사의 기능을 갖는다(체언이 서술어로서의 자격을 갖도록 함). 또한, 다른 격조사들은 그 형태가 고정되어 있으나 서술격 조사는 '이고, 이며, 이니, 이다' 등 활용한다.

영수는 학생이다(체언+이다) * '이'는 선행어인 '학생'을 용언(서술어)으로 바꾸어주는 접미사로 보는 경향도 있음.

출발은 집에서부터이다(조사+이다)

그녀가 좋아서이다(용언어미+이다)

2) 접속조사

두 단어를 같은 자격으로 이어주는 조사로 '-과/와, -(에)다, -하고, -(이)며, -랑' 등을 들 수 있다.

나는 엄마와 아빠를 좋아한다.(엄마를 좋아하고, 아빠를 좋아하는 겹문장에서 접속조사)

철수와 영희는 골목길에서 마주쳤다.(홑문장에서 접속조사)

배는 사과와 다르다. 이것은 저것과 다르다(비교부사격 조사의 기능)

이것과 저것은 다르다.(접속조사)

시험이고 뭐고 다 그만 두어라.(두 가지 모두를 아우르는 접속조사)

3) 보조사

일정한 의미를 나타내는 加意性(앞말에 특별한 뜻을 더함) 조사로서, 말하는 이의 어떤 생각이 전제되었을 때 쓰인다. 보조사는 부사나 용언의 보조적 연결어미 뒤에 쓰이기도 한다.(잘도 간다, 먹어는 보았다) 보조사에는 표별 조사와 협수 조사로 분류할 수 있다.

① 표별(表別) 조사 : 같은 동아리에 드는 부류들과 다른 의미를 표시하는 보조사 '-은/는(주제, 대조); -만, -뿐(단독, 한정); -부터(시작); -밖에(한계선, 더없음); -(이)나, -(이)든지, -(이)라도(선택); -나(概算, 어림); -나마 (불만, 덜참); -야말로(특별, 강조); -커녕(고사, 그만두기); -(이)ㄴ들(비특수)' 등을 들 수 있다.

② 협수(協隨) 조사 : 같은 동아리에 드는 부류들과 동일한 의미를 표시하는 보조사로 서로 치환될 수 있으며 '-도(첨가,동일); -까지(도급, 미침); -조차(최종,더함); -마저(종결,끝남); -대로, 같이(같음); -서껀(섞여있음)' 등을 들 수 있다.

자기가 믿던 조수(도, 마저, 까지, 조차, 서껀) 해고해 버렸다.

▌참고▐ 특별한 조사

국어에는 특별한 기능을 하는 조사가 있다. 다음에서 '-요'는 상대 높임을 나타내며, '-고'는 인용절을 이끈다.

비가 내리는데요. 우산을 가지고 오시지요.
남의 말을 귀담아 들으라고 말했어요.

▌참고▌ 조사와 단어

조사를 단어로 인정하는 이유는 그 자체로는 자립성이 없어도 이들과 결합되는 형식(체언)은 자립형식이므로 분립성이 인정되는 준자립성으로 본다. 그리고 영어의 전치사도 단어로 인정하고 있기 때문이다. 반면에 조사를 단어로 불인정하는 이유는 조사는 형태적인 분석면에서 자립성이나 분립성이 없으며, 통사적인 단위로 띄어쓰기를 기준으로 하는 것이 합리적이며, 체언토와 용언토의 기능은 같고, 영어의 전치사는 본래 실사에서 전성된 것이라는 점이다.

▌참고▌ 이/가(격조사) : 은/는(보조사)

영수가 집에 갔다 : 영수는 집에 갔다.(다른 사람에 비해)
산이 높다 : 산은 높고, 바다는 넓다.(산과 바다 비교)
여기에서는 그런 일이 없다.(여기서만은)

3. 용언 : 동사, 형용사

문장의 주어를 서술하는 기능을 가진 말들을 용언이라 한다. 용언은 어미 '-다'가 붙는 기본형을 갖는다.

3.1. 동사

문장의 주어가 되는 말의 움직임을 나타내는 단어의 부류를 動詞라고 한다. 동사에는 '가다, 걷다, 살다, 놀다'처럼 움직임이 그 주어에만 관련되는 자동사와 '먹다, 입다, 잡다'처럼 움직임이 목적어에 미치는 타동사가 있다. 그리고 動作동사(사람의 움직임. 명령문, 청유문 가능)와 作用동사(자연의 움직임. 명령문, 청유문 불가능)로 분류하기도 한다.

3.2. 형용사

문장의 주어가 되는 말의 성질이나 상태를 나타내는 단어의 부류를 形容詞라고 한다. 형용사에는 '곱다, 달다, 아름답다, 향기롭다'처럼 성질이나 상태를 나타내는 性狀형용사와 '이러하다, 그러하다, 저러하다'처럼 지시성을 띤 指示형용사가 있다.

3.3. 보조용언

문장에서 의미의 중심이 되는 용언으로서 스스로 자립하여 실질적인 의미를 나타내는 용언을 본용언이라 하고, 단독으로 쓰일 수 없고 반드시 다른 용언의 뒤에 붙어서 그 의미를 더하여 주는 용언을 보조용언이라 한다. 보조용언에는 동사처럼 활용하는 보조동사와 형용사처럼 활용하는 보조형용사가 있다.

1) 보조동사

① 부정: (-지) 아니하다, 말다, 못하다
② 사동: (-게) 하다, 만들다
③ 피동: (-어) 지다, 되다
④ 진행: (-어) 가다, 오다, (-고) 있다
⑤ 종결: (-어) 나다, 내다, 버리다
⑥ 봉사: (-어) 주다, 드리다
⑦ 시행: (-어) 보다
⑧ 강세: (-어) 대다
⑨ 보유: (-어) 두다, 놓다

2) 보조형용사

① 희망: (-고) 싶다
② 부정: (-지) 아니하다, 못하다
③ 추측: (-는가,-나) 보다
④ 상태: (-어) 있다

▌참고▐ 보조동사와 보조형용사

보조동사와 보조형용사는 본용언의 품사에 따라 결정된다. 즉, '가지 못하다'에서 '가다'의 본용언이 동사이므로 '못하다'는 보조동사이고, '곱지 못하다'에서 '곱다'의 본용언이 형용사이므로 '못하다'는 보조형용사이다. 또한, 선어말어미 '-는-, -ㄴ-'이나 '-고 있-'이 붙을 수 있으면 보조동사이고, 그렇지 못하면 보조형용사이다. 즉, '책을 읽어 보다'는 '책을 읽어 본다/보고 있다'로 자연스럽게 결합되므로 보조동사이다. 그리고 보조동사는 어미 '-아, -어, -여' 아래 쓰여 '시험 삼아 해보다'의 의미로 사용되거나, 어미 '-다, -다가' 아래에 '보니'가 쓰여 '어떠한 행동이나 상태의 원인'이 될 경우이다. 예를 들어 '한번 들어 보다, 가입해 보다, 섬에 가 보다, 바다를 보다 보니 엄마가 생각난다' 등을 들 수 있다.

반면에 보조형용사는 추측이나 막연한 의향, 그리고 '-ㄴ가, -는가, ㄹ까' 뒤에 사용된다. 예를 들어 '시장인가 보다, 추운가 보다, 가는가 보다, 누가 볼까 봐 그러니, 등을 들 수 있다.

한편, '듯하다, 만하다, 직하다, 뻔하다, 듯싶다'를 과거에는 보조형용사로 다루었지만, '듯, 만, 직'을 의존명사로 취급하고, '하다, 싶다'를 접사로 보기도 한다.

3.4. 용언의 활용

용언이 일정한 문법적 관계를 표시하기 위하여 어간에 어미를 여러 가지로 바꾸는 현상을 活用이라고 한다. 활용형에는 종결형(문장을 끝맺는 활용형), 연결형(문장을 연결시켜주는 활용형), 전성형(문장의 기능을 전성시키는 활용형)이 있다. 그리고 활용할 때 어간이나 어미의 모습이 달라지는 경우가 있다. '굽다'의 '굽고, 굽어, 굽으니'로 활용해도 어간이 바뀌지 않는 규칙 활용과 '아름답다'의 '아름다워, 아름다우며'처럼 활용할 때 어간이나 어미의 기본형태가 달라지는 경우를 불규칙 활용이라고 한다.

불규칙의 갈래를 보이면 다음과 같다.

		〈불규칙〉	〈규칙〉
① 어간의 바뀜	'ㅅ'불규칙	짓다→지은	벗다→벗은
	'ㄷ'불규칙	묻다(問)→물어	묻다(埋)→묻어
	'ㅂ'불규칙	돕다→도와	뽑다→뽑아
	'르'불규칙	흐르다→흘러	치르다→치러
	'우'불규칙	퍼(푸+어)	주어, 누어
② 어미의 바뀜	'여'불규칙	하다→하여	막다→막아
	'러'불규칙	이르다→이르러	치르다→치러
			울다→울어라
	'너라'불규칙	오다→오너라	웃다→웃어라
	'오'불규칙	다+아→다오	주어라
③ 어간과 어미의 바뀜			
	'ㅎ'불규칙	노랗다→노란	좋다→좋은

• '거라' 규칙 가다→가거라, 오거라, 넣거라, 두거라 등

불규칙 활용은 규칙활용이 전제된 상태에서 그 규칙에 어긋나는 활용을 하는 것을 말한다. 따라서 종전의 '으'와 'ㄹ'불규칙 활용은 이에

대응되는 규칙활용이 없으므로 인정하지 않는다. '으'로 끝나는 어간은 예외없이('러'불규칙 용언은 제외) 모음으로 된 어미 '-어/아 앞에서 모음 충돌을 막기 위해 '으'가 탈락된다. 이것은 '쓰어>써, 끄어>꺼, 따르아>따라, 바쁘아>바빠, 아프아>아파, 기쁘어>기뻐' 등 '으' 탈락규칙만 알면 누구나 활용할 수 있기 때문에 불규칙이 아니다.

'ㄹ'탈락의 경우도 마찬가지다. 'ㄹ'받침을 가진 말이 불규칙 용언이 되려면 '니'와 'ㄴ,ㄹ,ㅂ,오, -시-' 앞에서 'ㄹ'이 떨어지지 않는 일이 있어야 하는데, '우는, 운, 우오, 웁니다, 우시니'처럼 그런 일이 없으므로 규칙적인 현상이다. '*울는'과 같은 발음은 표준어로 인정되지 않는다. 이와 같은 동사로 '살다, 알다, 돌다, 떨다, 멀다, 날다' 등이 있다.

'르'불규칙은 종전에 'ㄹ'의 덧생김을 어간의 바뀜으로 보거나 어미의 바뀜으로 보는 혼동된 설명이 있었다. 개정된 교과서에서는, 어미의 바뀜으로 보면 '러'나 '러'로 시작되는 어미가 생기게 되어 어미체계가 복잡해지고, 단순히 '으'만 탈락되는 '르'로 끝나는 동사의 어간(따르→따라)과도 구별되지 않는다는 점을 감안하여 어간만의 변화로 본다. '흐르다'를 설명할 때, '흐르-'는 자음으로 시작되는 어미 앞에서 나타나고, '흘ㄹ-'은 모음 '-어/아'로 시작되는 어미 앞에서 나타난다고 설명하면 된다.

흐르+고>흐르고
흐르+어(아)→흘+ㄹ(덧생김)+어(아)→흘러
빠르+어(아)→빨+ㄹ(덧생김)+어(아)→빨라

'ㅎ'불규칙 용언은 어간과 어미가 함께 바뀌는 용언이다. 종전에는 'ㅎ'탈락 현상만 기술하였으나, '파랗-'이 '파란, 파래'가 되는 것을 보면 어간과 어미가 함께 바뀌는 것으로 설명해야 자연스럽다.

파랗 + ㄴ→파란(어간의 'ㅎ'이 탈락됨)
파랗 + 아→파래(어간 '앟'이 탈락되고, 어미 '아'가 '애'로 바뀜)
노랗 + (아)지다→노래지다
하얗 + 아서→하얘서

▌참고▌ 동사와 형용사의 차이

① '-ㄴ(는)다'(현재형)와 결합 유무
일어난다/*아름답는다
늙는다/*젊는다 *어제 늙었다.
② 관형사형 '-는'의 활용 유무 : 일어나는/*아름답는
③ '-어라'와의 결합 : 명령형/감탄형
먹어라/아름다워라
④ 청유형인 '-자'와 결합 유무
가자/*성실하자
⑤ '-려'(의도)나 '-러'(목적)와 결합 유무
공을 차려 한다, 책을 사러 간다/*아름다우려, *예쁘러 화장을 한다.

▌참고▌ '있다'와 '없다'

① 현재형과 결합 : *있는다/*없는다
② 관형사형 어미와 결합 : 있는 사람/없는 사람
③ 의문형과 감탄형 어미와의 결합 : 있느냐/없느냐(동사), 있구나, 없구나(형용사)
④ 명령형과 청유형 어미와의 결합 : 있어라, 있자/*없어라, *없자

▌참고▌ '이다'와 '아니다'

학교문법에서 '-이다'는 '학생이다'처럼 체언에 붙어 체언을 서술어로 만드는 기능을 하므로 서술격조사로 보고 있다. 격조사는 한 문장에서 선행하는 체언으로 하여금 일정한 자격을 갖도록 해 주는 조사로, 격조사는 불변화사인데 서술격조사는 활용하는 변화사이다. 따라서 독립적인 품사로 설정하여 지정사로 보는 견해와 체언을 용언으로 만드는 접사로 보는 견해가 있다. 반면에 '아니다'는 자립성을 갖는 형용사이다.

3.5. 어미

어미에는 어말어미와 선어말어미가 있으며, 어말어미에는 다시 종결어미, 연결어미, 전성어미가 있다.

1) 어말어미

단어의 끝에 오는 폐쇄 형태소로 반드시 있어야 한다. 어말어미의 갈래는 다음과 같다.

- 어말어미
  - 종결어미
    - 평서형 : 간다
    - 감탄형 : 가는구나
    - 의문형 : 가느냐
    - 명령형 : 가라
    - 청유형 : 가자
  - 비종결어미
    - 연결어미
      - 대등적 연결어미 : 산은 높고 물은 맑다
      - 종속적 연결어미 : 봄이 오면 꽃이 핀다
      - 보조적 연결어미 : 가게 되었다
    - 전성어미
      - 명사형 : 가기 싫어하다
      - 부사형 : 꽃이 아름답게 피었다.
      - 관형사형 : 예쁜 꽃

2) 어말어미의 제약

대부분의 동사는 모든 어말어미를 다 취할 수 있다. 그러나 몇몇의 제한된 어미만을 취하는, 활용이 불완전한 동사가 있다. 이러한 동사를

不完全動詞라 한다(데리다, 가로다, 달다). 또한, 형용사와 서술격 조사는 어말어미와의 결합에 많은 제약을 받는다.

*영희야, 얼굴이 예뻐라.
*얼굴이 예쁘러 미용원에 간다.
*그분은 공무원이고자 한다.
*우리가 청소 당번이자.

▌참고▐ 활용의 불완전성

'데리다(데리고/*데려라), 가로다(가로되/*가로고), 달다(달라/*달다, *다니)' 등과 같은 동사는 특정의 어미와만 결합하여 활용이 온전하지 못한 불완전 동사이다.

▌참고▐ 전성어미와 부사형 어미

기존 전성어미(명사형, 관형사형)에 부사형 어미를 추가하였다. 전성어미는 어말어미의 일종으로 용언의 서술어의 기능을 다른 기능으로 바꾸는 어미다. 따라서 용언의 전성어미는 서술어의 기능과 동시에 관형어나 명사에 상응하는 기능을 하는 것으로 품사는 변하지 않는다. 7차 문법교과서에 부사형 어미를 포함시킴으로써 종속절 연결어미와의 상충 현상이 일어난다.

'꽃이 아름답게 피었다', '그는 즐겁게 살았다'의 문장에서 '-게'는 종속절 연결어미(꽃이 아름답다, 꽃이 피었다/ 그는 즐겁다, 그는 살았다)이며, 이는 또한 '꽃이 아름답다', '그는 즐겁다'는 문장에 '-게'가 들어가 후행하는 서술어 '피었다'와 '살았다'를 수식하는 부사형 어미의 설정을 인정한 것이다.

한편, 보조용언을 본용언에 보조적으로 이어주는 보조적 연결어미로 '아, -게, -지, -고'를 들 수 있는데, '그들을 즐겁게 하다'에서 '-게'는 보조적 연결어미(홑문장)이다.

▌참고▐ 명사형 어미와 명사화 접미사

동사의 명사형(①)은 서술성을 가지며(깊이 자다, 크게 웃다), 부사적 표현(깊이, 크게)을 가지며, 동사의 명사형(자는 것, 웃는 것)의 특성을 갖지만, 명사화 접미사(②)는 그렇지 않다. 그리고 '-기'도 마찬가지이다.

① 깊이 잠으로써 피로가 풀렸다. 크게 웃음으로써 분위기를 바꾸었다. (동사의 명사형)

② 영수는 깊은 잠에 빠졌다. 큰 웃음을 웃었다.(파생명사)

* 젊은이가 ②꿈을 ①꿈은 비전 있는 삶이다.

① 나 보기가 역겨워 가실 때에는 말없이 고이 보내드리오리다.

② 다음 보기를 읽고 물음에 답하시오.

3) 선어말어미

개방 형태소로 어간과 어말어미 사이에 들어가며, 높임이나 시간표현과 같은 문법범주를 형성하는 데 참여한다. 선어말어미는 '가다'처럼 없는 경우도 있고, '가시었겠고'처럼 여러 개로 이루어질 수도 있다. 사동·피동·강세의 접사가 단어형성에 참여하는 것과 비교하면 대조적이다.

㉠ 높임의 선어말어미 : -시-, -옵-, -오-

㉡ 시제의 선어말어미 : -는-/-ㄴ-, -았-/-었-, -겠-, -더-

선어말어미의 차례는 고정되어 있다. 즉, '가시었다'처럼 높임의 선어말어미는 시간의 선어말어미보다 앞서야 한다. 그러나 古語에서는 'ᄒᆞ더시니'처럼 시간의 선어말어미가 앞서기도 하였다.

4. 수식언 : 관형사, 부사

관형사와 부사처럼 다른 말을 수식하는 기능을 가진 말을 修飾言이라 한다. 관형사는 체언 앞에서 주로 명사를 꾸며 주며, 부사는 용언이나 문장을 수식하는 기능을 한다.

4.1. 관형사

체언 앞에 놓여서 그 내용을 자세하게 꾸며주는 수식어로서 어미변화를 하지 않는 불변화사다. 그리고 관형사에는 조사가 붙지 않는다. 관형사에는 성상관형사, 지시관형사, 수관형사가 있다.

① 性狀관형사 : 체언이 가리키는 사물의 성질이나 상태를 꾸며주는 관형사로 '새, 헌, 첫'

② 指示관형사 : 지시성을 띠는 관형사로 '이, 그, 저, 어떤, 무슨, 다른'

③ 數관형사 : 명사의 수량이나 순서를 표시하는 관형사로 '한, 두, 세, 첫째, 둘째, 제일, 제이'

▌참고 ▌ 관형사 및 용언의 관형사형

관형사는 '새, 헌, 첫, 다른, 이, 그, 저, 한, 두, 세' 등을 들 수 있다. 그러나 용언의 관형사형은 동사나 형용사의 어간에 관형사형 어미 '-(으)ㄴ, -(으)ㄹ' 등과 같이 어미가 결합된 형식이다. 관형사와 관형사형 어미 모두 체언을 수식하는 문장 성분인 관형어이다. 아래 예문에서 ①의 '첫'과 '새'는 관형사이고, ③, ④는 용언의 관형사형이다. ②에서 앞의 '다른'은 '他(other)'의 의미로 관형사로 굳어진 것이지만, 뒤의 '다른'은 '다르다(different)'의 의미로 용언의 관형사형이다. 따라서 전자의 품사는 관형사이지만, 후자의 품사는 형용사이다.

예) ① 영미는 첫 학기라 새 마음으로 등교하였다.
② 다른 나라에서 유입된 문화는 우리 전통 문화와는 다른 점이 있다.
③ 노란 장미와 빨간 장미가 화단 가득히 피었다.
④ 큰 집에서 사는 것이 반드시 행복할 것이라고 말할 수는 없다.

▌참고▐ 관형사의 구별

수 표시어 뒤에 조사가 붙지 않으면 관형사이고(①), 조사가 붙으면 수사이다(②).

① 다섯 명이 참석하였다.
② 다섯(의) 식구를 책임져야 한다.

또한, '-的'이 붙어 된 말에 조사가 결합하지 않으면 관형사이고(③), 결합하면 명사이다(④). 그리고 '가급적, 비교적' 등이 용언 또는 부사 앞에 오면 부사이다(⑤).

③ 비교적 연구 활동이 활발하다.
④ 자연적으로 생성된 것이다.
⑤ 가급적 빨리 연락해라. 이 물건이 비교적 좋다.

4.2. 부사

주로 용언(동사나 형용사)이나 문장을 꾸밈으로써 그 의미를 더욱 명확하게 한다. 어미활용을 하지 못하는 불변화사이며, 보조사를 취하기도 하고, 명사를 꾸미기도 한다.

우체국 바로 옆이 우리 집이다.
영수는 집으로 바로 갔다.(용언 수식)
내가 원하는 것이 바로 그것이다./오직(다만, 단지) 당신뿐이다.(체언 수식)

부사는 문장에서의 역할에 따라 성분부사와 문장부사로 나뉜다. 성분부사는 문장의 한 성분을 수식하는 부사로 性狀부사('어떻게'의 방식으로 꾸며주는 부사 : 날씨가 매우 차다), 의성·의태부사('철석철석, 울긋불긋'처럼 소리와 모양을 흉내내는 부사), 지시부사(방향·거리 등을 지시하는 부사 : 이리 오너라), 부정부사(용언의 의미를 부정하는 부사 : 못 보았다, 안 간다)가 있다. 문장부사는 문장 전체를 수식하는 부사로 樣態부사(말하는 이의 태도를 표시하는 부사 : 설마 거짓말이야 하겠느냐?), 접속부사(앞의 문장을 뒤의 문장에 이어주면서 뒤의 말을 꾸며주는 부사 : 지구는 돈다. 그러나 아무도 믿지 않았다)가 있다.

접속부사는 문장 성분으로 독립어(6차)에서 (문장)부사어로 취급한다.

▌참고▐ 부사의 기능

부사는 용언(동사, 형용사)이나 문장을 수식함으로써 그 의미를 분명하게 하는 주된 기능을 갖는다. 그러나 몇 가지 부수적인 기능도 있다.

철수는 매우 부자다.(명사 수식)
영희는 겨우 하나를 먹었다.(수사 수식)
아버지는 아주 새 차를 사셨다.(관형사 수식)
여기 앉아라.(지시부사로 대명사적 용법)

또한, 부사는 수식 기능이 없는 경우도 있다.

비행기 또는 KTX로 가는 것이 좋다.
영미는 집에 갔다. 그러나 나는 도서관에 갔다.

5. 독립언 : 감탄사

독립언에는 감탄사 외에도 '영순아'처럼 체언에 호격조사가 붙는 경우와 '청춘, 이는 듣기만 하여도'처럼 제시어를 내포한다.

感歎詞는 화자의 부름, 말하는 이의 본능적 놀람이나 느낌을 표시하는 품사로 형태가 변하지 않으며, 놓이는 위치가 비교적 자유롭다.

여보, 눈이 왔어요.
아, 세월이 너무 빨라요.
네, 그래요.

▌참고▐ 감탄사 더 알아보기

있지, 나 할 얘기가 있어.(의지의 감탄사)
실직자 수당이라든가 뭐, 그런 게 충분하면 좋으련만!(소리의 감탄사)
남편이 어디 어린앤가?(감정감탄사)

* 감탄사와 다른 품사 구별하기

좋다! 우리 함께 가자.(감탄사) / 나는 이 그림이 더 좋다.(형용사)
아니, 그것이 더 좋아.(감탄사) / 아니 놀고 무엇해?(부사)
정말, 그가 말한 것이 진실이야.(감탄사) / 그것이 정말이야?(명사)
웬걸! 아직 시작도 못했어.(감탄사) / 웬 걸 이렇게 많이 보내왔니?(관형사+의존명사)

Ⅳ. 어 휘

1. 어휘의 체계

(1) 어휘의 체계 (2) 고유어와 한자어
(3) 외래어

2. 어휘의 양상

(1) 방언 (2) 은어, 속어
(3) 금기어, 완곡어 (4) 관용어, 속담
(5) 전문어 (6) 새말

▪ **단원 학습 목표**

1. 국어와 어휘 체계를 이해한다.
2. 고유어, 한자어, 외래어의 특성과 상호관계를 이해한다.
3. 방언, 은어, 속어, 금기어, 완곡어를 이해하고 사용에 주의한다.
4. 관용어, 속담의 가치를 이해하고 언어생활에 적절히 활용한다.
5. 전문어와 새말을 이해하고 외국어의 남용에 주의한다.

1. 어휘의 체계

▪ **학습 목표**

1. 단어와 어휘의 개념을 정확하게 구별한다.
2. 국어의 어휘체계에 대하여 이해한다.
3. 고유어, 한자어, 외래어의 기능에 대하여 안다.

1. 어휘의 체계

인간은 정상적인 대화에서 시간당 4,000~5,000개의 단어를 사용하고, 쉼이 더 적은 라디오 담화에서는 시간당 8,000~9,000개의 단어를 사용하며, 정상적인 속도로 독서하는 사람은 시간당 14,000~15,000개의 단어를 사용한다고 한다. 국립국어연구원에서 발간한 〈표준국어대사전〉(1999)에는 50만개가 넘는 단어가 실려 있다. 이렇게 많은 수의 단어를 파악하고 실제로 사용하는 것은 어렵다. 사람이 각기 얼굴이 다르고 성격이 다르듯이 개개의 단어도 각각 다른 의미와 성격을 가지고 존재한다. 인간은 가족과 국가 그리고 집단 구성원 안에서 각각 다른 모습을 이루고 있다. 이와 같이 각각 다른 개성을 가지고 있는 단어도 한편으로는 하나의 특성을 가진 통합된 총체를 형성한다. 한국어라든가 영어라든가 하는 것도 이러한 면에서 바라보면, 개개의 단어가 모여 이루어진 통합된 형성체라고 말할 수 있다. 오랫동안 궁중에서 사용하던 말을 宮中語라고 하며, 산삼을 캐는 採蔘人들만이 사용하던 말을 심마니말이라고 할 수 있다. 10대의 아이들이 주로 사용하는 말을 청소년말이라고 하며, 嶺南 지방에서 주로 사용하는 말을 경상방언이라고 한다. 이와 같이, 일정한 범위에서 사용되는 단어의 집합을 語彙라고 한다.

▌참고▐ 어휘

어휘는 특정한 시대, 사람, 작품들의 사용범위를 한정하여 거기에서 사용된 단어의 집합을 말한다. 어느 특정한 집단, 지역, 작품 등 특정의 대상을 정하여 거기에 나타나는 단어의 집합이다. 즉 어휘는 단어의 집합이며, 단어는 어휘의 요소다. 그러므로 개개의 단어를 어휘라고 하는 것은 잘못이다.

어휘를 구성하는 단어들의 성격에 따라 폐쇄집합과 개방집합으로 나눌 수 있다. 전자는 '고대국어의 어휘, 중세국어의 어휘, 학교문법의 어휘' 등 고정적인 집합이고, '청소년의 어휘, 통신 어휘' 등 유동적인 집합을 개방집합이라고 한다. 분명히 어휘는 많은 단어가 집합되어 이루어진다. 궁중어, 심마니말과 같은 어휘를 이루는 것은 '단어의 집합'이라는 면에서 이르는 말이며, 한편, 어떤 단어를 중심으로 유의어니 반의어니 하는 것은 '단어의 형성'면에서 이르는 말이다. 어휘를 '단어의 형성'이라고 생각하는 쪽은 어휘를 체계적 조직적 통일체로 보는 것을 전제로 하여 성립된다. 즉, 개개의 말의 체계적 내지는 유기적 조직을 가지고 어휘가 구성된다고 가정하는 데서 시작되는 것이다. 이에 대하여 어휘를 '단어의 집합'이라고 하는 입장은 어휘를 이산적인 개개 단어의 집합체라고 보는 것을 전제로 한다. 다시 말하면, 개개의 단어(W)를 요소로 하는 집합을 어휘(V)로 보는 것이다. 집합론의 표현을 빌면, 'V={W | W: 단어}'가 된다. 어휘라고 하는 집합 V의 요소가 되는 개개의 단어 W는 서로 독립되며, 계산되는 단위로서 等質的이며 명확하게 식별되는 조건이 된다. 이와 같이 어휘를 단어의 집합이라 보고 단어를 計量可能한(countable) 단위라고 생각하는 데서 출발하는 어휘론의 대표적인 것으로는 계량어휘론이라는 것이 있다.

현대 국어의 어휘를 語種에 따라 분류하면 '고유어, 한자어, 외래어'의 삼중 체계를 이루고 있다. 다음 표는 '표준 국어 대사전'에 수록된 단어들을 어종별로 분류하여 통계를 낸 결과이다.

표준 국어 대사전(1999) 수록 어휘의 어종별 통계

	고유어	한자어	외래어	기타(혼합형태)	합계
표제어	111,299	251,478	23,196	54,289	440,262
부표제어	20,672	46,438	165	1,234	68,509
합계	131,971	297,916	23,361	55,523	508,771
백분율	25.9%	58.5%	4.7%	10.9%	100%

2. 고유어와 한자어

원시한국어는 원시부여어와 원시한어로 분화되고, 전자는 다시 고구려어와 원시일본어로, 그리고 후자는 백제어와 신라어로 분화되었다가 7세기 신라가 삼국을 통일하면서 신라어가 최초의 우리 민족의 언어가 되었다. 신라를 이은 10세기의 고려어를 거쳐 15세기 조선의 세종 이전까지 우리말을 한자로 표기해 오다가 1443년 훈민정음을 창제한 이후에 표기 수단은 한자어 외에 고유어인 한글로도 표기해 오면서 오늘에 이르렀다. 따라서 적어도 7세기 이후에 통일된 우리말이 한자의 문자를 빌어 표기해온 것이 사실이다. 『鷄林類事』(1103-1104)에 기록된 '天(하늘)을 漢捺(한늘>하늘>하늘), 雲(구름)을 屈林(굴림>구림>구름), 七(칠)을 一急(일급>일곱), 暮(저물다)를 占沒(점몰>저몰>저물), 今日(오늘)을 烏捺(오늘>오늘)' 등에서 알 수 있다. 고유어는 소리 글자〔表音主義〕이고, 한자어는 뜻글자〔表意主義〕이다. 따라서 표현 수단으로는 고유어가 적절하고, 이해 수단으로는 한자어가 적절하다. 한국어는 바로 표음주의 문자인 고유어와 표의주의 문자인 한자어의 상호보완으로 이루어진 것으로 서로의 단점을 보완할 수 있다. 즉, 고유어는 미세한 감각의 차이를 다양하게 표현할 수 있고, 하나의 표제어가 여러 개의 의미를 갖는 多義語의 특성을 갖지만, 同音異義語에서처럼 정확한 의미 파악이 어렵고, 어형성법의 造語力이 부족해 한자어가 이를 보완하게 된 것이다. 더욱이 서구어가 엄청나게 밀려들어와 우리 국어를 파괴시키는 이 시점에서 로마자 표기를 우리 문자로 전환하는 국어 순화 운동을 펼쳐야 하는데, 이를 대체할 수 있는 것은 한자어이다. 따라서 고유어와 한자어는 우리 국어의 양 날개로 어느 하나가 부러지면 날지 못하듯이 한자어는 한국어를 발전시키는 데에 매우 주요한 수단인 우리 문자임을 부정해서는 안 될 것이다.

1) 漢字語의 특성

漢字의 장점으로는 어휘력 향상에 도움(訓을 알아 어휘 의미를 파악)을 주고, 새로운 단어를 만드는 조어력이 뛰어나며(900개의 한자를 익히면 7만 개의 국어어휘를 이해함), 사고력 발달에 도움(부수: 예를 들어 言 - 言語, 討論, 許諾, 講義 등 모두 '말하는 것'과 관련)이 되며, 同音異義語를 쉽게 구별하고 縮約力이 뛰어나며, 의미의 보존력이 강함을 들 수 있다. 崔尙鎭(2006:10-11)에 의하면 대사전 한자 표제어를 빈도를 통해 고찰한 바 총 7,310자의 한자를 사용하고, 이 중 누적 사용률 90%에 해당되는 漢字의 수로 1,589자를 제시하였다. 25만개의 어휘를 이해하려면 1,600자 정도 한자를 알면 되며, 일례로 大를 알면 大國, 大小, 大學, 大洋 등 823개의 어휘를 알 수 있다고 했다.

2) 漢字語 單語形成의 유형

① 派生法

接頭派生

〔假-N〕 假建物, 假校舍, 假調印 〔不-N〕 不合理, 不可能, 不滿足

〔無-N〕 無關心, 無價値, 無感覺 〔未-N〕 未開拓, 未成年, 未登錄

〔副-N〕 副市長, 副會長, 副敎授 〔新-N〕 新記錄, 新紀元, 新小說

〔貴-N〕 貴婦人, 貴會社, 貴校 〔尊-N〕 尊啣

〔令-N〕 令息, 令孃 〔弊-N〕 弊社

接尾派生

〔N-家〕 敎育家, 事業家, 政治家 〔N-化〕 科學化, 近代化, 合理化

〔N-的〕 政治的, 社會的, 學問的 〔N-子〕 椅子, 箱子, 粒子, 帽子

〔N-工〕 技能工, 修理工 〔N-輩〕 不良輩, 謀利輩

〔N-用〕 事務用, 家庭用 〔N-課〕 敎務課, 庶務課

〔N-學〕 國語學, 言語學 〔N-論〕 文法論, 進化論

▌참고▐ 접미사 '的'의 용법

고유어에는 붙지 않고, 한자어에만 붙는다. 한자어라도 '-스럽다'가 붙는 말에는 '-的'이 붙지 못하며, '-的'이 붙는 말에는 '-스럽다'가 붙지 못한다('苦痛스럽다' *苦痛的이다 : '開放的이다' *開放스럽다). 구체적 대상을 지시하는 말과는 결합하지 않으며(*活字的, *東海的), 부정어가 될 때에도 '非-'는 허용되지만, '未-, 無-'와는 결합되지 않는다('非人間的' *未人間的, *無人間的).

② 合成法

2音節의 漢字語

主述관계: 日出, 天高, 夜深, 山高, 水麗

述目관계: 讀書, 愛國, 求職, 問病, 植木, 修身

述補관계: 下山, 歸鄕, 入場, 登山

修飾관계: 徐行, 必勝, 雲集, 北送, 過用, 前進; 青山, 北風, 草家, 妙策

竝列관계: 桃李, 眉目; 師弟, 遠近

4音節의 漢字語

客述관계: 機會捕捉　　修飾관계: 國民經濟

反復관계: 天高馬肥(主述반복), 勸善懲惡(述目반복), 奇奇妙妙, 明明白白

③ 略語法　여러 글자로 된 말을 줄여 쓰는 조어법

高等學校→高校, 韓國銀行→韓銀, 石油公社→石公,
追加更正豫算案→追更案, 仁荷大學校師範大學→仁荷師大,
梨花女子大學校→梨花女大

3. 외래어

현대 국어 어휘 중 외래어가 상당히 많은 부분을 차지하고 있다. Hockett(1958)는 차용의 동기를 威勢的 동기(prestige motive)와 必要

充足의 동기(need-filling motive)로 보았다. 위세적 동기는 정치적으로나 문화적으로 지배되고 있는 사람들이 지배계급이나 자기들보다 높은 문화를 가지고 있는 사람들을 동경하는 경우에 생기는 현상으로 필요한 語句가 자국어에 갖추어져 있는데도 불구하고 권위 있는 말, 위신 있는 언어로부터 차용함으로써 스스로의 위신을 높이려는 동기에서 차용한 경우를 말한다. 이와 같은 위세적 동기에서의 차용의 방향은 일방적인 것이 특징이다. 영어에 있어서 라틴어나 불어의 차용은 이 위세적 동기에서 차용된 것이 대부분이다. 오늘날 미국의 영향을 받는 나라들에서 영어를 위세차용하는 일이 그 예다. 인칭대명사나 친족명칭 그리고 수사, 부사 등 기초적 어휘를 영어로 대신하는 일을 자주 볼 수 있다. 또한 이 위세차용에 대한 책임의 일단은 번역을 직업으로 하는 사람들에게도 있음은 물론이다. 자국어에 대한 문법적 특징이나 표현방법에 대한 올바른 지식도 없이 생소한 외국어를 번역문 속에 서슴없이 사용할 뿐 아니라 부자연스러운 어순 배열을 일삼고 있기 때문이다.

필요충족적 동기는 언어접촉의 과정에서 새로운 문물에 접했을 때, 그 문물이 전혀 이질적인 것으로서 자국어로는 표현할 알맞은 말이 없을 때, 그 문물과 함께 외국어를 자국어의 언어체계 속에 수용하는 경우를 말한다. 영어를 비롯하여 서양어의 차용이 이에 해당된다.

Bloomfield(1933)는 내용에 따라 차용의 종류를 세 가지 유형으로 보았다. 우선 문화적 차용을 들 수 있다. 다른 언어나 다른 방언이 사용되는 지역에서 새로운 문물을 도입하거나 그것을 화제로 할 경우, 그 명칭도 같이 도입되는 경우의 차용을 말한다. 다음으로 접합적 차용을 들 수 있다. 이는 지역적, 정치적으로 단일 지역사회에서, 예를 들면 정복자 또는 특권계급에 의해서 사용되는 언어와, 피정복자 또는 이주해 온 가난한 자들을 위하여 사용되는 언어와의 상이한 두 가지 언어가 쓰이고 있을 때 발생하는 차용으로 일방적인 것이 특징이다. 이와 같은 상태에서의 차용은 대개 지배계급의 언어로부터 피지배 계급의 언어로 일방적으로 일어난다. 과거 일제 지배하에 유입된 일어계 어휘들이 이에 해당된다고 할 수 있다. 끝으로 방언적 차용을 들 수 있다. 이는 언어적 차용에서 동일언어의 방언 간에 일어나는 차용으로 지역 방언뿐 아니라 성별·연령별·직업별·집단별 등과 같은 사회적 계층방언을 통틀어 이르는 말이다.

현재 사용하고 있는 외래어 중 고유어나 한자어로 바꿀 수 있는 어휘는 바꾸도록 해야 한다.

1) **버려야 할 일어계 어휘**

구루마(수레)	겐세이(견제)
고데(인두)	고시(허리)
곤죠(본색, 근성)	쿠사리(면박, 꾸중, 야단)
기스(흠)	기지(천 옷감)
다마(구슬)	다마네기(양파)
단도리(절차, 준비)	단스(장롱)
데모도(조수)	도끼다시(인조석 깔기)
도리하다(독점하다)	무데뽀(무모하게, 막되게)
마호병(보온병)	방까이(만회)
사라(접시)	사시코미(끼우개)
사쿠라(벚꽃)	소데(소매)
시마이(마감)	신마에(신참)
쇼부(결판, 해결)	사시꼬미(콘센트)
십팔번(애창곡)	쓰리(소매치기)
쓰메끼리(손톱깎이)	야끼만두(군만두)
아나고(붕장어)	유도리(여유, 이해심)

오야(두목, 선)
오봉(쟁반)
와이로(뇌물)
요지(이쑤시개)
우라(안)
지라시(전단)
하꼬방(판자집)
후까시(부풀림)
히야까시(희롱)
힙바리(연행)

2) 외래어 표기와 순화 용어

가라오케(カラオケ)
가운(gown)
개그(gag)
개런티(guarantee)
글라스(glass)
닉네임(nickname)
그랑프리(프 gran prix)
뉘앙스(프 nuance)
다운타운(downtown)
다이어트(diet)
덤핑(dumping)
데모(demonstration)
도미노(domino)
디지털(digital)
드레시(dressy)하다
딜러(dealer)
러시아워(rush hour)
레크리에이션(recreation)
레퍼토리(repertory)
로열티(royalty)
로케(location)
리조트(resort)
리포터(reporter)
리포트(report)
마네킹(mannequin)
마스코트(mascot)
마마보이(mamma boy)
매스컴(mass communication)
마케팅(marketting)
매니저(manager)
메뉴(menu)
메시지(message)
모델하우스(model house)
모럴(moral)
미니스커트(mini skirt)
발코니(balcony)
미스터리(mystery)
미시즈(Mrs.)
바캉스(프 vacance)
배터리(battery)
밴드(band)
베란다(veranda)
버라이어티쇼(variety show)
베스트셀러(best seller)

보컬그룹(vocal group)
부츠(boots)
붐(boom)
브로커(broker)
사우나(sauna)탕
사인(sign)
샐러리맨(salaried man)
서머스쿨(summer school)
선글라스(sunglass)
세일즈맨(salesman)
섹시(sexy)하다
셀프서비스(self-service)
쇼핑 백(shopping bag)
스냅(snap)사진
스케일(scale)
스케줄(schedule)
스태미나(stamina)
스터디 그룹(study group)
스티커(sticker)
스포츠(sports)
스폰서(sponsor)
슬럼프(slump)
시리즈(series)
싱크대(sink)
아르바이트(독 arbeit)
아마추어(amateur)
알리바이(alibi)
앙상블(프 ensemble)
앙케트(프 enquete)
앙코르(프 encore)
애드벌룬(ad ballon)
액세서리(accessory)
앰뷸런스(ambulance)
에세이(essay)
엠티(MT)
오리엔테이션(orientation)
온라인(on-line)
유니섹스(unisex)
유머(humour)
인스턴트(instant)
인터뷰(interview)
저널리스트(journalist)
조깅(jogging)
징크스(jinx)
차트(chart)
찬스(chance)
챔피언(champion)
카리스마(charisma)
카페(프 cafe)
카펫(carpet)
칼럼니스트(columnist)
캐리어우먼(carrier woman)
캐스터(caster)
캐치프레이즈(catchphrase)
캘린더(calendar)
캠페인(campaign)
컬러(color)
칼라(collar)
코미디(comedy)
콘서트(concert)

콤플렉스(complex)	크레디트 카드(credit card)
클래식(classic)	타이틀(title)곡
텔레파시(teleparthy)	토큰(token)
톱클래스(top class)	파이팅(fighting)
팡파르(프 fanfare)	패러다임(paradigm)
패스트 푸드(fast food)	패키지(package)
팬(fan)	허니문(honeymoon)
헤게모니(독 Hegemony)	헬스클럽(health club)

▎참고 ▎ 외래어 차용 어원[24)]

① 프랑스어원 차용어

어휘	예
정치	crown, government, minister, price, public, royal, slave
법률	accuse, advocate, bail, heir, innocent, judgement, property
종교	baptism, confess, creator, devine, faith, player, religion
군사	army, battle, captain, enemy, navy, peace, soldier, spy
복식(服飾)	button, coat, dress, fashion, gown, lace, mitten, satin
보석・색채	blue, brown, coral, crystal, diamond, ivory, jewel, ruby, sapphire
식물(食物)	bacon, beef, boil, cherry, dinner, grape, jelly, roast, toast
일상생활	chair, conversation, curtain, dance, lamp, music, towel
미술・건축	art, beauty, figure, painting, tower, column, palace
학문・의학	anatomy, grammar, literature, medicine, perface, romance

24) 이철수・문무영・박덕유(2004:275-277) 참조.

② 라틴어원 차용어

어휘	예
종교	apostle, candle, disciple, hynm, psalm, prime, temple
가정생활	cpp, chest, silk, sock
식물(食物)	beet, cook, pear, radish
식물・동물	balsam, lily, pine, plant, fig, gingir; camel, lamprey, scorpion, tiger, elephant
교육	grammatical, master, meter, school, plaster
의학	cancer, paralysis, scrofula, plaster
기타	circle, fan, fever, giant, sponge, talent, accent, history, paper, prologue, title

③ 이태리어원 차용어

어휘	예
미술・복식(服飾)	bust, cameo, cartoon, design, dilettante, fresco, miniature, model, porcolain, profile, umbrella
건축	balcony, colonnade, corridor, granite, niche, parapet, piazza, portico, stucco
음악・문예	allegro, andante, canto, concerto, finale, motto, improvise, opera, piano, quartet, scenario, serenade, solo, sonata, sonnet, soprano, stanza, tempo, trill, trio, violin
전투	arsenal, bastion, cartridge, cavalier, citadel, duel, frigate, infantry, pistol, sentinel, squdron
기타	alarm, bank, bravo, carnival, confetti, florin, gazette, incognito, influenza, libra, macaroni, magazine, traffic, volcano

④ 그리스어원 차용어

angel, butter, church, copper, devil, demon, paradise, acadmy, rose, asphalt, atom, center, character, climate, diet, echo, fancy, harmony, hero, ink, logic, magic, mystery, rhetoric, type, tyrant

2. 어휘의 양상

▪ **학습 목표**

1. **국어 어휘의 다양한 양상에 대하여 안다.**
2. **국어의 어휘를 풍부하게 발전시키고자 하는 태도를 기른다.**

1. 방언[25)]

통속적으로 공통어 또는 표준어와 구분되는 어느 지역 특유의 언어를 方言이라 한다. 흔히 '사투리'라 불리는 것으로, 어떤 학자는 '이어'(俚語)라 하여 언어학적 방언의 개념과 구별하기도 한다. 언어학에서 말하는 方言(dialect)은, 한 언어가 外的이거나 內的인 변화에 의하여 지역적으로나 계층적으로 분화되었을 때, 그 지역 또는 사회적 계층의 언어를 총칭한다. 전자를 地域方言, 후자를 社會方言 또는 階層方言이라고 하는데, 흔히 좁은 의미로 방언이라고 할 경우에는 전자를 가리킨다.

일반적으로 방언은 표준어에 대한 비표준어, 사투리라고 생각한 나

25) 이철수·문무영·박덕유(2004:310-311) 참고.

머지, 방언은 표준어에 비하여 下位에 속하며 비속하고 체계가 없고 조잡한 언어라고 생각하기 쉽다. 그러나 이와 같은 생각은 잘못된 생각이다. 표준어가 방언을 대표하는 언어라고 해서 언어학적으로 우위에 있는 언어가 아니다. 다만 정치・경제・문화의 중심이 되는 지역방언이라는 조건 때문에 그만큼 영향력이 크고 보급하기 쉬운 이점이 있어서 표준어의 자격을 얻게 되었을 뿐이다. 이와 같은 差別意識은 표준어와 방언이 갖는 본질적인 것이 아니라, 다만 지배적 사회계급이 사용하는 언어인 표준어에 대하여 갖는 우월감과 방언을 사용하는 화자들(dialect speakers)의 열등감에서 생긴 현상이다. 언어현상으로서 올바로 관찰하면 이들 양자 간에 우열은 없다.

요컨대, 방언과 표준어는 언어학적으로 보아 우열의 차이가 없다. 다만 표준어와 방언의 차이는 언어정책상의 문제에 불과하다. 한 나라의 문화를 보급하고 자유스런 의사소통을 할 수 있다는 점에서 표준어 또는 공통어(common language)가 장려되는 것은 당연하다. 표준어가 교양있는 계급인들이 사용하는 언어라고 하는 이상 엄밀한 의미에서 표준어는 계층방언(class dialect)의 일종이라 하겠다.

▌참고▐ 지역방언과 계층방언

Henry Wyld(1920)는 方言을 지역방언(regional dialect)과 계층방언(class dialect)의 두 가지로 나누어 설명하였다. 전자는 지역적 位相에 의한 것이고, 후자는 사회적 계층에 따라 형성된 방언이다. 일반적으로 방언이라고 하는 경우는 '고장말'인 지역방언을 이른다. 성별・연령・직업・계층 등과 같은 사회적 위상에 따른 언어의 變種을 社會方言 또는 계층방언이라 한다. 우리나라의 궁중에서 사용했던 궁중어라든가, 산삼을 캐는 채삼꾼들이 사용하는 심마니말과 같이 특정사회에서만 사용하는 특수어 등이 이에 해당된다.

2. 은어, 속어

隱語는 시대와 지역, 계층에 관계없이 성행하므로 자기집단의 이익과 비밀을 유지하고 보호하려는 목적으로 사용되는 비밀어이다. 은어의 특성은 은비성만 있는 것이 아니라, 속어의 속성인 풍자성, 상징성, 신성성, 오락성, 유희성의 특성을 갖는다. 특히 도시화되면서 상호작용으로 인해 은폐성이 상실되면서 은어는 속어의 일종이 되었다. 더욱이 학생의 은어는 반정부적 저항의식의 행동으로 나타난 극히 일부의 시사적 어휘를 제외하고는 생생한 현실생활의 기발하고 재치있는 표현이라 할 수 있다.

俗語는 아주 소탈한 구어에는 사용되나 표준어에는 끼일 수 없는 것이다. 즉, 문어체나 격식을 차리는 표현에서는 피해야 하는 성질이다. 그러나 속어는 진부한 생활에서 벗어나 신선미와 친근한 맛이 있고, 생동적이고 유희가 있으며, 풍자와 역설, 그리고 기지(wit)가 있어 현대사회와 문화를 이해할 수 있다. 이는 20세기말의 용어에 대한 개념으로 이제 속어를 더 이상 비천한 하위집단의 특정한 언어라고 정의해서는 안 될 것이다. 속어의 특징 중 하나는 수명이 짧다는 것이다. 이는 새로운 어휘를 만드는 요구의 원천이 될 수 있지만, 사라진 어휘의 재생 방안도 생각해 볼 수 있어야 한다.

대학생의 은어와 속어를 통해 당시 시대상의 특성과 그 변화를 알 수 있다. 대학생의 특수어가 나타난 것은 1960년대부터이며, 이 시대의 은어와 속어의 특성은 주로 박정희 집권 당시의 정치와 시대적 상황을 나타냈다. 그리고 1970년대 대학생의 은어와 속어는 주로 대학생활에 대한 내용이 주를 이루었으며, 아울러 당시 정치, 경제, 사회, 문화 등 전반적으로 광범위하게 나타났다. 그러다가 1980년대 대학생의 은어와 속어는 당시의 시대적 상황이나 권위주의를 배격하고 불만을 발산하는 풍자류가 주를 이루었다. 産業化에 따른 도시화, 그리고 大衆媒體에 의해 파급된 속어는 1990년대에 들어와 현대사회의 相互作用의 多樣性을 촉진시킴으로써 복합적인 언어의 의미를 갖게 되었다. 특히, 대학생활은 학구적이고 창조적이기 때문에 발랄한 자기표현이 강하게 지배함으로써 자유롭게 풍자적, 반어적, 해학적 그리고 유희적인 기능의 언어 표현을 통해 은어와 속어는 좋지 않은 말, 가급적 사용하지 말아야 한다는 부정적인 관념에서 어느 정도 벗어나는 기대 효과를 가져왔다.

또한, 20세기와 21세기의 은어와 속어의 특성의 차이를 이해함으로써 언어 사용의 방향을 예측할 수 있을 뿐만 아니라, 올바른 언어사용의 필요성을 갖게 될 것이다. 21세기에는 인터넷 사용과 PC 통신이 확대되면서 인간 생활의 모든 領域을 변화시키고 있는 추세이다. 이러한 정보통신의 중심적인 역할을 하고 있는 세대는 20대의 젊은 층이며, 그 중에서도 대학생들의 통신언어는 수많은 새로운 어휘를 만들어 내고 있다. 1960년대부터 1990년대에의 대학생의 은어와 속어가 재치와 풍자 등 당시 사회상을 반영하는 특성을 잘 나타냈다면, 2000년대의 은어와 속어의 특성은 주로 言語的 遊戱에 치중하는 현상을 보여주고 있다. 즉, 20세기 대학생의 언어가 산업화에 따른 도시화, 그리고 대중매체의 영향으로 현대사회의 상호작용의 다양성을 촉진시킴으로써 복합적인 의미를 갖게 되었다면, 21세기의 언어는 컴퓨터와 인터넷의 보급으로 일상적인 언어를 온라인상에서 사용하기 쉽게 변형시켜 어법에 상관없이 편리하게 사용했다는 점이다. 대체로 20세기의 대학생들의 언어가 은어와 속어의 기능적 특성인 풍자, 반어, 유희, 신기, 해학적 기능을 잘 드러냈다면, 21세기는 오히려 이러한 기능이 약화됨을 보여준다. 대신 또래 집단만이 알 수 있는 은어적 기능이 강화된 것을 알 수 있다. 이는 컴퓨터와 인터넷의 사용 확대와 21세기에 급변하는 문화적 환경에서 의사소통의 편리성과 유희성을 살리는 욕구에서 나온 것으로 대학생의 의식변화의 흐름을 보여준다. 그러나 21세기의 대학생들이 일상생활에서 사용하는 언어는 '인터넷 용어', '게임 용어', '어법에 맞지 않은 표현' 등이 주를 이루고 있어 우리 언어의 파괴 현상으로까지 치닫고 있는 실정이다. 오늘날 대학생이 사회 변화에 민감하고 그에 따른 새로운 文化的 主體 세력으로 인정받는 것은 좋은 일이기는 하지만, 그에 따른 언어를 기형적으로 변화시키는 사고와 오류는 이제 지양해야 할 것이다.

산업화에 따른 도시화, 그리고 대중매체에 의해 파급된 은어와 속어는 1990년대에 들어와 현대사회의 상호작용의 다양성을 촉진시킴으로써 복합적인 언어의 의미를 갖게 되었다. 특히, 대학생활은 학구적이고 창조적이기 때문에 발랄한 자기표현이 강하게 지배함으로써 자유롭게 풍자적, 반어적, 해학적 그리고 유희적인 기능의 언어 표현을 하게 되었다.

이에 1990년대 은어와 속어의 특성과 예를 보이면 다음과 같다.

① 〈백수〉

* 주택관리사 · 비디오 평론가 · Free Lancer : 백수

* 백조 : 여자 백수

* 디자이너 · 장판연구가(백수)

* 흰손 라이온킹 : 백수의 왕

② 〈따돌림〉
* 빙빙따조 : 돌아가면서 따돌림시키는 것
* 매직따조 : 어떤 날은 따돌리고, 어떤 날은 그렇지 않음

③ 〈性〉
* 호두 : 1학년
* 귤 : 2학년
* 석류 : 3학년
* 토마토 : 4학년
* 모범생 : 숫처녀
* 우등생 : 기혼녀
* 전학생 : 재혼녀
* 낙제생 : 이혼녀
* 천연기념물 : 숫총각과 숫처녀 사이에 태어난 아기
* 희귀동물 : 숫처녀

④ 〈학생〉
* 교양없는 사람 : 전공과목만 듣는 학생
* 온돌왕자 : 방안에 처박혀서 공부만 하는 학생
* 항아리 : 얼굴이 하얗고, 몸은 뚱뚱하며 공부만 하는 학생
* 휴먼제록스 : 남의 보고서를 그대로 복사하는 학생

⑤ 〈교수〉
* 나홀로 50분 : 교수가 학생들의 반응은 상관없이 수업을 하는 것
* 수면제 : 졸리게 수업하는 교수
* 의지의 한국인 : 학생들의 반응은 상관없이 수업을 끝까지 하는 교수
* 교수에게 강간당하다 : 시험을 망쳤을 때(시험이 너무 쉬웠거나, 너무 어려웠을 경우)

⑥ 〈반어성〉
* 공자 : 공장에 다니는 사람
* 군자 : 군고구마집 아들

* 귀공자 : 귀한 공부 시간에 잠만 자는 학생
* 노약자석 : 노련하고 약삭빠른 자가 앉는 자리
* 단무지 : 단정, 무드, 지성/ 단식, 무식, 지저분
* 따라도라 : 따라서 돌며 감시하는 교감선생님
* 문제아 : 문제를 잘 해결하(푸)는 아이
* 무능력자 : 무한한 능력이 있는 사람
* 미친놈 : 아름답고 친한 놈/ 미치도록 친한 놈
* 미인 : 미친 인간
* 바보 : 바다의 보배, 바라볼수록 보고 싶은 사람
  바라보고 있어도 보고 싶은 그대
* 석학 : 돌대가리
* 선구자 : 선천성 구제불능 자기도취자
* 선녀 : 선천적으로 여우기질을 가진 여자
* 선비 : 선천적 비정상인
* 스타 : 스스로 타락한 사람
* 여걸 : 여관에 자주 드나드는 걸레
* 여성미 : 여우같은 성미
* 영세민 : 영리하고 세련된 민주시민
* 우등생 : 우주에서 떨어진 등신같은 생물
* 이사도라 : 24시간 돌아다니며 학생 감시하는 교장선생님
* 장학생 : 장차 학업을 포기할 의사가 있는 사람
* 재벌 : 재수없는 벌레
* 저능아 : 저력있고 능력있는 아이
* 전대협 : 전국 대머리 협회
* 절세미녀 : 절가에 세들어 사는 미친 여자
* 졸업 : 졸지에 실업자 된 사람
* 지성미 : 지랄같은 성미
* 진담 : 진한 농담
* 천재 : 천하에 재수없는 사람
* 추녀 : 가을여자

* 특공대 : 특별히 공부는 못하면서 머리만 큰 사람
* 형사 : 형편없는 사기꾼

⑦ 유희성
* 식빵 : 네모난 얼굴
* 천사 : 담배 피는 여자
* 클리프행어 : 가슴이 작은 여자
* 탱크 : 큰 호출기
* 텔레토비 : 얼굴이 크고 배가 나오고 다리가 짧은 사람
* 폭탄 : 못생긴 사람
* 피조개 : 영계
* 금메달 : 취업과 애인 모두 구함
* 은메달 : 취업만 됨
* 동메달 : 애인만 구함
* 목메달 : 취업도 애인도 모두 못 구함
* 새내기 : 1학년
* 헌내기 : 2학년
* 쓰레기 : 3학년
* 재활용 : 4학년
* 발발이 : 1학년
* 스피츠 : 2학년
* 포인터 : 3학년
* 미친개 : 4학년 여학생
* 이태백 : 이십대 태반이 백수
* 이구백 : 이십대 구십%가 백수

다음으로 2000년대 대학생의 은어와 속어의 특성과 예를 보이면 다음과 같다.

(1) 인터넷 용어

20세기 대학생의 언어 중 가장 두드러진 특징은 통신언어 사용의 확대이다. 통신언어의 사용이 무조건 나쁜 것만은 아니지만, 주로 젊은이들이 전화보다는 전자편지를 주고 받는 경우가 많다보니 시간 절약을 위해 줄임말을 사용하거나 받침을 빼기도 하고, 소리나는 대로 컴퓨터 자판을 두드리는 실정이다. 그러다보니 새로운 인터넷 용어가 생기게 되었고, 온라인상에서 공감대를 형성하는 그들 세대들만의 특수어를 사용하게 된 것이다. 대부분 인터넷에 대한 용어의 형식은 어두 문자와의 결합으로 이루어지며 줄임말 등이 그 주를 이룬다.

강퇴(강제 퇴장), 글설리(글쓴이를 설레게 하는 좋은 리플(댓글)), 넷심(네티즌들의 마음), 떡밥(화제, 이야깃거리), 득템(아이템을 얻음), 등수 놀이(댓글을 달 때 순서를 매겨 자랑하는 놀이), 맞삭(블로그나 미니홈페이지에서 서로 친구관계를 삭제하는 행위), 무플(댓글이 없음을 의미), 방제(방의 제목), 버스(영화나 드라마를 대용량 메일로 100명에게 보냄), 불펌(불법으로 남의 글 도용), 비방(비밀번호를 걸어 놓은 방), 비번(비밀 번호), 선리후감(리플=댓글)을 먼저 달고 그 후에서야 감상하는 것), 성지순례(유명한 게시물을 방문하다), 신데렐라(통신 등에서 12시만 되면 사라지는 사람), 악플(악성 댓글), 야방(야한 대화방), 야동(야한 동영상), 열차(여럿이 고유하고자 파일을 올리는 경우, 영화나 드라마를 대용량 메일로 1000명에게 보냄), 움짤(움직이는 짧은 영상), 엑박(엑스박스, 인터넷상에서 사진이 뜨지 않을 경우 나타나는 그림), 익게(익명 게시판), 인강(인터넷 동영상 강의), 인터넷 폐인(인터넷에 미친 사람들), 일촌(싸이월드에서 친구 등록 기능), 자게(자유게시판), 자토장(자유토론장), 잠수(채팅 중 갑자기 말이 없어지는 것, 접속한 상태에서 다른 일을 하는 것), 정모 정팅(정기적으로 갖는 모임이나 채팅), 조선컴(성능이 떨어지는 컴퓨터),

졸팅(졸면서 하는 채팅), 재접하다(인터넷이나 게임에 재접속하다), 짤방(게시판에서 자신의 글 삭제 방지, 짤림 방지), 즐통(즐거운 통신), 지름신(쇼핑에서 상품에 대한 욕구를 주체하지 못해 사버리는 경우, 충동구매하게 만드는 신), 채금(채팅 금지), 펌('퍼온다'를 명사형태로 축약한 단어로 특정 게시물을 다른 사이트로 가져오는 행위), 태클(통신상에서 남의 말에 시비를 건다든지 이의를 제기하는 것)

(2) 게임 용어

컴퓨터의 보급이 급속도로 확대되고 각종 컴퓨터 통신 수단의 발달에 따라 일상생활에도 필수 물품의 중요한 수단으로 활용되면서 게임 영역이 그 하나를 차지하게 되었고, 자연히 게임 용어 역시 등장하게 되었다. 이 역시 20세기에서는 찾아보기 어려운 용어들이다.

강간당하다(컴퓨터 게임을 했을 때 상대방에게 비참할 정도로 패한 것을 의미), 갠전(개인전의 준말로 개인 대 개인의 게임), 렉(많은 접속자 수나 게임상의 버그(오류)로 게임이 원활하게 돌아가지 않을 때 렉 걸렸다고 함), 발리다(게임에서 한쪽의 전략에 완전히 속아 제 실력을 발휘하지 못하고 지는 것), 오링(올인에서 나온 말로 돈을 모두 잃거나 쓴 것), 즐(즐겜의 준말로 사용, 당신과 더 이상 말하기도 싫고 상대하기도 싫다는 의미로 전이, KIN과 같은 의미인데, 옆으로 보면 즐이라는 단어가 됨), 즐겜('즐거운 게임하세요'라는 인사로 헤어질 때 주로 사용), 팀킬(게임상에서 같은 편을 죽임), 팀플(팀플레이의 준말. 팀을 짜서 게임 하는 것), 피(게임할 경우 체력이 바닥 났을 때 '피가 딸린다')

(3) 어법에 맞지 않은 표현

컴퓨터가 대학생활에 필수적인 물품으로 자리 잡으면서 온라인상에서 또래들과의 정보교류, 친교, 학습자료 등 상당히 많은 부분이 컴퓨터 자판으로 이루어지게 됨으로써 빨리 보내려는 것과 흥미롭게 표현하려는 욕구에서 나온 언어 사용이 상당수 인터넷 세대들에게 호응을 얻게 된 것이다. 더욱이 개인 미니홈페이지나 블로그를 사용하면서 이러한 언어가 자리를 잡게 되어 오프라인까지 확대되어 사용하게 된 것으로 볼 수 있다. 그러나 인터넷상에서 언어 파괴 현상은 심각한 수준에 이르고 있다. 정상적인 언어생활을 하는 기성세대는 도저히 이들의 언어를 이해할 수 없게 되어버렸다. 20세기의 은어가 은닉성에 의한 또래 집단의 비밀어였다면, 21세기의 은어는 비밀어가 아니라 파괴된 언어를 또래 집단만이 이해할 수 있게 된 것이다. 줄임말에서 한걸음 더 나아가 자음으로 된 음운만의 나열로 어휘를 만들어 내기도 한다. 인터넷 조어의 가장 큰 특징은 진부하거나 식상하다고 판단되면 곧 새로운 표현을 만들어 내고 있지만 문제는 어법을 무시한다는 점이다.26) 이러한 풍조가 온라인상에서 공감대를 형성하여 확대되고 있는데, 이는 언어를 파괴하지 않고 사용하면 오히려 그 집단에서 왕따되어 가는 풍조가 팽패한 데서 기인한다고 볼 수 있다.

갠춘하다(괜찮다), 갮(개병신), 긱사(기숙사), 냉무(내용 없음), 넬(내일), 드카(아마득하다), 뒤질랜드(죽는다는 표현을 돌려서 표현), 뭥미(뭐임을 잘못친 경우), 벙개(번개), 볍신(병신을 이르는 말), 뷁(브레이크를 한 음절로 줄인 말), 살려줏메(살려주세요), 셤(시험), 슥히니(스키니 청바지), 식고자라('씻고 자라'에서 변형된 말로 '그냥 잠이나 자라'), 와방(아주 많이), 아햏햏(기쁘거나 슬프거나 긍정적이거나 부정적이거나 모든 것에 통용), 안뇽(안녕), ㅇ벗어(없어), 어익후

26) 새로운 표현을 만들어 내기 위해 어미의 변형이 사용되는 경우도 있다. 예를 들어 '-하삼'이 '-하셈'으로 다시 '-하센' 등으로 변형되어 사용되는 것이다.

(어이쿠), 오나전(완전), 옥희(OK), 우즈캥(어떻게 해), 유남생(You know what I′m saying?을 원어민이 매우 빠른 속도로 발음한 말), 이빈다(입니다), 재섭다(재수없다), 점말요(정말요?), 젭라(제발), 죄수강(재수강), 지대(제대로), 짤치(짧은 치마), 초콤(조금), 칙오(최고), 촘촹(좀 짱이라는 뜻), 칙힌(치킨), 해충(해외 축구), 햏자(주인공 = 행하는 사람 → 행자 → 햏자), ㄱㄱ(고고), ㄴㄴ(노노), ㄱㅅ(감사), ㄲㄲ(ㄲㄲ), ㄷㄷㄷ(덜덜덜), ㅅㄱ(수고), ㅅㅂ(시발, 씨발), ㅅㅂㄹㅁ(쉚, 시발라마, 시발놈아), ㅇㅇ(응), ㅇㅆ(알써, 알았어), ㅇㅋ(OK), ㅈㅅ(죄송), ㅉㅇ(짜증), ㅋㅋ(크크, 키키), ㅎㄷㄷ(후덜덜)

3. 금기어, 완곡어

인간은 어떤 대상에 접근하는 것을 저지하거나 기피하는 행위를 갖는데 이를 타부(taboo)라고 한다. 이것이 언어에 반영되어 나타난 단어는 불쾌하거나 두려운 것을 연상하게 하므로 사람들은 입에 담지 않으려 한다. 이러게 입 밖에 내기를 꺼려하는 말들을 禁忌語라고 한다. 그리고 이 금기어 대신에 불쾌감이나 두려움이 덜한 말들을 만들어 사용하는데, 이를 婉曲語라고 한다.

감옥 : 교도소	후진국 : 개발도상국
매춘부 : 양공주	천연두 : 손님
뒷간 : 화장실	보신탕 : 영양탕, 사철탕
똥 누다 : 뒤보다	쥐 : 서생원
陰根 : 고추	항문 : 뒤

위의 예에서 보듯이 금기어는 부정적인 느낌을 받는다. 일상 생활에서 이러한 금기어를 함부로 사용하면 상대방에게 불쾌감을 줄 수 있기 때문에 상황과 장면을 고려하여 완곡어를 적절하게 사용할 수 있어야 한다. 그러나 금기어를 완곡어로 바꾸어 사용한다고 해서 그에 대한 인상까지 개선되지는 않는다. 따라서 완곡어가 '감옥→형무소→교도소'처럼 계속해서 개선된다 할지라도 사물의 본질이 달라지는 것은 아니다.

4. 관용어, 속담

둘 이상의 단어들이 결합하여 관습처럼 굳어진 표현들을 慣用語라고 한다. 이들 대부분은 개별언어의 原話者들의 전통·습관·생활환경·사고양식 등에 의하여 생성된 특유한 표현양식으로 문법이나 논리적으로 분석하기 어려운 의미적 단위다. 그 구성요소의 의미만으로는 구절 전체의 의미가 이해될 수 없는 특이한 의미구조를 가진 표현형식으로, 개개 단어의 의미와는 별도의 의미를 나타낸다. 또한, 그 구성요소가 되는 단어가 그 단어의 결합으로밖에 쓰일 수 없는 관용적 표현구조로 되어 있다. '독안에 든 쥐'라는 관용어는 가능하지만 '독안에 든 고양이'라든가 '쥐덫에 든 쥐'와 같은 표현은 불가능하다. 왜냐하면 그러한 단어의 결합이 관용되지 않았기 때문이다.

관용어의 형식은 다양하다. 두 개 이상의 단어가 한 단어 형식으로 굳어진 어형식(치맛바람, 주책없다, 돌아가다 등), 두 개 이상의 단어가 하나의 구절을 이룬 구형식(문어 제 다리 뜯어 먹기, 쑥밭이 되다 등), 둘 이상의 단어가 통사적으로 결합하여 구절을 이루고 있지만 체언이나 명사형을 유지하는 체언형(개밥에 도토리, 꿩 대신 닭, 긁어 부스럼, 수박 겉 핥기, 그림의 떡, 식은 죽 먹기 등), 둘 이상의 단어가 통사적으로 결합하여 하나의 구절을 이루고 있지만 서술어미를 취하는 용언형(눈 감아 주다, 바람이 나다, 들통이 나다 등)이 있다.

俗談은 구체적이고 일상적인 상황에서 삶의 교훈을 주는 내용으로 이루어진다. '백지장도 맞들면 낫다. 닭 쫓던 개 지붕 쳐다보듯 한다. 아니 땐 굴뚝에 연기 나랴?'처럼 대개 완결된 문장의 형태를 갖는다.

속담은 교훈성, 풍자성, 비유성을 지니고 있는 관용적 표현으로, 실제로 속담이 사용될 때에는 1차적으로 개념적 의미로 해석되지만, 속담이 사용된 맥락 속에서는 속담의 본래적 의미와 상황적 의미가 더해지는 간접적 의미로 해석해야 한다. 현행 국어 교과서에 실린 속담의 일부 예를 보이면 다음과 같다.

과목	학년-학기	속담 내용
중학교 국어	1-1	말 한 마디에 천 냥 빚도 갚는다. 개구리 올챙이 시절 모른다. 일찍 일어나는 새가 벌레를 먼저 잡는다. 뱁새가 황새 따라가면 가랑이가 찢어진다.
중학교 생활국어	1-1	가는 말이 고와야 오는 말이 곱다. 말이 고마우면 비지 사러 갔다가도 두부 사 온다. 독 안에 둔 쥐다. 쥐도 새도 모른다.
중학교 국어	2-1	구슬이 서 말이라도 꿰어야 보배다. 개미도 기어간 자취가 있다. 코에 걸면 코걸이, 귀에 걸면 귀걸이 호랑이 굴에 들어가도 정신만 차리면 산다. 소나무가 무성하니 잣나무가 반긴다.

중학교 생활국어	2-2	물 샐 틈 없다. 식은 죽 먹기다. 고래 싸움에 새우등 터진다. 공자 앞에서 문자 쓴다. 콩 심은 데 콩 나고, 팥 심은 데 팥 난다. 고생 끝에 낙이 온다.
중학교 생활국어	3-1	달걀(메밀)도 굴러가다가 서는 모가 있다. 닭알(달걀) 지고 성 밑에는 못 가겠다. 고양이 닭알(달걀) 굴리듯 한다. 눈 먼 강아지(고양이) 닭알(달걀) 어르듯 한다.
고등학교 국어	상	개천에서 용 난다. 죽이 끓는지 밥이 끓는지도 모른다. 쥐 죽은 듯하다. 아침 굶은 시어머니 상이다. 고추 당추 맵다 해도 시집살이만큼 맵지 않다. 소 닭 보듯 한다.
고등학교 국어	하	물에 빠진 생쥐 같다.

5. 전문어

특정 분야의 사회에서 인위적으로 만들어 주로 그 방면에서만 전문적으로 쓰는 용어가 專門語이다. 전문어는 일반 사회에서 별로 사용하지 않는 말이므로 의미가 분화되어 정밀하고 다의성이 적으며 그에 대응하는 일반 어휘가 없는 경우가 많다. 또한, 전문어는 각 전문 분야에 종사하는 집단 구성원들만 알고 일반인은 잘 모르기 때문에 비밀을 유지하기 위한 은어의 기능을 하기도 한다. 특히, 병원에서 의사들의 처방전이나 약품의 제품 설명 등 일반인은 잘 모르게 된다.

학교 교과목의 전문어는 해당 교과의 지식과 연계되므로 학업 성취도와도 연계될 수 있다. 예를 들어 과학 교과목으로 '도플러 효과, 줄기세포, 변위, 난할, 항상성' 등을 들 수 있다. 국사 교과목의 '예서제, 음서, 식읍, 납속책' 등은 漢字를 알지 못하면 더욱 이해하기 어렵다.

6. 새말[新語]

문명이 발달하면서 사회는 더욱 복잡해지기 시작했고, 더불어 수많은 발명품과 신물질이 개발되고 있다. 따라서 이를 표현하기 위한 새로운 어휘를 새말이라고 한다. 그러나 새말을 만드는 것은 쉽지 않다. 언어는 사회성을 가지므로 새말을 만들었다고 해도 적절성 여부 등 언중이 사용해야 하는 어려움을 지닌다. 그래서 새말에는 외국말을 그대로 빌려서 쓰는 借用語가 많다.

모기지론 : mortage + loan(부동산을 담보로 하여 주택 자금을 장기간 빌려주는 일)
건강레시피 : 건강+레시피(recipe: 음식을 만드는 방법)
딩크족 : DINK(Double Income No Kids: 아기를 갖지 않고 사는 무리)
딩크펫 : DINK Pet(자식 대신 애완동물을 기르는 무리)
참존 : charm + zone(참 좋은)
아라족 : 아바타 라이프족(avatar + life족: 자신의 아바타를 통해 현실 생활과 똑같이 사이버 공간에서 살아가는 무리)
매스티지족 : masstige(mass + prestige족 : 대중적으로 인기가 높은 명품을 즐겨 사는 무리)

텔런페서 : talent + professor(인기를 끌려고 하거나 인기를 좇는 교수)

팩션 : fact +fiction(사실을 토대로 한 소설)

페로티시즘 : feminism + eroticism(여성의 관점에서 바라보는 에로티시즘)

다문화가족 : 국제결혼 가족 및 국내 체류 외국인 가족

싱글맘 : 아이 아빠가 있지만, 어쩔 수 없이 혼자 아이를 낳고 기르는 여자

비혼맘(非婚+mom) : 자신의 적극적인 의지로 결혼을 거부하고 아이만 선택하는 여자

요즘 청소년들의 통신언어가 대두되면서 새말들이 만들어지고 있지만, 그 적절성에 문제가 있다. 전혀 새로운 말을 만들어내기보다는 기존 말을 줄이거나 도치시키거나 뜻을 바꿔 사용하는 정도라 오히려 언어 혼란의 초래를 가져오기도 한다.

디카 : 디지털 카메라

담샘 : 담임선생님

컴터 : 컴퓨터

아디 : 아이디

망실 : 실망

태클 : 통신상에서 남의 말에 시비를 건다든지 이의를 제기하는 것

카페 : 같은 취미나 목적을 갖는 사람들이 인터넷상에서 모이는 곳

국회타임, 근조국회 : 노대통령 탄핵

궁년센스 : 대장금 패러디 잡지

당뇨폰 : 혈당 측정 기능의 휴대전화

서울시 천안구 : 수도권 전철

김치우드(김치+Hollywood), 한류우드 : 우리나라 영화계를 미국의

헐리우드에 빗대어 이르는 말
더블라이프 : 본업 외에 또다른 삶의 목적을 이루기 위해 일을 가짐
다운시프트(downshift)족 : 치열한 경쟁에서 벗어나 느긋하고 여유 있는 삶을 추구하는 무리
드카 : 아마득하다
슥히니 : 스키니 청바지
살려줏메 : 살려주세요
와방 : 아주 많이
오나전 : 완전
짤치 : 짧은 치마
ㅅㄱ : 수고
ㅈㅅ : 죄송
ㅎㄷㄷ : 후덜덜

V. 문 장

1. 문장의 성분
   (1) 문장과 문법 단위 (2) 문장 성분의 종류
2. 문장의 짜임
   (1) 문장의 짜임새 (2) 안은 문장과 안긴 문장
   (3) 이어진 문장
3. 문법 요소
   (1) 문장 종결 표현 (2) 높임 표현 (3) 시간 표현
   (4) 피동 표현 (5) 사동 표현 (6) 부정 표현

▪ **단원 학습 목표**

1. 다양한 구, 절, 문장의 짜임새를 이해한다.
2. 문장 성분을 이해하고 성분 규칙에 따라 문장을 바르게 쓴다.
3. 문장이 확대되는 방식을 이해하고 다양한 구조의 문장을 쓸 수 있다.
4. 문장에 나타나는 문법 요소의 기능을 이해하고 문장을 어법에 맞게 쓴다.

1. 문장의 성분

▪ **학습 목표**

1. 문장의 개념과 문장을 구성하는 문법 단위를 안다.
2. 문장 성분의 종류와 특성을 안다.

1. 문장과 문법 단위

1.1. 문장

문장은 그 자체로서 통일성을 가지며, 계층적으로 긴밀하게 구성되어 있는 독립된 언어형식이다. 따라서 문장은 주어부와 서술부를 갖는데, 주어부는 문장에서 주어와 그에 딸린 부속성분을, 서술부는 문장에서 서술어와 그에 딸린 부속성분 및 목적어와 보어를 갖는다.

예쁜 꽃이 활짝 피었다.(어절)

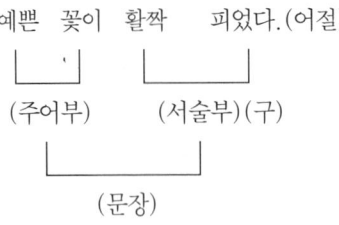

(주어부) (서술부)(구)

(문장)

❙ 참고 ❙ 구와 절

句는 중심이 되는 단어와 그것에 부속되는 단어를 한데 묶은 언어 형식을 말하며, 節도 두 개 이상의 어절이 모여 하나의 의미 단위를 이룬다는 점에서 구와 비슷하다. 절은 따로 독립하면 문장이 되는 구성이면서 완전히 끝나지 않고, 다만 문장 속의 어떤 성분으로 안겨 있는 언어 형식을 말한다. 주어와 서술어를 갖고 있다는 점에서 구와 구별되고, 더 큰 문장 속에 들어 있다는 점에서 문장과 구별된다.

1.2. 성분의 재료

모든 단어는 문장 성분의 기본 재료가 된다. 조사는 단독으로 문장

성분이 될 수 없고, 반드시 다른 말과 결합해서 어절을 이루어 문장 성분이 된다. 문장 성분은 句와 節로서 이루어지기도 한다.

> 나의 희망은 세계적인 과학자가 되는 것이다. (명사구)
> 선생님은 현규가 모범생임을 잘 알고 있으시다. (명사절)

1) 구의 종류

㉠ 중심 되는 단어의 성분에 따라

주어구	저 새 차는 철수네 것이다.
서술어구	철수네가 산 것은 아주 새 차다.
목적어구	그는 아주 새 차를 샀다.
보어구	그 차가 아주 새 차가 되었다.
관형어구	아주 새 차의 유리에 흙이 튀었다.
부사어구	내 차를 아주 새 차로 바꾸겠다.
독립어구	아주 새 차, 그것이야말로 내가 바라는 거야.

㉡ 중심 되는 단어의 품사에 따라

명사구	문 밖에 아주 새 차가 있다.(관형어+체언)
	나는 바다와 산이 좋다.(체언+조사+체언)
동사구	그는 문제를 열심히 풀었다.(부사어+동사)
	철수는 귀중한 물건을 잃어 버렸다.(본용언+보조용언)
형용사구	그 꽃이 매우 아름답다.(부사어+형용사)
	영희는 늘 아름답고 싶다.(본용언+보조용언).
관형사구	그는 아주 새 옷을 입고 왔다.(부사어+관형사)
부사구	새 차가 아주 빨리 달린다.(부사어+부사)

2) 절의 종류

㉠ 성분에 따라 : 주어절, 서술절, 관형절, 부사절, 목적절, 보어절
㉡ 품사의 구실에 따라: 명사절, 형용사절, 동사절, 부사절, 관형사절

'철수가 일등을 했음이 밝혀졌다'에서 '철수가 일등을 했음'은 명사의 구실을 하므로 名詞節이며, '철수가 일등을 했음이'는 주격 조사 '-이'가 붙어 주어의 구실을 하므로 主語節이 된다.

2. 문장 성분의 종류

문장을 구성하면서 일정한 문법적 기능을 하는 요소를 문장 성분이라 한다. 문장 성분에는 문장의 골격을 이루는 필수성분인 '주어, 목적어, 보어, 서술어' 등 주성분과 주로 주성분의 내용을 수식하는 부속성분인 '관형어, 부사어' 등 수의적 성분, 그리고 주성분이나 부속성분에 직접적인 관계가 없이 문장에서 따로 떨어져 독립해 있는 독립성분인 '독립어'가 있다.

2.1. 서술어

서술어는 주어의 동작, 상태, 성질 따위를 풀이하는 기능을 가진 문장 성분으로 기본문장에서 '어찌하다, 어떠하다, 무엇이다'에 해당하는 말이다. 서술어는 '동사(①), 형용사(②), 체언+서술격 조사(③), 본용언+보조용언(④)'의 종결어미로 나타나는 것이 일반적이다.

① 아기가 운다.
② 바다가 넓다.
③ 영호는 학생이다.
④ 보게 되었다. 풀어 보았다.

이외에도 서술어는 '동사, 형용사, 체언+서술격 조사'의 어간에 연결 어미, 또는 관형사형 어미나 명사형 어미와 같은 전성 어미가 연결되어 이루어지기도 한다.

날씨가 이렇게 추운데, 기어이 가시겠습니까?
산이 이렇게 아름다운 줄을 몰랐다.
그가 대학생이었음을 알았다.

▎참고 ▎ '이다' 구성
서술격 조사 '이다' 앞에는 흔히 체언이 오지만, 부사의 성분이 올 수도 있다.

아버지를 만난 것은 학교에서이다.
중요한 것은 그가 언제 오느냐이다.

서술어는 그 성격에 따라서 필요로 하는 문장 성분들의 개수가 다른데, 이를 서술어의 자릿수라고 하며 요구하는 필수성분의 수에 따라 구분된다.

① 한 자리 서술어 : 주어 하나만을 요구한다.

개나리가 피었다. (주어)

② 두 자리 서술어 : 두 성분을 요구한다.

코끼리가 과자를 먹는다. (주어, 목적어)
철호는 운동선수가 아니다. (주어, 보어)
이 곳의 기후는 농사에 적합하다. (주어, 부사어)

③ 세 자리 서술어 : 주어 외에 두 자리의 성분을 요구하는 서술어이다.

그가 나에게 좋은 선물을 주었다. (주어, 부사어, 목적어)
그는 옷을 베개로 삼았다. (주어, 목적어, 부사어)

▌참고▐ 수여, 삼다 동사
수여(-에게/에) 동사 : 주다, 드리다, 바치다, 가르치다/얹다, 넣다, 놓다
삼다(-으로) 동사 : 여기다, 만들다, 간주하다

▌참고▐ 서술어의 자릿수와 선택제약
서술어는 그 종류에 따라 몇 개의 문장성분을 필수적으로 요구하느냐에 차이가 있다. 이것을 서술어의 자릿수라고 한다. 자동사는 한 자리, 타동사는 두 자리의 필수적 문장성분을 요구하는 것이 보통이다. 그러나 종래에 자동사로 분류되어 온 '되다'의 경우, 보어라고 하는 또 하나의 문장성분이 필요하고, 타동사로 분류되어 온 '삼다'도 '-로'가 붙은 부사구가 필요하다. 따라서 자동사 타동사의 분류로는 서술어의 분류가 완전하지 못하다. '되다'와 같은 경우, '물이 얼음이 되었다'처럼 두 개의 자릿수가 필요하나, 두 번째 명사구가 목적어가 아닌 보어이므로 타동사에 넣을 수 없다는 점에서 더욱 그러하다. 이러한 문제를 서술어의 자릿수라는 개념을 도입하여 해결한다. 주어나 목적어가 아닌 필수적 성분을 요구하는 동사의 경우, 그 요구는 문장의 성분과 형태가 일정하지 않다. '삼다'의 경우에는 부사격 조사 '-로'와 결합된 부사어(①)가, '넣다'의 경우는 부사격 조사 '-에'가 붙은 부사어(②)가 요구된다. 그러나 이들 부사어는 다른 부사어와는 달리 문장

의 필수성분이다.

① 그는 옷을 <u>베개로</u> 삼았다.

② 영수는 편지를 <u>우체통에</u> 넣었다.

또한 '*민수는 눈을 다물었다'가 비문법적 문장이 되는 것은 '다물다'가 '입'을 목적어로 취할 수는 있으나 '눈'을 목적어로 취할 수 없는 성질이 있기 때문이다. 이렇게 두 말이 서로 어울릴 수 있거나 그렇지 못한 관계를 두 말 사이의 選擇制約(selectional restriction)이라 한다. 선택제약을 어길 경우, 말장난의 소재는 될 수 있으나 올바른 국어 문장은 될 수 없다. 자릿수를 달리하는 서술어도 있다.

아이들이 논다.	아이들이 윷을 논다.
자동차가 움직인다.	일꾼이 바위를 움직인다.
날씨가 좋다.	나는 영희가 좋다.

2.2. 주어

主語는 문장의 주체를 나타내는 말로, 기본문장에서 '무엇이', '누가'에 해당하는 필수 성분이다. 주격조사가 생략될 수도 있고, 보조사가 붙을 수도 있으며, 구와 절이 주어가 될 수도 있다. 주어는 〔체언+주격조사(이/가)〕, 〔명사구+주격조사(이/가)〕, 〔명사절+주격조사(이/가)〕, 〔높임의 명사+주격조사(께서)〕, 〔단체 무정명사+주격조사(에서)〕의 형식으로 성립된다.

<u>너</u> 어디 가니?

<u>민수도</u> 학교에 간다.

<u>선생님께서만</u> 그것을 가르칠 수 있으시다.

<u>그 아이들이</u> 왔다.

<u>눈이 오기가</u> 쉽지 않다.

또한, 주격조사는 부사나 문장에 붙기도 한다.

설마가 사람 잡는다.
가느냐 마느냐가 문제이다.

2.3. 목적어

주성분에는 주어와 서술어 외에 두 자리 서술어인 타동사로 표현되는 행위의 대상이 되는 문장 성분인 목적어가 있다. 목적어는 조사 없이도 성립될 수 있으며, 보조사 중에는 목적격 조사를 수반하는 것(-만, -까지)과 수반하지 않는 것(-는, -도)이 있다. 그리고 '방향, 처소'를 나타내는 말이 목적격 조사를 취하기도 한다.

혜인이는 꽃을 좋아해　　　　혜인이는 꽃 좋아해
혜인이는 꽃만(을) 좋아해　　　　혜인이는 꽃도 좋아해
너, 어디에 가니?　　　　너, 어디를 가니?
영수는 도서관을 갔다.

또한, 목적어와 서술어 사이에 부사어가 개입될 수 있다.

인숙이는 노래를 잘 부른다.

그리고 목적어가 하나 이상일 수도 있다.

할아버지께서 나에게 용돈을 천원을 주셨어요.
(두번째 목적어가 첫번째 목적어의 수량을 표시함)
순이가 나를 손을 잡아 끈다.

(두번째 목적어가 첫번째 목적어의 한 부분임)

▌참고▐
학교문법에서는 '을/를'이 들어가면 목적격 조사(목적격 조사의 보조사)로 보지만, 아래의 예문은 의미적으로나 기능적으로나 부사어로 보는 것이 타당하다.
영호는 집에 갔다. 영호는 집을 갔다.
인천을 한 시간을 걸었다.
일본을 몇 번을 갔는지 모른다.

2.4. 보어

보어는 두 자리 서술어 '되다', '아니다' 앞에 나타나는 필수적 성분으로 보격조사(이/가)가 붙어 보어를 이룬다.

영수는 대학생이/바보가 아니다.
물이 얼음이 되었다.

▌참고▐ 보어의 기능
보어는 보조사로 되는 경우도 있다. 그러나 '되다'는 '이/가', '으로'를 필요로 하지만, '으로'가 쓰일 때에는 변화를 나타내는 부사어이다. 또한, 보어는 아니지만, 보어와 같은 자격을 갖는 성분이 있다.

① 영수가 바보는 아니다.
② 물이 얼음으로 되었다.
③ 영수는 집으로 갔다.
④ 이것은 저것과 다르다.

②, ③의 '으로'를 보어를 만드는 조사로 볼 수 없다. 보어와 같은 기능을

하므로 보격조사의 확대가 논의될 수 있으나 이는 격조사 체계의 혼란을 초래한다.

2.5. 관형어

관형어는 체언을 수식하는 부속성분으로 관형어를 이루는 형식에는 여러 가지가 있다. ① 관형사(새 구두), ② 체언+관형격 조사(나의 책), ③ 용언의 관형사형(빨간 장미, 갈 사람) ④ 관형절(눈이 큰 아이, 집이 작은 것이), ⑤ 단순한 체언(고향 친구, 자식 사랑, 그것 가운데)이 있다. 관형격 조사는 '의' 하나뿐이며, 그 기능은 다음과 같다.

① 주어의 기능 : 조사 '의'를 가진 체언이 다음에 오는 체언에 대해 의미상 주어에 해당된다.

할아버지의 사진(할아버지가 찍으시거나 간직하신 사진)
동생의 편지(동생이 쓴 편지나 전한 편지)

② 목적어의 기능 : 조사 '의'를 가진 체언이 의미상 목적어에 해당된다.

삶의 이해(삶을 이해하는 것)
할아버지의 사진(할아버지를 찍은 사진)

③ 부사어의 기능 : 조사 '의'를 가진 체언이 의미상 부사어에 해당된다.

동생의 편지(동생에게 온 편지)

동생의 선물(동생에게 온 선물)

④ 은유적인 표현의 기능 : '무엇이 무엇이다'로 해석될 수 있는 '의'가 있다.

평화의 비둘기(비둘기는 평화이다)

▌참고▐ 관형어의 특수성

관형어는 단독으로 쓰이지 못하고 반드시 체언 앞에 놓이며, 관형어의 겹침에는 일정한 순서가 있다.(指示관형사→數관형사→性狀관형사의 순서)

저 두 젊은 사람

관형격 조사의 생략은 의미의 동일과 차이를 가질 때도 있다.

영수의 책 = 영수 책

처녀의 머리(처녀가 하고 있는 다양한 스타일의 머리) : 처녀 머리(머리의 일정한 스타일)

2.6. 부사어

부사어는 서술어의 의미가 분명하게 드러날 수 있도록 수식하는 부속 성분이다. 부사어의 성립으로 ① 부사(채소 값이 무척 비싸다), ② 부사+보조사(채소 값이 조금은 싸졌다), ③ 체언+부사격조사(철호는 부산에 간다), ④ 체언+부사격조사+보조사(나는 그에게도 돈을 주었다), ⑤ 부사구(그는 밥을 매우 많이 먹었다), ⑥ 부사절(낙엽이 소리 없이 떨어진다), ⑦ 부사성 의존명사(음식은 먹을 만큼 가져가거라, 옷을 입은 채 물속에 뛰어들다니), ⑧ 단순한 체언(오늘 선생님의 안색이 좋지 않다), ⑨명사절+부사격조사(설악산은 경치가 좋기로 유명하다) 등이 있다.

부사격 조사는 아래와 같이 다양하다.

① 처소	'-에서, -한테, -께, -에게, -에'
	'강에서 수영을 한다'
② 도구	'-로, -로써'
	'돌로 칼을 만든다'
③ 자격	'-로, -로서'
	'반장으로 운영회에 참석했다'
④ 지향점	'-로, -에'
	''서울로 가다', 도서관에 가겠니?'
⑤ 원인	'-에'
	'빗방울 떨어지는 소리에 잠을 깼다'
⑥ 시간	'-에'
	'다섯시에 오너라'
⑦ 소재지	'-에'
	한라산은 제주도에 있다'
⑧ 낙착점	'-에, -에게(有情명사), -한테'
	'집에 돌을 던지지 말아라'
⑨ 출발점	'-에서, -에게서, -한테서'
	'부산에서 아침에 출발했다'
⑩ 비교	'-처럼, -만큼, -대로, -하고, -와, -보다'
	'험상궂기가 똑 도깨비와 같구나'
	'저 아이는 형보다 크다'
⑪ 여동(함께)	'-하고,-와(과)'
	'누구와 함께 있었느냐?'
⑫ 변화(바뀜)	'-(으)로,-가(이)'
	'여우가 양으로 둔갑했다'

⑬ 부사어를 필수적으로 요구하는 용언: 불완전 자동사, 불완전 타동사

순이가 너에게 무엇을 주더냐?
이 편지를 우체통에 넣어라.
이 그림은 실물과 똑 같군요.

▌참고▐ '에'와 '에게'

지향점이나 소재를 나타내는 '에게'는 유정명사, '에'는 무정명사에 쓰이지만, 부류를 나타내거나 화제의 대상이 될 경우에는 '에'를 쓴다.

꽃에 물을 주었다. 친구에게 꽃을 주었다.
친구에 좋은 친구와 나쁜 친구가 있다.

부사어의 갈래에는 성분 부사어와 문장 부사어가 있다. 성분 부사어는 특정한 성분을 꾸며 주는 부사어로 용언을 꾸미거나(어서 떠나자), 다른 부사를 꾸미거나(매우 많이), 다른 관형사(아주 새 차)를 꾸미거나, 체언을 꾸민다(겨우 셋이 그들과 겨룰 수 있었다, 바로 너의 책임이다). 文章 부사어는 문장 전체를 수식하는 부사어로 주로 화자의 태도를 반영한다(과연 그는 위대한 정치가다, 확실히 그는 머리가 좋은 사람이다). 또한, 문장 부사어에는 접속 부사어(6차에서는 독립어)가 있다. '그러나, 그리고, 그러므로'와 같은 문장 접속 부사나 '및'과 같은 단어 접속 부사가 이에 해당된다.

그러나 희망이 아주 사라진 것은 아니다.
정치, 경제 및 문화가 발달하여야 선진국이다.

▌참고▐ 부사어의 특징

보조사를 비교적 자유롭게 취하고(빨리도 가는구나, 영호에게는 좋은 재질이 있다), 관형어와 달리 자리 이동이 비교적 자유롭다(특히 문장 부사어의 경우). 단, 부사어가 다른 부사어나 관형어・체언 등을 꾸밀 때에는 자리 옮김이 허용되지 않는다(①). 또한, 否定부사는 자리 옮김이 허용되지 않으며(②), 문맥 속에서 단독으로 쓰일 수 있다(③).

① 영호야, 어서 오너라 : *어서 영호야 오너라.
의외로 그가 시험에 떨어졌다. 그가 의외로 시험에 떨어졌다.
그가 시험에 의외로 떨어졌다.
② 영수는 학교에 안 간다. 도서관에 못 들어간다.
③ "이곳에 늘 오시나요, 가끔 오시나요?"
"가끔."

▌참고▐ 부사어의 기능

어말어미에는 연결어미(대등적 연결어미, 종속적 연결어미, 보조적 연결어미)와 전성어미(명사형 전성어미, 관형사형 전성어미, 부사형 전성어미)가 있다. 제7차 교육과정에서는 복수로 인정(종속적 연결어미와 부사형 전성어미 모두 인정)하고 있는데, 이는 대등적 연결어미까지도 부사형 전성어미로 인정할 수 있음을 보인다. 그리고 7차에서 부사형 어미를 인정하므로 부사절의 확대를 가져왔다. 6차에서는 부사형 어미를 인정하지 않고 부사절을 인정하였으므로 부사절 안은 문장은 접미사 '-이'와 결합하여 부사절을 이루었으나, 부사절의 확대(7차)로 부사절은 절 전체가 부사어의 기능을 하는 것으로 서술어를 수식하는 기능을 한다.

그는 아는 것도 없이 잘난 척을 한다.
그 곳은 그림이 아름답게 장식되었다.
철수는 발에 땀이 나도록 뛰었다.
길이 비가 와서 질다.

2.7. 독립어

다른 문장 성분들과 관계없이 독립적으로 성립되는 성분으로 독립 성분을 빼도 나머지 부분만으로 완전한 문장이 된다. 따라서 독립어는 부속성분에 가까운 수의적 성분으로 ① 감탄사(아, 세월은 잘 간다, 글쎄, 철수가 공부를 너무 안 해요), ② 체언+호격조사(영희야, 더운데 창문 좀 열어라)가 있지만, 무정명사의 경우에는 호격조사를 붙이지 않는다(*연필아). ③ 제시어(청춘, 이는 듣기만 하여도 가슴이 설레는 말이다) 등으로 성립된다.

2. 문장의 짜임

▪ **학습 목표**

1. 문장의 짜임새를 정확히 이해한다.
2. 안은 문장 속에 있는 안긴 문장의 종류와 특성을 안다.
3. 이어진 문장의 종류와 특성을 안다.

1. 문장의 짜임새

1.1. 홑문장과 겹문장

문장에는 주어와 서술어가 한 번 나타나는 경우의 홑문장과 두 번 이상 나타나는 경우의 겹문장이 있는데, 겹문장은 하나 이상의 절을 갖는다.

문장의 종류

- 문장
  - 홑문장
  - 겹문장
    - 이어진 문장
      - 대등한 이어짐
      - 종속적 이어짐
    - 안은 문장

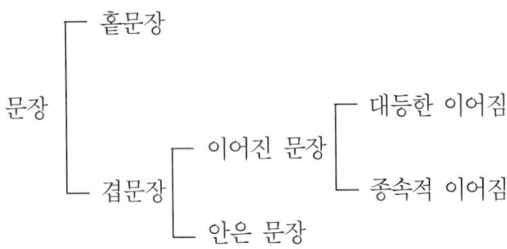

1) 홑문장

서술어가 한 번만 나타나서, 주어와 서술어와의 관계가 한 번만 맺어져 있는 짜임새의 문장.

> 그가 드디어 얼굴에 미소를 띠었다.
> 순희와 영희가 닮았다.
> 금강산은 우리 나라의 명산이다.
> 철수는 학교에 가게 되었다.

2) 겹문장

주어와 서술어의 관계가 두 번 이상이 있는 문장. 여러 홑문장들이 모여 하나의 겹문장이 되는 과정을 '문장의 擴大'라 이른다.

① 문장 속의 문장 : 문장 속에 다른 홑문장이 성분으로 있는 겹문장.

> 우리는 이제서야 그가 진정으로 우리를 사랑했음을 깨달았다.

② 이어진 문장 : 홑문장이 여럿이 이어져 이루어진 겹문장.

비가 와야 곡식이 잘 자란다.
인생은 짧고 예술은 길다.

▌참고 ▌ 관형절

종전 문법 교과서의 체계를 보면, 문장의 짜임을 單文, 複文(包有복문, 連合복문), 重文, 混成文 등으로 분류했다. 겹문장 체계가 이렇게 다른 것은 어미의 체계와도 관련이 있다. 안은 문장과 안긴 문장에서 주의할 것은 관형절이다. 冠形節은 긴 관형절과 짧은 관형절로 나누어진다. 긴관형절은 종결형에 관형사형 어미 '-는'이 결합된 것이고('그분이 노벨상을 타게 되었다는 소문이 있다'), 짧은 관형절은 종결형이 나타나야 할 자리에 관형사형어미 '-ㄹ, -ㄴ'이 붙은 것이다('네가 깜짝 놀랄 일이 생겼다').

2. 안은 문장과 안긴 문장

안은 문장은 문장 안에 홑문장을 안은 문장이며, 안긴 문장은 한 문장이 다른 문장 속에 한 성분으로 안겨 들어가서 이루어진 문장이다.

우리는 <u>철수가 귀국했다는</u> 소식을 들었다.('철수가 귀국했다'의 節은 안긴 문장)

안은 문장의 종류에는 명사절, 관형절, 부사절, 서술절, 인용절을 안은 문장이 있다.

2.1. 명사절을 안은 문장

명사절은 '(으)ㅁ, -기'가 붙어서 만들어지며, 전체 문장에서 節이 '주어, 목적어, 보어, 서술어' 등의 구실을 한다.

① 명사형 어미 '-(으)ㅁ'이 붙은 명사절

철수가 축구에 소질이 있음이 밝혀졌다.(주어절)
나는 그가 이름난 음악가임을 어제서야 알았다.(목적어절)

② 명사형 어미 '-기'가 붙은 명사절

어린이가 그런 일을 하기가 쉽지 않다.(주어절)
금년에도 농사가 잘 되기를 바란다.(목적어절)

③ 〔관형사형 어미 '-는/-ㄴ' + 의존명사 '것'〕으로 된 명사절

철수가 축구에 소질이 있는 것이 밝혀졌다.(주어절)
나는 그가 이름난 음악가인 것을 어제서야 알았다.(목적어절)

④ '-(으)ㅁ' 명사절은 그 대부분이 '것'명사절로 바꾸어 쓸 수 있다.

철수는 지금까지 공부를 게을리함을 후회한다.⇒
철수는 지금까지 공부를 게을리한 것을 후회한다.

▍참고 ▍ '-(으)ㅁ'과 '-기' 명사절

'-(으)ㅁ' 명사절과 '-기' 명사절의 차이는 '사실 : 행동, 대상성 : 비대상성, 완료성 : 미완료성, 객관 : 주관'의 차이로 볼 수도 있다. 그리고 '-(으)ㅁ'

명사절과 '-기' 명사절이 목적어로 쓰일 때 '-(으)ㅁ' 명사절 뒤에는 목적격 조사 '을/를'이 반드시 쓰여야 하나, '-기' 명사절에서는 조사가 쉽게 생략된다.

좋은 시절이 다 지났음을(*지나갔기를) 알았다.
비가 오기를(*옴을) 기다린다.
*철수가 지나감을 보았다.
철수가 집에 가기 바란다.

2.2. 관형절을 안은 문장

관형절은 관형사형 어미 '-(으)ㄴ, -(으)ㄹ, -는, -던, -고 하는'이 붙어서 만들어진다.

1) 긴 冠形節

〔종결어미 '-다(라)' + 관형사형어미 '-는'= '-고 하는'〕의 관형절로 '소문, 인상, 제안, 질문' 등의 명사를 꾸며주며, 간접 인용이 안긴 형식이다.

그분이 노벨상을 타게 되었다는 소문이 있다.
나는 철수가 유능한 일꾼이라는 인상을 받았다.
어제 회의 때, 우리가 방학 동안에 자작시 낭독회를 하자는 제안이 있었다.

2) 짧은 冠形節

종결형어미 대신에 관형사형어미 '-ㄴ,-ㄹ'로 '기억, 사건, 경험' 등의 명사를 꾸며주는 관형절이다.

네가 깜짝 놀랄 일이 생겼다.
나는 내가 그에게 책을 빌려준 기억이 없다.

3) 긴 冠形節과 짧은 冠形節을 다 취하는 경우

'사실, 목적, 약점' 등의 명사를 꾸밀 때 생긴다.

오늘에서야 그가 우리를 위해 애썼다는 사실을 알았다.
오늘에서야 그가 우리를 위해 애쓴 사실을 알았다.

4) 관형절의 종류

① 모든 성분을 다 갖춘 관형절로 수식 받는 명사의 성격을 한정하며, 내용절, 동격절이라고도 하며 補文관형절, 명사구보문이라고도 한다.

〔네가 깜짝 놀랄〕 일이 생겼다. 〔그는 우리가 돌아온〕 사실을 모른다.

② 일부 성분이 생략된 관형절로 관계절이라고 하며, 관형절 속에 생략된 경우가 있다.

㉠ 주어가 생략된 경우
'( ) 앞발이 짧은 토끼는 뜀질을 잘 한다'(주어 '토끼'의 생략)
'도서관은 ( ) 공부를 하는 학생들로 가득 찼다'(주어 '학생들이'의 생략)
㉡ 목적어가 생략된 경우
'그가 ( ) 그린 풍경화가 특선으로 뽑혔다'(목적어 '풍경화'의 생략)
㉢ 부사어가 생략된 경우
'파도의 자취가 ( ) 새겨져 있는 바위가 있다'(부사어 '바위에'의 생략)

▌참고▐ 내용절과 관계절

① 內容節(content clause), 同格節(appositive clause) : 성분이 생략되지 않은 절로서, 피수식어가 관형절의 한 성분이 되지 않고 관형절과 內容上 동격이 되는 관형절이다.

아무도 내가 귀국한 사실을 모른다
나는 그녀가 좋은 사람이라는 생각을 했다.
나는 내가 직접 그녀를 만난 기억이 없다.

② 關係節(relative clause) : 관형절의 피수식어가 문장의 관형절의 한 성분이 되는 절로서, 關係관형절이라고도 하며 성분이 생략된다.

빨간 장미가 한 송이 피었다.
나는 그녀를 만난 기억이 없다.
우리는 사람이 살지 않는 그 섬에서 하룻밤을 지냈다.

2.3. 부사절을 안은 문장

6차에서는 용언으로부터 파생된 부사들(예컨대 '없이, 달리, 같이' 등)만을 서술어의 구실을 하고 있는 부사절로 보았으나, 7차에서는 종속적으로 이어진 문장의 종속절(앞절)을 부사절로 인정하였다. 따라서 종속적 연결어미를 부사형 어미로 본 것이다.

산 그림자가 소리도 없이 다가온다.
세상은 네가 생각하는 것과 같이 순탄하지 않다.
그곳은 그림이 아름답게 장식되었다.
영수는 손에 땀이 나도록 긴장했다.
길이 비가 와서 질다.

▌참고▐ 부사절의 확대

기존 학교문법에서는 파생 부사가 이루는 절만을 부사절로 취급하였으나, '-도록, -게, -어서, -면, -니까' 등의 형식도 부사절로 본 것이다. 따라서 '눈이 와서 길이 미끄럽다', '(꽃이) 아름답게 꽃이 피었다'는 종속적으로 이어진 문장이었지만, '길이 눈이 와서 미끄럽다', '꽃이 아름답게 피었다'의 문장은 부사절을 안은 문장으로 볼 수 있게 된 것이다. 그러나 다음에 제시하는 문장들은 문제점이 있다.

① 하늘은 높고 바다는 넓다.
② 영수가 학교에 가게 되었다.

①의 문장에서 '-고'는 대등적 연결어미로, 이는 '하늘은 높다. 그리고 바다는 넓다'의 문장과 동일한 문장이다. 따라서 '-고'는 접속부사인 '그리고'의 부사절 기능을 가지기도 하지만, 수식이 아니라 문장과 문장의 연결이라는 독립어 기능을 가지므로 부사절로 보기가 어렵다. 그러나 '(급기야) 밥을 먹고 학교에 갔다'는 문장에서 '-고'는 계기적인 것으로 종속적 연결어미로 볼 수 있다. 또한, ②의 문장은 '가게'라는 본용언이 '되었다'는 보조용언을 수식하는 부사절로 볼 수 있으나, 보조용언이 자립성을 갖지 못하므로 '가게 되었다'가 하나의 서술어가 된다. 따라서 이는 홑문장으로 보는 것이 더 타당하다.

2.4. 서술절을 안은 문장

한 문장이 절이 되어 서술어의 구실을 하는 것으로 서술절을 안은 문장은 한 문장에 주어가 두 개 있는 것처럼 보인다. 따라서 절 표지가 따로 없다는 점에서 다른 안긴 문장과 차이가 있다.

이 책은 <u>글씨가 너무 크다</u>.
그 사람은 <u>인정이 많으시다</u>.

선생님께서는 감기가 드셨다.

▌참고▐ 서술절의 기능

'책은(주제 표지) 글씨가(주어) 크다(서술어)'로 서술절이기보다는 주제어로 보기도 한다. 그리고 밖의 주어와 안의 주어 사이에는 관형격, 처격, 목적격의 관계에 있는 것도 있다. 또한, 서술절의 주어는 전체 문장 주어의 일부일 때가 많고, 서술절의 서술어는 형용사일 때가 많다.

들이 꽃이 많다.(처격) 꽃은 영희가 가졌다.(목적격)
돈이 만원이 있다.(주격) 아버지가 건강이 좋다.(관형격)

2.5. 인용절을 안은 문장

남이나 자기가 말한 내용 또는 자기의 속 생각이나 판단 내용을 인용한 절로서 인용조사 '고, 라고, 하고' 등에 의해 표현된다.

인용절의 용법은 다음과 같다.

① 말하는 이의 생각과 판단의 내용을 인용할 때 ('-고'를 씀)

나는 철수의 말이 옳다고 생각했다.

② 남의 말을 직접 인용할 때('하고, 라고'를 씀)

청년이 "이 근처에 혹시 절이 있습니까?"라고 물었다.
북소리가 "둥둥"하고 울렸다.

③ 남의 말을 간접 인용할 때

순희가 자기 집 바둑이가 새끼를 여러 마리 낳았다고 나에게 말했다'

④ 인용절이 평서문이면 〔'-다'(종결어미)/'-이다'는 '-이라' + '-고'(인용조사)〕

순희가 비가 온다고 말했다. 영수는 자기가 대학생이라고 말했다.

⑤ 인용절이 의문문이면 〔'-느냐,-(으)냐, 서술격조사 + '-고'〕

민수가 비가 오느냐고 물었다.

⑥ 인용절이 청유문이면 〔'-자'+'-고'〕

영희가 어서 가자고 말했다.

⑦ 인용절이 명령문이면 〔'-라'+'-고'〕

지인이가 어서 가라고 말했다.

▌참고 ▌ 성분 생략

한 문장이 절의 형태를 띠고 큰 문장 속에 안길 때, 안긴 문장의 성분이 그것을 안은 문장의 성분과 동일하면 그 성분은 생략된다.

나는 ( ) 집에 가기가 싫다.(주어 '내가'의 생략)
그는 나에게 ( ) 자기를 도와주기를 원했다.(주어 '내가'의 생략)
선생님은 민수를 ( ) 부지런하다고 칭찬하셨다.(주어 '민수가'의 생략)
푸른 숲이 우리에게 ( ) 어서 오라고 손짓하였다.(주어 '우리가'의 생략)

또한, 문장 속의 문장은 그 안에 또 다른 문장을 안을 수 있다.

그는 나에게 (철수가 다친 것)을 아느냐고 물었다.(인용절 안에 명사절을 안음)

3. 이어진 문장

둘 이상의 문장이 연결어미에 의해 결합된 겹문장으로 대등하게 혹은 종속적으로 이어진 문장을 말한다. 앞에 오는 문장을 앞문장(앞절)이라 하고, 뒤에 오는 문장을 뒷문장(뒷절)이라고 한다.

3.1. 대등하게 이어진 문장

대등적 연결어미 '-고, -(으)며, -(으)나, -지만, -다만, -거나, (느)ㄴ데' 등 연결어미에 의해 대등한 자격으로 연결된 이어진 문장을 대등하게 이어진 문장이라고 한다.

꽃이 피고, 새가 운다.(나열)
철수는 서울로 갔고, 영희는 부산으로 갔다.(나열)
뿌리가 깊은 나무는 바람에 흔들리지 않으며, 샘이 깊은 물은 가뭄에도 마르지 아니한다.(나열)
영호는 뚱뚱하나/뚱뚱하지만/뚱뚱한데, 민희는 홀쭉하다.(대조)
영희가 할아버지 문병을 가거나, 철수가 문병을 가야 한다.(선택)

▌참고▐ 대등적 연결어미의 특수성
그러나 대등적 연결어미가 쓰였다고 무조건 대등하게 이어진 문장은 아니다.

① 그 교수는 남몰래 봉사활동을 많이 하나/하지만 자랑하지 않는다.
② 이 도령이 왔는데/왔지만/왔으나 행색이 초라하다.
③ 혜인이는 간식을 먹고 바이올린을 연습한다.
④ 지인이는 공부를 하며 음악을 듣는다.

②에서 이 도령이 온 사실과 그의 행색이 별개라면 대등하게 이어진 문장이지만, 이 문장에서는 별개가 아닌 연계된 내용(이 도령과 행색)을 가지므로 종속적으로 이어진 문장이다. ③의 문장에서 혜인이가 간식을 먹는 행위와 바이올린 연습은 순차적으로 이루어지는 것이므로 종속적 이어진 문장으로 보는 것이 좋다. 왜냐하면 간식을 먹고서 바이올린을 연습하는 것이지, 바이올린을 연습하고 간식을 먹는 것이 아니기 때문이다. 반면에 ④의 경우는 지인이가 공부를 하는 것과 음악을 듣는 행위가 각각 개별적인 것으로 이루어진다면 대등문이다. 이는 '음악을 들으며 공부를 한다.'로 대체될 수 있기 때문이다. 그러나 공부를 할 때 음악을 들어야 더 잘 된다고 하면, 이는 공부를 하면서 음악을 듣는 경우이므로 종속문으로 보는 것이 타당하다.

3.2. 종속적으로 이어진 문장

종속적 연결어미 '-면, -자, -니까, -는데, -도록' 등에 의해 연결된 이어진 문장을 종속적으로 이어진 문장이라고 한다.

(ㄱ) 條件 · 假定 '-면, -거든, -더라면'

봄이 오면 꽃이 핀다.

(ㄴ) 理由 · 原因 '-(아)서, -(으)므로, -니까'

우리는 학생이므로 열심히 공부해야 한다.

(ㄷ) 결과가 예상과 반대인 것(放任) '-아도, -지마는, -라도, -(으)나'

그는 열심히 공부하였으나 시험에 떨어졌다.

(ㄹ) 添加・益甚(더보탬・더해감) '-ㄹ뿐더러, -ㄹ수록'

산에 오를수록 비는 세차게 내린다.
그는 공부를 잘 할뿐더러 운동도 잘 한다.

(ㅁ) 意圖・目的 '-(으)려고, -(으)러'

나는 동생을 주려고 동화책을 샀다.
나는 친구를 만나러 종로에 갔다.

(ㅂ) 행위가 미침(到及) '-도록'

혀가 닳도록 타일렀다.

(ㅅ) 뒤따라 일어남(連發) '-자'

까마귀 날자 배 떨어진다.

(ㅇ) 다른 일로 옮아감(中斷) '-다, -다가'

비가 오다가 눈이 온다.

(ㅈ) 양보 -라도, -(으)나, -든지

어렵더라도 포기하지 말아라. 그 책을 읽어 보았으나 소용이 없었다.

▌참고▌ 대등과 종속의 구별

대등하게 이어진 문장과 종속적으로 이어진 문장의 구별법은 몇 가지가 있다.

① 연결어미에 의해 이끌리는 절이 뒤의 節 속으로 자리 옮김을 할 수 있으면 종속적으로 이어진 문장이고, 자리 옮김을 할 수 없으면 대등하게 이어진 문장이다. 이는 종속적인 이어짐에서의 앞절은 부사적인 성격을 가지고 있기 때문이다.

봄이 오면 꽃이 핀다. ⇒ 꽃이 봄이 오면 핀다.
바람이 잘 통하도록 문을 열었다. ⇒ 문을 바람이 잘 통하도록 열었다.
인생은 짧으나 예술은 길다. ⇒ *예술은 인생은 짧으나 길다.
아버지는 엄격하시고, 어머니는 자상하시다. ⇒ *어머니는 아버지는 엄격하시고 자상하시다.(대등 문장)

② 대등한 이어짐의 앞절 뒤에는 보조사가 거의 쓰일 수 없으나, 종속적인 이어짐의 앞절 뒤에는 비교적 잘 쓰인다.
책을 읽으면서도/읽지만/읽어도/읽으면서조차 밥을 먹는다.

③ 종속적 이어짐은 '-것은(뒷절) -이다(앞절)' 구성을 잘 성립시킨다.

겨울이 오면, 눈이 온다. ⇒ 눈이 오는 것은 겨울이 오고이다.(종속 문장)
인생은 짧고, 예술은 길다. ⇒ *예술이 긴 것은 인생이 짧고이다.(대등 문장)

④ 앞절과 뒷절을 환치시키는 방법이 있다. 환시시켰을 경우, 문장 성립이 가능하면 대등적 이어진 문장이고, 그렇지 않으면 종속적 이어진 문장이다.

꽃이 피고 새가 운다. ⇒ 새가 울고 꽃이 핀다.(대등 문장)
영수는 밥을 먹고 학교에 갔다. ⇒ *영수는 학교에 가고 밥을 먹었다.(종속 문장)

3.3. 이어진 문장의 문법 현상

(1) 이어진 문장에서 앞절과 뒷절에 같은 말이 있으면, 그 말이 다른 말로 대치되거나 생략된다.

나는 미혜를 자주 만나지만, (그녀를) 좋아하지 않는다.

(2) 앞절과 뒷절의 서술어가 같을 경우에도 생략이 일어난다.

용섭이는 서울로 갔고, 광섭이는 시골로 갔다.
→ 용섭이는 서울로, 광섭이는 시골로 갔다.

(3) 앞절과 뒷절의 서술어가 같을 때, 앞절의 서술어가 생략되기도 하지만, 뒷절의 서술어가 '그러하다'로 대치되기도 한다.

동훈이는 학교에 갔고, 애경이도 학교에 갔다.
→ 동훈이는 학교에 갔고, 애경이도 그랬다.

(4) 연결어미 '-어서'나 '-어야'에 의해 이어진 문장에서는 뒷절에 명령문이나 청유문이 연결되지 못한다.

비가 오니까 서둘러 가자.	날씨가 좋으니까 소풍을 가자.
*비가 와야 서둘러 가거라.	*날씨가 좋아서 소풍을 가자.

3.4. 이어짐의 제약

1) 대등한 이어짐의 제약

① 의미의 밀접한 관련이 있어야 한다.

*바다는 넓고 아버지는 부지런하시다.

② 서술어의 품사가 같아야 한다.

산은 높고, 바다는 넓다.

2) 종속적 이어짐의 제약

① 시제와 관련한 제약 : 대체로 목적이나 의도, 동시적으로 진행되는 사건을 나타내는 연결어미에는 '었', '겠'과 같은 시제형태소가 쓰이기 어렵다.

교실에 들어서자/*드러섰자 종이 울렸다.
얼음판을 깨느라고/*깼느라고 고생했다.
사장을 만났던들/*만나던들 일이 쉬웠을 텐데.

② 주어가 같아야 하는 제약 : 목적이나 의도를 나타내는 연결어미가 쓰일 때에는 주어가 같아야 한다.

영호는 점심을 먹으려고 밖으로 나갔다.
영희는 팝콘을 먹으며(면서) 영화를 본다.

3.5. 문장의 이어짐과 단어의 이어짐

1) 문장의 이어짐

두 개 이상의 홑문장이 접속조사 '와/과'에 의해 겹문장으로 이어진다. 이어진 문장은 주어나 목적어 등의 성분이 생략되므로 서술어를 중심으로 연결관계를 파악해야 한다.

① 주어가 접속조사로 이어짐

서울과 부산은 인구가 많다.=서울은 인구가 많다+부산은 인구가 많다.(이어진 문장)

② 목적어가 접속조사로 이어짐

철수는 영어와 독일어와 불어를 할 줄 안다.=철수는 영어를 할 줄 안다+철수는 독일어를 할 줄 안다+철수는 불어를 할 줄 안다.

③ 부사어가 접속조사로 이어짐

철수와 영희는 서울과 부산에 산다.=철수는 서울에 산다+영희는 부산에 산다.

2) 단어의 이어짐

두 명사구가 이어진 문장이지만, 다음과 같은 서술어에 의한 문장은 문장과 문장이 이어진 것으로 해석하거나 분해할 수 없고, 단순히 명사구만이 이어진 것으로 보아야 하는데, 이를 단어의 이어짐이라 한다.

'닮다, 마주치다, 결혼하다, 만나다, 섞다, 잇다, 비슷하다, 부딪다,

같다, 다르다' 등의 서술어는 '와/과'에 의해 단어를 접속해야 한다.

철수와 영희는 골목길에서 마주쳤다.≠철수는 골목길에서 마주쳤다+영희는 골목길에서 마주쳤다.(이어진 문장이 아니라 단순한 단어의 접속에 불과하다. 즉, 홑문장임)

엄마와 지인이는 키가 비슷하다.(단어 접속의 홑문장)

이것은 저것과 다르다./이것과 저것은 다르다.(구 접속)

철수가 영희와 학교에 갔다.(단어의 이어짐)

영희와 철수가 학교에 갔다.(단어의 이어짐, 문장의 이어짐)

▌참고▐

관련 대상이 반드시 둘이어야 할 것을 요구하는 동사를 대칭서술어라 하며, 이러한 성분을 때로 보어라고 부르기도 한다. 때로는 중의성일 때도 있다.

민수와 순희가 결혼(청소)했다. ⇒ 민수가 결혼(청소)했다. 순희가 결혼(청소)했다.(따로 따로 했을 경우에는 문장의 이어짐)

민수와 순희가 결혼(청소)했다. ⇒ *민수가 결혼(청소)했고 순희가 결혼(청소)했다.(함께 같이 했을 경우에는 단어의 이어짐)

3. 문법 요소

▪ **학습 목표**

1. **국어의 각 문법 요소들의 기능과 그 의미를 이해한다.**
2. **문법 요소들의 쓰임을 잘 익혀 정확하고 효과적인 문장을 구사한다.**

1. 문장의 종결 표현

우리말은 서술어가 맨 마지막에 온다. 따라서 끝가지 들어 보아야 하는데, 이는 문장의 종결 표현이 중요함을 의미한다. 이렇게 문장을 끝맺는 종결어미에 기대어, 자기의 생각이나 느낌을 듣는 이에게 여러 가지 방식으로 표현하는 문장 종결의 방식을 문장 종결법이라 한다. 문장의 종결 방식에 따른 문장의 종류에는 평서문, 감탄문, 의문문, 명령문, 청유문 등이 있다.

1.1. 평서문

平敍文은 화자가 청자에게 특별히 요구하는 일 없이, 단순히 자기의 생각이나 정보를 전달하거나 어떤 행동의 실현을 약속하는 문장의 종결 형식이다. 단순 평서문에는 '-다, -어, -지, -네, -오, (으)ㅂ니다' 등의 형식이 쓰이고, 약속 평서문에는 '-(으)마, (으)ㅁ세 등과 같은 형식이 쓰인다.

올해 겨울은 춥다/네/지/어요.
나도 따라 가마/감세.

▌참고▐ 평서문 형식의 특수성

'-니라'는 '-느니라, -더니라, -었느니라, -겠느니라' 등과 같은 형식에 쓰인다. 주로 객관적인 믿음에 사용되며, 규범적이고 원칙적인 것으로 타이르거나 깨우치기 위함의 다소 옛 말투라 할 수 있다.

아니 되느니라. 먹었느니라. 가겠느니라.

반면에 '-렷다'는 주관적 믿음을 바탕으로 확인이나 자기의 지식 상태를 독백할 때 사용된다. 이와 같은 유사한 형식으로 '-것다'가 있다. '-겠다'가 추측이 강하다면, '-것다'는 단정이 강하다.

네가 범인이렷다. 오후에 눈이 오렷다.
오후에 눈이 오것다. 오후에 눈이 오겠다.

1.2. 감탄문

감탄문은 화자가 청자를 별로 의식하지 않거나 거의 독백하는 상태에서 정보의 전달보다는 자기의 느낌을 표현하는 문장 종결양식이다. 단순한 느낌만의 표현은 평서문으로도 가능하지만, 감탄적 어조의 화자 표현일 경우에 해당된다. 感歎形 어미로 '-(는)구나, -군, -구먼, -구려, -군요' 등의 형식이 쓰인다.

눈이 오는구나/군/구먼/구려/군요.

▌참고 ▌ 감탄문 형식의 특수성

'-군'은 '-구나'의 준말로 혼자말의 성격이 강하므로 감탄형에는 '-구나' 표현이 더 자연스럽다. 혼자말 감탄에 자주 쓰이는 것으로 '-어라'와 '-어'가 있다. 주로 형용사에 쓰인다. 그러나 '-어라' 앞에는 '아주, 많이, 매우' 등과 같은 부사어가 오기 어려우며, 부사어가 '-어'와 결합할 경우에는 청자에 대한 의식이 강하다. 또한, '-어라'는 동사에도 연결되는 경우가 있다. 그리고 권위나 위엄을 나타낼 때, '-도다', '-노라'를 사용한다.

비가 오는군! 비가 오는구나!
아이고, 추워라! 아이고, 추워!
*아주 추워라! 아주 추워!
내 여기 가난한 노래의 시를 뿌려라.

날이 춥도다. 길이 멀도다.
가노라, 삼각산아!

1.3. 의문문

의문문은 화자가 청자에게 질문하여 그 대답을 요구하는 문장 종결 양식으로 단순한 서술에 머물지 않는다는 점에서 평서문이나 감탄문과 다르고, 어떤 행동을 요구하지 않는다는 점에서 명령문이나 청유문과 다르다. 의문문 형식의 어미로는 '-느냐, -는가, -니, -냐, -어, -지, -는가, -오, -ㄹ까, -ㅂ니까' 등이 쓰인다. 또한, 의문문의 종류로는 判定의문문(긍정·부정의 답을 요구하는 의문문으로 '예, 아니오'와 같은 대답을 요구함), 說明의문문(의문사를 사용하여 상대방에게 설명을 요구하는 의문문), 反語의문문(修辭의문문 : 겉으로 나타난 의미와는 반대되는 뜻으로 수사적 효과를 거두기 위한 의문문), 感歎의문문(의문문이라기보다는 감탄의 뜻을 더 크게 갖는 의문문), 確認의문문(명령의문문 : 명령, 금지, 권고 등의 의미를 띤 의문문)을 들 수 있다.

너, 도서관에 가니(나)?(판정의문문)
너, 도서관에 왜 가니(노)?(설명의문문)
너한테 장난감 하나 못 사줄까?(수사의문문 : 사 줄 수 있음)
그렇게 된다면 얼마나 좋을까?(감탄의문문 : 매우 좋음)
빨리 가지 못하겠니?(확인의문문 : 빨리 가라)

▌참고▐ 의문문 형식의 특수성

'-니, -냐'는 '해라'체의 비격식체로 다정한 느낌을 주지만, '-느냐'는 위세를 부리는 듯한 느낌을 준다. 또한, '-는가, -나'는 1인칭이나 3인칭 주어일 경우에는 간접의문으로 '해라'체가 되지만, 2인칭 '자네'를 주어로 할 경우에는 직접의문으로 '하게'체가 된다. 그리고 신문이나 잡지 기사의 경우에는 '해라'체가 된다.

언제 왔니/냐/느냐?(해라체)
영수가 벌써 갔나? 내가 벌써 늙었는가?(해라체)
자네 영수 보았는가? 자네 어디 가나?(하게체)
우리 경제 어디까지 왔나?(해라체)

그리고 '-어'는 단지 상대의 의사를 묻는 상황이며, '-지'는 화자의 판단을 상대에게 확인하는 의문이 된다.

인천이 좋아? 인천이 좋지?

1.4. 명령문

명령문은 화자가 청자에게 무엇을 시키거나 행동을 요구하는 문장 종결양식으로 행동을 요구한다는 점에서 말로서의 대답을 요구하는 의문문과 다르다. 명령문의 형식으로 '-아라/-어라, -지, -(으)렴, -(으)려므나, -게, -오, -ㅂ시오' 등이 있다. 명령문의 종류로는 直接명령문(얼굴을 맞대고 하는 명령문 : 빨리 가거라), 間接명령문(매체를 통한 명령문 : 다음에서 알맞은 것을 고르라/써라), 許諾명령문('-(으)려무나'를 사용하는 명령문으로서 화자의 마음이 즐겁거나 좋은 일일 때 쓰고, 부정적일 경우에는 잘 쓰지 않는다 : 너도 한번 읽어 보려무나/보렴) 등이 있다.

▌참고▐ 명령문 형식의 특수성

'-어라'는 특정한 개인에 대한 명령에 사용된다. 그러나 '-라'는 구체적인 청자를 대상으로 하지 않고 불특정 다수일 경우에 사용된다.
이것을 보아라. 알맞은 답을 고르라.

*영수야, 이것을 고르라.
기대하시라. *기대하시어라.

또한, '-어'는 청자의 생각과는 상관없이 화자의 생각만으로 하는 명령이며, '-지'는 청자도 화자와 같은 생각을 하고 있을 것으로 기대하는 명령형 어미이다.

집에 가. 집에 가지.

'-구려'는 일반적으로 감탄형어미로 쓰이지만, 동사의 어간에 직접 쓰일 때에는 명령의 의미를 가질 수 있으며, '-소서'는 기원적인 뜻을 가지는 명령형 어미로 종교적인 의식에 많이 쓰인다.

어서 가구려. 비를 내리소서.

1.5. 청유문

청유문은 화자가 청자에게 함께 행동할 것을 요청하거나 제안하거나 촉구하는 문장 종결양식이다. 상황에 따라 특이한 의미로 해석되기도 한다. 請誘形어미로 '-자 -세, -ㅂ시다, -(으)시지요' 등이 사용된다. 일반적으로 청유문의 주어는 화자와 청자를 포함하는 1인칭 복수이다. 그러나 화자(1인칭 단수)나 청자(2인칭 단수)에게만 국한될 경우가 있다.

빨리 하자/하세. (1인칭 복수)
나도 한 마디 하자.(1인칭 단수로 화자의 행동을 수행하는 제안이지만 나의 말도 들어달라는 협조와 요청의 표현임)
빨리 들어갑시다. 표 좀 빨리 팝시다.(2인칭 단수로 청자의 행동을 수행하는 경우)
귀중한 문화재 빠짐없이 등록하자(대중상대의 표어)

2. 높임 표현

말하는 이가 언어 내용을 전달할 때, 어떤 대상이나 상대에 대하여 그의 높고 낮은 정도에 따라 언어적으로 구별하여 표현하는 방식이나 체계를 높임법이라 한다. 높임법에는 문법요소에 의한 높임법과 어휘요소에 의한 높임법이 있다. 전자는 다시 주체높임법, 상대높임법, 객체높임법으로 나뉘고, 어휘요소에 의한 것으로는 높임말과 낮춤말이 있다.

▌참고▐ 화자 중심의 높임법

높임법은 본래 청자를 고려하는 청자중심주의였지만, 요즘은 화자중심주의로 바뀌어 가고 있다. 이는 주체에 대한 높임이 청자에 대한 고려 때문에 억제되는 압존법 현상이 실제생활에서는 적용되기가 어렵기 때문이다. 예를 들어 화자인 아들이 청자인 할아버지께 "아버지가 왔어요."라고 하기가 높임법에는 맞지만 실제 생활에서는 사용하기가 어색한 경우이다.

2.1. 주체높임법

문장의 주어인 주체가 화자보다 나이나 사회적 지위가 높을 경우, 지시하는 대상인 서술어의 주체를 '-(으)시-'를 붙여 높이는 문법 기능이다.

1) 특징

주체높임법을 사용하는 데에는 몇 가지 유의할 점이 있다. 우선, 나이와 사회적 지위가 일치할 경우에는 문제가 되지 않지만, 그렇지 않을 경우, 私的인 자리에서는 나이가, 公的인 자리에서는 사회적 지위가 우선이다. 또한, 주체를 높일 경우에는 접미사 '-님'을 붙이고, 주격조사인 '-께서'를 붙이는 것이 올바른 높임법이다. 그리고 화자가 어떤 입장에서 사실을 기술하느냐에 따라 사적인 입장에는 그 관계에 따라 '-(으)시'를 넣을 수 있지만, 공적인 입장에서는 '-(으)시'를 넣을 수 없다.

세종은 한글을 창제하였다.
세종은 한글을 창제하셨다.
통일부장관이 회견장으로 입장하였습니다.

2) 청자에 대한 고려

주체높임법은 화자와 주체만에 의해 결정되지 않고, 청자를 고려할 경우가 있다. 청자가 주체보다 높을 때에는 '-(으)시'가 쓰이지 않는다. 주체에 대한 높임이 청자에 대한 고려(화자<주체<청자)로 '-(으)시'가 억제되는 것을 압존법(壓尊法)이라고 한다.

할아버지, 아버지가 왔어요.
아버님, 애비가 왔어요.

3) 간접 높임

높임의 주체에 대한 소유물, 신체의 부분, 관계가 있는 사물 등과 관련된 말에 '-(으)시'를 넣음으로써 주체를 높이는 경우를 간접높임이라고 한다.

교장 선생님의 말씀이 타당하십니다.
할머님께서는 귀가 밝으십니다.
그 분은 살림이 넉넉하십니다.
아버님의 연세가 많으십니다.

▌참고 ▌ '있으시다'와 '계시다'

존재의 유무를 나타내는 '있다'의 높임법은 '계시다'이고, 간접높임법은 '있으시다'이다.

영수가 집에 있다.
아버지가 집에 계시다.
아버지는 회사에 볼 일이 있으시다.

2.2. 상대높임법

화자가 청자인 상대를 높이기 위하여 나타내는 문법 기능을 相對높임법이라 한다. 학교문법에서는 격식체와 비격식체로 나누어 설명하고 있는데, 전자는 공식적이며 의례적인 상황에서 사용하는 어법으로 '하십시오체, 하오체, 하게체, 해라체'가 있고, 후자는 화자와 청자 사이가 가깝거나 공식적이 아닌 자리에서 사용하는 어법으로 '해요체와 해체'가 있다.

1) 상대높임의 대우등분

격식체(의례적)	비격식체(비의례적)
해라체(아주낮춤) : 다, 라, 자, 냐 하게체(예사낮춤) : 게, 이, 나 하오체(예사높임) : 오, (읍)시다 하십시오체(아주높임) : (으)ㅂ시오, (으)ㅂ니다	해체(두루낮춤) : 아(어), 지, (을)까 해요체(두루높임) : 아(어)요, 지요, (을)까요

먹다 : 먹어라, 먹게, 먹으오, 먹으십시오 / 먹어, 먹어요

2) 겸양법

화자가 청자에 대하여 스스로를 낮추어 각별히 공손한 뜻을 나타내는 것으로 현대어의 '-삽-'이 이에 해당된다. '-삽-'은 '-(으)오-, -옵-, -사오-, -사옵-, -자오-, -자옵-, -잡-, -압-'과 같은 이형태를 갖는다.

변변치 못한 물건이오나 정으로 보내드리오니 받아 주시옵소서.

▌참고▐ 겸양선어말어미

'-삽-'은 고어 '-ᄉᆞᆸ-'에서 나온 형태로 이는 중세의 겸양을 나타내는 객체높임법의 일종이었다. 객체높임법의 종류로 '-ᄉᆞᆸ-'(ㄱ, ㅂ, ㅅ, ㅎ 아래), '-ᄌᆞᆸ-'(ㄷ, ㅈ, ㅊ 아래), '-ᅀᆞᆸ-'(울림소리 아래)을 들 수 있다. 그러다가 17세기에 이후 주로 상대높임법에 쓰이게 되었다.

먹ᄉᆞᆸ고, 듣ᄌᆞᆸ고, 안ᅀᆞᆸ고

▌참고▐ 객체높임법과 상대높임법

중세어의 상대(청자) 높임법의 선어말어미인 '-(으)이-'는 16세기 이후 '-(으)이-'로 나타나 공존하다가 점차 그 기능을 상실하게 되어 이를 대체할 수 있는 것을 찾게 되었다. 이에 관여하게 된 것이 객체높임법의 '-ᄉᆞᆸ-'이다. '-ᄉᆞᆸᄂᆞ이다>-ᄉᆞᆸᄂᆞ이다>-ᄉᆞᆸᄂᆞ니다>-습느니다(ᄉᆞᆸᄂᆡ다)>-습니다'의 형태로 변화되어 객체높임법이 상대높임으로 바뀌게 된 것이다. 또한, 17세기 이후 '-ᄉᆞᆸ-'의 변이형인 '-ᄉᆞᆸ-, -ᄉᆞ오-, -ᄋᆞᆸ-, -옵-' 등이 1인칭 주어와 호응하면서 화자 자신을 낮추어 대우하려는 의도에서 상대(청자)높임법으로 바뀐 것으로 보기도 한다.

2.3. 객체높임법

화자가 문장의 목적어나 부사어가 지시하는 대상, 곧 서술의 객체에 대하여 높임의 태도를 나타내는 문법 기능을 客體높임법이라 한다. 객체높임법은 주로 동사에 의해 실현된다. 이는 어휘요소인 높임말과 유사하다.

┌나는 그 친구를 데리고 학교로 갔다.
└나는 아버지를 모시고 집으로 갔다.
┌나는 그 책을 철수에게 주었다.
└나는 그 책을 선생님께 드렸다.

2.4. 높임말과 낮춤말

우리말에는 특수한 어휘를 사용함으로써 남을 높이거나 자기를 낮추어서 상대방을 높이는 방법이 있다. 이때 사용되는 어휘들을 '높임말'과 '낮춤말'이라 한다. 주체높임법과 상대높임법이 용언의 선어말어미에 의해 표현되는 것과는 달리, 화자보다 높은 사람이나 관련 대상에 대하여 높임말을 사용하고, 청자가 화자보다 높을 때에는 낮춤말을 사용한다.

높임말과 낮춤말의 종류

	직 접	간 접
① 높임말	주무시다(자다), 계시다(있다), 드리다(주다), 잡수시다(먹다), 돌아가시다(죽다), 뵙다(만나다), 여쭙다(말하다), 모시다	진지(밥), 말씀(말), 치아(이), 약주(술), 댁(집), 季氏(동생), 貴校, 玉稿 등
② 낮춤말	저(나), 저희(우리), 소생	말씀(말), 졸고(拙稿)

▌참고▐
'말씀'은 간접 높임말과 간접 낮춤말일 경우 모두 쓰인다.
선생님의 말씀을 잘 들었습니다.(간접 높임말)
제가 말씀 드리지요.(간접 낮춤말)

3. 시간 표현

發話時를 중심으로 事件時(사건이나 상황이 일어난 시간)가 일정한 형태에 의해 시간적 위치를 나타내는 문법범주로 화자가 말을 하는 시점인 발화시와의 시간적인 선후 관계를 나타낸다. 따라서 발화시와 사건시가 일치할 때를 현재 시제라 하고, 사건시가 발화시보다 앞설 때를 과거 시제라 하며, 사건시가 발화시보다 뒤에 올 때를 미래 시제라 한다.

▌참고▐ 시제 3분법의 문제
시제 3분법인 '과거 : 현재 : 미래'를 '현재, 미래'를 나타내는 시제 어미가 명확하지 않으므로 2분법인 '과거 : 비과거'로 보는 견해가 대두되고 있다. 우선, 현재 시제의 의미적 특징을 들 수 있다.
① 해는 동쪽에서 뜬다. 물은 위에서 아래로 흐른다. 영수는 학생이다.(현재→진리(사실))
② 영수는 학교에 다닌다. 순희는 수학 시간이면 존다(반복이나 습관적인 일)
③ 인간은 죽는다.(항구적인 속성)
④ 영희가 예쁘다.(발화 당시의 기술)
⑤ 나는 다음주에 결혼한다. 나는 곧 집으로 간다.(예정된 일)

그리고 미래 시제를 나타내는 어미 '-겠-'의 의미적 특징을 들 수 있다.
① 영수는 오늘 시험을 잘 쳐서 기분이 좋겠다.(미래→추측)

② 지금 그것을 제가 하겠습니다.(미래→의도)
③ 민호가 그 일을 해냈다면, 순희도 능히 하겠다.(미래→가능)

3.1. 절대시제와 상대시제

1) 절대시제

절대시제는 發話時를 기준으로 하여 결정되는 시제로 終結形에 의해 나타나며 흔히 말하는 시제는 絶對時制를 의미한다.

나는 어제 10시에 일어났다.(과거)
나는 지금 숙제를 한다.(현재)
내일 눈이 오겠다.(미래)

2) 상대시제

안은문장의 事件時에 기대어 상대적으로 결정되는 시제로 대개 관형사형 어미에 의해 나타난다. 아래 예문에서 '김장하시는'은 상대적 시제로 '과거에 있어서의 현재'로 해석되며, '도와 드렸다'는 과거를 나타내는 절대시제이다.

미영이는 어제 김장하시는 어머니를 도와 드렸다.
도울 학생이 없었다.(도울 : 상대시제 미래, 없었다 : 절대시제 과거)

3) 시간 부사

시제는 아니지만 어떤 사건이 일어난 시점을 나타내는 부사로 시간 관계를 더욱 분명하게 한다.

지혜가 어제 수학여행 갔다.
지혜가 지금 학교에 간다.
지혜가 내일 시골에 갈 것이다.

▌참고▐ 시간 부사

시간 부사가 시제와 반드시 일치하는 것은 아니다. 시간 부사는 시제를 보조하는 역할을 한다. 어미에 의한 시제 자체는 어떤 사건이 일어난 시간과 발화시와의 선후관계만을 나타내고, 그것이 언제 일어났는지를 알려주는 것은 시간 부사이다. 따라서 대체로 시제 어미에 의해 과거, 현재, 미래가 결정된다.

① 지금 영희가 학교에 갔다.
→ 시간 영역이 현재 발화 순간 이전의 과거 영역을 내포(실현 인식)
② 너, 내일 죽었다.
→ 아직 실현되지 않은 미정적 상황을 과거시제 '-었-'에 의해 그 실현이 확정적인 상황(위협, 강한 의지)으로 봄
③ 운동장에서 놀았겠다.
→ 과거의 확정적 상황만큼이나 미래의 상황을 확정적인 것으로 기술하려는 화자의 주관적 판단(상황시의 선시성)
④ 이제 저 사람은 늙었다.
→ 늙은 상태가 현재까지 지속

3.2. 현재 시제

현재 시제는 사건시와 발화시가 일치하는 시제로, 현재시제 선어말어미인 '-는-'(자음 뒤에)과 '-ㄴ-'(모음 뒤에)에 의해 실현된다(①, ②). 또한, 형용사와 서술격 조사에는 특별한 형태소 없이 표현된다(③, ④). 그리고 관형사형에 의한 표현으로 동사에는 현재의 관형사형 어미 '-는'이 붙어서 표현되고(⑤), 형용사와 서술격 조사에는 관형사형 어미 '-

ㄴ'이 붙어서 표현된다(⑥, ⑦).

① 영수가 지금 밥을 먹는다.
② 민호가 지금 학교에 간다.
③ 그 선생님은 요즘 바쁘시다.
④ 영수는 학생이다.
⑤ 서호관 식당은 밥을 먹는 학생들로 붐볐다.
⑥ 저렇게 부지런한 사람은 처음 본다.
⑦ 지식인인 아버지는 요즘 침묵하신다.

3.3. 과거 시제

과거 시제는 사건시가 발화시보다 앞서 있는 시제로 과거 시제 선어말어미인 '-았(었, 였)-'이 사용된다(①). 또한, 관형사형에 의한 과거시제의 표시로 동사는 과거 관형사형 어미 '-(으)ㄴ-'이 붙어 표현되며(②). 형용사와 서술격 조사에는 선어말어미 '-더-'와 과거시제 관형사형 어미 '-ㄴ-'의 결합형태인 '-던'이 붙어 표현된다(③). 그리고 어느 때를 기준으로 객관적으로 그 때의 일이나 경험을 돌이켜 回想을 나타낼 때에는 '-더-'를 사용한다(④). '-었었-'은 발화시보다 훨씬 이전에 일어난 사건(과거의 과거)을 나타내고, 현재와 비교하여 다르다든지 단절된 느낌을 나타낸다.

① 경호는 아침밥을 먹었다.
② 이 책은 전에 읽은 책이다.
③ 영희는 졸업 후에 학생이던 신분에서 벗어났다.
④ 철수는 어제 도서관에서 공부하더라.

영희는 어제 오후 학교에서 무얼 하더냐?
*나는 어제 도서관에서 공부하더라.(1인칭 제약)
⑤ 작년에 그 산에는 불이 났었다.
찬호는 (고등학교 때) 축구선수였었다.

▌참고▐ '던'의 기능

'-던'의 의미적 기능은 인칭 제약이 비교적 없고, 직접 경험이 아니더라도 쓰일 수 있다.

이 밥은 내가 먹던 밥이다.(먹다가 남긴 밥)
어릴 때 내가 먹던 밥이다.(당시에 먹던 밥)
이 책이 네가 보던 책이냐?(2인칭 의문형)
노량에서 왜군을 무찔렀던 이순신이다.(단순한 과거 사실의 진술)

3.4. 미래 시제

미래 시제는 사건시가 발화시의 이후인 시제로, 미래 시제는 선어말어미 '-겠-', '-(으)리-'와 미래 관형사형 어미 '-(으)ㄹ'에 의존명사 '것'이 합쳐진 '-(으)ㄹ 것'에 의해 표현된다(①). 그리고 관형사형 '-ㄹ'에 의한 미래 시제 표현도 있다(②). 이는 선어말어미 '-겠-'과는 달리 양태적 의미를 곁드리지 않고 단순한 미래 시제만 나타낸다.

① 내일 눈이 오겠다.
내일 다시 전화하리다.
내일 친구가 학교로 올 것이다.
② 내일 소풍 갈 사람은 아침 7시까지 나와야 한다.
합격할 때까지 열심히 공부하겠습니다.(특정 시제를 표시하지 않음)

▌참고▐ '겠'의 기능

'-겠-'은 화자의 주관적 판단인 '서법(敍法)'으로 단순한 미래시제 외에 화자의 심적 태도를 나타내며(①), 현재의 사건이나 과거의 사건을 추측하는 데 쓰인다(②). 따라서 '-ㄹ 것-'보다는 심적 태도가 강하다. 그리고 '-리-'는 '-겠-'보다는 '-ㄹ 것-'에 가까우나 의지 표현이 첨부된다(③).

① 내일도 비가 오겠다.(推測)
제가 먼저 가겠습니다.(意志)
나도 그 정도의 문제는 풀겠다.(可能性)

② 지금은 그곳도 매우 춥겠다.(현재의 일에 대한 추측)
진해에는 벌써 벚꽃이 피었겠다.(과거의 일에 대한 추측)

③ 내가 먹겠다.(의지)
내가 먹으리라.(어느 정도 의지)
내가 먹을 것이다.(의지가 없음)
내일도 태양은 뜨리라.(의지 없음)
내일도 태양은 뜰 것이다.(천체의 운행 법칙에 의한 것임)

3.5. 동작상

시간 표현과 관련을 맺는 또다른 문법 기능에는 시간의 흐름 속에서 동작이 일어나는 모습을 나타내는 것이 있다. 발화시를 기준으로 동작이 계속 이어 가는 모습, 동작이 막 끝난 모습 등이 그것이다. 이를 각각 진행, 완료라 하는데, 이렇게 발화시를 기준으로 동작이 일어나는 모습을 나타내는 문법 기능을 動作相이라 한다. 이는 '본용언+보조용언'에 의한 통사적 구성에 의해 실현되는데, 대표적인 것으로 '-고 있-'에 의한 진행상과 '-아(어) 있-'에 의한 완료상을 들 수 있다(①). 상적 의미를 갖는 '본용언+보조용언'의 형태는 진행상을 나타내는 '-고$_1$ 있-' 외에도 '-어 오-', '-어 가-'가 있고(②), 완료상을 나타내는 '-어 있-'이나 '-고$_2$ 있-' 외에도 '-어 버리-', '-어 치우-', '-어 내-', '-어 나-', '-어 두-', '-어 놓-', '-고 말-'이 있다(③).

① 광수는 학교에 오고 있다.(진행상)
민수는 의자에 앉아 있다.(완료상)
② 아기가 기어 온다.
과일이 빨갛게 익어 간다.
③ 민호는 이미 옷을 입고$_2$ 있다.
영수는 그 남은 빵을 다 먹어 버렸다.
혜인이는 그 원서를 다 읽어 내었다.
지인이는 옷을 두껍게 입어 두었다.
사랑하던 영미가 떠나고 말았다.

▎참고 ▎ '-고 있-'

'-고 있-'은 본용언의 어근이 무엇이냐에 따라 진행상과 완료상의 의미를 모두 갖는다.

철수는 모자를 쓰고 있다.(쓰고$_1$ 있다, 쓰고$_2$ 있다)
영수는 이불을 덮고 있다.(덮고$_1$ 있다, 덮고$_2$ 있다)

* 완성동사(입다, 벗다, 신다, 매다, 풀다, 끼다, 열다, 닫다, 감다 등)의 경우, 진행상과 완료상의 의미를 모두 갖는다.

▎참고 ▎ 상의 개념과 종류

국어에서 상은 특정한 선어말 어미에 의해 실현되기보다는 보조적 연결어미 '-어'나 '-고'에 보조 용언이 이어져 실현된다. 상은 일반적으로 두 가지 범주로 나누어진다. 하나는 문법적 범주요, 다른 하나는 문법화되지 않은 범주다. 전자는 文法相으로 完了相과 未完了相의 대립으로 표현되며, 후자는 語彙相으로 동사의 어휘적 의미와 그 동사가 처하는 문맥이나 담화상황에서 나타난다. 그런데 대체로 많은 학자들이 문법화되지 않은 어휘상을 등한시하고 있다. 이에 動詞의 자질을 제시하고, 이러한 자질에 의해 나타나는 動詞部類의 특성을 통해 상의 본질적인 의미를 고찰함으로써 상의 해석을 올바르게 해석할 수 있을 것이다. 학교문법에서는 동작상이라는 용어로 상에 대해 설명하고 있지만, '본용언+보조용언'의 상 형식을 문법상(aspect)이라 하고, 어휘적 의미에 의해 구별되는 동사부류를 어휘상(aktionsart)이라 하여 이 두 범주의 상을 모두 포괄하는 것으로 파악해 動詞相(verbal aspect)이라는 용어가 적합하다는 주장이 있다.

▎참고 ▎ 시제와 상

시제와 상은 다르다. 時制는 우선 발화시간과 관련된 場面의 시간적 위치를 결정하는 것으로 하나의 문법범주로 파악할 수 있다. 따라서 시제는 지시적인 것으로 장면(상황)의 외적 구성이며 주로 形態的 실현에 초점을 둔다. 그리고 현재와 미래를 나타내는 굴절형태소가 미분화되었기에 過去(-었/았-)와 非過去의 2가지로 나눈다. 반면에 相은 단순히 발화시간과 관련된 장면의 위치를 결정하는 것이 아니라 동작이 그 장면에 어떻게 펼쳐져 있는가에 있다. 따라서 시제가 장면의 외적 상황이라면 상은 장면의 내적 상황이다. 그리고 시제가 주로 형태적 실현이라면 상은 統辭的 실현에 있다. 相의 문법 범주로는 完了相(-어/아-)과 未完了相(-고)의 대립이 있으며 미완료상은 다시 反復相, 進行相, 豫定相으로 세분된다.

① 영수는 제주도에 갔다.(과거)
② 영수는 제주도에 가 있다.(완료상)
③ 영수는 제주도에 가고 있다.(진행상)

①은 현재 시점인 시간축과는 일정한 거리가 있는 과거시제로 지시적이다. 그리고 ②는 사건시가 현재시점인 발화시간축까지 이어져 그 간격이 없이 장면에 펼쳐져 있는 完了相이며, ③은 발화시간축을 기준으로 동작이 계속 진행되고 있으므로 미완료상인 진행상이다.

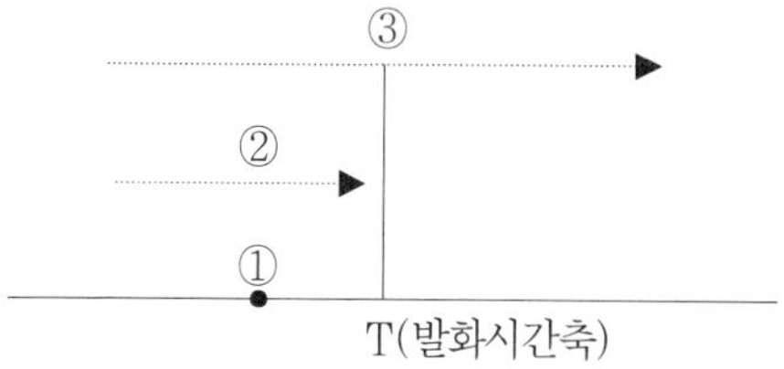

4. 피동 표현

1) 피동과 능동

문장의 주어가 남의 행동을 입어서 행해지는 동작을 나타내는 동사를 被動詞로 하고, 제 힘으로 행하는 동작을 나타내는 동사를 能動詞라 한다.

2) 짧은 피동문과 긴 피동문

① 짧은 피동(派生接辭)에 의한 피동문 되기

어휘적 피동문이라고 하며, 능동사의 어근에 피동 접미사 '-이, -히, -리, -기'와 '-되다'(7차) 등을 붙여서 피동문이 된다.

경찰이 도둑을 잡았다. ⇒ 도둑이 경찰에게 잡히었다.

② 긴 피동(보조동사)에 의한 피동문되기

보조적 연결어미에 보조동사가 결합된 '-어(아) 지다', '-게 되다'(7차)를 用言의 語基에 연결하여 피동문이 된다.

밭을 갈다 ⇒ 밭이 갈아진다.
경찰이 도둑을 잡았다. ⇒ *도둑이 경찰에게 잡아졌다.
도둑이 경찰에게 잡혔다.

▌참고▌ 피동접미사

피동접미사	예
-이-	놓다-놓이다 보다-보이다 묶다-묶이다 섞다-섞이다 쌓다-쌓이다 쓰다-쓰이다 파다-파이다
-히-	닫다-닫히다 먹다-먹히다 묻다-묻히다 박다-박히다 밟다-밟히다 얹다-얹히다 잡다-잡히다
-리-	누르다-눌리다 듣다-들리다 물다-물리다 밀다-밀리다 풀다-풀리다 알다-알리다
-기-	감다-감기다 끊다-끊기다 안다-안기다 찢다-찢기다

3) 피동문되기

① 파생적 피동 : 능동문의 주어는 피동문의 부사어(에, 에게, 에 의해)로 되고, 목적어는 주어가 되며, 능동사는 피동사가 된다.

사냥꾼이 토끼를 잡았다→ 토끼가 사냥꾼에게 잡히었다.

② 통사적 피동 : 파생적 피동문을 만드는 형식과 같고, 다만 동사의 어간에 '어지다'가 붙는 경우이다.

사실을 밝혔다→사실이 밝히어졌다.(밝다:형용사, 밝히다:타동사)

③ 파생적 피동과 통사적 피동의 차이 : 파생적 피동이 자연히 이루어진 일을 뜻한다면, 통사적 피동은 자연히 이루어진 일 외에도 힘든 과정, 즉 인위적인 행위가 가해진 뜻이 된다.

코가 막혔다(자연적) : 코가 막아졌다.(인위적)
밭이 잘 갈린다(자연적) : 밭이 잘 갈아진다.(인위적)

또한, 파생적 피동은 잠재적인 가능성을 뜻하기도 한다.

책이 잘 팔린다.

④ 피동과 능동의 대응 : 파생적 피동은 피동사 자체의 형성이 크게 제약되며, 피동사가 주어진 경우에도 상황에 따라 피동문이 성립되지 않는 것이 있고, 피동에 대응하는 능동문이 없는 것도 있다.

철호가 꾸중을 들었다. *꾸중이 철호에게 들리었다.
*날씨를 풀었다. ⇒ 날씨가 풀렸다.
*교생선생님이 아이들을 매달았다. ⇐ 아이들이 교생선생님에게 매달렸다.

▎참고 ▎ 자동사의 피동

'울다-울리다, 졸다-졸리다, 날다-날리다'처럼 일부 자동사에도 피동접미사가 연결되기도 한다.

▎참고 ▎ 이중피동과 보조동사 구성

오히려 '잡혀지다, 먹혀지다', '먹히우다, 불리우다, 팔리우다'처럼 이중피동을 사용하는 경우가 있다. 그리고 '되다'를 7차에서 피동으로 인정한다면 '받다, 입다, 당하다' 등도 인정해야 한다. 그럴 경우에 이는 피동을 의미에 의해서만 규정한 것이지, 일정한 피동문 규칙에는 문제가 있을 수 있다.

4) 피동문의 특징

① 동작주 표시 : 능동문의 주어가 피동문에서는 부사어로 바뀌는데, 유정명사에는 '-에게', 무정명사에는 '-에', 그리고 대체로 '-에 의해서'가 사용된다.

경찰에게(에 의해서) 잡혔다.
태풍에(에 의해) 휩쓸렸다.
범인은 영수에 의해서 경찰에게 잡혔다.(영수 : 간접, 경찰 : 직접)

② '-을/를' : 피동문에도 목적격 조사가 쓰인다.

형이 손을 잡았다 ⇒ 형에게 손이 잡혔다. 형에게 손을 잡혔다.
물건을 빼앗다. ⇒ 물건을 빼앗기다.

③ 피동접미사는 타동사의 어기에 연결되어 자동사로 바뀌는 것이 원칙이다(꺾다→ 꺾이다, 잡다→잡히다, 듣다→들리다, 감다→감기다). 그러나 자동사 뒤에 나타나기도 한다(날다→ 날리다, 울다→울리다).

④ 피동문의 부사어는 수의적으로 쓰이는 부속성분이기는 하나, 서술어가 꼭 필요로 하는 성분이다.

어린이가 개에게 물리었다.

⑤ '하다'와 '-하다'계 동사(공부하다, 사랑하다, 생활하다 등), 授與동사(받

다, 드리다, 받치다 등), 受惠동사(얻다, 갖다, 돕다, 입다, 사다 등), 經驗동사와 對稱동사(알다, 배우다, 바라다 ; 만나다, 닮다 등)는 피동사를 갖지 않는다.

▌참고 ▌ 피동 접미사 문제

〈문법〉 교과서(p.183, 184)에서 피동사는 능동사의 어간에 피동접미사 '-이-, -히-, -리-, -기-'가 붙어서 만들어지며, 피동문은 이런 접사 이외에 '-되다', '-어지다', '-게 되다'에 의해 만들어진다고 하였다.

최현배(1978:422-433)에 의하면 서술성을 갖는 '하다'류 따위의 용언을 피동으로 만들기 위해서는 '되다, 받다, 당하다'로 바꿀 수 있다고 하였다. 우인혜(1997:148-150)는 '하다'류 동사 1,310개 중 143개(10.91%)만이 이들 동사와 어울린다고 했으며, 이 중 가장 활발히 쓰일 수 있는 것으로 '되다'를 들었다. 즉, '되다' 단독으로 피동표현이 가능한 동사는 569개(43.43%), '되다', '당하다'가 함께 피동 표현을 이룰 수 있는 동사는 231개(17.63%), '되다', '받다' 는 209개(15.95%), 그리고 '되다', '받다', '당하다' 3개 모두와 어울릴 수 있는 동사는 143개(19.91%)이며, 일부 동사는 '받다'나 '당하다'와만 결합이 가능한 동사도 있다고 하여 '되다'만을 피동으로 보는 것은 무리가 따른다고 하였다.

그렇다면, '되다'는 피동형을 만드는 접사로 볼 수 있을까?

(1) 학생들이 선생님을 주목하였다.

(2) 선생님은 학생들에게 {주목되었다/주목당했다/주목받았다}

(3) 가. 경찰이 범인을 잡았다.
    나. 범인이 경찰에게 잡히었다.

(4) 가. 경찰이 범인을 체포하였다.
    나. 범인이 경찰에게 체포되었다.
    다. 범인이 경찰에게 체포가 되었다.

주어가 제힘으로 행하는 동작을 나타내는 문법기능의 능동문 (3가)는 주어가 남의 행동에 의해 행해지는 동작을 나타내는 피동문인 (3나)로 바뀌었다. (4)의 예문 역시 (3)처럼 능동문이 피동문으로 바뀐 것으로 볼 수 있다. 그러나 (4나)와 (4다)의 차이는 무엇일까? '되다'는 선행어를 피동 동사 형태로 바꾸는 문법요소라기보다는 피동성 의미를 지닌 낱말 범주로 보는 것이 타당하다. 그리고 '되다'는 영어에서 'become'으로 하나의 어근이 된다.

(5) 가. become grow up into a man.(어른이 되다)
　　나. become rich.(부자가 되다)

다음으로 '-게 되다' 역시 피동문을 만드는 형태로 보기 어렵다.

(6) 가. 경찰이 도둑을 잡았다.
　　나. 도둑이 경찰에게 잡히었다.
　　다. 경찰이 도둑을 잡게 되었다.
　　라. 도둑이 경찰에게 잡히게 되었다.

위의 예문에서 (나)는 피동문이다. 그러나 (다)는 (가)와 형태가 같은 능동형이다. '-게 되-'를 피동형으로 만들고 싶으면 (라)처럼 파생적 피동접사와의 결합(-히+게 되-)으로 이루어진다. 그렇다면 '-게 되-'는 무엇인가? 이에 대해서는 박덕유(1998c:219)에서 제시하고 있듯이 미래에 어떤 동작이 펼쳐질 것으로 기대하는 豫定相이다.

(7) 가. 영수는 며칠 후 미국으로 떠나게 된다.
　　나. 철수는 그 사실을 곧 알게 된다.
　　다. 얼음이 녹게 된다.

▍참고 ▍ 예정상

상을 3분법으로 분류하면, 완료상, 진행상, 예정상이다. 예정상은 과거시에 일어난 사건이 발화시까지 펼쳐진 완료상의 대칭구조로 발화시에서 일어날 사건이 미래시까지 펼쳐진 상이다.

5. 사동 표현

1) 사동과 주동

어떤 동작주가 남으로 하여금 어떤 동작을 하도록 시키는 것을 使動이라 하고, 이를 나타내는 동사를 사동사라 한다. 그리고 動作主가 자신이 하는 동작을 나타내는 동사를 主動이라 하고, 이를 나타내는 동사를 주동사라 한다.

영수가 책을 읽었다. ⇒ 영수에게 책을 읽히셨다.(사동사)

2) 짧은 사동문과 긴 사동문

동사의 어간에 '-이, -히, -리, -기, -우, -구, -추'와 '-시키다'(7차) 등과 같은 사동접미사가 연결된 문장을 짧은 사동문, 또는 어휘적 사동문, 파생적 사동문이라 한다. 그리고 '-게 하다'와 같이 보조적 연결어미 뒤에 보조동사 '하다'가 결합된 문장을 긴 사동문, 또는 통사적 사동문이라 한다.

▌참고▌ 사동접미사

사동접미사	예
-이-	녹다-녹이다 끓다-끓이다 속다-속이다 죽다-죽이다 먹다-먹이다 보다-보이다 높다-높이다
-히-	눕다-눕히다 앉다-앉히다 익다-익히다 업다-업히다 입다-입히다 읽다-읽히다 잡다-잡히다 넓다-넓히다 좁다-좁히다 밝다-밝히다

-리-	날다-날리다 돌다-돌리다 살다-살리다 얼다-얼리다 울다-울리다 알다-알리다 물다-물리다
-기-	남다-남기다 웃다-웃기다 숨다-숨기다 감다-감기다 벗다-벗기다 맡다-맡기다
-우-	깨다-깨우다 비다-비우다
-구-	달다-달구다
-추-	낮다-낮추다 늦다-늦추다

3) 사동문되기

① 파생적 사동문

㉠ 자동사가 사동사로 바뀜(녹다→녹이다, 숨다→숨기다, 익다→익히다) 새로운 동작주(주어)가 도입되고, 주동문의 주어가 목적어로 바뀐다.

얼음이 녹는다. ⇒ 아이들이 얼음을 녹인다.

㉡ 타동사가 사동사로 바뀜(먹다→먹이다, 입다→입히다, 벗다→벗기다) 새로운 동작주가 도입되고, 주동문의 주어는 '에게, 한테, 로 하여금'의 부사어로 바뀐다.

영미가 옷을 입었다. ⇒ 할머니가 영희에게 옷을 입히었다.

㉢ 형용사가 사동사로 바뀜(넓다→넓히다, 밝다→밝히다, 낮다→낮추다)

새로운 동작주가 도입되고, 동작주의 주어가 목적어로 바뀐다.

길이 넓다. ⇒ 사람들이 길을 넓히다.

② 통사적 사동문

㉠ 새로운 동작주가 도입된다.

친구가 왔다. ⇒ 부모님이 친구를 오게 하였다.
책을 읽었다. ⇒ 형이 책을 읽게 하였다.

㉡ 주동문의 주어는 목적어나 부사어(유정물)로도 가능하다

친구가 갔다. ⇒ 부모님이 친구에게 가게 하였다.
부모님이 친구를 가게 했다.
담이 높다. ⇒ 담을 높게 했다.
*담에게 높게 했다.

③ 사동문의 특수 의미 : 형식은 사동문 형식이지만 의미의 특수화를 갖는다.

소를 먹이다.(사육하다) 아이를 놀리다(희롱하다)

④ 파생적 사동문과 통사적 사동문의 의미 차이

그런데, 파생법에 의한 사동문과 '-게 하다'의 연결에 의한 통사적 사동문 간에는 그 쓰임에 차이가 있음을 알 수 있다.

(ㄱ) 어머니가 동생에게 옷을 입히셨다.
(ㄴ) 어머니가 동생에게 옷을 입게 하셨다.

위의 두 예문에서 알 수 있는 바와 같이 의미상의 차이가 있다. 파생법에 의한 (ㄱ)의 사동문은 의미가 직접적일 수도 있으나, 사동조동사에 의한 사동문 (ㄴ)은 의미가 간접적이다.

▌참고▐ '읽히다'의 특수성

선생님이 영호에게 책을 읽히셨다.
선생님이 영호에게 책을 읽게 하셨다.

일반적으로 파생적 사동문은 직접적인 의미이지만 '읽히다'만은 간접적 의미를 갖는다. 따라서 위의 예문은 모두 간접적인 의미이다.

'책을 읽히셨다'는 '책을 읽도록 시킨' 의미로 직접적인 의미보다는 간접적인 의미로 해석해야 한다.

또한, '시키다'는 단독으로 서술어로 사용되는 경우는 제외되어야 한다. 따라서 '운동시키다, 말시키다'처럼 파생접미사일 경우에만 가능하다.

선생님이 영수에게 일을 시켰다.
선생님이 영수에게 일시켰다.

위의 예문에서 '시키다'는 체언에 '하다'가 붙는 서술성 동사에 '시키다'로 대체되는 동사부류로 남에게 동작을 하도록 시키는 의미로 파악한 것이지만, 이는 일부 제한된 '하다'류 동사에 국한되는 것으로, 최현배(1937)는 '-시키다'를 '하다' 동사의 대당 사동사로 보았으나, 이익섭・임홍빈(1983), 남기심・고영근(1985)은 사동을 만드는 접미사로 보지 않았다. 또한, 김성주(2003:123-143)는 '하다'류 동사 중 '시키다'로 대치시킬 수 있는 동사부류를 크게 3개의 부류로 분류하였다.

(1) 가. 철수와 영희는 결혼했다.
　　나. 부모님은 철수와 영희를 결혼시켰다.
(2) 가. 정부는 교육부 장관을 경질했다.

나. 정부는 교육부 장관을 경질시켰다.
(3) 가. 영희는 기계를 가동했다.
나. 영희는 기계를 가동시켰다.
다. 작업반장은 영희에게 기계를 가동시켰다.

(1)은 사동문으로 가능하지만, (2)는 '시키다'와 '하다'의 형태구조가 같으므로 사동문으로 볼 수 없다. 반면에 (3)은 사동문으로 되는 경우(3다)와 되지 않는 경우(3나)로 볼 수 있다. 따라서 '시키다'를 사동문을 만드는 접미사로 본다는 학교문법의 결정은 여전히 논란이 될 수 있다.

(4) 가. 영수는 차를 정지했다.
나. 영수는 차를 정지시켰다.

(4)의 예문은 주동문과 사동문이 동일한 어휘 의미와 동일한 논항구조를 갖는다. 따라서 (4나)를 사동문으로 볼 수는 없다. '제거하다, 차단하다, 처분하다, 취소하다' 등도 마찬가지이다.

6. 否定 표현

1) 부정문

否定을 나타내는 '아니(안), 못'과 같은 부정부사를 사용하는 문장을 말한다. '안'부정문과 '못'부정문 모두 긴 부정문과 짧은 부정문을 갖는다.

2) '안' 부정문

부정을 나타내는 '아니(안)'나 용언 어간에 보조적 연결어미 '지'를 연결하고 그 뒤에 '아니하다(않다)'를 써서 이루어진다. 전자를 짧은 부정문, 후자를 긴 부정문이라 한다.

① 짧은 부정문 : 긍정문의 형식을 사용하고, 서술어 앞에 '안(아니)'를 놓음으로써 이루어진다.

철수는 학생이다. ⇒ 철수는 학생이 아니다(아니+이다).
집에 간다. ⇒ 집에 안 간다.
영희는 공부한다. ⇒ *영희는 안 공부한다.
영희는 공부 안 한다.

② 긴 부정문 : '보조적 연결어미+아니하다(않다)'로 용언의 어간에 '-지 아니하다(않다)'가 결합된 부정문이다.

날씨가 춥다. ⇒ 날씨가 춥지 않다.
철수는 학생이다. ⇒ 철수는 학생이지 않다.

▌참고▐

'안 돼(되어)'는 '금지'이지만,
'되지 않아'는 금지가 아니다.
그리고 부정과 관련되는 요소에는 '안'과 '못' 외에도 '비(非), 미(未), 무(無), 부(不, 否), 몰(沒), 반(反)' 등과 같은 한자 접두사가 있다.

③ '안' 부정문의 특징

㉠ 명사에 접미사 '-하다'가 붙어서 된 동사가 서술어로 쓰일 경우에는 짧은 부정문을 쓸 수 없다.

공부하다 ⇒ *안 공부하다
모르다 ⇒ *안 모르다

㉡ 긴 '안'부정문은 대체로 어느 용언이나 제약이 없이 쓰인다. 그러나 '알다, 견디다, 깨닫다, 소유하다, 소재하다' 등은 '안'부정문을 갖기 어렵다.

모르지 않다. 공부하지 않는다.
*알지 않다. *소재하지 않다.

㉢ '안'부정문의 주어가 有情명사일 때에는 주어의 의지를 나타낸다.

나는 거기 안 간다.

㉣ '안'부정문의 주어가 無情명사이거나 서술어가 형용사일 때는 주어의 의지는 암시되지 않는다.

꽃이 아름답지 않다.

㉤ 중의성을 갖는다.

나는 민호를 안 때렸다.

나는 민호를 때리지 않았다.

a. 민호를 때린 것은 내가 아니다.(다른 사람이 때렸다)
b. 내가 때린 것은 민호가 아니다.(다른 사람을 때렸다)
c. 내가 민호를 때린 것이 아니다.(좀 떼밀었을 뿐이다)

ⓑ 부사어가 쓰이면 重義的이 된다.

손님이 다 오지 않았다
손님이 다 안 왔다.
a. 한 사람도 안 왔다.
b. 오기는 왔는데 모두 온 것은 아니다.

ⓢ 긴 '안'부정문의 경우, 어미 '-지' 다음에 보조사를 붙이면 서술어만 부정하는 의미를 지닌다.

손님이 다 오지는 않았다.(일부만 왔다)
나는 민호를 때리지는 않았다.(좀 떼밀었을 뿐이다)

④ 부정의문문과 확인의문문 : 부정의문문은 시간표현의 선어말어미가 보조용언에 나타나고, 말끝이 올라간다.('철수는 집에 가지 않았니?'↗) 그러나 확인의문문은 시간표현의 선어말어미가 본용언에 나타나고, 말끝을 올리지 않으며, 대답하기 어렵다.('철수는 집에 갔지 않니?' ↘ '철수는 집에 갔잖아?' ↘(철수는 집에 갔다))

3) '못' 부정문

부정을 나타내는 부정문에는 '못'과 '-지 못하다' 등을 써서 이루어진다. '안(아니)'가 객관적 사실에 대한 부정과 동작주의 의지에 의한 부정이라면, '못' 부정은 능력부족이나 외부의 원인으로 어떤 일이 안되는 상황이나 기대에 미치지 못하는 부정문에 사용된다.

① 짧은 부정문 : 서술어 앞에 부정부사 '못'을 놓아 만든다.

민수는 대학교에 갔다. ⇒ 민수는 대학교에 못 갔다.

▌참고 ▌

짧은 부정문을 만드는 '못'은 용언(서술어)에 따라 되는 경우와 되지 않는 경우가 있다.
그 일을 처리했다. ⇒ 그 일을 못 처리했다.
교실이 깨끗하다 ⇒ *교실이 못 깨끗하다.

② 긴 부정문 : 용언의 어간에 '-지(보조적 연결어미)+못하다'를 붙여 만든다.

민수는 대학교에 갔다 ⇒ 민수는 대학교에 가지 못했다.
운동장이 넓다 ⇒ *운동장이 못 넓다.
운동장이 넓지 못하다.

③ '안'부정문과 '못'부정문의 의미상의 차이

나는 집에 안 간다.(나의 의지로 갈 생각이 없음)
나는 집에 못 간다.(나의 의지와 관계 없이 외부의 원인으로 갈 생각이 없음)

㉠ '못'부정문은 동사에만 쓰이고 형용사에는 나타나지 않는 것이

원칙이다.

민수는 학교에 못 간다.
*운동장이 못 넓다.

㉡ 형용사에는 쓰이지 못하지만, 어떤 상태가 기대에 미치지 못함을 아쉬워 할 때에는 긴 '못'부정문이 쓰인다.

운동장이 넓지 못하다.(좁아서 아쉬움)

㉢ 동사라도 의도형·목적형과 함께 쓰이지 못한다.

*영화관에 못 가려고… *영화관에 영화를 못 보러…

㉣ '명사+하다'계 동사 앞에서 부정부사 '못'이 쓰이지 못한다.

오늘은 나 공부 못 해. *오늘은 나 못 공부해.

㉤ 수량을 나타내는 부사 '다, 모두, 많이, 조금' 등이 쓰이면 여러 가지 뜻으로 해석된다.

학생들이 다 못 왔다.(a. 모두 오지 않았다. b. 일부만 왔다.)

④ 명령문과 청유문의 부정 : 명령문과 청유문에는 '안'부정문과 '못'부정문이 쓰이지 못하고 '-지 말다'를 이용하여 부정을 하게 된다. 그러나 '다짐, 저주, 원망'을 나타낼 때에는 '안', '못' 부정이 가능하다.

*집에 가지 않아라. *집에 가지 못해라. 집에 가지 말아라.(명령문)
*집에 가지 않자. *집에 가지 못하자. 집에 가지 말자.(청유문)

안 쓰자, 안 먹자. 비가 와서 집에 가지 못해라.

또한, '안'부정문과 '못'부정문은 평서문, 감탄문, 의문문 등에만 나타나며, '바라다, 원하다, 희망하다' 등의 願望을 나타내는 동사들은 명령문이나 청유문이 아니라도 '-지 말다'에 의해 부정문을 만들 수도 있다. 다만 명령문에서 '-지 말라'는 '-지 마라'가 된다.

이 곳에 오지 말기를 바란다.
그 곳에 가지 마라.

VI. 의 미

1. 언어와 의미
   (1) 언어의 의미 (2) 의미의 종류
2. 단어 간의 의미 관계
   (1) 유의 관계 (2) 반의 관계 (3) 상하 관계

■ **단원 학습 목표**

1. 언어의 의미와 의미의 종류를 이해한다.
2. 유의, 반의, 상하 관계를 이해한다.
3. 단어나 문장의 의미를 바르고 정확하게 쓴다.

1. 언어와 의미

▪ **학습 목표**

1. 언어의 의미에 대하여 안다.
2. 단어가 가지는 의미의 종류를 구별할 수 있다.

1. 언어의 의미

언어의 의미를 한 마디로 정의할 수는 없으나, 의미는 어떤 음성으로 말하거나 들을 때에 머리 속에서 생성하는 심적 연상을 뜻한다. 다시 말하면 말소리를 통해서 이해되는 모든 기호와 상징의 특성이라고 정의할 수 있다. 즉, '意(전달의 뜻, meaning)+味(수용의 뜻, sense)'로 우리가 사용하는 말은 형식과 내용으로 이루어지며, 내용인 의미는 본질적으로 전달측의 의도와 수용측의 감각이 어우러져 있다고 하겠다.

Ogden & Richards(1923)의 「The Meaning of Meaning」에서 제시한 기본삼각도(basic triangle)에서 도시해 보인 지시물(referent)과 사상 또는 지시(thought or reference), 그리고 상징(symbol)을 의미의 3부문(three components of meaning)이라 이른다.

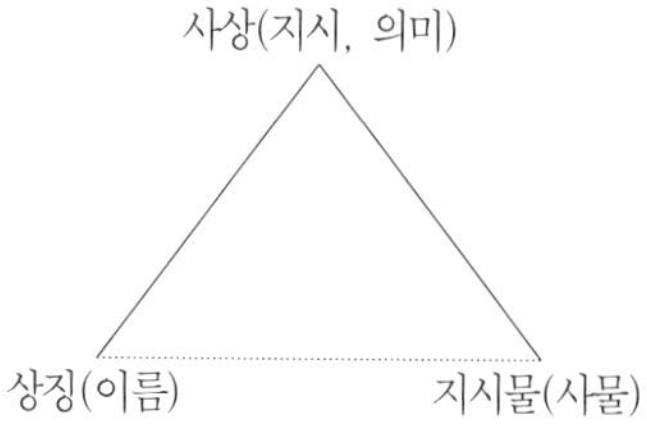

언어기호의 성격을 설명하는 방법으로 이 의미의 기본삼각도가 많이 인용된다. 이 삼각형은 지시물(사물)과 사상·지시(개념), 그리고 상징(형태, 이름)과의 관계를 나타내고 있다. 실선은 직접적 관계를 나타내며, 점선은 간접적 관계를 나타낸다. 즉, 사물(지시물)과 개념(사상·지시)의 사이는 직접적 관계가 성립되며, 개념과 형태(상징)와의 사이도 직접적 관계가 성립되지만, 사물과 형태와의 관계는 간접적 관계로 이들의 관계는 개념을 통해서만 연결되는 것이다. 다시 말하면, 언어는 사물과 형태가 직접 연결되지 않고, 그 중간에 개념(사상·지시)이 매개 역할을 하고 있는 것이다.

'사람'〔sa:ram〕이라는 음성기호, 즉 형태와 사물(지시물)로서의 사람이라는 대상과의 관계는 전적으로 임의적이며 협약적이다. 그래서 점선으로 표시한 것이다.

▌참고▐ 의미에 대한 諸說

(1) 개념설(Conceptual theory)

Saussure(1916)는 「Course de linguistique générale」에서 개념(concept)과 청각영상(image acoustique)의 결합, 즉 signifié(記義)와 signifiant(記標)의 결합으로 파악하였다. 둘의 관계는 자의적이며, '나무, 사람'에 대한 〈木, 人〉의 개념을 가정할 수 있으나 일종의 관계 개념으로서의 의미로 인정하였다.

(2) 행동설(Behavioral theory)

Bloomfield(1933)는 「Language」에서 화자의 stimulus situation과 청자의 response의 과정으로 설명하였다. 즉, 어떤 현실 상황에서의 자극(S)은 화자의 현실적 반응(r)으로 나타난다. 이에 대해 화자의 언어적 자극(s)은 청자의 행동으로 반응(R)한다는 설이다.

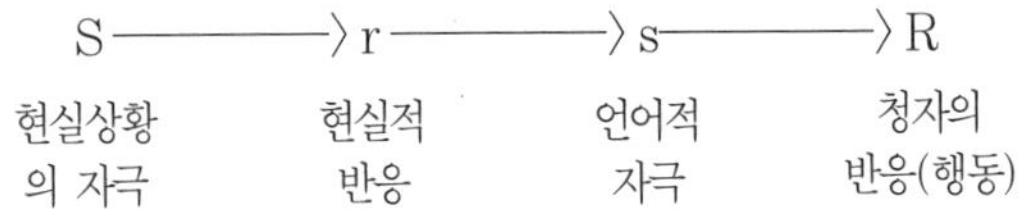

2. 의미의 종류

2.1. 중심적 의미와 주변적 의미

언어형식은 때때로 하나 이상의 의미를 지니게 되는데, 언어의 의미 구조는 크게 중심적 의미와 주변적 의미로 분류된다. 중심적 의미는 한 언어사회 내에서 화자들이 공통적으로 인식하며, 전달의 기본조건이 되는 기초적 의미(basic meaning)로 기본적 의미, 외연적 의미, 개념적 의미, 인지적 의미라고도 한다. 이 중심적 의미는 언어습득에 있어서 가장 먼저 배워야 하고, 언어전달과 이해에 있어서 기초가 되는 의미이다. 단어를 정의하기 위하여 환기될 때 가장 유력시되는 의미이므로 사전에서 제일 먼저 제시된다. 예를 들면 국어 단어 '머리(頭)'와 '손(手)'의 중심적 의미는 '목 위가 되는 부분', '사람의 팔목에 달린 부분'이다.

기본적 의미를 기초로 하여 주변에 나타나는 의미로서 주어진 장면에 따라 수시로 개인적 색채를 지니며 기본적 의미를 벗어나 독자적 의미를 지니게 되는데, 이와 같은 부차적 의미를 주변적 의미, 내포적 의미, 주관적 의미, 개방적 의미라고 한다. 이들은 주로 특정한 문맥에서 이루어지는 전이적 의미이므로 문맥적 의미라고도 한다. 사전에서는 예문으로 의미를 밝히는 일이 많다. '손'에 대한 주변적 의미로 '관계, 수완, 기술, 버릇, 사람, 범위, 기회, 기술' 등을 들 수 있다.

2.2. 사전적 의미와 함축적 의미

어떤 낱말이 지니고 있는 가장 기본적이고 객관적인 의미를 사전적 의미라고 하고, 사전적 의미에 덧붙어서 연상이나 관습 등에 의해 형성되는 의미를 함축적 의미라고 한다.27)

사전적 의미는 어떤 말을 사용할 때, 그 말이 제시하는 직접적 사물의 특정한 의미, 즉 객관적으로 검증 가능한 실제에 관련되는 의미이므로 외연적 의미, 또는 명시적 의미라고 한다. 가족관계의 아버지나 어머니의 단어는 옛날부터 오늘날까지 의미변화가 일어나지 않는다. 아들이나 딸에 대한 부모의 관계를 갖는 남성으로서의 '아버지'와 여성으로서의 '어머니'는 객관적으로 검증 가능하기 때문이다. '붉다' 개념의 외연은 붉은 것의 집합이며, '소년'은 남자의 일반적 부류에 속하는 외연적 의미를 나타내고 있다. 이 사전적 의미를 개념적 의미, 인지적 의미라고도 한다. 이는 주로 對比性에 의한 자질로 조직된다.

---

27) 고등학교 문법(2002:200) 참조.

woman 〔+human〕, 〔+adult〕, 〔-male〕, 〔+married〕
boy 〔+human〕, 〔-adult〕, 〔+male〕, 〔-married〕

함축적 의미는 주관적인 의미일 수 있다. 구체적 개인으로서의 아버지와 어머니는 시대에 따라 달라질 뿐만 아니라 같은 시대에서도 개인에 따라 언어의 실천적 의미는 다르게 마련이다. '소년'이라는 단어에서 '순진무구한 아이, 버릇 없는 아이' 등을 떠올릴 수 있는 것이 함축적 의미이다. 주어진 단어와 관련되는 사람들 개인에게 연상되는 개인적 영감은 감정적 내포(affective connotation)를 갖게 마련이다. 이와 같이 화자나 청자가 지닌 단어 주변의 보충적 가치에 관한 의미를 갖기 때문에 연상적 의미, 내포적 의미, 또는 암시적의미라고도 하며 의미 한계가 개방적이고, 비한정적 특징을 지닌다. 사전적 의미가 구성원들의 공통적인 것인데 비해, 함축적 의미는 개인 경험에 따라 달라질 수 있다. 따라서 외연이 자신의 입을 손으로 막고 '이것'이라고 지칭할 수 있는 것이라면, 내포는 눈을 가리고 어떤 말을 머리 속에서 생각했을 때 상기되는 것을 말한다.

2.3. 사회적 의미와 정서적 의미

말하는 사람의 지역적 또는 사회적 환경, 화자와 청자와의 사회적 관계 등에 따른 의미를 사회적 의미라고 한다. 이러한 사회적 의미는 선택된 단어의 종류나 말투, 그리고 글의 문체 등에 의해서 전달된다.

화자의 개인적 감정, 청자에 대한 화자의 태도 등에 반영된 의미를 정서적 의미라고 한다. "좋다", "잘 했다" 등 말하는 사람의 심리 상태에 따라 어조가 달라지므로 상이한 감정적 의미를 느낄 수 있다.

2.4. 주제적 의미와 반사적 의미

의사소통에서 어순, 초점, 강조에 의해 전달 내용을 조직하는 방법은 다양하다. 이러한 방법상에 특별히 드러나는 화자의 의도적 의미를 주제적 의미라고 한다.

나도 돈은 있다.(나)
돈은 나도 있다.(돈)
사냥꾼이 사슴을 쫓는다.(사냥꾼)
사슴이 사냥꾼에게 쫓긴다.(사슴)

주제적 의미는 위의 예문처럼 어순을 바꾸거나 특정 부분을 강조하여 발음함으로써 드러나는데, 개념적 의미는 같지만 전달가치인 주제적 의미는 다르다.

어떤 말을 사용할 때 그 말의 본래의 뜻과는 아무런 관계 없이 특정한 반응을 불러일으키는 의미를 반사적 의미, 또는 反映的 의미라고 한다. 교회에서 聖神(聖靈)을 나타내는 말로, 'The Comforter, The Holy Ghost'의 표현을 들을 때, 비종교적 의미에 의한 반응으로 '귀신(두려움)'의 의미를 느끼게 된다.

▎참고 ▎ 어휘적 의미와 문법적 의미

일반적으로 단어를 이루고 있는 실질형태소의 의미를 어휘적 의미(lexical meaning) 또는 사전적 의미(dictionary meaning)라고 한다. Bloomfield (1933)는 어휘적 의미를 '문자대로의 의미' 또는 '본격적 의미'라는 말로 사용하였다. 문법적 의미는 문맥적 의미로 어휘적 의미에 상대되는 의미로서 기술언어학에서는 이를 구조적 의미(structural meaning)라고도 한다. 발화 전체의 의미는 어휘적 의미만을 가지고 이해할 수 없다. 발화 중에 문법적 수단으로 사용된 의미와 또한 그 발화에 관련된 문법적 의미를 알아야 한다.

2. 단어 간의 의미 관계

▪ **학습 목표**

1. **단어 간의 의미 관계를 유의 관계, 반의 관계, 상하 관계로 분류할 수 있다.**
2. **문장 속 단어들의 의미 관계를 안다.**

1. 유의 관계

두 개 이상의 단어가 서로 소리는 다르나 의미가 비슷할 때, 이들을 類義관계에 있다고 한다. '미장원 : 머리방', '서점 : 책방'과 같이 同義관계에 있는 유의어가 있어 이들을 동의어라고도 한다. 그러나 엄밀한 의미에서 뜻이 똑같은 단어쌍은 존재하지 않으므로 유의어에 포함시킨다. 동의어는 절대적 동의 관계로 모든 문맥에서 치환이 가능하지만, 유의어는 상대적 동의 관계로 문맥상 치환은 가능하나 개념의미만 동일하며, 제한된 문맥에서 개념, 연상, 주제의미가 동일하고 치환이 가능하다.

1.1. 동의어

꼭 같은 의미와 용법을 가진 이형태의 단어를 동의어라고 할 수 있다. 그러나 이와 같이 의미와 용법이 완전히 같아서 어떠한 환경에서도 자유롭게 환치되는 순수한 동의어는 의미론의 연구대상이 되지 않는다. 예를 들면, 호열자(虎列刺)와 콜레라(cholera), 맹장염과 시사이티스(caecitis), 정구와 핑퐁(ping-pong), 축구와 사커(soccer) 등이 그것이다. 의미론에서 말하는 synonym은 이와 같은 동의어가 아니라 유의어 쪽이다.

1.2. 유의어

앞에서도 언급한 바와 같이, 지적 의미 내지 개념적 의미가 유사한 단어를 지칭하는 말로서 유의어에는 두 가지의 종류가 있다. 첫째, 어느 환경에서는 등가어로서 대치 가능한데 다른 환경에서는 교체가 불가능한 유의어가 있다. 예를 들면, '소변과 오줌, 위와 밥통, 전과 앞' 등은 이 부류에 속하는 유의어들이다.

소변이 마렵다 – 소변을 보다 – *소변을 싸다
오줌이 마렵다 – *오줌을 보다 – 오줌을 싸다
십년 앞(미래) – 십년 전(과거) 역앞–역전
제는 밥통이다 – *제는 위장이다 소의 밥통–소의 위장

둘째로, 지적의미나 개념적의미는 동일한데 감정요소를 달리하는 유의어가 있다. 한자어와 고유어로 대응되는 유의어는 지적의미는 동일한데 감정요소를 달리하는 경우가 있다. 앞의 고유어보다 뒤의 한자어가 예의 바르게 느껴진다. 예컨대, 나이-춘추·연령, 술-약주, 집-택, 동생-이씨, 이름-성함, 똥구멍-항문 등이 그것이다. 고유어 중에도 앞의 말이 예사말이고, 뒤의 말이 속된 느낌을 주는 동의어들이 있다. 머

리-대가리, 배-배때기, 입-주둥이, 얼굴-낯짝, 목-모가지, 눈-눈깔, 코-코빼기 등이 그것이다.

다음으로, 유의어의 동의성과 유의성, 또는 미세한 의미를 구별하기 위하여 주어진 문장에서 유의어를 서로 대치하는 환치법(substitutive)이 있다. 예를 들면, 유의어 '기쁘다-즐겁다'의 의미적 차이를 구별하기 위하여 환치법을 사용함으로써 '기쁘다'는 내부에서 외부로 희열의 감정이 솟아남을 나타내고, '즐겁다'는 외부의 요인이 마음에 만족을 줌으로써 희열이 속으로 젖어 들게 하는 느낌을 나타냄을 알 수 있다. '달리다-뛰다'의 의미적 차이도 이와 같은 방법으로 구별할 수 있다.

기쁨을 감추지 못했다.	–	*즐거움을 감추지 못했다.
내일은 즐거운 소풍이다.	–	*내일은 기쁜 소풍이다.
영수가 달리다.	–	*물가가 달리다.
물가가 뛰다.	–	*차가 뛰다.

▌참고▐ 대립 검증법

유의어 '맑다-깨끗하다'의 의미적 차이를 구별하기 위하여 대립 검증법을 사용한다. '맑다'는 다른 것이 섞이거나 흐리지 않다는 의미인 반면에, '깨끗하다'는 때나 먼지가 없어 더럽지 않다는 의미이다. 따라서 다음 예문과 같이 대립 개념인 '흐리다-더럽다'를 이해하면 그 의미 차이를 쉽게 구별할 수 있다.

물이 맑다. ↔ 물이 흐리다.
교실이 깨끗하다. ↔ 교실이 더럽다.

2. 반의 관계

한 쌍의 단어가 서로 반대되는 의미를 가지고 있을 적에, 그 둘은 反義관계에 있다고 한다. 반의관계에 있는 단어들은 의미가 서로 반대 되거나 또는 짝을 이루어 서로 관계를 맺고 있는 경우가 있다. 이러한 관계를 맺고 있는 단어들을 반의어라고 부른다. 한 쌍의 단어가 반의어가 되려면, 그 둘 사이에 공통적인 의미요소가 있으며 한 개의 요소만 달라야 한다. 가령 '남자 : 여자, 총각 : 처녀' 같은 반의어 쌍은 다른 의미요소들은 모두 같으면서, 다만 '性別'이라는 점에서만 대립을 이룬다. 그리고 반의어는 유의어와 마찬가지로 쌍으로만 나타나는 것이 아니라, 하나의 단어에 대하여 여러 개의 단어들이 대립하는 경우도 있다.

뛰다 : 걷다/내리다/떨어지다
열다 : 닫다/잠그다/채우다
벗다 : (옷)입다/(모자, 안경)쓰다/(시계, 칼)차다/(신발, 양말)신다/(장갑)끼다

반의어는 몇 가지 유형으로 분류된다. 상보적 반의, 단계적 반의, 관계적 반의 등이 그것이다.

2.1. 상보적 반의

이쪽이 아니면 저쪽이라고 자동적으로 정해지는 반의로서 원칙적으로 양극만 있고 그 중간항이 없는 양극적인 상보적관계가 성립되는 반의를 상보적 반의 또는 배타적 반의라고 한다. '남자가 아니다'처럼 어

느 한쪽을 부정할 수 있지만, 양쪽 모두를 부정할 수는 없다. 그리고 '덜 남자, 덜 생존' 등 비교적인 단어와 결합하지 않는다.

겉—속　　기혼—미혼　　남자—여자　　생존—사망

2.2. 단계적 반의

앞에서 설명한 상보적 반의와는 달리 두 항 사이의 명확한 경계선이 존재하지 않고, 양극간의 연속적 정도의 차이가 존재하는 반의관계를 단계적 반의라고 한다. 따라서 중간항이 존재하며, 어느 한쪽을 부정하면 성립되지 않지만, '크지도 작지도 않다'처럼 양쪽 모두를 부정할 수 있다. 그리고 '덜 뜨겁다, 덜 차갑다'처럼 비교를 나타내는 단어와 어울린다. 또한, 주어진 발화마다 일정한 기준(norm)이 존재하고, 이 기준에 따라 상대적으로 단계를 이룬다. 예를 들면, 새끼 코끼리는 큰 코끼리에 비하여 작지만, 쥐에 비해서는 엄청나게 크다.

크다—작다　　높다—낮다　　넓다—좁다
늙다—젊다　　많다—적다　　뜨겁다—차갑다

2.3. 관계적 반의

어떤 중심점을 상정하여 서로 다른 방향성을 나타내는 반의 관계를 관계적 반의라고 한다. 관계적 반의에는 동일한 것을 반대의 관점에서 보는 반의 관계(①), 상호규정적으로 성립되는 반의 관계(②), 공간적 위치로서 성립되는 반의 관계(③)가 있다.

① 사다—팔다 가다—오다 오르다—내리다
② 부모—자녀 남편—아내 교사—학생
③ 위—아래 앞—뒤 남—북

3. 상하 관계

두 개의 단어 중 한 단어의 의미가 다른 단어의 의미에 포함하기나 포함될 때, 그들의 관계를 상하 관계 또는 포함관계라 한다.

꽃(무궁화, 개나리, 진달래 … 등을 포함)
이동하다(가다, 오다, 돌아다니다 … 등을 포함)

3.1. 상의어

'꽃'은 '무궁화, 개나리, 진달래' 등을 포함한다. 이와 같이 다른 단어의 의미를 포함하는 단어를 上義語라 한다.

3.2. 하의어

'무궁화, 개나리, 진달래'는 모두 '꽃'의 한 종류를 가리키므로 그들은 모두 '꽃'에 포함된다. 이와 같이 다른 단어의 의미에 포함되는 단어를 下義語라 한다.

| 참고 | 다의어, 동음이의어

(1) 다의어(多義語)

한 단어가 기본적 의미 외에 부차적 의미를 하나 이상 가지는 것을 다의(polysemy) 또는 다의성이라 하고, 다의성의 단어를 다의어라고 한다. 예를 들면, '눈이 멀다'에서의 눈(目)이 '사랑에 눈이 멀다(분별력), 부드러운 눈(모양·태도), 까막눈이(文盲)'나, '밝다'의 경우, 빛이 밝다, 색이 밝다, 표정이 밝다, 분위기가 밝다, 눈이나 귀가 밝다, 사리에 밝다' 등은 모두 다의 현상의 예들이다. 어원적으로 형태나 기능면에서 유사성을 가지며 시간과 공간적으로 인접성을 갖는데, 대체로 구체적인 현상에서 추상적인 현상으로 확대되는 특성을 갖는다. 또한, 다의어는 중심의미와 주변의미로 사용된다. 예를 들어 '먹다'는 '밥을 먹다'처럼 기본적이며 개념적인 의미와 '담배/녹/뇌물/욕/마음/겁/나이/더위 등을 먹다'처럼 내포적이며 주변적 의미로 사용된다. 그리고 다의어는 동음어처럼 하나의 형태에 다양한 의미를 갖지만, 동음어가 여러 개의 사전 표제어를 갖는 것과는 달리 다의어는 하나의 표제어를 갖는다.

(2) 다의 현상의 원인

'Parlement-이야기하는 것-법정-의회'처럼 외국어의 영향으로 본래어의 의미가 변하여 옛뜻과 새뜻을 아울러 지니는 경우와 특수사회의 전문용어나 고유명사가 일반적인 용어로 사용되어 다의 현상이 생긴다. 예를 들면, 강태공(강려상)은 인명이었던 것인데 '낚시꾼'을 지칭하게 되고, 클랙슨(Klaxon)은 자동차 경적의 제조회사의 상품명이었던 것이 '경적'이라는 보통명사로 쓰이고, 바바리(burberry)는 원래 회사 이름이며 또한 그 회사의 제품을 지칭했던 것인데 레인 코트, 스프링 코트, 장교용 정복의 겉옷 등 여러 가지 뜻으로 쓰이게 되었다.

(3) 유의어, 다의어, 동음어의 관계

① 유의어와 다의어의 관계

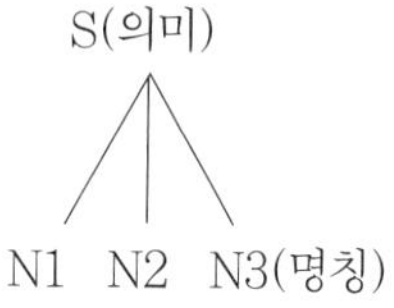

유의어

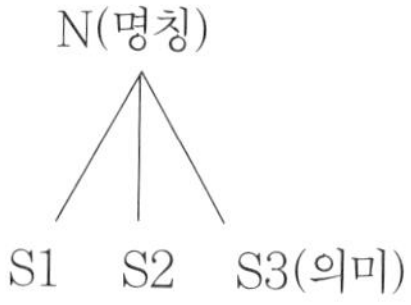

다의어

② 다의어와 동음어의 관계

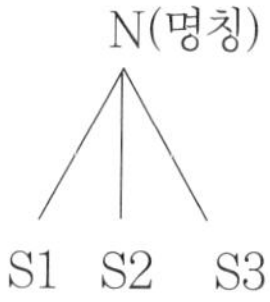

다의어

(어원적 유사성, 하나의 표제어)

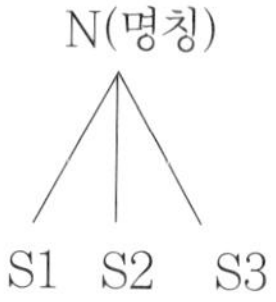

동음어

(유사성이 없으며, 두 개 이상의 표제어)

(4) 동음이의어(同音異義語)

한 언어 내에서 발음이나 철자는 동일하나 뜻이 다른 둘 또는 그 이상의 말을 이루는 것을 동음성이라 하고, 동음성으로 이루어진 단어들을 동음어 또는 동음이의어라 한다. 동음성은 발음이 동일하고 의미가 다른 동음이의어와 철자가 동일하고 의미가 다른 동철이의어로 나뉜다.

① 同音異綴語 : 철자는 다른데 발음이 같고 의미가 다른 동음어로 '몫-목, 입-잎, 낫-낮-낯-낱' 등이 여기에 해당된다.

② 同音同綴語 : 철자와 발음이 같으면서 의미가 다른 동음어로 '대망〔tɛ:maŋ〕(待望, 큰 구렁이), 사과〔sa:k'wa〕(四科, 史科), 말〔mal〕(타는 말, 되 말)' 등이 여기에 해당된다.

③ 同綴異音語 : 철자는 같은데 음이 다른 동철어로 다음의 예를 들 수 있다.

적다 〔čkt′a〕 기록하다
　　〔čə：kt′a〕 소량
방화 〔paŋhwa〕 防火
　　〔pa：ŋhwa〕 放火

묻다 〔mutt′a〕 埋
　　〔mu：tt′a〕 問
물감 〔mulgam〕 감의 종류
　　〔mulk′am〕 염료

Ⅶ. 담화

1. 담화의 개념
   (1) 발화와 담화 (2) 발화의 기능
2. 담화의 요소
   (1) 담화의 구성 요소 (2) 지시 표현
   (3) 높임 표현 (4) 심리적 태도
   (5) 생략 표현
3. 담화의 구조와 방법
   (1) 담화의 구조
   (2) 담화와 텍스트
   (3) 담화 연구의 접근 방법
   (4) 국어 담화 연구의 중요성과 교육 방향

▪ **단원 학습 목표**

1. 발화와 담화의 관계를 이해한다.
2. 다양한 발화의 기능을 이해하고 장면에 맞는 발화를 한다.
3. 담화의 표현과 이해 요소를 알고 장면에 맞게 이야기를 한다.
4. 담화의 내용 구조와 형식 구조를 알고 이를 고려하여 이야기 한다.

1. 담화의 개념

▪ **학습 목표**

1. 발화와 이야기의 개념을 안다.
2. 이야기 자료를 통하여 발화의 기능을 안다.

1. 발화와 담화

의사소통의 과정을 중심으로 실제 사용된 언어에 대해서 더 정확히 이해하려면, 말소리, 단어, 문장 등의 단위보다 더 큰 단위, 즉 문장들이 모여서 이루는 언어가 사용되는 狀況이라든가 場面까지도 고려해야 한다. 이렇게 실제 언어의 사용에서 문장들이 이루어지는 단위를 이야기, 곧 談話(discourse)라 이른다.

1.1. 발화

발화는 한 덩어리의 이야기를 구성하는 단위로서, 앞에서 제시한 '문장'과 대개 일치한다. 이야기는 發話들이 연결되어 이루어진다.

1.2. 담화

담화는 여러 개의 발화들이 연결되어 이루어진다. 발화는 화자, 청자, 그리고 장면에 따라 구체적인 의미가 결정된다. 그리고 이러한 발화들이 모여서 이루어진 통일체를 담화라고 한다.

▎참고 ▎ 담화[이야기]

의사소통의 과정을 중심으로 실제 사용된 언어에 대해서 더 정확히 이해하려면, 말소리, 단어, 문장 등의 단위보다 더 큰 단위, 즉 문장들이 모여서 이루는 언어가 사용되는 狀況이라든가 場面까지도 고려해야 한다. 이렇게 실제 언어의 사용에서 문장들이 이루어지는 단위를 이야기, 곧 談話(discourse)라 이른다. 담화(이야기)는 화자와 청자를 중심으로 문장이 실현되는 구체적인 맥락의 단위로서 실질적 의미나 기능을 파악하는 데 필요한 단위다. 즉, 사물을 말이나 글로 나타내는 행위가 둘 이상의 연속된 문장으로 이어졌을 때, 이 연속체를 담화라 하고, 담화의 구조분석을 談話分析(discourse analysis)이라 한다.

2. 발화의 기능

언어는 정보전달의 기능 외에도 發話를 통해서 수행되는 여러 행위를 할 수 있는데 명령, 요청, 질문, 제안, 약속, 경고, 축하, 위로, 협박, 선언, 칭찬, 비난 등 다양하다. 이러한 발화의 실제적인 기능은 이야기의 장면에 의해 결정되는 일이 많다. 발화는 상대방이나 자신을 움직이는 특별한 기능을 지니며, 발화의 기능은 직접적으로 표현되기도 하지만, 간접적으로 표현되어 이야기의 장면에 따라 해석되기도 한다.

너를 음악회에 데리고 갈 것을 약속한다. ('약속한다'는 동사를 사용하여 약속의 행위를 표현)

창문 좀 열어주시겠어요?(의문형 종결어미의 사용을 통하여 간접적 수행의 기능 발휘)

▌참고 ▌ 야곱슨(Roman Jakobson)의 언어의 기능

정보적 기능(informational function): 개념적 의미 — 화제
표현적 기능(expressive function): 감정적 의미 — 화자
지령적 기능(directive function): 명령과 요청 — 청자
미적 기능(aesthetic function): 감수성의 의미 — 傳言(메시지)
친교적 기능(phatic function): 말하는 사실 — 소통경로

2. 담화의 요소

▪ **학습 목표**

1. 담화의 구성 요소를 이해한다.

2. 담화의 표현과 이해에 작용하는 요소를 이해한다.

1. 담화의 구성 요소

담화가 성립되기 위해서는 말하는 이(발신자, 화자)와 듣는 이(수신자, 청자)가 있어야 한다. 화자와 청자를 중심으로 이루어지는 이야기에는 화자와 청자 이외에 화자와 청자 간의 주고 받는 내용이 있어야 하며, 이들이 존재하기 위한 시간적, 공간적인 조건이 필요하다. 이를 담화의 場面이라고 한다. 이야기 장면의 상황은 다양한 현실 세계를 장면으로 하여 성립된다. 우선, 말하기의 경우에 화자와 청자가 한 공간에서 마주보며 이야기하는 상황, 화자는 존재하지만 청자는 존재하지 않는 독백의 상황, 화자와 청자가 모두 참여하면서도 전화 통화의 경우처럼 동일 공간에 존재하지 않는 상황이 필요하다. 그리고 글의 경우에는 글쓴이는 결정되어 있지만, 독자는 누구라고 결정되지 않은 경우의 상황, 글쓴이와 독자가 위치하는 공간이 서로 다른 상황이 있다.

▌참고▐ 담화의 장면

말하는 이와 듣는 이를 중심으로 이루어지는 이야기의 장면에는, 화자와 청자 이외에 이들이 존재하기 위한 시간적, 공간적인 조건이 필요하다. 이를 이야기의 場面이라고 한다. 그리고 이야기의 상황은 다양한 현실 세계를 장면으로 하여 성립되는데, ① 화자와 청자가 한 공간에서 마주보며 이야기하는 상황 ② 화자는 존재하지만 청자는 존재하지 않는 獨白의 상황 ③ 화자와 청자가 모두 참여하면서도 전화 통화의 경우처럼 동일 공간에 존재하지 않는 상황으로 구성된다.

2. 지시 표현

언어에는 화자와 청자로부터의 거리에 따라 사물, 장소, 동작, 상태 등을 지시하는 다양한 표현법이 존재한다. 국어에는 이러한 遠近에 따른 표현법으로 指示語 '이, 그, 저'의 용법이 있다.

① '이' ― '이것, 이이, 여기, 이렇다, 이 책'(화자 가까이에 있는 사물에는 지시어 '이')
② '그' ― '그것, 그이, 거기, 그렇다, 그 책'(청자 가까이에 있는 사물에는 지시어 '그')
③ '저' ― '저것, 저이, 저기, 저렇다, 저 책'(장면 내에 있으면서 화자와 청자로부터 멀리 있는 사물을 나타내는 지시어 '저')

3. 높임 표현

이야기 장면과 관련되는 표현의 하나로서, 높임 관계에 따라 적절한 표현을 사용하는 일이 매우 중요하다. 국어에서는 높임 관계가 사물의 이름이나 가리키는 말 이외에도, 동작이나 상태의 표현에도 나타난다. 높임의 표현은 용언의 활용형에도 필수적으로 반영된다. 主體높임을 나타내는 선어말 어미 '-시-'와 相對높임을 나타내는 종결어미가 사용된다. 용언의 활용형에도 필수적으로 반영된다. 따라서 선어말 어미 '-시-'로 표현되는 주체높임과 종결어미로 실현되는 상대높임은 모두 이야기의 장면을 고려하여 선택된다. 국어의 平敍文, 疑問文, 命令文, 請誘文 등의 문장 형식은 다시 높임의 수준에 따라 '해라체, 하게체, 하오체, 하십시오체, 해체, 해요체' 등으로 갈라져 매우 다양하게 실현된다.

▌참고▐

格式體(의례적)	非格式體(비의례적)
해라체(아주낮춤) 하게체(예사낮춤) 하오체(예사높임) 하십시오체(아주높임)	해체(두루낮춤) 해요체(두루높임)

4. 심리적 태도

이야기의 場面에 의해 결정되는 표현법으로 화자의 '심리적 태도를 나타내는 표현법'도 있다. 사건의 사실 여부에 대한 화자의 심리적 태도가 반영된 표현들이 있다.

① '순이 지금 집에 있어.'('순이가 집에 있다'는 사실을 명확히 알고 있기 때문에 사용한 것으로, 특별한 태도를 발견하기 어렵다.)
② '순이는 집에 있지.'('-지'가 사용된 발화는 화자가 그 사실을 분명히 알고 있거나, 혹은 확실히 알지는 못해도 그 말이 사실이라는 확신이 있을 때 사용)

③ '순이가 지금도 집에 있네.'('-네'가 사용된 발화는 화자가 직접 관찰을 통하여 처음으로 알게 된 사실을 표현하는 데 사용)
④ '순이가 집에 있구나.'('-구나'는 직접적인 관찰이 없이 깨닫게 된 사실에도 쓰일 수가 있다.)
⑤ '순이는 지금 집에 있겠어.'(사실이 확인되지 않은 불확실한 推測 표현으로 시간표현인 '-겠-'을 비롯하여 '-ㄹ 것이다', '-ㄴ 모양이다', '-ㄴ 것 같다' 등이 사용)
⑥ '순이는 집에 있는 모양이야.'(추측 표현)
⑦ '순이는 집에 있는 것 같아.'(추측 표현)
⑧ '순이는 집에 있을 거야.'(추측 표현)

또한, 사건에 대하여 가지는 심리적 태도는 결국 화자의 판단과 깊은 연관을 맺고 있으며, 그 판단에 따라 종결어미가 선택된다. 이를 보더라도, 말하는 이야말로 이야기의 장면에서 가장 중요한 요소임을 알 수 있다.

5. 생략 표현

문장의 성분에는 必須성분(주어, 서술어, 목적어, 보어)과 附屬성분(관형어, 부사어 등)으로 이루어진다. 필수 성분은 생략될 수 없는 성분이지만, 실제의 이야기 장면에서는 생략되는 일이 많다. 성분 생략의 표현 형식은 이야기에 나타나는 현저한 특징의 하나다. 이야기에서는 주어나 목적어 등을 표시해 주는 격조사가 흔히 생략될 뿐만 아니라 주어와 서술어까지도 생략될 수 있으며, 화자나 청자를 가리키는 표현도 흔히 생략되는데, 이는 주어로서 필수 성분에 해당되는 것이다. 그리고 국어의 발화에는 관용적으로 주어가 생략된 표현으로 굳어졌거나 주어가 무엇인지 알기 어려운 발화들이 있다. 또한, 이야기에 생략 형식이 많은 것은, 이야기가 장면이나 맥락 속에서 존재하기 때문이다. 이야기에서는 표현하려고 하는 정보가 장면이나 맥락의 도움을 받아 전달될 수 있거나 보충될 수 있기 때문에 불필요한 생략이 가능하다.

3. 담화의 구조와 짜임

▪ **학습 목표**

1. 담화의 구조를 안다.

2. 담화 자료에서 내용과 형식의 관계를 파악할 수 있다.

1. 담화의 구조

담화는 여러 개의 발화들이 연결되어 이루어지지만, 발화가 이어졌다고 하여 담화가 되는 것은 아니다. 발화의 연속체가 담화로 되려면 일정한 구조를 가지고 있어야 한다.

▌참고▐ 담화분석

언어의 분석에는 크게 담화분석(discourse analysis)과 텍스트분석(text analysis)으로 나눌 수 있으며, 담화분석은 청자와 화자 간의 주고 받는 상호 의사소통 체계의 언어구조를 분석하는 것이다. 따라서 단순한 회화뿐만 아니라 스피치, 강의 등을 수반하는 상호 의사소통 체계인 음성언어(Spoken language) 구조에 대한 분석을 의미한다. 반면에 텍스트 분석은 文字言語(written language)에 적용된다. 이에 전자를 담화에 연결시켜 Spoken discourse라 하고, 후자를 텍스트에 접맥시켜 Written text라 한다.

1.1. 담화의 내용 구조

내용면에서 하나의 주제로 통일되어야 한다. 제대로 짜인 이야기가 되기 위해서는 일관된 주제 아래 발화들이 유기적으로 통일되어야 한다. 예를 들어 '환경오염의 원인'이라는 통일된 주제를 향하여 이야기 전체가 결집되어 있으며, 각각의 발화에 담겨 있는 내용들이 모두 이 주제를 보충하여 주는 역할을 해야 한다.

1.2. 담화의 형식 구조

제대로 된 담화가 되려면, 담화를 구성하는 발화들이 형식면에서 발화의 내용들을 연결시킬 수 있는 언어형식을 갖추어야 한다. 발화내용의 연결형식으로 '그것은, 그리고'와 같은 연결사를 적절히 사용하여 발화의 내용을 자연스럽게 연결해주는 일, '이, 그'와 같은 指示語의 적절한 사용, '그래서, 그리고' 등의 접속부사는 이야기의 내용을 연결시킬 뿐만 아니라, 내용 사이의 관계를 형성하는 데도 중요하게 사용된다.

▌참고 ▌ 장면에 따른 이해

실제 발화의 장면에서, 발화는 주어지는 여러 가지 정보에 따라 끊임없이 재해석된다. 말하는 장면에 관한 지식을 포함하여 발화의 내용에 관련된 모든 지식이 이 해석에 관여한다.

① 대명사가 사용된 발화는 장면이 주어지지 않으면 발화 그 자체만을 가

지고는 정확한 해석을 내릴 수 없다. 다음의 예문에서 '나'는 '말을 한 사람'이라는 해석까지는 가능하지만 구체적으로 누구인지를 알 수 없다. '이것'은 화자 가까이에 있는 사물이라는 해석까지는 가능하지만 그 이상은 알 수 없다. 이 발화는 이야기의 장면에 대한 지식을 가지고 해석할 때에 비로소 말한 사람이 누구인지, '이것'이 가리키는 것이 무엇인지 알게 된다.

"내가 이것을 만들었어."

② 다음의 문장에서는 대명사가 무엇을 가리키는지 쉽게 알 수 있다. 민희의 발화에 사용된 '거기'라는 대명사의 구체적 대상은 수희의 발화의 내용에 의해서 '학교 교문 앞에 있는 식당'으로 해석된다. 이 장면에서 수희의 발화는 민희의 발화를 해석하기 위한 언어적 脈絡이 되고 있다.

수희: "나는 어제 학교 교문 앞에 있는 식당에서 순이하고 점심을 먹었어."
민희: "거기서 영옥이를 만났니?"

③ 장면뿐만 아니라, 이미 알고 있는 지식에 의해 발화의 해석이 결정되는 경우도 있다. 발화의 해석은 이처럼 듣는 사람이 지니고 있는 정보를 바탕으로 하여 이루어지기 때문에, 매우 다양하게 확대되어 말하는 사람이 의도하지도 않았던 해석을 내리게 되는 경우도 있다. 따라서 화자가 의도했던 내용과 청자가 해석한 내용이 일치하지 않게 되는 경우도 흔히 있다. 이러한 문제는 인간의 意思疏通 과정에서 발생되는 근본적인 어려움의 하나이기도 하다.

기영: "너, 오전에 어디 있었니?"
민수: "도서관에 있었어."
기영: "그럼 어제 들어온 책은 정리했겠구나."

2. 담화와 텍스트

담화분석의 영역과 연구부문을 제한시켜서 나타내면 음성과 문자로 나눌 수 있다. 그리고 이 둘 모두는 일종의 텍스트적 양식이라 할 수 있다. 여기서 우리는 談話와 텍스트라는 용어의 혼란이 있으므로 어떤 설명이 필요하다.

텍스트는 作用의 언어로서 발화나 문자에 의해 실현될 수 있다. 물론, 여기에는 일련의 단순한 文章連鎖로서의 텍스트가 아닌, 통합적, 유의적 총체로서의 성격을 지니고 있어야 한다. 그리고 그것은 인간의 의사소통을 목적으로 하는 기본체계를 유지하는 것으로 결국 담화 속에서 구체화되는 抽象的 이론의 구조물이기에 담화(spoken text)와 텍스트(written text)라 명명할 수 있는 것이다. 사실 담화와 텍스트라는 용어 사이에 어떤 뚜렷한 경계선을 그을 수는 없다. 그러나 구별을 한다면 음성언어에 의한 대화 대 문자언어에 의한 텍스트 의 차이로 제시할 수 있다. 다시 말해 텍스트가 비상호적 獨白, 즉 音聲發話된 말을 문자화시킨 표현양식이라면, 담화는 음성으로 발화된 말로 상호작용의 의사소통 기능의 양식이라 할 수 있다.28)

Widdowson(1979)은 表層語彙(surface lexis), 문법, 명제전개(propositional development)로 인지될 수 있는 '텍스트의 結合構造' (textual cohesion)와 발화행위의 구조 사이에서 작용하는 '담화의 통합성'(discourse coherence)을 구별했다. 그러나 연기서 언어적 형태와 명제 사이

---

28) Stubbs(1983:9-10)는 텍스트와 담화의 이와 같은 모호성은 매일 사용하는 일상적인 담화에서도 나타난다고 했다. 예를 들어 강의는 하나의 전체적인 사회적 활동으로 관련시킬 수 있거나 또는 단지 주된 음성 텍스트나 그것의 문자화로 관련시킬 수도 있다는 것이다. 학술논문도 마찬가지로 청중을 위해 어떤 의미를 음성으로 읽어서 전달하는 의미이기도 하지만 그것을 인쇄화해서 전달할 수도 있는 애매성을 지니고 있다는 것이다.

의 표층 결합구조와 기능적인 결합성 구조 사이의 구별은 물론 중요하지만 텍스트나 談話 둘 모두 작용될 수 있음이 명백하다.[29] 이외에 Van Dijk(1977)는 담화에 대한 텍스트는 발화에 대한 문장과 같은 관계로 보았으며, Halliday(1978)는 언어의 이야기가 텍스트에서 실현되는 것으로 보아 각각 텍스트와 담화의 구별을 제시하였다. 고영근(1990)은 양자를 대립적인 것으로 보지 않고 관찰적인 담화가 추상적인 텍스트에 포함될 수 있다고 보았다. 결국 텍스트와 담화는 그 개념에 대한 차이가 없다. 유파와 학자에 따라 텍스트를 사용하거나 담화를 사용한다. 아니면 둘 모두를 사용하기도 하는데 같은 뜻으로 사용하는 경우가 많다.

따라서 우리는 'discourse'가 우리말로 '이야기'에 해당하는 것으로 '談話'라는 용어에 초점을 맞추었으며, 텍스트는 이러한 담화 속에서 실현되는 추상적 이론의 구조로 파악했다. 이상의 담화와 텍스트의 용어 설정의 차이점을 기초로 하여 보다 구체적으로 그 차이점과 특성을 Brown & Yule을 참고로 정리하면 다음과 같다.

* Spoken text and Written texts

(1) Spoken texts(discourse)

1) 의사소통 행위의 테이프 녹음으로서의 텍스트를 보존(기침소리, 의자 부서지는 소리 등은 텍스트의 부분이 아니다)한다.
2) 일반적 정상적인 철자법 협회에서 규정하는 스피치를 사용한다.
3) 듣는 것의 형태와 철자법의 관계도 문제된다.

---

29) 기본적인 문제는 언어의 흐름을 認知할 수 있는 통합체나 연결체를-이것이 구조적이든 의미론적이든 기능적이든 - 설명하는 일이다.

예를 들면, /g n/으로 들었다면 'gonna', 'gointuh', 'going to'로 표현한다.

4) 담화분석자들에 의한 轉寫에서 말하는 사람의 성별, 나이 등에 대한 특성과 관계되는 어떤 세부적인 항목을 찾는 습관이 없다.
5) 스피치의 리듬 등 일시적인 특성도 전사에서 무시된다.
6) 정상적인 상황하에서 속도를 내거나 천천히 하는 것은 복잡한 可變性을 지님으로 스피치에서 어떻게 개발하고 어떤 효과를 가져오는지 거의 생각을 못한다.
7) 스피치의 휴지, 억양 등 가변성은 written 언어의 구두법, 대문자화, 이탤릭체의 인쇄, 절로 나누기 등에 해당하는 기능을 수행한다.
8) 담화분석은 때로는 지나친 분석을 하기 쉽다.
9) 상호 의사소통 행위의 동사적인 기록이다.
10) 음성화된 것이며, 상호작용의 대화로 이루어진 담화이다.
11) 길이가 비교적 길다.
12) 담화의 긴밀성으로 의미상의 결속성이라고도 하는데 발화행위의 기저 사이에서 작용한다.

(2) Written texts(text)

1) 인쇄된(문자) 기록으로서의 텍스트로 문학연구에 가깝다.
2) 테스트는 인쇄종류, 크기 등 다양하다.
3) 단어들은 단순히 정확한 문서에 의해서 재생산하는 것 그 이상이다.
4) 텍스트의 표현은 정확히 누가 스피치하는 가를 알고 문장, 문단,

장을 지정하며 저자의 조직과 업무단계를 보존하다.

5) 인쇄상의 다양성 - 몇 가지 활자체, 형의 사이즈, 그리고 형세(lay-out)의 특별한 모양(신문) 등 -을 갖는다.

6) 출판자들은 필자의 어떤 부분에 대하여 의식적인 처리로 재생산한다.(轉寫, 이탤릭체 등)

7) 텍스트의 인쇄된 번역은 해석되는 것이 명백하다. 5살 짜리 쓰기는 다음과 같이 전사될지 모른다.

예) ㄱ. the lion wos the fish to titi.

ㄴ. the cat wants to get down the steis.

ㄷ. with qwt to dsthhb the lion.

〈가능한 텍스트 해석〉

ㄱ. The lion wants the fish, to eat it.

ㄴ. The cat wants to get down the stairs.

ㄷ. Without to disturb the lion.

8) 문자화한 것이며 비상호적 독백이다.

9) 길이가 짧다. 예) Exit, No smoking.

10) 텍스트의 결합성으로 표층의 어휘, 문법, 명제의 전개 등을 다룬다.

11) 담화 속에서 실현되어지는 추상적 이론의 구조이다.

12) 논의를 나타내고 있는 텍스트 표현은 주장의 일부일지 모른다. 특히 spoken 텍스트에 written 텍스트가 내포하고 있는 동안 담화의 부분에 있어 보다 중요한 분석으로 구성된다.

3. 담화 연구의 접근 방법

1) 言語硏究의 접근 방법

언어학이 담화분석 그 자체라든가, 담화분석이 언어학의 하위 부분은 아니지만 언어가 연속한 담화 속에서 발생하고 있다는 점에서 그 언어연구 방법을 살펴보고자 한다. 크게 두 가지 접근 방법이 있는데, 하나는 원어 사용자의 지식을 기술하는 방법이고, 다른 하나는 언어자료를 연구 대상으로 하는 방법이다. 전자는 언어학자가 자신의 모국어에 대해 가진 지식이나 능력을 바탕으로 해서 그 언어를 기술하는 방법이다. 특히 심리적 지향으로 Chomsky(1957)의 언어이론처럼 추상적 언어능력의 형식모델을 추구하는 것으로 변형문법 이론가들에 의해 주도된다. 둘째로 언어자료를 연구대상으로 하는 방법이 있는데, 사용된 언어 데이터를 대상으로 하여 언어의 다양한 실상을 밝히는 일이다. 그리고 이것은 Halliday(1970)를 중심으로 언어가 수행하는 역할, 언어의 기능 등 언어가 사회에서 수행하는 기능을 밝혀 이들 기능이 언어구조에 어떻게 반영되고 있는가를 설명하는 데에 초점을 두었다. 또한, 프라그학파와 Weinreich(1976)의 언어관의 접촉도 들 수 있다. 결국 담화를 중심으로 하는 문법기술이 여기에 속하게 된다.[30)]

담화분석은 인간이 의사소통을 목적으로 활용하는 자연언어의 구성체인 일종의 텍스트 과학인 셈이다. 일련의 단순한 문장연쇄로서의 텍

---

30) 박근우(1991:13-14)는 그의 저서 『영어 담화 문법』에서 담화의 기술은 고립된 단일문을 벗어나 담화문맥을 통하여 사회적 행위로서의 언어행위를 구체적으로 밝히는데 있어서 文 段階의 문법보다 더 유익한 성과를 낳는다고 했다.

스트가 아닌 하나의 통합적, 유의적 총체로서의 텍스트적 성격이다. 이러한 텍스트는 수사학, 문체론, 인류학(신화, 민담 등), 문법소론(tagmemics - 예컨대 축구시합이나 교회의 예배와 같은 인간 상호작용의 큰 복합체), 문헌학, 기술적(구조주의적)방법 등을 거쳐 전개되어 왔다.31)

2) 社會言語學者의 접근 방법

대화에서 명백해지는 사회적인 상호작용 구조에 관심을 가지며, 사회적 文脈 특성인 사회논리학적인 분류에 적용한다. 그리고 사용 면에서 언어의 실제적인 예를 개괄적으로 교차하는데 관심을 가지며 상징적으로 음성 데이터를 전사하는 연구를 한다. 또한 언어적 특징과 대규모의 사회경제적 변수와 상호관계를 연구하는 일, 그리고 되도록 광범위하게 미치는 장면, 문화에 있어서의 발화태도에 관한 문화적 기준을 일반 民族誌學的 입장에서 기술하는 일이다. 또한 개개의 음성적, 문법적 변수는 사회계급의 계층, 성별, 인종과 상관적인 것일 수도 있는데, 이는 대화의 문맥인 담화에서 추출되는 것이다.

사회적 역할이 인식되고 유지되는 것은 주로 대화에서의 상호작용이나 일상생활에서 많은 사람들이 주고받는 담화를 통해서이다. 즉 사람

31) De Beaugrande, R. & W. Dressler(1981:19)는 대화연구를 담화분석으로 보고 텍스트 과학에 대단히 중요한 의미를 지닌 것으로 파악하였다. 즉, 각각의 텍스트가 동일한 貢獻요소로서 서로를 지향하며 상호 적합한 텍스트로서 결합하여 담화를 구성해 나간다. 결속구조(cohesion)는 별개의 텍스트들의 표층구조와 함께 하거나 빌려올 때에 영향을 받게 된다. 결속성(coherence)은 그 텍스트가 구성하는 담화 전체의 관점에서 볼 때에 분명해진다. 意圖性(intentionality)은 대화의 목표지향적인 사용에서 드러나고 容認性(acceptability)은 수용자의 즉각적인 반응에서 나타난다. 담화 전체의 구성은 상호 텍스트성의 작용을 나타내며, 대화에 공헌하는 요인들을 선택하는 것은 정보성에 따른다.

들 간에 주고받는 말은 어떻게 구성되어 있는가, 그것을 긴밀성이 있게 하고 이해 가능하게 하는 것은 무엇인가, 사람들은 화제를 어떻게 도입하고 어떻게 방해되는가? 등의 연구를 기초로 삼는다.

이 외에도 Stubbs(1983:7-8)는 언어적 특징과 대규모의 사회경제적 변수와의 상호관계의 연구, 보다 광범위하게 미치는 장면, 문화에 있어서의 발화태도에 관한 문화적 기준을 일반 민족지학적 입장에서 기술하는 일 등의 담화분석을 필요로 하고 있음을 제시했다.

3) 心理言語學者의 접근 방법

언어의 이해에 관련된 문제에 관심을 가진다. 그리고 경험적인 심리학으로부터 끌어내는 치밀한 방법론에 종사해 왔으며, 간단하게 구성된 텍스트나 문자로 된 문장의 연속을 이해하는 문제에 연구를 해왔다.

4) 哲學言語學者의 접근 방법

구성된 문장들의 쌍들과 그것들의 통사론적인 이해를 지닌 사이의 의미론적인 관계에 관심을 갖는다. 또한 문장들 사이에서 그 용어내의 전반적인 것에 관심을 갖는다. 이들이 사용하는 문장은 진리, 가치를 할당할 수 있는 진술로 사용되며 언어 본질에 관한 상호관계를 연구한다.

5) 컴퓨터언어학자의 접근 방법

담화과정의 모델을 산출하는데 관심을 가지며 고도로 제한적인 내용에서 구성된 짧은 텍스트를 연구한다. 그러나 무엇보다도 흥미로운 것은 컴퓨터에 의한 자연언어 처리의 결과인 것이다. 다시 말해서 이미 인공언어가 아닌 것이다.

4. 국어 담화 연구의 중요성과 교육방향

담화는 언어 연구의 일반적인 것에서, 또 실제의 국어교육의 충실성을 생각하는 것에서 하나의 중요한 문제라고 생각한다. 담화의 연구는 지금까지 여러 관점에서 시도되고 있다. 특히 문장의 연구(문장론)의 명칭 아래 행해져 왔으며 문자로 된 작품에 관한 연구가 그 대표적인 것이다. 이러한 것의 종류로 문체론적 관점의 연구가 있으며, 국어교육 방면에서도 시도해야 한다. 현재까지의 언어연구에서 담화의 연구가 다른 분야의 연구 - 예를 들면 音韻論, 語彙論, 文法論(주로 문을 최고의 단위로 한다) 등에 비교해서 다소 늦은 감이 있음을 부정할 수 없다. 그 이유는 여러 가지가 있겠지만 그 중 하나의 이유를 들면, '담화의 구조에 어떤 의미를 지닌 규칙성, 혹은 체계성을 찾아내는 것이 어렵다'는 것이다. 그러나 분석의 방법을 발전시켜감에 따라서 담화분석에 관해서 지금까지 모르고 있던 규칙성, 체계성을 분명하게 할 수 있는 가능성은 많다. 앞으로 언어 연구의 일반적인 진보를 위한 담화분석에 대한 연구가 하나의 큰 과제임을 강조하고 싶다. 그러한 사실에 관하여 南不二男 外(1983:1-5)은 다음과 같은 문제를 지적했다.

첫째, 우리들이 상식적으로 담화라고 볼 수 있는 언어표현의 부분은 그 부분의 1차적인 단위를 이룬다. 이러한 언어표현의 부분이 의심 없이 언어적인 사실이라고 하면, 그 분석은 다른 연구의 분야 - 음운론, 어휘론, 문법론 등과 같은 양상으로, 일반적인 언어연구를 피해서 통할 수는 없다. 실천적인 견지에서 보아도 그러한 단위를 무시할 수 없다.

둘째, 담화가 우선은 언어의 세계에 속한 개념이지만 그것은 언어행동과 비언어적인 행동 모두를 포함한다. 인간의 전체적인 의사소통의 행동에 의해서 직접적인 관계를 갖는 것이다. 우리 인간이 행하는 의사소통 방법에는 여러 가지의 방법이 있겠지만 그 중에서도 말(음성)에 의한 것이 가장 유력하다. 그러나, 그것은 언제나 독립적으로 나타나는 것이 아니라, 다소 비언어적 커뮤니케이션과 공존, 협력해서 전체적인 커뮤니케이션의 실현시킴을 밝혔다.

일반적으로 말해서 언어 교육은 학습자에게 그들이 목표로 하는 언어에 관한 지식을 주는 것만이 아니라 그 언어를 사용해서 커뮤니케이션을 행하는 실천적인 능력을 지니게 하는 것을 목적으로 한다고 생각한다. 추상적인 언어체계나 구체적인 형태로 표현하는 언어행동의 쌍방에 관계하는 담화의 연구는 언어 연구 일반의 발전을 위해 중요한 분야뿐만 아니라 언어교육적인 면에서도 중시되지 않으면 안 되는 과제의 하나이다. 거기에서 얻을 수 있는 여러 가지 정보는 실제 우리 국어교육에 큰 공헌할 것임이 틀림없다. 그런데, 현실의 우리 국어교육과 담화의 관계는 어떠한가? 유럽과 미국에 이어 일본에서도 일본교육을 위해 많은 관심을 기울이고 있다. 그 중, 상급 교육의 기초가 되는 연구로서 바로 담화연구를 거론하고 있으며 그 연구에 대한 여러 연구를 시행하고 있다. 다시 말해서 기본문형을 습득한 학습자가 몇 개의 문형이 결부한 모양의 담화의 레벨에서의 능력을 얻게 하는 것이다. 종래의 구조주의 언어학자들이나 생성문법 학자들이 주장한 문장을 가장 최고의 단위로 보고 문장분석으로 그치는 언어학적인 방법은 이제 수정되어야 한다. 이러한 사실은 Brown & Yule(1983)이 지적했듯이 언어가 본질적으로 의사 전달의 기능을 목적으로 하는 인간의 기본적인 언어의 기능을 망각하는 것이다. 이에 노명완(1988:119)은 우리가 사용하는 언어는 문장의 단순한 체계적인 순서배열이 아니라 문장 사이에 어떤 심리적 사회적 연계성을 지닌 구조체이기에 문장단위를 넘어선 담화를 연구하여야 하고 그 구조를 분석으로 하는 구성원리를 모색해야 할 필요성이 있음을 제시했다. 결국 담화분석에 관한 연구는 국어교육적인 측면에서도 반드시 필요한 것으로 국어문법의 한 부분으로 그 연구와 지원이 활발하게 요청되어야 할 것이다.

결국 모든 학습능력은 이 담화에 대한 기본적인 능력의 습득없이는 이루어지기가 어렵다는 것이다. 그리고 현 단계에서 우리 국어교육을 발전시키기 위해서는 담화와 그것의 구조인 담화분석을 국어교육에 적용해 가는 자세가 필요하다고 볼 수 있다. 즉 담화의 구조를 편리하고도 간편하게 분석할 수 있는 담화분석의 모형을 개발하여 독해습득 능력을 신장시키고 수업에도 활용하여 보다 효율적이고도 능동적인 학습효과를 가져오게 해야 할 것이다.

Ⅷ. 국어의 규범

1. 표준어와 표준 발음
  (1) 표준어와 방언 (2) 표준 발음
2. 한글 맞춤법
  (1) 한글 맞춤법 (2) 한글 맞춤법과 표준어의 문제점
3. 외래어 표기법과 국어의 로마자 표기법
  (1) 외래어 표기법 (2) 국어의 로마자 표기법

▪ **단원 학습 목표**

1. 규범에 맞는 국어 생활의 필요성을 이해한다.
2. 표준어를 사용하고 표준 발음을 할 수 있다.
3. 한글맞춤법의 원리와 규정을 알고 단어와 문장을 바르게 표기할 수 있다.
4. 외래어 표기법과 국어의 로마자 표기법을 알고 바르게 표기할 수 있다.

1. 표준어와 표준 발음

▪ **학습 목표**

1. 일상생활에서 표준어가 필요한 이유를 이해한다.
2. 표준어와 방언과의 관계를 안다.
3. 표준 발음을 알고, 이를 지키는 국어 생활을 한다.

1. 표준어와 방언

표준어는 '교양 있는 사람들이 두루 쓰는 현대 서울말'로 규정하고 있다. 모든 언어는 끊임없이 변화한다. 이러한 변화로 말미암아 한 언어 내에서 특정 지역의 말이 다른 지역의 말과 달라지게 되는데, 우리는 이것을 方言(dialect)이라고 한다. 방언과 방언의 차이가 커질수록 방언 상호간의 의사소통은 상대적으로 어렵게 된다. 한 언어에서 분화된 방언이라 할지라도 그 차이가 커지게 되면 거의 의사소통을 할 수 없게 된다. 의사소통이 가능하다 해도 제 각기 그 방언의 언어로 말을 주고받는다면 여러 가지 불편한 점이 생길 것이며 지역간의 위화감을 조성하게 된다. 이럴 때에 표준어를 사용하게 되면 그러한 불편이 해소되고, 한 언어를 사용하고 있다는 일체감을 느낄 수 있다. 이러한 표준어의 기능을 '통일의 기능'이라고 한다.

표준어 규정에 대한 기록은 다음과 같다.

① '경성어를 표준어로 한다.'(1912년에 발표된 '보통학교 철자법'에서 규정함)
② '표준말은 대체로 현재 중류사회에서 쓰는 서울말로 한다.'(1933년에 완성된 '표준말 규정의 강령')
③ '표준어는 교양 있는 사람들이 두루 쓰는 현대 서울말로 정함을 원칙으로 한다.'(1988년 완성, 발표된 '표준어 규정')

표준어나 표준 발음에 대한 관심이 적다는 소리를 흔히 듣는다. 私的인 자리에서는 방언을 사용해도 무방하지만, 公的인 자리에서는 반드시 표준어와 표준 발음을 사용해야 한다는 것은 지극히 당연한 것이다.

외국어 발음은 정확히 하려고 노력을 하면서도 국어 발음은 의사소통에 지장만 없으면 된다는 식으로 안이하게 생각해서는 안 될 것이다.

방언은 각 지방의 고유한 역사와 문화적 배경을 가지고 있다. 또 방언 속에는 각 지방 특유의 정서가 담겨 있기도 하다. 그러므로 방언은 각 지역의 특유한 정서를 담아 의사소통에 기여하는 기능을 한다. 이것은 표준어가 통일 기능을 가지듯이 방언 역시 똑같은 기능을 하기 때문이다. 다만 차이를 보이는 것은, 標準語는 그 공간적 배경이 국가임에 비하여 方言은 특정 지역이라는 점이다.

방언은 또한 그 나름대로 하나의 체계를 갖추고 있다. 표준어와 비교해 볼 때에 발음들이 무질서하게 보인다고 생각할 수도 있지만, 이는 어디까지나 표준어를 기준으로 보았기 때문이다. 한 방언만을 놓고 보면, 각각 독특한 자음체계와 모음체계를 지니고 있다. 이러한 체계는 음운뿐만 아니라 단어형성, 문장 구조면에서도 마찬가지로 독자적인 체계를 지니고 있다.

2. 표준 발음

제1장 총　　칙

제1항 표준 발음법은 표준어의 실제 발음을 따르되, 국어의 전통성과 합리성을 고려하여 정함을 원칙으로 한다.

제2장 자음과 모음

제2항 표준어의 자음은 다음 19개로 한다.

ㄱ ㄲ ㄴ ㄷ ㄸ ㄹ ㅁ ㅂ ㅃ ㅅ ㅆ ㅇ ㅈ ㅉ ㅊ ㅋ ㅌ ㅍ ㅎ

제3항 표준어의 모음은 다음 21개로 한다.

ㅏ ㅐ ㅑ ㅒ ㅓ ㅔ ㅕ ㅖ ㅗ ㅘ ㅙ ㅚ ㅛ ㅜ ㅝ ㅞ ㅟ ㅠ ㅡ ㅢ ㅣ

제4항 'ㅏ ㅐ ㅓ ㅔ ㅗ ㅚ ㅜ ㅟ ㅡ ㅣ'는 단모음(單母音)으로 발음한다.

[붙임] 'ㅚ, ㅟ'는 이중 모음으로 발음할 수 있다.

제5항 'ㅑ ㅒ ㅕ ㅖ ㅘ ㅙ ㅛ ㅝ ㅞ ㅠ ㅢ'는 이중 모음으로 발음한다.

다만 1. 용언의 활용형에 나타나는 '져, 쪄, 쳐'는 〔저, 쩌, 처〕로 발음한다.

가지어→가져〔가저〕 찌어→쪄〔쩌〕 다치어→다쳐〔다처〕

다만 2. '예, 례' 이외의 'ㅖ'는 〔ㅔ〕로도 발음한다.

계집〔계 : 집/게 : 집〕 계시다〔계 : 시다/게 : 시다〕

시계〔시계/시게〕(時計) 연계〔연계/연게〕(連繫)

메별〔메별/메별〕(袂別) 개폐〔개폐/개페〕(開閉)

혜택〔혜 : 택/헤 : 택〕(惠澤) 지혜〔지혜/지헤〕(智慧)

다만 3. 자음을 첫소리로 가지고 있는 음절의 'ㅢ'는 〔ㅣ〕로 발음한다.

늴리리 닁큼 무늬 띄어쓰기 씌어

틔어 희어 희떱다 희망 유희

다만 4. 단어의 첫음절 이외의 '의'는 〔ㅣ〕로, 조사 '의'는 〔ㅔ〕로 발음함 도 허용한다.

주의〔주의/주이〕 협의〔혀븨/혀비〕

우리의〔우리의/우리에〕 강의의〔강 : 의의/강 : 이에〕

제3장 소리의 길이

제6항 모음의 장단을 구별하여 발음하되, 단어의 첫음절에서만 긴소리가 나타나는 것을 원칙으로 한다.

(1) 눈보라〔눈 : 보라〕 말씨〔말 : 씨〕 밤나무〔밤 : 나무〕

많다〔만 : 타〕 멀리〔멀 : 리〕 벌리다〔벌 : 리다〕

(2) 첫눈〔천눈〕 쌍동밤〔쌍동밤〕 떠벌리다〔떠벌리다〕

수많이〔수 : 마니〕 눈멀다〔눈멀다〕 참말〔참말〕

다만, 합성어의 경우에는 둘째 음절 이하에서도 분명한 긴소리를 인정한다.

반신반의[반 : 신 바 : 늬/반 : 신 바 : 니]　재삼재사[재 : 삼 재 : 사]

[붙임] 용언의 단음절 어간에 어미 '-아/-어'가 결합되어 한 음절로 축약되는 경우에도 긴소리로 발음한다.

보아 → 봐[봐 :]　기어 → 겨[겨 :]　되어 → 돼[돼 :]

두어 → 둬[둬 :]　하여 → 해[해 :]

다만, '오아 → 와, 지어 → 져, 찌어 → 쪄, 치어 → 쳐' 등은 긴소리로 발음하지 않는다.

제 7 항 긴소리를 가진 음절이라도, 다음과 같은 경우에는 짧게 발음한다.

1. 단음절인 용언 어간에 모음으로 시작된 어미가 결합되는 경우

감다[감 : 따] — 감으니[가므니]

밟다[밥 : 따] — 밟으면[발브면]

신다[신 : 따] — 신어[시너]

알다[알 : 다] — 알아[아라]

다만, 다음과 같은 경우에는 예외적이다.

끌다[끌 : 다] — 끌어[끄 : 러]

떫다[떨 : 따] — 떫은[떨 : 븐]

벌다[벌 : 다] — 벌어[버 : 러]

썰다[썰 : 다] — 썰어[써 : 러]

없다[업 : 따] — 없으니[업 : 쓰니]

2. 용언 어간에 피동, 사동의 접미사가 결합되는 경우

감다[감 : 따] — 감기다[감기다]

꼬다[꼬 : 다] — 꼬이다[꼬이다]

밟다[밥 : 따] — 밟히다[발피다]

다만, 다음과 같은 경우에는 예외적이다.

끌리다[끌 : 리다]　벌리다[벌 : 리다]　없애다[업 : 쌔다]

[붙임] 다음과 같은 합성어에서는 본디의 길이에 관계없이 짧게 발음한다.

밀-물　썰-물　쏜-살-같이　작은-아버지

제4장 받침의 발음

제8항 받침소리로는 'ㄱ, ㄴ, ㄷ, ㄹ, ㅁ, ㅂ, ㅇ'의 7개 자음만 발음한다.

제9항 받침 'ㄲ, ㅋ', 'ㅅ, ㅆ, ㅈ, ㅊ, ㅌ', 'ㅍ'은 어말 또는 자음 앞에서 각각 대표음 〔ㄱ, ㄷ, ㅂ〕으로 발음한다.

닦다〔닥따〕 키읔〔키윽〕 키읔과〔키윽꽈〕
옷〔옫〕 웃다〔욷 : 따〕 있다〔읻따〕
젖〔젇〕 빚다〔빋따〕 꽃〔꼳〕
쫓다〔쫃따〕 솥〔솓〕 뱉다〔밷 : 따〕
앞〔압〕 덮다〔덥따〕

제10항 겹받침 'ㄳ', 'ㄵ', 'ㄼ, ㄽ, ㄾ', 'ㅄ'은 어말 또는 자음 앞에서 각각 〔ㄱ, ㄴ, ㄹ, ㅂ〕으로 발음한다.

넋〔넉〕 넋과〔넉꽈〕 앉다〔안따〕
여덟〔여덜〕 넓다〔널따〕 외곬〔외골〕
핥다〔할따〕 값〔갑〕 없다〔업 : 따〕

다만, '밟-'은 자음 앞에서 〔밥〕으로 발음하고, '넓-'은 다음과 같은 경우에 〔넙〕으로 발음한다.

(1) 밟다〔밥 : 따〕 밟소〔밥 : 쏘〕 밟지〔밥 : 찌〕
밟는〔밥 : 는→밤 : 는〕 밟게〔밥 : 께〕 밟고〔밥 : 꼬〕

(2) 넓-죽하다〔넙쭈카다〕 넓-둥글다〔넙뚱글다〕

제11항 겹받침 'ㄺ, ㄻ, ㄿ'은 어말 또는 자음 앞에서 각각 〔ㄱ, ㅁ, ㅂ〕으로 발음한다.

닭〔닥〕 흙과〔흑꽈〕 맑다〔막따〕 늙지〔늑찌〕
삶〔삼 : 〕 젊다〔점 : 따〕 읊고〔읍꼬〕 읊다〔읍따〕

다만, 용언의 어간 말음 'ㄺ'은 'ㄱ' 앞에서 〔ㄹ〕로 발음한다.

맑게〔말께〕 묽고〔물꼬〕 얽거나〔얼꺼나〕

제12항 받침 'ㅎ'의 발음은 다음과 같다.

1. 'ㅎ(ㄶ, ㅀ)' 뒤에 'ㄱ, ㄷ, ㅈ'이 결합되는 경우에는, 뒤 음절 첫소리와 합쳐서 〔ㅋ, ㅌ, ㅊ〕으로 발음한다.

놓고[노코]　　좋던[조 : 턴]　　쌓지[싸치]
많고[만 : 코]　　않던[안턴]　　닳지[달치]

[붙임 1] 받침 'ㄱ(ㄺ), ㄷ, ㅂ(ㄼ), ㅈ(ㄵ)'이 뒤 음절 첫소리 'ㅎ'과 결합되는 경우에도, 역시 두 음을 합쳐서 [ㅋ, ㅌ, ㅍ, ㅊ]으로 발음한다.

각하[가카]　　먹히다[머키다]　　밝히다[발키다]
만형[마텽]　　좁히다[조피다]　　넓히다[널피다]
꽂히다[꼬치다]　　앉히다[안치다]

[붙임 2] 규정에 따라 'ㄷ'으로 발음되는 'ㅅ, ㅈ, ㅊ, ㅌ'의 경우에도 이에 준한다.

옷 한 벌[오탄벌]　　낮 한때[나탄때]
꽃 한 송이[꼬탄송이]　　숱하다[수타다]

2. 'ㅎ(ㄶ, ㅀ)' 뒤에 'ㅅ'이 결합되는 경우에는, 'ㅅ'을 [ㅆ]으로 발음한다.

닿소[다쏘]　　많소[만 : 쏘]　　싫소[실쏘]

3. 'ㅎ' 뒤에 'ㄴ'이 결합되는 경우에는, [ㄴ]으로 발음한다.

놓는[논는]　　쌓네[싼네]

[붙임] 'ㄶ, ㅀ' 뒤에 'ㄴ'이 결합되는 경우에는, 'ㅎ'을 발음하지 않는다.

않네[안네]　　않는[안는]
뚫네[뚤네 → 뚤레]　　뚫는[뚤는 → 뚤른]

* '뚫네[뚤네 → 뚤레], 뚫는[뚤는 → 뚤른]'에 대해서는 제20항 참조.

4. 'ㅎ(ㄶ, ㅀ)' 뒤에 모음으로 시작된 어미나 접미사가 결합되는 경우에는, 'ㅎ'을 발음하지 않는다.

낳은[나은]　　놓아[노아]　　쌓이다[싸이다]
많아[마 : 나]　　않은[아는]　　닳아[다라]
싫어도[시러도]

제13항 홑받침이나 쌍받침이 모음으로 시작된 조사나 어미, 접미사와 결합되는 경우에는, 제 음가대로 뒤 음절 첫소리로 옮겨 발음한다.

깎아[까까]　　옷이[오시]　　있어[이써]
낮이[나지]　　꽂아[꼬자]　　꽃을[꼬츨]

쫓아[쪼차]　　　　　　밭에[바테]　　　　　　앞으로[아프로]
덮이다[더피다]

제14항 겹받침이 모음으로 시작된 조사나 어미, 접미사와 결합되는 경우에는, 뒤엣것만을 뒤 음절 첫소리로 옮겨 발음한다.(이 경우, 'ㅅ'은 된소리로 발음함.)

넋이[넉씨]　　　　　　앉아[안자]　　　　　　닭을[달글]
젊어[절머]　　　　　　곬이[골씨]　　　　　　핥아[할타]
읊어[을퍼]　　　　　　값을[갑쓸]　　　　　　없어[업ː써]

제15항 받침 뒤에 모음 'ㅏ, ㅓ, ㅗ, ㅜ, ㅟ'들로 시작되는 실질 형태소가 연결되는 경우에는, 대표음으로 바꾸어서 뒤 음절 첫소리로 옮겨 발음한다.

밭 아래[바다래]　　　　늪 앞[느밥]　　　　　　젖어미[저더미]
맛없다[마덥따]　　　　겉옷[거돋]　　　　　　헛웃음[허두슴]
꽃 위[꼬뒤]

다만, '맛있다, 멋있다'는 [마싣따], [머싣따]로도 발음할 수 있다.

[붙임] 겹받침의 경우에는, 그 중 하나만을 옮겨 발음한다.

　　넋없다[너겁따]　　　　닭 앞에[다가페]
　　값어치[가버치]　　　　값있는[가빈는]

제16항 한글 자모의 이름은 그 받침소리를 연음하되, 'ㄷ, ㅈ, ㅊ, ㅋ, ㅌ, ㅍ, ㅎ'의 경우에는 특별히 다음과 같이 발음한다.

디귿이[디그시]　　　　디귿을[디그슬]　　　　디귿에[디그세]
지읒이[지으시]　　　　지읒을[지으슬]　　　　지읒에[지으세]
치읓이[치으시]　　　　치읓을[치으슬]　　　　치읓에[치으세]
키읔이[키으기]　　　　키읔을[키으글]　　　　키읔에[키으게]
티읕이[티으시]　　　　티읕을[티으슬]　　　　티읕에[티으세]
피읖이[피으비]　　　　피읖을[피으블]　　　　피읖에[피으베]
히읗이[히으시]　　　　히읗을[히으슬]　　　　히읗에[히으세]

제5장 소리의 동화

제17항 받침 'ㄷ, ㅌ(ㄾ)'이 조사나 접미사의 모음 'ㅣ'와 결합되는 경우에는, 〔ㅈ, ㅊ〕으로 바꾸어서 뒤 음절 첫소리로 옮겨 발음한다.

곧이듣다〔고지듣따〕 굳이〔구지〕 미닫이〔미다지〕
땀받이〔땀바지〕 밭이〔바치〕 벼훑이〔벼훌치〕

[붙임] 'ㄷ' 뒤에 접미사 '히'가 결합되어 '티'를 이루는 것은 〔치〕로 발음한다.

굳히다〔구치다〕 닫히다〔다치다〕 묻히다〔무치다〕

제18항 받침 'ㄱ(ㄲ, ㅋ, ㄳ, ㄺ), ㄷ(ㅅ, ㅆ, ㅈ, ㅊ, ㅌ, ㅎ), ㅂ(ㅍ, ㄼ, ㄿ, ㅄ)'은 'ㄴ, ㅁ' 앞에서 〔ㅇ, ㄴ, ㅁ〕으로 발음한다.

먹는〔멍는〕 국물〔궁물〕 깎는〔깡는〕 키읔만〔키응만〕
몫몫이〔몽목씨〕 긁는〔긍는〕 흙만〔흥만〕 닫는〔단는〕
짓는〔진 : 는〕 옷맵시〔온맵씨〕 있는〔인는〕 맞는〔만는〕
젖멍울〔전멍울〕 쫓는〔쫀는〕 꽃망울〔꼰망울〕 붙는〔분는〕
놓는〔논는〕 잡는〔잠는〕 밥물〔밤물〕 앞마당〔암마당〕
밟는〔밤 : 는〕 읊는〔음는〕 없는〔엄 : 는〕 값매다〔감매다〕

[붙임] 두 단어를 이어서 한 마디로 발음하는 경우에도 이와 같다.

책 넣는다〔챙넌는다〕 흙 말리다〔흥말리다〕
옷 맞추다〔온마추다〕 밥 먹는다〔밤멍는다〕
값 매기다〔감매기다〕

제19항 받침 'ㅁ, ㅇ' 뒤에 연결되는 'ㄹ'은 〔ㄴ〕으로 발음한다.

담력〔담 : 녁〕 침략〔침냑〕강릉〔강능〕
항로〔항 : 노〕 대통령〔대 : 통녕〕

[붙임] 받침 'ㄱ, ㅂ' 뒤에 연결되는 'ㄹ'도 〔ㄴ〕으로 발음한다.

막론〔막논 → 망논〕 백리〔백니 → 뱅니〕
협력〔협녁 → 혐녁〕 십리〔십니 → 심니〕

제20항 'ㄴ'은 'ㄹ'의 앞이나 뒤에서 〔ㄹ〕로 발음한다.

(1) 난로〔날 : 로〕 신라〔실라〕 천리〔철리〕

광한루[광 : 할루] 대관령[대 : 괄령]

(2) 칼날[칼랄] 물난리[물랄리] 줄넘기[줄럼끼]

할는지[할른지]

[붙임] 첫소리 'ㄴ'이 'ㅀ', 'ㄾ' 뒤에 연결되는 경우에도 이에 준한다.

닳는[달른] 뚫는[뚤른] 핥네[할레]

다만, 다음과 같은 단어들은 'ㄹ'을 [ㄴ]으로 발음한다.

의견란[의 : 견난] 임진란[임 : 진난] 생산량[생산냥]

결단력[결딴녁] 공권력[공꿘녁] 동원령[동 : 원녕]

상견례[상견녜] 횡단로[횡단노] 이원론[이 : 원논]

입원료[이붠뇨] 구근류[구근뉴]

제21항 위에서 지적한 이외의 자음 동화는 인정하지 않는다.

감기[감 : 기](×[강 : 기]) 옷감[옫깜](×[옥깜])

있고[읻꼬](×[익꼬]) 꽃길[꼳낄](×[꼭낄])

젖먹이[전머기](×[점머기]) 문법[문뻡](×[뭄뻡])

꽃밭[꼳빧](×[꼽빧])

제22항 다음과 같은 용언의 어미는 [어]로 발음함을 원칙으로 하되, [여]로 발음함도 허용한다.

되어[되어/되여] 피어[피어/피여]

[붙임] '이오, 아니오'도 이에 준하여 [이요, 아니요]로 발음함을 허용한다.

제6장 된소리되기

제23항 받침 'ㄱ(ㄲ, ㅋ, ㄳ, ㄺ), ㄷ(ㅅ, ㅆ, ㅈ, ㅊ, ㅌ), ㅂ(ㅍ, ㄼ, ㄿ,ㅄ)' 뒤에 연결되는 'ㄱ, ㄷ, ㅂ, ㅅ, ㅈ'은 된소리로 발음한다.

국밥[국빱] 깎다[깍따] 넋받이[넉빠지]

삯돈[삭똔] 닭장[닥짱] 칡범[칙뻠]

뻗대다[뻗때다] 옷고름[옫꼬름] 있던[읻떤]

꽂고[꼳꼬] 꽃다발[꼳따발] 낯설다[낟썰다]

밭갈이〔받까리〕 솥전〔솓쩐〕 곱돌〔곱똘〕
덮개〔덥깨〕 옆집〔엽찝〕 넓죽하다〔넙쭈카다〕
읊조리다〔읍쪼리다〕 값지다〔갑찌다〕

제24항 어간 받침 'ㄴ(ㄵ), ㅁ(ㄻ)' 뒤에 결합되는 어미의 첫소리 'ㄱ, ㄷ, ㅅ, ㅈ'은 된소리로 발음한다.

신고〔신 : 꼬〕 껴안다〔껴안따〕 앉고〔안꼬〕 얹다〔언따〕
삼고〔삼 : 꼬〕 더듬지〔더듬찌〕 닮고〔담 : 꼬〕 젊지〔점 : 찌〕

다만, 피동, 사동의 접미사 '-기-'는 된소리로 발음하지 않는다.

안기다 감기다 굶기다 옮기다

제25항 어간 받침 'ㄼ, ㄾ' 뒤에 결합되는 어미의 첫소리 'ㄱ, ㄷ, ㅅ, ㅈ'은 된소리로 발음한다.

넓게〔널께〕 핥다〔할따〕 훑소〔훌쏘〕 떫지〔떨 : 찌〕

제26항 한자어에서, 'ㄹ' 받침 뒤에 연결되는 'ㄷ, ㅅ, ㅈ'은 된소리로 발음한다.

갈등〔갈뜽〕 발동〔발똥〕 절도〔절또〕 말살〔말쌀〕
불소〔불쏘〕(弗素) 일시〔일씨〕 갈증〔갈쯩〕 물질〔물찔〕
발전〔발쩐〕 몰상식〔몰쌍식〕 불세출〔불쎄출〕

다만, 같은 한자가 겹쳐진 단어의 경우에는 된소리로 발음하지 않는다.

허허실실〔허허실실〕(虛虛實實) 절절-하다〔절절하다〕(切切-)

제27항 관형사형 '-(으)ㄹ' 뒤에 연결되는 'ㄱ, ㄷ, ㅂ, ㅅ, ㅈ'은 된소리로 발음한다.

할 것을〔할꺼슬〕 갈 데가〔갈떼가〕 할 바를〔할빠를〕
할 수는〔할쑤는〕 할 적에〔할쩌게〕 갈 곳〔갈꼳〕
할 도리〔할또리〕 만날 사람〔만날싸람〕

다만, 끊어서 말할 적에는 예사소리로 발음한다.

[붙임] '-(으)ㄹ'로 시작되는 어미의 경우에도 이에 준한다.

할걸〔할껄〕 할밖에〔할빠께〕 할세라〔할쎄라〕
할수록〔할쑤록〕 할지라도〔할찌라도〕 할지언정〔할찌언정〕
할진대〔할찐대〕

제28항 표기상으로는 사이시옷이 없더라도, 관형격 기능을 지니는 사이시옷이 있어야 할(휴지가 성립되는) 합성어의 경우에는, 뒤 단어의 첫소리

'ㄱ, ㄷ, ㅂ, ㅅ, ㅈ'을 된소리로 발음한다.

문-고리〔문꼬리〕 눈-동자〔눈똥자〕 신-바람〔신빠람〕
산-새〔산쌔〕 손-재주〔손째주〕 길-가〔길까〕
물-동이〔물똥이〕 발-바닥〔발빠닥〕 굴-속〔굴 : 쏙〕
술-잔〔술짠〕 바람-결〔바람껼〕 그믐-달〔그믐딸〕
아침-밥〔아침빱〕 잠-자리〔잠짜리〕 강-가〔강까〕
초승-달〔초승딸〕 등-불〔등뿔〕 창-살〔창쌀〕
강-줄기〔강쭐기〕

제7장 소리의 첨가

제29항 합성어 및 파생어에서, 앞 단어나 접두사의 끝이 자음이고 뒤 단어나 접미사의 첫음절이 '이, 야, 여, 요, 유'인 경우에는, 'ㄴ' 음을 첨가하여 〔니, 냐, 녀, 뇨, 뉴〕로 발음한다.

솜-이불〔솜 : 니불〕 홑-이불〔혼니불〕 막-일〔망닐〕
삯-일〔상닐〕 맨-입〔맨닙〕 꽃-잎〔꼰닙〕
내복-약〔내 : 봉냑〕 한-여름〔한녀름〕 남존-여비〔남존녀비〕
신-여성〔신녀성〕 색-연필〔생년필〕 직행-열차〔지캥녈차〕
늑막-염〔능망념〕 콩-엿〔콩녇〕 담-요〔담 : 뇨〕
눈-요기〔눈뇨기〕 영업-용〔영엄뇽〕 식용-유〔시굥뉴〕
국민-윤리〔궁민뉼리〕 밤-윷〔밤 : 뉻〕

다만, 다음과 같은 말들은 'ㄴ' 음을 첨가하여 발음하되, 표기대로 발음할 수 있다.

이죽-이죽〔이중니죽/이주기죽〕 야금-야금〔야금냐금/야그마금〕
검열〔검 : 녈/거 : 멸〕 욜랑-욜랑〔욜랑뇰랑/욜랑욜랑〕
금융〔금늉/그뮹〕

[붙임 1] 'ㄹ' 받침 뒤에 첨가되는 'ㄴ' 음은 〔ㄹ〕로 발음한다.

들-일〔들 : 릴〕 솔-잎〔솔립〕 설-익다〔설릭따〕
물-약〔물략〕 불-여우〔불려우〕 서울-역〔서울력〕

물-엿[물렫]　　휘발-유[휘발류]　　유들-유들[유들류들]

[붙임 2] 두 단어를 이어서 한 마디로 발음하는 경우에도 이에 준한다.

한 일[한닐]　　옷 입다[온닙따]　서른여섯[서른녀섣]

3 연대[삼년대]　먹은 엿[머근녇]　할 일[할릴]

잘 입다[잘립따]　스물여섯[스물려섣]

1 연대[일련대]　먹을 엿[머글렫]

다만, 다음과 같은 단어에서는 'ㄴ(ㄹ)' 음을 첨가하여 발음하지 않는다.

6·25[유기오]　　3·1절[사밀쩔]

송별-연[송：벼련]　　등-용문[등용문]

제30항 사이시옷이 붙은 단어는 다음과 같이 발음한다.

1. 'ㄱ, ㄷ, ㅂ, ㅅ, ㅈ'으로 시작하는 단어 앞에 사이시옷이 올 때는 이들 자음만을 된소리로 발음하는 것을 원칙으로 하되, 사이시옷을 [ㄷ]으로 발음하는 것도 허용한다.

냇가[내：까/낻：까]　　샛길[새：낄/샏：낄]

빨랫돌[빨래똘/빨랟똘]　　콧등[코뜽/콛뜽]

깃발[기빨/긷빨]　　대팻밥[대：패빱/대：팯빱]

햇살[해쌀/핻쌀]　　뱃속[배쏙/밷쏙]

뱃전[배쩐/밷쩐]　　고갯짓[고개찓/고갣찓]

2. 사이시옷 뒤에 'ㄴ, ㅁ'이 결합되는 경우에는 [ㄴ]으로 발음한다.

콧날[콛날→콘날]　　아랫니[아랟니→아랜니]

툇마루[퇻：마루→퇸：마루]　뱃머리[밷머리→밴머리]

3. 사이시옷 뒤에 '이' 음이 결합되는 경우에는 [ㄴㄴ]으로 발음한다.

베갯잇[베갣닏→베갠닏]　　깻잎[깯닙→깬닙]

나뭇잎[나묻닙→나문닙]　　도리깻열[도리깯녈→도리깬녈]

뒷윷[뒫：뉻→뒨：뉻]

◈ 유의할 표준발음

1. 同綴異意語

사과(沙果)〔sagwa〕 사과(謝過)〔sa:gwa〕

사과(赦過)〔sa(:)gwa〕 사과(四科, 史科)〔sa:k'wa〕

語〔:말〕 斗, 末, 橛〔·말〕 마름(藻)〔·몰〕 馬, 장기말〔몰〕

2. 長短音에 다른 표준발음

눈:(雪) - 눈(目)
밤:(栗) - 밤(夜)
굴:(窟) - 굴(굴조개)
발:(簾) - 발(足)
장:(將, 醬) - 장(場)
벌:(蜂) - 벌(罰)
손:(損) - 손(手)
배:(倍) - 배(梨, 舟)
돌:(石) - 돌(생일)
매:(鷹) - 매(磨石, 회초리)
고:적(古蹟) - 고적(孤寂)
광:주(廣州) - 광주(光州)
부:자(富者) - 부자(父子)
방;화(放火) - 방화(防火)
유:명(有名) - 유명(幽明)
적:다(小量) - 적다(記錄)
갈:다(耕) - 갈다(代)
곱:다(麗) - 곱다(손이 -)
걷:다(步) - 걷다(收)
영:리(怜悧) - 영리(營利)
대:전(大戰) - 대전(大田)
이:사(理事) - 이사(移徙)
사:실(事實) - 사실(寫實)
묻:다(問) - 묻다(埋)
달:다(물이 졸아 붙다, 다오) - 달다(甘)
말:다(勿) - 말다(卷)
잇:다(續) - 있다(有)
성:인(聖人) - 성인(成人)
무:력(武力) - 무력(無力)
가:정(假定) - 가정(家庭)

3. 사이된소리

나무집(木造建物) - 나뭇집(木材商)

고기배(고기의 배) - 고깃배(고기를 잡는 배)

돌집〔돌:집〕(석조건물) - 돌집〔돌:찝〕(石材商)

대:가(代價) - 단가(單價) 성:격(性格) - 결격(缺格)

전:과(戰果) - 성과(成果)
교:권(敎權) - 공권(公權)
윤:기(潤氣) - 인기(人氣)
헌:법(憲法) - 문법(文法)
수:자(數字) - 문자(文字)
외:출증(外出證) - 사증(査證)
교:무과(敎務課) - 인사과(人事課)
거:물급(巨物級) - 부장급(部長級)
세:방(貰房) - 금방(金房)
폐:병(肺病) - 전염병(傳染病)
채:점(採點) - 관점(觀點)
광:증(狂症) - 실어증(失語症)

2. 한글 맞춤법

▪ **학습 목표**

1. **한글 맞춤법의 역사와 원리를 이해한다.**
2. **한글 맞춤법을 지켜 바른 국어 생활을 한다.**

1. 한글 맞춤법

訓民正音 이전에는 한자를 빌려 우리말을 적는 借字표기(鄕札, 吏讀, 口訣 등)에 의지하여 문자 생활을 하였다. 그러다가 15세기에 훈민정음이 창제된 이후 우리는 비로소 音韻문자에 의한 문자 생활을 하게 되었다. 한글은 音韻문자이면서 音節 단위로 적는 방법을 택했기 때문에 '맞춤법'의 문제가 발생한다. 맞춤법의 문제는 주로 받침을 표기하는 방법과 관련된다. 받침 표기의 방법에는 '이어적기'와 '끊어적기'의 두 가

지가 있다. 이어적기(連綴)는 '누니, 누늘, 누네'처럼 적는 표음주의 방법이고, 끊어적기(分綴)는 '눈이, 눈을, 눈에'처럼 적는 형태주의로 표의주의 방법이다.

한글 맞춤법 통일의 역사는 1907년에 국가에서 學府 안에 國文硏究所를 설치하고 이 연구소에서 국어 正書法을 체계화하는 일을 연구하도록 했다. 1909년에 이 연구소에서 '國文硏究議定案'을 만들었지만, 이 議定案은 공포시행되지 못하였다. 1912년에 발표된 '普通學校用 諺文綴字法'은 日帝 强占期에 최초로 공포된 맞춤법이다. 이 철자법은 국문 연구 의정안을 발전시킨 것으로, 소리 나는 대로 쓰는 表音主義를 택하였기 때문에 받침에 'ㅋ,ㅌ,ㅍ' 등이 쓰이지 않았다. 朝鮮語學會에서 1933년에 제정한 '한글 맞춤법 통일안'은 '보통 학교용 언문 철자법'을 더 한층 발전시킨 것으로, 총론 3장에 "문장의 각 단어는 띄어 쓰되, 토는 윗말에 붙여 쓴다."라는 '띄어쓰기' 규정을 두었다. 이 규정으로 우리의 문자 생활은 이전과 크게 달라지게 되었다. 1988년에 공포된 한글 맞춤법 규정은 1933년에 발표된 것 중에서 언어가 변한 사항을 중심으로 고친 것일 뿐, 그 근간은 그대로 유지되어 있다.

한글 맞춤법의 원리를 총칙 제1항에 '표준어를 소리대로 적되, 어법에 맞도록 함을 원칙'으로 한다고 규정했다. 여기에서 '소리대로 적되'는 表音주의 표기법에 해당되고, '어법에 맞도록 함을 원칙으로 한다'는 表意주의 표기법에 해당된다. 우리의 한글은 音韻文字이지만 그것을 운용하는 맞춤법으로는 표음주의와 표의주의를 함께 채택하고 있다.

어법대로 적기	소리대로 적기
합격률, 등록률, 반영률, 성공률	백분율, 비율, 실패율, 스포츠난
넘어지다, 떨어지다, 지껄이다	드러나다, 쓰러지다, 어우러지다
가깝다, 괴롭다, 긋다, 빌다	가까워, 괴로워, 그어, 비세
묻음, 믿음, 길이, 굵다랗다	무덤, 미덥다, 너비, 널따랗다
넓히다, (우표, 홍정, 조건, 별명) 붙이다	드리다, (편지, 힘, 회의, 숙식) 부치다
홀쭉이, 살살이, 오뚝이, 지킴이	꾀꼬리, 뻐꾸기, 얼루기, 빈털터리
어떻든, 이렇든, 아무렇든	아무튼, 하여튼, 여하튼
승낙, 토론, 분노, 그럼으로(써)	수락, 의논, 희로애락, 그러므로

2. 한글 맞춤법과 표준어의 문제점

2.1. 〈한글 맞춤법〉의 경우

현행 '한글 맞춤법'은 1988년 문교부에서 고시한 것으로, 소리말을 語法에 맞도록 文字로 적는 원리를 규정한 것이다. 그러나 이러한 맞춤법의 원리가 언중에게 제대로 교육되지 못하고 있다. 또한, 언중의 현실음을 따르는 일부 예외적인 규정이 적용되므로 여전히 문제점을 수반하고 있다. 이에 國語 語文規程에서 '한글 맞춤법'의 조항 중 규정 원리에 대한 교육이 필요한 부분과 문제점이 있는 것을 대상으로 살펴보겠다.

〈제9항〉

'의'나 자음을 첫소리로 가지고 있는 음절의 'ㅢ'는 'ㅣ'로 소리나는 경우가 있더라도 'ㅢ'로 적는다.

의의 본의 무늬 오늬 하늬바람 늴리리 닁큼 띄어쓰기 씌어 틔어

이에 대해 〈해설〉에서 '늬'의 첫소리 'ㄴ'이 구개음화되지 않는 치조음([n])으로 발음형태가 [니]로 나더라도 '늬'로 적는다고 했다. 그러나 '거믜, 잔듸'는 '거미, 잔디'로 적는다.

〈제11항 '붙임1'〉

단어의 첫머리 이외의 경우에는 본음대로 적는다.

개량(改良) 선량(善良) 수력(水力) 협력(協力) 사례(謝禮) 혼례(婚禮)
와룡(臥龍) 쌍룡(雙龍) 하류(下流) 급류(急流) 도리(道理) 진리(眞理)

이 중 '쌍룡'은 해설에서도 설명했듯이 각기 하나의 명사로 다루어 '쌍(한 쌍, 두 쌍, ...)과 '용'이 결합한 구조이므로 '쌍용'으로 적을 수 있으며, 아래의 〈붙임4〉에서 보여주듯이 두음법칙에 따라 역시 '쌍용'으로 적을 수 있는 잘못된 원칙을 적용한 탓도 있지만, '쌍용' 회사의 표기가 학생들에게 혼란을 초래한 듯싶다. 이러한 두음법칙의 원칙은 올바른 지도의 필요성도 있지만, 문제점도 있음을 발견하게 된다.

〈제11항 '붙임4'〉

접두사처럼 쓰이는 한자가 붙어서 된 말이나 합성어에서 뒷말의 첫소리가 'ㄴ' 또는 'ㄹ' 소리로 나더라도 두음법칙에 따라 적는다.

역이용(逆利用) 연이율(年利率) 열역학(熱力學) 해외여행(海外旅行)

〈해설〉에서 '몰이해(沒理解), 과인산(過燐酸), 가영수(假領收), 등용문(登龍門), 불이행(不履行), 사육신(死六臣), 생육신(生六臣), 선이자(先利子), 소연방(蘇聯邦), 청요리(淸料理), 수학여행(修學旅行)' 등 예를 더 들

었다. 그리고 발음습관이 본음의 형태로 굳어진 '미립자(微粒子), 소립자(素粒子), 수류탄(手榴彈), 파렴치(破廉恥)'를 예외로 다루었다. 그러나 '몰염치(沒廉恥)'나 '총유탄(銃榴彈)'은 이 규정에서 또 예외가 된다. 이는 언중의 편리를 위해 규정한 정서법이 오히려 혼란만 초래하게 되었다. 이에 대해 '모음 뒤에서 본음으로 소리나는 것은 본음대로 적는다'는 규정을 생각해 보면 될 것 같지만 이 역시 문제가 있다. 그렇게 되면 '사육신(死六臣), 과인산(過燐酸)'은 '사륙신, 과린산'으로 적어야 할 것이다.

또한 '붙임4' 〈해설〉에서 "고유어 뒤에 한자어가 결합한 경우에는 뒤의 한자어 형태소가 하나의 단어로 인식되므로, 두음법칙을 적용하여 적는다."고 했으나 이 역시 언중이 기억하기에는 체계적이지 못하다. 예를 들면 '개-연(蓮) : 수-련(蓮)', '구름-양(量) : 강수-량(量)', '숫-용(龍)32) : 청-룡(龍)' 등을 들 수 있다.

〈제20항 붙임〉

'-이' 이외의 모음으로 시작된 접미사가 붙어서 된 말은 그 명사의 원형을 밝히어 적지 아니한다.

꼬락서니 끄트머리 모가치 바가지 바깥 사타구니
싸라기 이파리 지붕 지푸라기 짜개

〈해설〉에서 '몫아치'는 '목사치'로 적어야 하지만 현실 발음 형태인 〔모가치〕로 굳어졌기 때문에 '모가치'로 적으며, '값어치' 역시 '갑서치'로 적어야 원칙이고, 현실발음 형태가 〔가버치〕이지만 관용에 따라 '값

32) 국어 어문 규정집(1988:50)에서 '숫-용(雄龍)'이라고 표기했지만 이는 잘못 표기된 것이다. 〈표준어 사정 원칙〉 제7항에서 "수컷을 이르는 접두사는 '수-'로 통일한다."고 했으며, '다만 2'에서 접두사 '숫-'으로 하는 경우는 '숫양, 숫염소, 숫쥐'만으로 한정했기 때문에 '숫-용'이 아니라 '수-용'으로 표기해야 한다.

어치'로 적는다고 했다. 또한 '벼슬아치'도 '벼스라치'로 적어야 원칙이지만 관용에 따라 '벼슬아치'로 적는다고 했다. 물론 우리 언어가 교착어의 특성 때문에 예외 규정이 나올 수밖에 없고, 역사주의적 표기의 습관적 관용법을 따를 수도 있지만 실제로 현실 발음을 따르지 않는 것이 상당수에 이른다. 따라서 이 조항 역시 관용적 형식을 따른다는 원칙은 불필요하다. 표준어는 언중이 기억하기 쉽고 사용하기에 용이하도록 하는 데 있기 때문에 오히려 형태주의 표기법을 따라 '몫아치, 값어치, 벼슬아치'로 규정하는 것이 혼란을 막을 수 있을 것이다.

〈제23항〉
'-하다'나 '-거리다'가 붙는 어근에 '-이'가 붙어서 명사가 된 것은 그 원형을 밝히어 적는다.

깔쭉이 꿀꿀이 더펄이 배불뚝이 삐죽이 살살이
쌕쌕이 오뚝이 코납작이 푸석이 홀쭉이

'오뚝이'는 본래 '오똑이'에서 나온 것으로 '오뚜기'였다가 다시 '오뚝이'로 바뀐 것이다. 그래서 '오똑이'라는 형태는 사용하지 않는다. 그러나 '오똑이(코가 오똑한 사람)'와 '오뚝이(장난감)'는 구별해서 사용해야 할 것이다.

〈제27항 붙임2〉
어원이 분명하지 아니한 것은 원형을 밝히어 적지 아니한다.

골병 골탕 끌탕 며칠 아재비 오라비

〈해설〉에서 '며칠'은 '몇-일'로 분석하기 어려운 것이라 하여, '몇'과 '일'이 결합한 형태라면 〔(멷닐-〉)면닐〕로 발음되어야 하는데 형식형태소인 접미사나 어미, 조사가 결합한 형식에서와 마찬가지로 'ㅊ' 받침이 내리이어져 〔며칠〕로 발음된다고 하였다. 그러나 이는 '몇년', '몇월'(形態主義)과는 달리 表音主義 表記의 '며칠'로 적으므로 언중에게는 혼란스러운 것이 사실이다.

〈제40항 붙임2〉

어간의 끝 음절 '하'가 아주 줄 적에는 준 대로 적는다.

본 말	준 말
거북하지	거북지
생각하건대	생각건대
깨끗하지 않다	깨끗지 않다
섭섭하지 않다	섭섭지 않다

이러한 현상은 〈해설〉에서도 설명하고 있듯이 안울림소리 받침(ㄱ, ㅂ, ㅅ, ㅎ) 뒤에서만 나타난다. 따라서 울림소리 뒤에서 'ㅎ'이 다음 음절의 첫소리와 어울려 거센소리로 될 적에는 거센소리로 적어야 한다. 예를 들어 '간편하게'의 준말은 '간편케', '연구하도록'의 준말은 '연구토록'이 되는 것이다. '서슴지'의 기본형은 '서슴하다'가 아니라 '서슴다'이다. 따라서 '하'의 준말이 아니므로 이 규칙이 적용될 수 없음을 학생들에게 지도해야 할 것이다.

〈제51항〉

부사의 끝 음절이 '이'로만 나는 것은 '-이'로 적고, '히'로만 나거나 '이'나 '히'로 나는 것은 '-히'로 적는다.

(1) '이'로만 나는 것

가붓이 깨끗이 나붓이 느긋이 둥긋이 따뜻이 반듯이

버젓이 산뜻이 의젓이 가까이 고이 날카로이 대수로이

많이 적이 헛되이 겹겹이 번번이 일일이 번거로이

(2) '히'로만 나는 것

극히 급히 딱히 속히 작히 족히 특히 엄격히 정확히

(3) '이, 히'로 나는 것

솔직히 가만히 간편히 나른히 무단히 각별히 소홀히
쓸쓸히 정결히 과감히 꼼꼼히 심히 열심히 급급히
답답히 섭섭히 공평히 능히 당당히 분명히 상당히
조용히 간소히 고요히 도저히

이와 같은 규정은 문제가 될 수 있다. 그 이유는 말하는 사람의 습관에 의해 발음상 '-히'로 나는지 '-이'로 나는지 다르게 인식될 수 있기 때문이다. 따라서 이에 대한 재 규정이 필요하다.33) 그리고 이 규정에 예외적인 단어들이 많다. 예를 들면 '축축이, 촉촉이, 볼록이, 불룩이'는 '-하다'의 접미사가 붙어 '-히' 발음이 나는 것이지만 '-이'가 붙는 것으로 규정했다.

〈제53항〉

다음과 같은 어미는 예사소리로 적는다.

-(으)ㄹ거나 -(으)ㄹ걸
-(으)ㄹ게 -(으)ㄹ세

---

33) 이은정(1991:41-42)은 이에 대해 다음과 같이 제시하였다.

(1) '-이'로 적는 경우

① 첩어 명사 뒤의 부사화 접미사
② 'ㅅ' 받침 뒤의 부사화 접미사
③ 'ㅂ' 불규칙 용언의 어간에 결합하는 부사화 접미사
④ '-하다'가 붙지 않는 용언 어간에 결합하는 부사화 접미사
⑤ 부사에 결합하는 접미사

(2) '-히'로 적는 경우

① '-하다'가 붙는 용언 어근에 결합하는 부사화 접미사
② '-하다'가 붙는 어근에 '-히'가 결합하여 이루어진 부사가 줄어진 말

-(으)ㄹ세　　　　　　-(으)ㄹ시
-(으)ㄹ지　　　　　　-(으)ㄹ지라도

〈다만〉에서 '-(의)ㄹ까?, -(으)ㄹ꼬?, -(스)ㅂ니까?, -(으)리까, -(으)ㄹ쏘냐?' 처럼 의문을 나타내는 경우에는 어미를 된소리로 적는다고 규정하고 있다. 그리고 '-ㄹ게'는 본래 '-ㄹ께'로 적던 것인데 예사소리의 통일을 하기 위해 '-ㄹ게'로 정한 것이다. 이는 단지 역사적인 표기법에 따른 일종의 관용에 의한 것이다. 따라서 이에 대한 교육이 필요하다.

〈제54항 해설〉
한 형태소 내부에 있어서, 'ㄱ, ㅂ' 받침 뒤에서 〔빼기〕로 발음되는 경우는 '배기'로 적으며, 다른 형태소 뒤에서 〔빼기〕로 발음되는 것은 모두 '빼기'로 적는다. 즉, '곱'처럼 어기 자체로 의미를 갖는 것은 '빼기'로 적는다.
뚝배기　고들빼기　<u>곱빼기</u>　언덕빼기　억척빼기　악착빼기

이외에 '제30항'에서 "순 우리말로 된 합성어로서 뒷말의 첫소리 모음 앞에서 'ㄴㄴ' 소리가 덧나는 경우에 사이시옷을 받치어 적는다"고 하여 '두렛일, 뒷일, 베갯잇, 나뭇잎, 댓잎' 등을 예로 들었다. 이와 같은 원칙을 적용하여 '해님'을 '햇님'으로 표기하는 것은 잘못된 것이다. '해님'은 '해'에 접미사 '-님'이 결합된 파생어이므로 사이시옷을 받치어 적지 않는다.

2.2. 〈표준어 규정〉의 경우

1988년 문교부에서 고시된 '표준어 규정'은 제1부 '표준어 사정 원칙'

과 제2부 '표준어 발음법'으로 구성되었다. 그리고 '표준어 사정 원칙'은 다시 '총칙'과 '발음 변화에 따른 표준어 규정', '어휘 선택의 변화에 따른 표준어 규정'으로 이루어졌다. 이러한 '표준어 규정'은 어떤 규범 원리에 의한 것이라기보다는 언중이 기억하기에 편리하도록 査定委員會에서 정한 것으로 많은 문제점을 초래하므로 이에 대해 살펴보겠다.

〈제7항〉
수컷을 이르는 접두사는 모두 '수-'로 통일한다.
수꿩　수나사　수놈　수사돈　수소[황소]　수은행나무

〈다만 1〉, 〈다만 2〉에서 '수캉아지, 수캐, 수컷, 수키와, 수탉, 수탕나귀, 수톨쩌귀, 수퇘지, 수평아리'와 '숫양, 숫염소, 숫쥐'만을 예외로 한다고 했다. 그러나 왜 이것만 예외 규정으로 했는지 도저히 이해할 수 없다. '수ㅎ+강아지 → 수캉아지, 수ㅎ+개 → 수캐, 수ㅎ+것 → 수컷, 수ㅎ+기와 → 수키와'가 되듯이 '수ㅎ+기린 → 수키린, 수ㅎ+개미 → 수캐미, 수ㅎ+거미 → 수커미' 등도 충분히 가능하기 때문이다. 그리고 발음상 사이시옷과 비슷한 소리가 있다고 판단하여 '숫-'의 형태를 취하였다고 하지만 왜 '숫양, 숫염소, 숫쥐'만에 한정시켰는지 이해되지 않는다. 오히려 필요없는 규정이 아닌가 한다. 차라리 동음으로 혼동될 수 있는 '수소(水素) : 숫-소[황소], 수술(手術) : 숫-술(암술의 대립어)' 처럼 분명히 구분될 수 있는 단어에 사잇소리 규정이 필요할 것이다.

〈제8항〉
양성모음이 음성모음으로 바뀌어 굳어진 다음 단어는 음성 모음 형태를 표준어로 삼는다.

깡충깡충 -둥이 발가숭이 보퉁이 봉죽 뻗정다리 주추

음성상징어는 모음조화를 지키고 있지만, 언중이 '깡충깡충'으로 사용하고 있기 때문에 '깡충깡충'으로 바꾼 것이다. 그러나 아직도 대부분의 사람들이 '깡총깡총'으로 알고 있어서 오히려 모음조화의 원리에 혼란을 초래할 것으로 우려된다. 그리고 '주추' 역시 현실 발음을 따랐다.

〈제10항〉
다음 단어는 모음이 단순화한 형태를 표준어로 삼는다.
괴팍하다 미루나무 미륵 여느 으레 케케묵다

이 중 '괴퍅하다'를 버리고 '괴팍하다'를 표준어로 규정했다. 그러나 '강퍅하다'는 '강팍하다'로 바꾸지 않았다. 성질이 까다로워서 성을 잘 내는 것을 '-퍅하다'라고 한다. 그런데 '괴퍅하다'를 '괴팍하다'로 하면서 '강퍅하다'를 그대로 두는 것은 문제가 있다. 역시 '강팍하다'로 고치는 것이 좋을 것이다. 그리고 한자어의 '미류나무, 삭월세, 자봉틀, 주착없다, 강낭콩'을 '미루나무, 사글세, 재봉틀, 주책없다, 강낭콩'의 현실발음을 따랐다.

〈제11항〉
다음 단어에서는 모음의 발음 변화를 인정하여, 발음이 바뀌어 굳어진 형태를 표준어로 삼는다.
-구려 깍쟁이 나무라다 미수 바라다(* '바램'은 비표준어)
상추 주책 지루하다 튀기 허드레 호루라기

'바라다'의 명사형을 '바람'으로 하였다. 이는 동사 '바라다'에서 '바램'이 파생될 수 없는 문법적 현상에 의한 것이다. 그러나 이 역시 문제가 있다. 우선 '바람(風)'과 동음어로 혼동될 수 있으며, 대부분의 언중의 현실발음이 '바람'보다는 '바램'으로 사용되고 있기 때문이다. 이는 '제9항 붙임 1'에서 문법적으로는 'ㅣ' 모음 역행동화인 '아지랭이'로 해야 하지만 현실발음의 이유로 '아지랑이'로 한 것과 맥락을 같이 할 수 있다. 그러나 '남비'는 '냄비'를 표준어로 하였다.

〈제22항〉

고유어 계열의 단어가 생명력을 잃고 그에 대응되는 한자어 계열의 단어가 널리 쓰이면, 한자어 계열의 단어를 표준어로 삼는다.(ㄱ을 표준어로 삼고, ㄴ을 버림)

ㄱ	ㄴ	ㄱ	ㄴ
개다리 소반	개다리 밥상	부항단지	뜸단지
겸상	맞상	산줄기	멧줄기
고봉밥	높은밥	수삼	무삼
단벌	홑벌	양파	둥근파
방고래	구들고래	총각무	알무/알타리무

한자어 계열의 단어를 표준어로 삼은 경우로 '뜸단지' 대신에 '부항단지'를 표준어로 인정했지만 '부항'과 '뜸'은 그 의미 자체가 다르다. '부항'은 '부스럼의 피와 고름을 빨아내려고 작은 항아리 속에 불을 켜서 공기를 희박하게 만들어 부스럼 구멍에 붙이는 일'〈우리말 큰사전〉이고, '뜸'은 '약쑥을 비벼서 자질구레하게 빚어 살 위의 어떠한 혈에 놓고 불을 붙여서 살을 뜨는 일'〈우리말 큰사전〉이다. 따라서 '부항(附缸)'은 그 자체가 부항단지의 의미를 갖지만 '뜸'은 다른 것이므로 고유어와 한자어 계열의 대응으로 논할 성질이 아니다. 또한 '알타리무' 대신에 '총각무'를 표준어로 인정했지만 둘의 사용은 비슷한 것으로 나타났다.

즉, '알타리무(33.3% / 59%) : 총각무(44% / 41%)로 나타났으며, 둘 모두를 사용한다는 경우도 22.7%였다. 이렇게 거의 대등하게 사용되는 경우를 오히려 복수 표준어로 인정해야 할 것이다.

*( )의 수치는 1,000명을 설문조사한 것임.

〈제23항〉

방언이던 단어가 표준어보다 더 널리 쓰이게 된 것은, 그것을 표준어로 삼는다. 이 경우, 원래의 표준어는 그대로 표준어로 남겨 두는 것을 원칙으로 한다. (ㄱ을 표준어로 삼고, ㄴ도 표준어로 남겨 둠)

ㄱ	ㄴ
멍게	우렁쉥이
물방개	선두리
애순	어린순

복수 표준어로 둘 모두를 인정할 것인지에 대해서 생각해 보아야 할 것이다. '멍게 : 우렁쉥이, 물방개 : 선두리, 애순 : 어린 순' 등 둘 모두를 표준어로 규정했지만, 많이 사용하는 하나만을 표준어로 인정해야 할 것이다. 조사 결과를 보면 '멍게(93.3% / 96%) : 우렁쉥이(4.0% / 4.0%)', '물방개(100% / 100%) : 선두리(0% / 0%)', '애순(36% / 25%) : 어린순(60% / 75%)'이었다. 여기서 '선두리'를 사용한다는 사람은 한 사람도 없이 모두 100% '물방개'만을 사용한다고 대답했다. 이를 복수 표준어로 규정한 것은 분명 문제가 있다.

〈제25항〉

의미가 똑같은 형태가 몇 가지 있을 경우, 그 중 어느 하나가 압도적으로 널리 쓰이면, 그 단어만을 표준어로 삼는다. (ㄱ을 표준어로 삼고, ㄴ을 버림)

ㄱ	ㄴ	ㄱ	ㄴ
까다롭다	까탈스럽다	등나무	등칡
밀짚모자	보릿짚모자	부스러기	부스럭지
부항단지	부항항아리	샛별	새벽별
손목시계	팔목시계	숙성하다	숙지다
신기롭다	신기스럽다	쌍동밤	쪽밤
주책없다	주책이다		

어느 하나가 압도적으로 널리 쓰이면 그것만 표준어로 인정한다고 했다. 그 결과 '쪽밤'은 버리고 '쌍동밤'을 표준어로 규정했다. 그러나 실제로 조사한 결과 '쌍동밤(32% / 18%) : 쪽밤(58.6% / 82%)으로 조사되어 오히려 '쪽밤'을 많이 사용하는 것으로 나타나 어떤 근거로 이렇게 규정했는지 이 역시 재고해야 할 사항이다.

그리고 '제26항'에서 '우레'는 본래가 '울다'의 어간 '울-'에 접미사 '-에'가 붙어서 된 말이었는데, 이것이 한자어식 표기로 잘못 바뀌어 '우뢰(雨雷)'로 잘못 사용하고 있다.

이외에 '서돈', '흐리멍덩하다', '괴나리봇짐', '풍비박산(風飛雹散)', '괴발개발', '홑몸(임산부)' 등도 주의해야 할 표준어들이다.

3. 외래어 표기법과 국어의 로마자 표기법

▪ **학습 목표**

1. **외래어 표기법과 국어의 로마자 표기법의 원리를 알고 이를 익힌다.**
2. **세계화 시대에 외래어와 로마자의 사용에 대하여 바른 태도를 기른다.**

1. 외래어 표기법

외래어 표기법은 조선어학회의 '외래어 표기법 통일안'(1940), 해방 후의 '로마자의 한글화 표기법'(1958)을 거쳐 현재는 '외래어 표기법'(1986)을 따르고 있다.

〈제1항〉 외래어는 국어의 현용 24 자모만으로 적는다.

국어에 없는 외국어음을 적기 위하여 별도의 문자를 만들지 않겠다는 것이다.

〈제2항〉 외래어의 1음운은 원칙적으로 1기호로 적는다.

외국어 소리 하나에 대해서는 국어 소리 하나로 대응한다는 것이다. 예를 들어 'family'〔훼밀리〕, 'film'〔필름〕처럼 'f'에 대응하는 국어 소리가 'ㅎ', 'ㅍ'처럼 두개의 소리로 하지 않고 'ㅍ' 하나의 소리로 한다는 것이다.

제3항 받침에는 'ㄱ, ㄴ, ㄹ, ㅁ, ㅂ, ㅅ, ㅇ'만을 쓴다.

현대 국어 음절 끝소리 규칙과 같은 것으로 받침에는 대표음 7개만 올 수 있다는 것이다. 다만, 'ㄷ' 대신에 'ㅅ'으로 적음에 유의해야 한다. 예를 들어 '슈퍼마켙→슈퍼마켓'으로, '커피숖→커피숍'으로, '케잌→케이크'로, '초콜릩→초콜릿'으로 적는다.

제4항 파열음 표기에는 된소리를 쓰지 않는 것을 원칙으로 한다.

무성파열음[p, t, k]의 된소리는 '빠리→파리'처럼 거센소리로 적는다. 유성파열음 [b, d, g]는 '뻐스→버스, 땜→댐, 가쓰→가스'처럼 'ㅂ, ㄷ, ㄱ'으로 적는다. 유성파찰음의 'j'[ʤ]는 '재즈, 잼'처럼 'ㅈ'으로 적는다.

제5항 이미 굳어진 외래어는 관용을 존중하되, 그 범위와 용례는 따로 정한다.

영어 'camera[kæmərə]'는 '캐머러'이지만 '카메라'로 굳어진 관용 표기를 존중한다. 그리고 sh[ʃ]는 뒤따르는 모음과 합쳐서 '샤, 섀, 셔, 셰, 쇼, 슈, 시'로 적는다. 어말에서는 '잉글리시, 플래시'처럼 '시'로, 자음 앞에서는 '아인슈타인'처럼 '슈'로 적는다.

파찰음 표기에서는 '죠, 쟈, 쥬, 져, 쵸, 챠, 츄, 쳐'는 쓰지 않는다. 따라서 '조지, 비전, 주스, 크리스천'으로 적는다.

외래어는 바르게 표기해야 한다.

가운	개그	깁스	개런티	닉네임
그랑프리	뉘앙스	디지털	데뷔	러시아워
레크리에이션	레퍼토리	로열티	로케	로봇
로켓	리포트	모럴	메시지	미스터리
미시즈	배터리	배지	버라이어티쇼	보컬그룹
부츠	뷔페	브로커	샐러리맨	서비스
서머스쿨	선글라스	세일즈맨	스케줄	스태미나

스터디 그룹	아마추어	알리바이	알코올	앙케트
앙코르	애드벌룬	액세서리	앰뷸런스	에세이
오리엔테이션	인터뷰	조깅	챔피언	초콜릿
카페	카펫	칼럼니스트	캘린더	컬러
칼라	코미디	콤플렉스	콩트	터부
톱클래스	파이팅	팡파르	허니문	

2. 국어의 로마자 표기법

우리의 人名, 地名 등의 고유명사를 국제 문자인 로마자로 표기할 경우가 있다. 이 때 국어를 로마자로 어떻게 적을 것인지 규정한 것이 '국어의 로마자 표기법'(2000)이다. 국어의 로마자 표기법은 국어의 표준 발음에 따라 적되, 로마자 이외의 부호는 쓰지 않으며, 1음운 1기호의 대응을 원칙으로 하고 있다.

로마자 표기법에는 'Doklibmun'처럼 전자법(轉字法)과 'Dongnimmun' 처럼 전음법(轉音法)의 두 가지 방식이 있는데, 현 규정은 전음법을 따른다.

제 1 장 표기의 기본 원칙

제 1 항 국어의 로마자 표기는 국어의 표준 발음법에 따라 적는 것을 원칙으로 한다.

제 2 항 로마자 이외의 부호는 되도록 사용하지 않는다.

제 2 장 표기 일람

제 1 항 모음은 다음 각 호와 같이 적는다.

1. 단모음

ㅏ	ㅓ	ㅗ	ㅜ	ㅡ	ㅣ	ㅐ	ㅔ	ㅚ	ㅟ
a	eo	o	u	eu	i	ae	e	oe	wi

2. 이중모음

ㅑ	ㅕ	ㅛ	ㅠ	ㅒ	ㅖ	ㅘ	ㅙ	ㅝ	ㅞ	ㅢ
ya	yeo	yo	yu	yae	ye	wa	wae	wo	we	ui

〔붙임 1〕 'ㅢ'는 'ㅣ'로 소리 나더라도 'ui'로 적는다.

(보기)

광희문 Gwanghuimun

〔붙임 2〕 장모음의 표기는 따로 하지 않는다.

제 2 항 자음은 다음 각 호와 같이 적는다.

1. 파열음

ㄱ	ㄲ	ㅋ	ㄷ	ㄸ	ㅌ	ㅂ	ㅃ	ㅍ
g, k	kk	k	d, t	tt	t	b, p	pp	p

2. 파찰음

ㅈ	ㅉ	ㅊ
j	jj	ch

3. 마찰음

ㅅ	ㅆ	ㅎ
s	ss	h

4. 비음

ㄴ	ㅁ	ㅇ
n	m	ng

5. 유음

ㄹ
r, l

〔붙임 1〕 'ㄱ, ㄷ, ㅂ'은 모음 앞에서는 'g, d, b'로, 자음 앞이나 어말에서는 'k, t, p'로 적는다. (〔 〕 안의 발음에 따라 표기함.)

(보기)

구미 Gumi　　영동 Yeongdong　　백암 Baegam
옥천 Okcheon　　합덕 Hapdeok　　호법 Hobeop
월곶〔월곧〕 Wolgot　　벚꽃〔벋꼳〕 beotkkot
한밭〔한반〕 Hanbat

〔붙임 2〕 'ㄹ'은 모음 앞에서는 'r'로, 자음 앞이나 어말에서는 'l'로 적는다. 단, 'ㄹㄹ'은 'll'로 적는다.

(보기)

구리 Guri　　설악 Seorak　　칠곡 Chilgok
임실 Imsil　　울릉 Ulleung
대관령〔대괄령〕 Daegwallyeong

제 3 장 표기상의 유의점

제 1 항 음운 변화가 일어날 때에는 변화의 결과에 따라 다음 각 호와 같이 적는다.

1. 자음 사이에서 동화 작용이 일어나는 경우

(보기)

백마〔뱅마〕 Baengma　　신문로〔신문노〕 Sinmunno
종로〔종노〕 Jongno　　왕십리〔왕심니〕 Wangsimni
별내〔별래〕 Byeollae　　신라〔실라〕 Silla

2. 'ㄴ, ㄹ'이 덧나는 경우

(보기)

학여울〔항녀울〕 Hangnyeoul　　알약〔알략〕 allyak

3. 구개음화가 되는 경우

(보기)

해돋이〔해도지〕 haedoji　　같이〔가치〕 gachi

맞히다〔마치다〕 machida

4. 'ㄱ, ㄷ, ㅂ, ㅈ'이 'ㅎ'과 합하여 거센소리로 소리 나는 경우

(보기)

좋고〔조코〕 joko	놓다〔노타〕 nota
잡혀〔자펴〕 japyeo	낳지〔나치〕 nachi

다만, 체언에서 'ㄱ, ㄷ, ㅂ' 뒤에 'ㅎ'이 따를 때에는 'ㅎ'을 밝혀 적는다.

(보기)

묵호 Mukho　　집현전 Jiphyeonjeon

〔붙임〕 된소리되기는 표기에 반영하지 않는다.

(보기)

압구정 Apgujeong	낙동강 Nakdonggang
죽변 Jukbyeon	낙성대 Nakseongdae
합정 Hapjeong	팔당 Paldang
샛별 saetbyeol	울산 Ulsan

제 2 항 발음상 혼동의 우려가 있을 때에는 음절 사이에 붙임표(-)를 쓸 수 있다.

(보기)

중앙 Jung-ang	반구대 Ban-gudae
세운 Se-un	해운대 Hae-undae

제 3 항 고유 명사는 첫 글자를 대문자로 적는다.

(보기)

부산 Busan	세종 Sejong

제 4 항 인명은 성과 이름의 순서로 띄어 쓴다. 이름은 붙여 쓰는 것을 원칙으로 하되 음절 사이에 붙임표(-)를 쓰는 것을 허용한다.((   )안의 표기를 허용함.)

(보기)
민용하 Min Yongha (Min Yong-ha)
송나리 Song Nari (Song Na-ri)

(1) 이름에서 일어나는 음운 변화는 표기에 반영하지 않는다.

(보기)
한복남 Han Boknam (Han Bok-nam)
홍빛나 Hong Bitna (Hong Bit-na)

(2) 성의 표기는 따로 정한다.

제 5 항 '도, 시, 군, 구, 읍, 면, 리, 동'의 행정 구역 단위와 '가'는 각각 'do, si, gun, gu, eup, myeon, ri, dong, ga'로 적고, 그 앞에는 붙임표(-)를 넣는다. 붙임표(-) 앞뒤에서 일어나는 음운 변화는 표기에 반영하지 않는다.

(보기)
충청북도 Chungcheongbuk-do
제주도 Jeju-do
의정부시 Uijeongbu-si
양주군 Yangju-gun
도봉구 Dobong-gu
신창읍 Sinchang-eup
삼죽면 Samjuk-myeon
인왕리 Inwang-ri
당산동 Dangsan-dong
봉천1동 Bongcheon 1(il)-dong
종로 2가 Jongno 2(i)-ga
퇴계로 3가 Toegyero 3(sam)-ga

[붙임] '시, 군, 읍'의 행정 구역 단위는 생략할 수 있다.

(보기)

청주시 Cheongju　　함평군 Hampyeong
순창읍 Sunchang

제 6 항 자연 지물명, 문화재명, 인공 축조물명은 붙임표(-) 없이 붙여 쓴다.

(보기)

남산	Namsan	속리산	Songnisan
금강	Geumgang	독도	Dokdo
경복궁	Gyeongbokgung	무량수전	Muryangsujeon
연화교	Yeonhwagyo	극락전	Geungnakjeon
안압지	Anapji	남한산성	Namhansanseong
화랑대	Hwarangdae	불국사	Bulguksa
현충사	Hyeonchungsa	독립문	Dongnimmun
오죽헌	Ojukheon	촉석루	Chokseongnu
종묘	Jongmyo	다보탑	Dabotap

제 7 항 인명, 회사명, 단체명 등은 그동안 써 온 표기를 쓸 수 있다.

제 8 항 학술 연구 논문 등 특수 분야에서 한글 복원을 전제로 표기할 경우에는 한글 표기를 대상으로 적는다. 이때 글자 대응은 제2장을 따르되 'ㄱ, ㄷ, ㅂ, ㄹ'은 'g, d, b, l'로만 적는다. 음가 없는 'ㅇ'은 붙임표(-)로 표기하되 어두에서는 생략하는 것을 원칙으로 한다. 기타 분절의 필요가 있을 때에도 붙임표(-)를 쓴다.

(보기)

집 jib　　짚 jip
밖 bakk　　값 gabs
붓꽃 buskkoch　　먹는 meogneun

독립 doglib	문리 munli
물엿 mul-yeos	굳이 gud-i
좋다 johda	가곡 gagog
조랑말 jolangmal	없었습니다 eobs-eoss-seubnida

〈부 칙〉

① (시행일) 이 규정은 고시한 날부터 시행한다.

② (표지판 등에 대한 경과 조치) 이 표기법 시행 당시 종전의 표기법에 의하여 설치된 표지판(도로, 광고물, 문화재 등의 안내판)은 2005. 12. 31.까지 이 표기법을 따라야 한다.

③ (출판물 등에 대한 경과 조치) 이 표기법 시행 당시 종전의 표기법에 의하여 발간된 교과서 등 출판물은 2002. 2. 28.까지 이 표기법을 따라야 한다.

부 록

부　록

우리말의 변천

1. 국어의 형성과 역사
2. 음운의 변천
(1) 자음의 변천
(2) 모음의 변천
(3) 소리의 높이와 길이의 변천
3. 어휘의 변천
(1) 고유어의 변천
(2) 외래어의 유입
4. 문법의 변천
(1) 문법 현상의 바뀜
(2) 문법 현상이 없어짐
(3) 문법 현상이 생겨남
5. 의미의 변천
(1) 의미의 확대
(2) 의미의 축소
(3) 의미의 이동

1. 국어의 형성과 역사[1)]

만물은 시간의 흐름에 따라 끊임없이 변화한다. 언어 또한 마찬가지다. 국어도 역사적으로 크고 작은 변화를 겪으면서 오늘날의 모습으로 발전해 왔다.

이러한 변화와 발전은 音韻, 語彙, 文法, 意味 등 언어를 구성하는 모든 부분에 걸쳐 이루어졌다. 예를 들어 '가을'을 옛말에서는 'ᄀᆞᅀᆞᆯ'이라고 했다. 이것을 보면 音韻이 역사적으로 변화했음을 알 수 있다. /ᅀ/과 /ㆍ/ 같은 음운이 지금은 없어졌다. 音韻뿐만 아니라 意味도 역사적으로 변화했다. 옛말에서 '어엿브다'는 지금처럼 '아름답다'라는 뜻이 아닌 '불쌍하다'란 뜻이었으며, '어리다'는 '나이가 어리다'라는 뜻이 아닌 '愚昧하다'란 뜻이었다.

아득한 先史시대, 우리 조상들이 처음으로 말을 할 수 있게 되었을 때의 언어는, 어떠한 모습이었을까. 지금으로서는 그 대답을 명확하게 할 수 없다. 국어의 形成은 국어의 系統과 관련이 있다. 국어의 계통은 그간 꾸준한 연구에도 불구하고 아직 분명하게 제시할 수 없다. 다만 몽골語群, 만주-퉁구스語群, 튀르크 語群 등과 함께 알타이語族에 속할 가능성은 높지만, 분명한 比較言語學的 증거가 확보되어 있지 않은 가설 상태에 머물러 있다.

歷史시대 이후 韓半島와 만주 일대에 자리잡은 우리 민족의 언어는 夫餘系 언어와 韓系 언어로 나뉘었으며, 三國이 세워지면서 고구려어, 백제어, 신라어가 서로간에 공통점과 차이점을 가지면서 제각기 모습을 갖추게 되었을 것이라고 생각된다. 그러나 이 시기의 언어에 대해서

---

1) 이철수・박덕유(1999:224~232) 참조.

는 자료가 부족하여 정확한 실상을 알기 어렵다. 다만, 新羅가 삼국을 통일하면서부터는 慶州를 중심으로 언어가 통일되었으며, 渤海는 고구려어를 이어받았을 것으로 추측된다. 이 시기의 국어를 古代國語라고 부른다.

高麗가 건국되면서 언어의 중심지는 慶州에서 開城으로 옮겨 갔다. 高麗語는 고구려어의 흔적이 남아 있기는 하였지만, 크게 보아 신라어와 차이가 없었다. 朝鮮이 건국되면서 언어의 중심이 지금의 서울로 옮겨졌으나 언어의 모습이 크게 달라지지는 않았다. 고려의 건국부터 16세기 말까지의 국어를 中世國語라고 부른다. 中世국어는 前期中世國語와 後期中世國語로 더 나누기도 한다. 訓民正音이 創製되어 한글로 적힌 많은 문헌 자료가 바로 後期中世國語다.

17세기부터는 음운, 어휘, 문법에서 그 이전의 국어와는 매우 다른 모습을 보인다. 17세기 초기부터 19세기 말까지의 300년 동안의 국어를 近代國語라고 한다. 20세기 이후의 국어는 現代國語라고 부른다.

국어의 역사를 살펴보기 위해서는 文獻資料가 필요하다. 문헌 자료는 漢字를 빌려 적은 자료와 한글로 적은 자료로 나눌 수 있다. 국어의 역사는 한글로 기록되어 있는 後期中世國語 시기의 자료를 통하여 제대로 파악할 수 있다.

漢字를 빌려 적은 자료 가운데 대표적인 것은 신라 시대의 鄕札表記다. 다음은 三國遺事에 실려 있는 處容歌의 일부다.

東京明期月良 夜入伊遊行如可	東京 ᄇᆞᆯ기 ᄃᆞ래 밤 드리 노니다가
入良沙寢矣見昆 脚烏伊四是良羅	드러ᅀᅡ 자리 보곤 가ᄅᆞ리 네히어라

鄕歌는 漢字의 뜻과 音을 이용하여 우리말을 표기하였다. 대개 語彙

형태는 한자의 뜻을 이용하고 〔明(붉-), 月(달), 夜(밤), 入(들-)〕, 文法 형태는 한자의 음을 이용하였다 〔期(-의), 良(-애), 伊(-이)〕.

訓民正音이 창제된 이후인 後期中世國語부터는 한글로 적은 자료가 매우 풍부하다. 특히 漢文을 우리말로 번역한 諺解文獻이 많다. 이는 한문 原文에 한글로 口訣을 달고 번역한 것이다.

國之語音이 異乎中國ᄒᆞ야
→ 나랏 말ᄊᆞ미 中國에 달아 〈훈민정음 언해〉

위의 첫째 문장은 口訣文이다. 口訣文이란 한문 원문에 우리말 식으로 읽을 수 있도록 토(口訣)를 단 문장이다. 둘째 문장은 諺解文인데, 구결문을 우리말로 번역한 문장이다. 諺解한 문장이라도 한문 원문에 토를 달지 않은 것도 있다.

諺解文獻은 근대 국어에서도 간행되었다. 그리고 하나의 문헌이 시대를 달리하여 두 번 이상 번역된 것도 있어, 우리말 역사를 살펴보는 데에 많은 도움이 된다. 예를 들어, '老乞大'의 언해 자료가 그러하다. 아래 자료들은 각각 여러 해에 걸쳐 간행되어 나온 '老乞大' 언해류인데, 表記, 音韻, 語彙, 文法의 여러 측면에서 조금씩 달라지고 있는 모습을 쉽게 볼 수 있다.

㈎ 〔1510년대〕 "네 닐옴이 올타 나도 ᄆᆞᅀᆞ매 이리 너기노라 네 닐오미 내 ᄠᅳᆮ과 ᄀᆞᆮ다"〈번역노골대 권上 11장 앞〉
㈏ 〔1670년〕 "네 니ᄅᆞ미 올타 나도 ᄆᆞ음애 이리 ᄉᆡᆼ각ᄒᆞ엿더니 네 닐 ᄠᅳᆺ과 ᄀᆞᆺ다"〈노걸대언해 권上 10장 앞〉
㈐ 〔1745년〕 "네 닐롬이 올타 나도 ᄆᆞ음애 이리 ᄉᆡᆼ각ᄒᆞ엿더니 네 닐옴이 맛치 내 ᄯᅳᆺ과 ᄀᆞᆺ다"〈평양본 노걸대언해 권上 10

장 앞〉

㈑ 〔1763년〕 "네 니ᄅᆞ미 올타 나도 ᄆᆞᄋᆞᆷ에 이리 ᄉᆡᆼ각ᄒᆞ엿더니 네 니ᄅᆞ미 맛치 내 ᄯᅳᆺ과 ᄀᆞᆺ다"〈노걸대신석언해 권1의 13장 뒤〉

㈒ 〔1795년〕 "네 니ᄅᆞᆷ이 올타 나도 ᄆᆞᄋᆞᆷ에 ᄉᆡᆼ각ᄒᆞ엿더니 네 니ᄅᆞ미 맛치 내 ᄯᅳᆺ과 ᄀᆞᆺ다"〈중간노걸대언해 권上 10장 앞〉

㈓ 〔현대국어 번역〕 "네가 말한 것이 옳다. 나도 마음에 생각하였더니, 네가 말한 것이 마치 나의 뜻과 같다."

2. 음운의 변천

2.1. 자음의 변천

분명하게 알기는 어렵지만, 古代國語의 자음에는 안울림소리에 예사소리('ㅂ, ㄷ, ㅈ, ㄱ')와 거센소리('ㅍ, ㅌ, ㅊ, ㅋ')의 두 계열이 존재하였으며, 아직 된소리 계열은 발달되어 있지 않은 것으로 보인다. 中世國語에서는 자음의 된소리 계열이 새로이 등장하게 되어, 예사소리, 거센소리, 된소리의 세 계열이 자리잡았다. 그리고 마찰음인 'ㅸ'〔β〕, 'ㅿ'〔z〕와 같은 자음도 있었다. 그런데 그 후 'ㅸ'은 반모음 ㅗ/ㅜ〔w〕로 바뀌었다. '고ᄫᅡ〉고와', '더ᄫᅥ〉더워', '쉬ᄫᅳᆫ〉쉬운' 등에서 그 변천 양상을 살펴볼 수 있다. 'ㅿ'는 15세기 후반에서 16세기 전반에 걸쳐 소리값이 소멸하였다.

中世國語에서는 현대국어와는 달리, 음절 첫머리에 둘 이상의 자음이 올 수 있었다. 'ᄠᅳᆮ, ᄡᆞᆯ, ᄢᅡᆨ'과 같이 두 개 자음이 놓인 경우와, 'ᄢᅳᆷ,

빼'와 같이 세 개의 자음이 오는 경우가 있었다. 이러한 소리들은 나중에 대부분 된소리로 바뀌었다.

2.2. 모음의 변천

중세국어의 單母音은 'ㅣ, ㅡ, ㅓ, ㅏ, ㅜ, ㅗ, ㆍ'의 7모음 체계로 되어 있었다. 그 중에서 'ㆍ'는 점차 소리값이 소멸하기 시작하여 16세기에 둘째 음절 위치에서 'ㅡ'나 'ㅗ', 'ㅏ'로 바뀌어 가게 되었다. '기ᄅᆞ마'(鞍)가 '기르마'로, 'ᄇᆞᄅᆞᆷ'(壁)이 'ᄇᆞ람'으로 바뀐 것이 그 예들이다.

二重母音으로는 'ㅑ, ㅕ, ㅛ, ㅠ, ㅘ, ㅝ'와 같은 반모음이 앞서는 이중모음뿐만 아니라, 'ㅣ, ㅐ, ㅔ, ㅚ, ㅟ, ㅢ'와 같은 반모음이 뒤에 놓이는 이중 모음도 존재하였다. 그리고 중세국어에서는 母音調和 현상이 지켜진 것이 특징이었다.

近代國語에서는 모음체계에 큰 변화가 일어났다. 이미 중세국어 시기에 일어났던 'ㆍ'의 소리값이 소멸되어 둘째 음절 위치에서 'ㆍ'의 변화가 일어났고, 첫음절 위치에서도 'ㆍ'가 'ㅏ'로 바뀌게 되었다. 'ᄀᆞ래'(楸)가 '가래'로, 'ᄅᆡ년'(來年)이 '래년'으로 바뀐 것들이 그 예다. 'ㆍ'의 소리값이 소멸된 이후, 二重母音이었던 'ㅔ'와 'ㅐ'가 단모음으로 변화하였다. 그 결과 18세기 말엽의 近代國語에서는 'ㅣ, ㅔ, ㅐ, ㅡ, ㅓ, ㅏ, ㅜ, ㅗ'의 8모음 체계로 되었다.

현대국어로 들어서는 시기에 二重母音 'ㅚ, ㅟ'가 단모음으로 변화하여 근대국어의 8모음 체계가 10모음 체계로 되었다. 그래서 이중모음의 경우, 중세국어와는 달리 반모음이 앞서는 이중모음만 남게 되었다. 그러나 현대국어에서 'ㅚ, ㅟ'는 다시 이중모음으로 발음되는 변화가 일어나고 있다.

2.3. 소리의 높이와 길이의 변천

聲調는 소리의 높이를 통해 단어의 뜻을 분별하는 말소리의 특질이다. 지금으로서는 古代國語에 성조가 존재하였는지 알 수 없다. 그러나 적어도 中世國語에는 聲調가 있었다. 중세국어에서 성조는 글자의 왼쪽에 점을 찍어 표시했는데, 이를 傍點이라 부른다. 平聲은 점이 없으며, 去聲은 한 점, 上聲은 두 점으로 표시되었다. 평성은 낮은 소리고, 거성은 높은 소리였다. 그리고 상성은 처음에는 낮다가 나중에는 높아가는 소리였다. '곳'(花)은 평성으로 낮은 소리였으며, '·플'(草)은 거성으로 높은 소리였으며, ':별'(星)은 낮다가 높아가는 소리였다.

聲調는 16세기 중엽 이후 흔들리기 시작하다가 16세기 말엽 문헌에서는 성조가 표시되지 않게 되었다. 성조는 적어도 16세기 후반에 소멸하였는데, 평성과 거성은 짧은 소리로, 상성은 긴 소리로 바뀌어, 소리의 높이가 소리의 길이로 바뀌어 現代國語에 이어졌다. 그러나 방언에 따라서는 성조가 완전히 소멸하지 않아서 현대국어의 경상도 방언이나 함경도 방언의 일부에 아직도 남아 있다.

3. 어휘의 변천

3.1. 고유어의 변천

古代國語의 어휘에 대해서는 자료가 부족하기 때문에 지금으로서는 자세히 알기가 어렵다. 漢字로 기록되어 있는 땅이름, 사람 이름, 官職 이름의 표기를 통하거나 한자의 새김을 통하여 그 흔적을 짐작해볼 수 있을 뿐이다.

中世國語 문헌에서는 현대국어에서 볼 수 없는 많은 고유어를 찾아볼 수 있다. '온(百), 즈믄(千), ᄀᆞᄅᆞᆷ(江), 미르(龍), ᄒᆞ마(已), ᄆᆡᆼᄀᆞᆯ-(作), 하-(多·大), 두렵-(圓), 언마(幾), ᄀᆞᄅᆞ비(霧雨), ᄂᆞᆾ곳(顔色), 다ᄒᆞ-(如), 빌먹-(乞食)' 등이 그 예들이다. 이들 어휘는 그대로 살아남은 경우도 있지만, 뒤에 그 모습이 크게 바뀌거나 소멸하기도 하였다. 'ᄆᆡᆼᄀᆞᆯ-'은 'ᄆᆡᆫᄃᆞᆯ-'이나 'ᄆᆞᆫᄃᆞᆯ-'로 바뀌기도 하고, '언마'는 '얼마'로 정착하고, '두렵-'(圓)은 '두립-'(畏)이 16세기 말에 '두렵-'으로 모습이 바뀌면서 소리가 비슷해지자 새로이 생성된 '둥글-'에 그 자리를 내어주고 소멸하고 말았다.

近代國語에서도 고유어가 많이 사용되었으나 한자어와 외래어가 끊임없이 침투하여, 그 결과로 고유어가 점차 소멸해 버리는 경우가 많아졌다. 이러한 현상은 현대국어에서도 마찬가지다.

3.2. 외래어의 유입

우리말에는 古代國語에 이미 '붇, 먹' 등의 외래어가 중국에서 받아들여졌다. 또, 한자와 한문의 학습이 심화되면서 漢字語가 많이 쓰이게 되었다. 동시에 불교의 수입으로 '彌勒, 菩薩'과 같은 불교 용어도 우리말에 들어왔다.

中世國語에도 외래어들이 많이 들어왔다. 前期中世國語에는 몽골語에서 온 외래어가 많았다. 官職, 軍事에 관한 어휘를 비롯하여, 말(馬)

과 매(鷹)에 관한 어휘, 음식에 관한 어휘들이 몽골語에서 들어왔다. 약간의 女眞語 어휘도 들어왔다. '투먼'(豆萬)이 그 대표적인 예다.

後期中世國語에는 한자어가 다량으로 침투되었다. 후기 중세국어 문헌에는 한자어가 한자로 적히지 아니하고 한글로 적힌 예들이 많이 있었는데, 이는 한자어의 歸化가 크게 진전되었음을 보여준다. '차반(茶飯), 중싱(衆生)'이 대표적인 예들이다. 이 가운데 '중싱'은 근대국어에서 '즘싱'으로 말소리와 뜻까지 바뀌었다. 이러한 외래어의 침투는 근대국어에서도 계속되었다.

4. 문법의 변천

앞에서 살펴본 음운 현상이나 어휘처럼 文法 현상도 시대에 따라 변천되어 왔다. 문법 현상을 실현하는 방법이 바뀌기도 하고, 어떤 문법 현상이 없어지거나 반대로 새로 생겨나기도 했다.

4.1. 문법 현상의 바뀜

中世國語에서는 어미 '-ㄴ'과 '-ㄹ'이 冠形詞形 기능 외에 名詞形의 기능도 아울러 가지고 있었다. 다음 문장의 '다옰'의 '-ㄹ'은 명사형의 기능을 지니고 있다.

다옰 업슨 긴 ᄀᆞᄅᆞᄆᆞᆫ 니ᅀᅥᆷ니ᅀᅥ 오놋다 〈두시언해 10:35〉
(다옰 :업슨 :긴 ᄀᆞ·ᄅᆞᄆᆞᆫ 니·ᅀᅥᆷ니·ᅀᅥ ·오놋·다)

그러나 현대국어에서는 어미 '-ㄴ'과 '-ㄹ'은 관형사형의 기능만 지닌다. 이것은 문법 현상이 역사적으로 바뀐 경우다.

中世國語에는 使動이나 被動을 실현하는 접미사를 통하여 현대국어보다 훨씬 많은 수의 사동사와 피동사를 파생시켰다. 중세국어에서는 사동 접미사 '-이-'에 의해 사동사가 파생되었으나, 현대국어에서는 그렇지 못한 경우가 많다. 예를 들어, 'ᄆᆡᆼᄀᆞᆯ다'의 사동 표현은 중세국어에서 사동사 'ᄆᆡᆼᄀᆞᆯ-이-다'로 실현되었으나, 현대국어에서는 '만들-이-다'라는 사동사가 쓰이지 아니하고, 오직 '만들게 하다'로 사동을 표현한다.

4.2. 문법 현상이 없어짐

疑問文이 물음말의 존재 여부에 따라 '-아' 계통의 어미와 '-오' 계통의 어미로 달리 표현되는 것이 중세국어의 특징이다. '-아'는 물음말이 없는 의문문에 사용되었고, '-오'는 물음말이 있는 의문문에 사용되었다. 그리고 의문형 어미 중에서 '-ㄴ가, -ㄴ고, -ㄹ가, -ㄹ고' 등은 주어가 1인칭이나 3인칭일 때 사용되었고, '-ㄴ다'는 주어가 2인칭일 때 사용되었다.

西京은 편안ᄒᆞᆫ가 몯ᄒᆞᆫ가 〈두시언해 18:5〉
故園ᄋᆞᆫ 이제 엇더ᄒᆞᆫ고 〈두시언해 25:24〉
네 엇뎨 안다 〈월인석보 23:74〉

그러나 현대 국어에서는 의문문에 물음말이 있든 없든, 주어의 인칭이 어떠하든, 의문형 어미를 구분하지 않게 되었다.

中世國語의 선어말 어미 가운데 '-오-'는 독특한 기능을 가졌다. 첫째, 문장의 주어가 1인칭(말하는 이)임을 표현하는 기능이다. 아래의 첫째 문장은 주어('내')가 1인칭이기 때문에 '-오-'가 나타나지만, 둘째 문장은 주어('아비')가 3인칭이기 때문에 '-오-'가 나타나 있지 않았다.

> ᄒᆞ오ᅀᅡ 내 尊호라(←尊ᄒᆞ-오-라) 〈월인석보 2:34〉
> 아ᄃᆞᆯ둘히 아비 죽다(←죽-다) 듣고 〈월인석보 17:21〉

둘째, 관형절을 구성할 때에 꾸밈을 받는 명사가 목적어나 부사어인 경우에는 '-오-'가 나타나지만, 꾸밈을 받는 명사가 주어인 경우에는 나타나지 않는 경향이 있었다.

> 겨집ᄃᆞᆯ히 子息을 낳다.
> ㈎ 주어인 경우: 子息 나ᄒᆞᆫ(←낳-ᄋᆞᆫ) 겨집ᄃᆞᆯ
> ㈏ 목적어인 경우: 겨집ᄃᆞᆯ히 나혼(←낳-오-ᄂᆞᆫ) 子息

그런데 이러한 '-오-'에 의한 문법 대립 현상은 近代國語에서 거의 소멸하였다.

4.3. 문법 현상이 생겨남

문법 현상은 소멸과 쇠퇴 현상만 나타나는 것이 아니고, 새로이 생겨나거나 용법이 확대되기도 한다. 예를 들어, 주격 조사는 中世國語에서 원래 '-이'만 쓰였으나, 16세기 말에 이르러 '-가'가 사용되기 시작하여 17세기부터 본격적으로 사용되었다.

中世國語에서 현대 국어로 오면서 시간 표현의 선어말 어미 '-었-'이

확립되고,아울러 '-겠-'이 형성된 것도 새로운 문법 현상이 생겨난 예다. '-었-'은 원래 중세국어의 보조적 연결어미 '-어'와 보조 용언 '있다'가 이어진 '-어 잇-'이 축약되어 생겨났다. 즉, 현대국어의 '-었-'은, '-어 잇→ -엣→ -었-'과 같은 과정을 거쳐 완성되었다.

5. 의미의 변천

의미의 변천은 의미의 擴大, 縮小, 移動 등의 세 유형으로 나누어 살펴볼 수 있다.

5.1. 의미의 확대

의미가 변화하여 그 적용되는 영역이 원래 영역보다 넓어지게 된 것이 의미의 擴大인데, 그 예는 무수히 많다. 단어가 多義性을 가지게 되는 것은 대개 의미의 확대에 해당한다. '다리'(脚)가 애초에는 사람이나 짐승의 다리만을 가리키는 것이었을 텐데 '책상'이나 '지게'의 다리 같은 무생물에까지 적용된 것이라든가, '먹다'라는 동사가 음식물을 섭취하는 동작만을 가리켰을 것인데 '욕을 먹다, 마음을 먹다, 겁을 먹다' 등에까지 적용된 것도 의미가 擴大된 결과이다.

좀더 구체적인 것으로는 '영감'(令監) 같은 말을 들을 수 있다. 이 말은 옛날에는 堂上官(정삼품 이상 종이품)에 해당하는 벼슬을 지낸 사람을 일컫는 말이었는데, 지금은 남자 노인을 가리키게 되었다. 오늘날 아무에게나 '사장님'이라는 호칭을 사용하는 것도 비슷한 예다.

'세수하다'(洗手~)는 말도 원래는 '손만을 씻는 동작'을 가리키는 뜻이었으나, 얼굴을 씻는 행위까지 포함하게 되어 의미가 확대된 것이다. '방석'(方席)은 원래 네모난 모양의 깔개만을 가리키는 말이었으나, 둥근 것까지도 가리키게 되어 의미가 擴大되었다고 할 수 있다. '핵'(核)이라는 말도 원래는 '열매의 씨를 보호하는 속껍데기'를 가리키는 말이었지만, 지금은 '사물의 중심이 되는 알맹이'라든가, '原子의 核' 등으로 확대되어 사용되고 있다.

5.2. 의미의 축소

앞의 경우와는 반대로, 의미가 변화하되 그 적용되는 영역이 원래 영역보다 좁아지게 되면 意味의 縮小가 일어난다. 그 대표적인 예로는 '짐승'이라는 단어가 있다. 이 말은 원래 '중싱'(衆生)에서 온 말로서, 有情物 전체를 가리키는 불교 용어이던 것이지만 지금은 인간을 제외한 동물을 가리키는 말로 의미가 축소되었다. 이와 비슷한 예로는 '놈, 계집' 같은 말이 있다. 이 말들은 원래 일반적인 남자, 여자를 가리키는 말로 사용되던 것인데, 지금은 그 사용 범위가 縮小되어, 욕하는 뜻으로만 사용된다.

5.3. 의미의 이동

한편 의미의 擴大도 아니고 縮小도 아닌 단순한 移動으로 볼 수밖에 없는 경우도 있다. 가령, '어리다'라는 말은 中世에는 '어리석다'(愚)는 뜻이었는데 '나이가 어리다'(幼)는 뜻으로 의미가 移動한 것이다. 또 '싁싁하다'는 말은 원래 '嚴하다'는 뜻이었는데 지금은 '씩씩하다'(勇)의 뜻으로 바뀌었다. 이것도 의미의 이동에 해당한다. 이러한 예로는 '어엿브다'도 들 수 있다.

현대국어에 이르는 동안 원래와는 완전히 반대의 뜻을 가지게 된 단어도 있다. '빋싸다'는 원래 명사 '빋'과 형용사 '쓰다'가 합성된 용언이었다. '빋'은 '값어치'의 뜻을, '쓰다'는 '값이 나가다'의 뜻을 가졌었는데, 후대에 '비싸다'는 하나의 단어로서 원래의 뜻을 그대로 유지한 반면, '싸다'는 그 반대의 뜻을 가지게 되었다. 이와 같은 예로는 '엉터리'와 '에누리'를 더 들 수 있다. '엉터리'는 원래 '대강 갖추어진 틀'을 뜻했고, '에누리'는 원래 '값을 더 얹어서 부르는 일'을 뜻했다.

한편, 의미의 이동이 일어난 흥미로운 예로는 '주책없다, 엉터리없다' 같은 말도 있다. 이 말들은 원래 否定표현이 개입되어 '주책이다, 엉터리다' 등과 같은 肯定 표현은 반대의 의미로 사용되어야 할 것이나, 실제로는 같은 뜻으로 사용되고 있다. 이는 否定표현과 肯定표현 사이에 의미의 移動이 일어난 것이라고 할 수 있다. 오늘날 흔히 '우연하게'라고 말해야 할 자리에 사용되고 있는 '우연치 않게'와 같은 경우도 의미의 移動이 나타날 조짐을 보이고 있는 예라 할 수 있다.

어떤 단어의 의미 변화 과정을 잘 조사해 보면, 의미의 확대와 축소가 단계적으로 이루어지고 있는 경우를 볼 수 있다. 가령 '手術'과 같은 단어를 보면 원래 '손으로 하는 기술이나 재주' 정도의 뜻이었지만, 의미가 축소되어 醫學 용어로 사용되다가, 여기서 다시 '고치기 어려운 사회 병리 현상이나 폐단을 고친다'는 뜻으로 확대 사용되기도 한다.

참고문헌

교육부(1984, 1991, 1993, 1996, 2002), 문법.

_____(1984), "학교 문법 교과서의 변천 과정", 국어생활 창간호.

_____(1992), 고등학교 교육과정.

_____(1993), 국민학교 교육과정 해설, 대한교과서 주식회사.

_____(1994a), 중학교 교육과정 해설, 대한교과서주식회사.

_____(1994b), 고등학교 교육과정 해설, 대한교과서주식회사.

_____(1995), 고등학교 교육과정 해설.

_____(2001), 고등학교 교육과정 해설, 대한교과서주식회사.

姜秉倫(1994), "地名語의 語構成에 관한 硏究 : 忠淸北道의 固有地名을 중심으로", 웅진어문학 제2호, 웅진어문학회.

姜信沆(1957), "軍隊卑俗語에 對하여", 一石 李熙昇 先生 頌壽紀念論叢.

강영봉(1994), "제주 지방의 지명", 새국어생활 제4권 제1호, 국립국어연구원.

高永根(1965), "現代國語의 敍法體系에 대한 연구", 國語硏究 15.

_____(1981), 中世國語의 時相과 敍法, 塔出版社.

_____(1983), 國語文法의 硏究, 탑출판사.

_____(1986), "國語의 時制와 動作相," 국어생활 6.

_____(1988), 표준 중세국어문법, 塔出版社.

_____(1990), "텍스트 이론과 국어통사론 연구의 방향", 배달말 15, 배달말학회.

_____(1994), 통일시대의 어문문제, 길벗.

_____(1998), "학교문법의 전통과 통일화 문제", 선청어문, 제16, 17집.

_____(2000), "우리나라 학교문법의 역사", 새국어생활, 국립국어연구원.

_____(2004), "국어문법교육의 방향 탐색: 현행 고등학교 문법을 검토하면서", 우리말연구 15, 우리말학회.

______(2004), 현대국어 시제, 서법, 동작상, 태학사.

고영근・남기심(1985), 표준국어문법론, 탑출판사.

구도희(1987), "담화 속에서의 생략", 연세대학교 석사논문.

국립국어연구원(1999), 표준국어대사전, 두산동아.

권순기(1994), "지명 부여의 과정과 방향", 새국어생활 제4권 제1호, 국립국어연구원.

권재일(1995), "국어학적 관점에서 본 언어지식 영역의 지도 내용", 국어교육연구 제2집, 서울대 사범대학 국어교육 연구소.

김광해(1992), "문법과 탐구학습", 선청어문 제20집.

______(1997), "고등학교 문법 교육과정의 변화 및 새교과서의 특징", 한글사랑 봄호.

______(1997), 국어지식교육론, 서울대출판부.

______(2000), "21세기 문법", 새국어생활 제10권 제2호, 국립국어연구원.

김문창(1988), "표준어의 제문제", 말과 글 37, 한국교열기자협회.

김대행(1996), "국어과 교육과정 분석과 수준별 교육과정 개발", 교육과정연구 14-2. 교육과정연구회.

______(2003), "제7차 국어과 교육과정의 문제와 개선 방향", 한국교육과정학회 학술 세미나.

金敏洙(1953), "隱語(변말)試考 : 特히 거지말(乞人語)을 中心으로", 국어국문학 6.

______(1971), 국어문법론, 일조각.

______(1979), 신국어학, 일조각.

______(1986), "학교문법론", 서정범 박사 화갑기념논문집, 집문당.

김봉순(1996), 텍스트의 의미 구조와 표지 연구, 서울대학교 교육학박사학위논문.

金相大(1976), "國語時制表示의 특징", 국어교육 26.

김성화(1990), 현대국어의 상 연구, 한신문화사.

김세중(1992), "표준어 규정과 한글 맞춤법의 몇 가지 문제", 말과 글 51, 한국교열기자협회.

김수업(1989), 국어 교육의 원리, 청하.

金承烈(1981), 國語 語順硏究, 한신문화사.

김양수(1998), "인천 땅이름 중의 궁금한 몇 가지", 인천땅이름연구회보, 인천땅이름연구회.

金英培(1994), "북한의 지명", 새국어생활 제4권 제1호, 국립국어연구원.

김영희(1978), "겹주어론", 한글 162.

_____(1980), "정태적 상황과 겹주어 구문", 한글 169, 한글학회.

金永泰(1976), "慶南地域의 隱語硏究", 논문집 3, 경남대학교.

김용도(1987), "텍스트의 문연결에 관한 연구", 외대논총 5, 부산외국어대학교.

_____(1989), "언어학적 텍스트 분석(1)", 외대논총 7, 부산외국어대학교.

김용석(1983), "한국어 보조동사 연구," 배달말 8.

김윤우(1998), "〈摩尼山〉은 〈마리산〉으로 읽어야 한다", 인천땅이름연구회보, 인천땅이름연구회.

김윤학(1987), "땅이름은 어떻게 만들어지나", 建國語文學 제11·12합집, 건국대학교.

김은실(1990), "은어에 관한 고찰 : 학생어를 중심으로", 국어교육논문집 16, 대구교육대학.

金恩雨(1963), "隱語를 通해본 女大生 氣質論", 세대통권 5(10월호).

김일웅(1989), "담화의 짜임과 그 전개", 인문논총 34, 부산대학교.

김재춘(2003), "국가 敎育 과정 개정 담론의 비교 분석(I) : 제4차에서 제7차에 걸친 '교육 내용 적정화' 담론을 중심으로", 교육과정연구 23(2).

김정수(1984), "17세기 한국말의 높임법과 그 15세기로부터의 변천", 정음사.

金鍾塤 외(1985), 隱語, 卑俗語, 職業語, 집문당.

김종인(1987), "문장언어학의 한계와 담론언어학의 근거", 서울대학교 석사논문.

金周弼(1991), "'표준어 모음'의 심의 경위와 해설", 말과 글 46, 한국교열기자협회.

金鎭宇(1999), 認知言語學의 理解, 한국문화사.

_____(2001), 言語 習得의 理論과 實相, 한국문화사.

김태자(1992), "담화분석과 그 과정", 국어국문학 107, 국어국문학회.

김택구(1987), "경남 사천군 서포면의 땅이름 : 땅이름의 조어론적 짜임새 고찰", 建國語文學 제11·12합집, 건국대학교.

_____(1977), "韓國大學生의 隱語調査 : 남녀대학생 1,270명 응답자료를 중심으로", 국어국문학 76.

金海星(1969), "隱語로 본 時代感覺", 여성동아 20(6월호).

金亨奎(1965), 古歌謠註釋, 一潮閣.

김혜숙(1990), 언어와 삶, 태학사.
김호정・박재현・김은성・남가영(2007), "문법 용어를 통한 문법 지식 체계 구조화 연구: 음운", 국어교육학연구 28, 국어교육학회.
김홍범(2003), "7차 문법교과서에 나타난 어말어미 체계의 문제점", 교육연구 11, 한남대학교 교육연구소.
남가영(2008), 문법 탐구 경험의 교육 내용 연구, 서울대학교 교육학박사학위논문.
南廣祐(1960), 國語學論文集, 一潮閣.
南基心(1972), "現代國語 時制에 關한 問題," 國語國文學 55-57(합병호).
남풍현(1976), "國語否定法의 발달", 문법연구 3.
노명완(1988), 국어교육론, 한샘출판사.
_____(1997), "국어과 水準別 教育 과정의 편성과 운영", 제7차 국어과 교육과정 구성을 위한 세미나: 21세기 국어과 교육의 지향과 수준별 교육과정, 서울: 한국교육개발원.
노석기(1984), "국어의 담화와 문장에 대한 특성 비교", 한글 184호, 한글학회.
_____(1990), "우리말 담화의 결속관계 연구", 한글 제208호, 한글학회.
대한교과서주식회사(1988), 국어 어문 규정집
都守熙(1994), "지명 연구의 새로운 인식", 새국어생활 제4권 제1호, 국립국어연구원.
文珷永(1995), "國語 標準化와 語文規程", 즈믄 李喆洙 教授 華甲紀念論文集, 태학사.
文光榮(1990), "始興市 牧甘洞지역의 땅이름 調査 硏究", 畿甸文化硏究 제19집, 인천교육대학.
文世榮(1936), "변말", 한글 4의6.
민현식(1983), "학교문법의 격 교육에 대하여", 국어교육 46, 47호, 한국국어교육연구회.
_____(1990), "國語의 時相과 時間副詞:時制,相,敍法의 3元的 解釋論," 국어교육 69,70.
_____(1991), "학교문법의 불규칙활용교육에 대하여", 선청어문 제19집, 서울대 국어교육과.
_____(1991), 國語의 時相과 時間副詞, 개문사.
_____(1992), "현대국어 보조용언 처리의 재검토," 語文論集 第3輯, 淑明女子大學校.
_____(1994), "한글 맞춤법(1988)의 문제점에 대하여(1)", 南川 朴甲洙 先生 華甲紀念論文集, 태학사.

_____(1995), “국어 오용 어법의 예방적 지도법 연구(1)”, 국어교육 89호, 한국국어교육연구회.

_____(1999), 국어문법연구, 역락.

_____(2001), “국어 사용 능력 향상을 위한 어법 및 어휘의 수준별 교육방안 연구”, 국어교육 105, 한국국어교육연구회.

_____(2002), “국어 지식의 위계화 방안 연구”, 국어교육 108, 한국국어교육연구학회.

박근우(1991), 영어담화문법, 한신문화사.

朴德裕(1995), 談話分析 硏究의 展開와 方向, 즈믄 李喆洙敎授 華甲紀念論文集, 太學社.

_____(1996), “現代國語의 時間表現에서의 時制와 相에 대하여,” 語文硏究 91호.

_____(1997a), “고등학교 문법교과서의 문제점”, 국어교육학연구 제7집, 국어교육학회.

_____(1997b), “학교문법의 문제점에 대하여: 옛말의 문법을 중심으로”, 인하어문연구 제3호.

_____(1997c), 現代國語의 動詞相 硏究, 인하대학교 박사논문.

_____(1998a), “學校名稱語에 대하여”, 仁川地名由來集, 인천시청.

_____(1998b), “學校名稱語의 形態論的 語彙論的 考察”, 새국어교육 57, 한국국어교육학회.

_____(1998c), 國語의 動詞相 硏究, 한국문화사.

_____(1999a), “相의 본질적 의미와 동사의 자질에 대한 재고찰”, 國語學 33, 국어학회.

_____(1999b), “학교문법에 나타난 相의 문제점과 그 해결방안 연구”, 국어교육 100, 한국국어교육연구회.

_____(2001), “大學生의 特殊語 考察: 이성관계의 언어를 중심으로”, 교양교육논문집 제6호, 한국체육대학교.

_____(2002), 文法敎育의 탐구, 한국문화사.

_____(2003), “현대국어의 豫定相에 대한 考察”, 어문연구 119, 한국어문교육연구회.

_____(2004), “현행(7차) 文法 교과서 내용 분석”, 문법교육 제1호, 한국문법교육학회,

_____(2005a), 문법교육의 이론과 실제, 역락출판사.

_____(2005b), “문법 지식 지도의 필요성과 발전 방향”, 새국어교육 71, 한국국어교육학회.

_____(2005c), “國語科 敎育課程의 改善 方案 연구: 고등학교 선택과목을 중심으로”, 어

문연구 128, 한국어문교육연구회.
_____(2006), 학교문법론의 이해, 역락출판사.
_____(2007), "효율적인 음운교육의 학습 방안 연구", 새국어교육 제77호, 한국국어교육학회.
박덕유·이철수 공역(1998), 동사상의 이해, 한신문화사.
박성익(1987), 수업방법탐구, 교육과학사.
박순경·소경희·유승연·정미경(2001), "제7차 초·중등학교 교육과정 평가연구(Ⅰ): 교육과정 문서 및 적용 지원 체제를 중심으로", 한국교육과정평가원.
박순경·강창동·김경희·이광우·이미숙·이희영·손민호(2003), "제7차 초·중등학교 교육과정 평가 연구(Ⅲ): 중학교 교육과정의 편성·운영·평가와 초·중학교급간 교과 교육과정의 연계성을 중심으로", 한국교육과정평가원.
박순경·김수동·노국향 외(2001), "교육과정·교육평가 국제 비교 연구(Ⅲ)", 한국교육과정평가원.
박승윤(1986), "담화의 기능으로 본 국어의 주제", 언어 11-1, 한국언어학회.
朴良圭(1980), "主語의 省略에 대하여", 국어학 7, 국어학회.
박영목, 한철우, 윤희원 공저(1995), 국어과 교수학습 방법탐구, 교학사.
박영목, 한철우, 윤희원 공저(1996), 국어교육학 원론, 교학사.
朴榮順(1985), "고등학교 문법교육의 문제점", 사대논집 10, 고려대 사대.
_____(1986), 韓國語統辭論, 집문당.
_____(1986), "국어문법 교육으로서의 의미론에 대하여", 한국어문교육, 창간호, 고려대 국어교육과.
_____(1998), 한국어 문법교육론, 박이정.
_____(2002), 한국어 문법교육론, 박이정출판사.
박재현(2005), "발음교육 변천사", 국어교육론2, 한국문화사.
박정규(1995), "문법교육을 위한 일고찰", 부속학교 교육논문집, 서울대 사범대학.
朴菜花(1992), "國語 談話의 主題構造 硏究", 서울대 석사논문.
배주채(2003), 한국어의 발음, 삼경문화사.
백낙천(1999), "문법 교육과 문법 교과서", 새국어교육 57, 한국국어교육학회.
徐康和(1989), "改定된 正書法의 是非点 -표준어 査定員의 意識背景批判-", 말과 글

41, 한국교열기자협회.
서덕현(1992), "학교문법의 경어법 기술에 관한 연구", 서울대 박사논문.
_____(2000), "학교문법에 수용된 문법 이론에 대한 소고", 국어교육학연구 10, 국어교육학회.
徐炳國, 柳基龍(1979), "大學生隱語考", 경북대교육연구지 21, 경북대학교.
徐廷範(1960), "隱語文字考: 주로 서울 裏巷社會 그룹을 중심으로", 국어국문학 19.
서정수(1981), "합성어에 관한 문제", 한글 173-174(합병호).
徐泰龍(1988), "국어활용어미의 형태와 의미", 탑출판사.
成光秀(1982), "국어 표현양상과 통사구조", 한글 176.
_____(1987), "중·고 국어문법 내용의 적절성과 연계성", 사대논집 12. 고려대.
성낙수(1993), "대학생들의 은어 고찰", 한국어문교육, 한국교원대.
손영애(1986), "국어과교육의 성격과 내용체계", 선청어문 14·15합집, 서울대 국어교육과.
_____(1994), "국어과 교육의 목표와 내용", 국어교육학연구 제4집.
_____(2004), 국어과 교육의 이론과 실제, 박이정.
_____(2009), "2007년 개정 국어과 교육과정과 국어 교과서", 중등 국어과 직무연수 자료집, 인하대 교육연수원.
송영주(1993) 역, 담화분석, 한국문화사.
송현정·이양락·박순경·정영근(2004). 국어과 교육 내용 적정성 분석 및 평가, 한국교육과정평가원.
송현정(2004), "문법교육의 개선 방안 연구", 문법교육 제1호, 한국문법교육학회.
_____(2006), "교육과정 개정안 문법 영역의 개정 방향 및 과제", 제5차 전국 학술대회 자료집, 한국문법교육학회.
宋喆儀(1989), 국어의 파생어형성 연구, 서울대 박사논문.
申敬淳(1977), "地名의 類型的 硏究 : 忠北地名을 중심으로", 명지대 석사논문.
_____(1975), "國語 助詞의 硏究", 국어국문학 67.
_____(1991), "國語 正書法의 批判的 回顧", 語文硏究 69. 韓國語文敎育硏究會.
_____(1992), 國語正書法硏究, 集文堂.
신명선(2007), 의미, 텍스트, 교육, 한국문화사.
신지영·차재은(2004), 우리말 소리의 체계, 한국문화사.

신현숙(1989), "담화 대용 표지의 의미 연구: 그래서, 그러니까, 그러나, 그렇지만을 상으로", 국어학 19, 국어학회.

심영택(1995), "언어지식 내용의 조직방식에 대한 국제비교연구", 국어교육연구 제2집, 서울대 사범대학 국어교육연구소.

沈雨晟(1969), "결립패 隱語들", 세대 67(2월호).

沈在箕(1982), 국어어휘론, 집문당.

안정임 외(2004), "학교 미디어교육을 위한 커리큘럼 및 교재개발 방향", 한국언론학회 미디어교육 컨퍼런스 자료집, 한국언론학회 미디어교육위원회.

元大誠(1985), "名詞의 相的 特性에 대한 硏究," 國語硏究 第65號.

元學喜(1994), "서울 地方의 地名", 새국어생활 제4권 제1호, 국립국어연구원.

위호정(1999), "고등학교 문법 교과서에 나타난 맞춤법 교육의 문제점", 국어교육학연구 9, 국어교육학회.

유구상(1987), "대학생의 언어와 은어", 한글 162, 한글학회.

柳敏榮(1982), "大學生의 言語生活: 大學社會의 隱語·俗語를 중심으로", 생활연구 1, 한양대학교.

柳在泳(1982), "우리고장의 땅이름", 傳來地名의 硏究, 원광대학교.

尹載遠(1988), "國語 補助動詞의 談話分析 硏究", 영남대학교 박사학위논문.

尹錫敏(1989), "국어의 텍스트 언어학적 연구 試論", 서울대학교 석사논문.

윤태수(1985), "은어에 나타난 여대생의 의식구조", 학생생활연구 5, 상명여대.

윤희원(1988), "문법교육 강좌 모형 개발을 위한 연구", 한국국어교육연구회 논문집, 제33집.

윤태수(1985), "은어에 나타난 여대생의 의식구조", 학생생활연구 5, 상명여대.

위호정(1999), "고등학교 문법교과서에 나타난 맞춤법 교육의 문제점", 국어교육학연구 9, 국어교육학회.

李圭昌(1976), "隱語·卑俗語 調査硏究", 군산교대논문집, 군산교대.

우인혜(1997), 우리말 피동연구, 한국문화사.

이관규(1998), "학교문법의 내용 체계", 새국어교육 56호, 한국국어교육학회.

______(2000), "학교 문법교육의 현황", 새국어생활, 제10권 제2호, 국립국어연구원.

______(2001), "학교 문법 교육에 있어서 탐구학습의 효율성과 한계점에 대한 실증적 연

구", 국어교육 106, 한국국어교육연구학회.
_____(2002a), "제7차 문법 교육 과정과 교과서의 문법 내용적 특징에 대한 고찰", 국어교육학연구 14, 국어교육학회.
_____(2002b), 학교문법론, 월인.
_____(2004), "문법교과서의 변천", 문법교육 제1호, 한국문법교육학회.
이기동(1976), "조동사의 의미분석," 문법연구 3.
李基文(1972), 古典國語, 志學社.
李南淳(1981), "現代國語의 時制와 相에 대한 硏究," 國語硏究 46.
_____(1995), "국어의 syntagm과 paradigm을 위하여," 國語學 25, 국어학회.
이대규(1994), "문법 수업 설계의 방법", 선청어문 제22집.
이도영(1996), "국어과 교육의 이념, 목표, 내용의 설정방안", 국어교육학연구 제6집.
李敦柱(1965), "全南地方의 地名에 關한 考察 : 특히 Suffix의 分布를 중심으로 한 試攷", 國語國文學 29, 국어국문학회.
_____(1994), "지명의 전래와 그 유형성", 새국어생활 제4권 제1호, 국립국어연구원.
이삼형(1994), 설명적 텍스트의 내용 구조 분석 방법과 교육적 적용 연구, 서울대학교 교육학박사학위논문.
이성영(1995), "언어지식 영역지도의 필요성과 방향", 국어교육연구 제2집, 서울대 사범대학 국어교육연구소.
_____(1997) "교육문법의 필요성과 조건", 한글사랑, 봄호.
李庸周(1990), "談話 單位로서의 適格文에 대하여", 국어교육 71-72, 한국국어교육연구회.
_____(1995), 국어교육의 반성과 개혁, 서울대학교출판부.
이은정(1991), "부사화 접미사 '-이, -히'에 대하여", 말과 글 46, 한국교열기자협회.
이은희(1993), "접속 관계의 텍스트 언어학적 연구", 서울대학교 교육학박사학위논문.
이은상(1933), "심메만이"의 '변말', 東亞日報 10월 9일.
이인제 · 정구향 · 천경록 · 이도영 외(1997), "제7차 국어과 교육과정 개발연구", 한국교육개발원.
이인제 외(2004), "국어과 교육과정 실태분석 및 개선 방향 연구", 한국교육과정평가원.
李種爽(1966), "妓生房隱語", 신동아 22(6월호).
李勳鍾(1965), "곁말攷", 국어국문학 28.

이은정(1991), "부사화 접미사 '-이, -히'에 대하여", 말과 글 46, 한국교열기자협회.
이은희(1994), "언어 영역의 위상과 내용선정 방식에 관한 연구", 선청어문 제22집.
_____(1995), "언어지식영역 교수학습 방법연구", 국어교육 87·88, 한국국어교육연구회.
이을환·이철수(1977), 韓國語文法論, 개문사.
李翊燮(1978), "相對時制에 대하여", 관악어문연구 3.
_____(1992), 國語表記法硏究, 서울大學校出版部..
이익섭·임홍빈(1983), 國語文法論, 학연사.
이종덕(1997), "학교문법의 교육의 향방", 한글사랑 봄호.
李智凉(1982), "現代國語의 時相形態에 관한 硏究," 國語硏究 51.
李喆洙(1982), "地名言語學硏究序說(I) : 地名言語學 硏究領域을 중심으로", 語文硏究 35 호.
_____(1984), "學校文法論(1,2)", 語文硏究 제42·43호, 韓國語文敎育硏究會.
_____(1985), "學校文法論(3,4)", 語文硏究 제45호, 韓國語文敎育硏究會.
_____(1985), "學校文法의 성격", 국어교육 53·54, 한국국어교육연구회.
_____(1986), "學校文法論(5)", 語文硏究 제49호, 韓國語文敎育硏究會.
_____(1992), 國文法의 理解, 인하대출판부.
_____(1993), 國語文法論, 개문사.
_____(1994), 國語形態學, 인하대출판부.
_____(1997), "韓國의 行政區域 地名語에 대하여", 名稱科學, 제4호.
_____(1997), 韓國語音韻學, 인하대출판부.
이철수, 박덕유(1999), 文法敎育論, 인하대학교출판부.
이철수, 문무영, 박덕유(2004), 언어와 언어학, 역락출판사.
李忠求(1986), "隱語 造語考", 공주교대논총 제22권 제2호.
이춘근(2001), "문법교육 내용의 계열화 분석 및 평가", 국어교육학연구 13, 국어교육학회.
이충우(1991), "학교 문법의 교육에 대한 몇 문제", 국어교육학연구 제1집.
_____(1997), "국어 교육 문법 연구", 국어교육학연구 7, 국어교육학회.
_____(2004), "문법 교육의 개선 방안", 한국문법교육학회 전국 학술대회 자료집.
이형석(1998), 인천의 땅이름, 가천문화재단.

李薰益(1987), 仁川地誌, 美文出版社.
_____(1993), 仁川地名考, 仁川地方鄕土文化硏究所.
李熙昇·安秉禧(1989), 한글 맞춤법 강의, 신구문화사.
이희재(1981), "학교문법과 변형문법의 접목", 충북대론문집(인문・사회과학편).
林萬榮(1982), "隱語에 關한 考察: 學生語를 중심으로", 서울교대논문집 15, 서울교대.
임용기(1995), "〈조선지지자료〉와 부평의 지명", 畿甸文化硏究 제24집, 인천교육대학교.
임지룡(1997), "학교문법의 새 교과서 내용 검토", 한글사랑 봄호.
任洪彬(1978), "被動性과 被動構文", 국민대논문집 12.
——(1987), "국어 부정문의 통사와 의미", 국어생활 10.
張京姬(1985), 現代國語의 樣態範疇 硏究, 탑출판사.
張泰鎭(1965), "造語論(Word-formation) 硏究(上): 犯罪人 隱語를 中心으로", 국어국문 28.
_____(1998), 국어변말사전, 한국문화사.
_____(1998), 국어변말의 사회언어학적 연구, 한국문화사.
전은주(2003), "국어과 수준별 교육과정 실행에 나타난 문제점과 개선 방향", 국어교육 110, 한국국어교육연구학회,
정문수(1984), "相的 特性에 따른 韓國語 풀이씨의 分類," 문법연구 5.
정재도(1988), "맞춤법, 표준말 규정, 발음법 -문교부 규정들(1988)의 문제점-", 한글새소식, 189호, 한글학회.
_____(1989), "고친 맞춤법과 표준말 적용하는데 조심해야", 말과 글 38, 한국교열기자협회.
丁濬燮(1988), "한글 맞춤법 개정 방향과 운용 방향", 말과 글 34, 한국교열기자협회.
정혜승(2002), 국어과 교육과정 실행 연구, 박이정.
정회자(1994), "시제와 상의 화용상 선택조건," 애산학보 15집.
조명원・나익주(1997)역, 인지언어학이란 무엇인가, John R. Tayler의 Linguistic Categorization, 한국문화사.
趙成植 외(1990), 英語學辭典, 信雅社.
趙俊學(1980), "話用論과 공손의 규칙", 語學硏究 16-1.
조항범(1994), "扶餘 地方의 地名, 새국어생활 제4권 제1호, 국립국어연구원.
주경희(1992), "국어 대명사의 담화분석적 연구", 서울대학교 교육학박사학위논문.

周世珩(2004), 통합적 문법교육 내용 설계의 원리와 실제 연구, 서울대 교육학박사 학위논문.
_____(2006), 문법교육과 국어학적 지식의 지평 확장, 역락출판사.
蔡 琬(1986), 國語語順의 硏究, 탑출판사.
최근식(1998), 인천 향토사, 개마서원.
崔尙鎭(2006), "21세기 현대사회와 한자", 漢字 敎授 學習 방법의 이론과 실제, 한국어문회.
최현배(1937), 우리말본, 연희전문출판부.
최영환(1992), "국어교육에서의 문법지도의 위상", 국어교육학연구 제2집.
_____(1994), "언어 지식 영역의 목표와 내용", 국어학 연구, 남천 박갑수선생 화갑기념 논문집, 태학사.
_____(1995), "언어 능력 신장의 관점에서 본 '언어 지식' 영역의 지도 내용", 국어교육연구소 학술발표회 자료집, 서울대학교 국어교육연구소.
_____(2003), 국어 교육학의 지향, 삼지원.
한국교육개발원(1992), "제6차 교육과정 각론 개정연구 중학교 국어과", 한국교육개발원.
__________(1992), "제6차 교육과정 각론 개정연구 고등학교 국어과", 한국교육개발원.
한글학회(1992), 우리말 큰사전, 어문각.
황규호(2003), "교과교육 과정 구성에서의 폭과 깊이 문제", 교육과정연구, 제21권 제3호, 한국교육과정학회.
黃炳淳(1986), "국어 동사의 상 연구," 배달말 11호.
허재영(2004), "文法 교과서의 변천", 문법교육 제1호, 한국문법교육학회.
洪允杓(1979), "국어의 조사", 언어 4-2.
_____(1981), "近代國語의 處格表示와 方向表示의 格", 東洋學 11.
홍종선(1997), "학교문법과 문법교과서", 한글사랑 봄호.
黃炳淳(1986), "국어 복합동사에 대하여", 嶺南語文學 13.
허영자(1987), "여대생의 은어", 학생생활연구 10, 성신여대.
허 웅(1975), 우리옛말본, 샘문화사.

南 不二男 外(1983), "談話の研究と教育の必要性", 談話の研究と教育 I.
國立國語研究所(1983), 談話の研究と教育 I, 東京 大藏省.
小倉進平(1927), "平安南北道の方言 : 山蔘採取業者の隱語", 京城帝國大學 法文學部 研究調査 冊子 제1집.
______(1930), "咸鏡南道及び 黃海道の方言 : 山蔘採取業者の隱語", 京城帝國大學 法文學部 研究調査冊子 제2집.
油谷幸利(1978), "現代韓國語의 動詞分類 : aspect를 중심으로," 朝鮮學報 제87輯.
Alexander, P.D.(1981), *Events, Processes and States in Syntax and Semantics* 14, New York, Academic Press.
Asher,R.E.(1994), Slang, *The Encyclopedia of Language and Linguistics*, Vol.7, Pergamon Press Ltd, Oxford.
Ballmer, Th.(1975), *Sprachrekonstruktion systeme*, Kronberg, Scriptor.
__________(1981), Words, Sentences, Texts, and all that, Text 1,2.
Bloomfield, L. (1933), *Language*, New York, Holt, Rinehart & Winston.
Bolinger D.(1980), *Language*, The Loaded Weapon, London: Longman.
_________(1986), *Intonation and its Parts, Melody in Spoken English*, London: Edward Arnold.
Brown, G., & Yule(1983), *Discourse Analysis*, Cambridge, Cambridge University Press.
Cherry, L.(1975), Sex Differerences in child speech:McCarthy revisited, Research Bulletin Princeton, N.J.:Educational Testing Service.
Chomsky, N.(1957), Syntactic Structures, Hague:Mouton.
__________(1965), Aspects of the Theory of Syntax, Mass:The MIT Press.
__________(1981), Lectures on Government and Binding, Dordrecht:Foris.
__________(1995), The Minimalist Program, Mass:MIT Press.
Clark, E.(1993), The Lexieon in Acquisition, Cambridge.
Cook, V. and M. Newson(1996), Chomsky's Universal Grammar:An Introduction, Cambridge, Mass.:Blackwell Publishers Inc.
Comrie, B.(1976), *Aspect*, Cambridge Univ. Press.

Coulmas, F. (1989), *The Writing Systems of the World*, Oxford, Blackwell.
Connor, U., & Farmer, M.(1985), The teaching of topical analysis as revision strategy : An exploratory study, Paper presented at the annual meeting of the American Educational Research Association, Chicago.
Coulthard, M.(1977), *An Introduction to Discourse Analysis*, London, Longman.
De Beaugrande, R. & W. Dressler(1981), *Introduction to Text Linguistics*, London, Longman.
Dressler, W.(1972), *Trends in Textlinguistics*, Walter de Gruyter.
________(1973), *Einfuhrung in die Textlinguistik*, Max Niemeyer Verlag, Tubingen.
Dumas,B.K., Lighter, J.(1978), Is slang a word for linguists AS 53.
Elson, B., & Pickett, V.(1983), *Beginning Morphology and Syntax*, Dallas, Texas, SummerInstitute of Linguistics.
Fischer, C.S.(1975), Toward a subcultural theory of urbanism, *American Journal of Sociology* 80.
Flexner, S.B.(1960), Preface. In : *Dictionary of American Slang*, Crowell, New York.
Flexner, S.B.(1974), Slang, *Encyclopaedia Brittanica*, vol.16, U.S.A.
Forsyth, J.(1970), *A Grammer of Aspect, Usage and Meaning in the Russian Verb*, Cambridge Univ. Press.
Francis, W. Nelson(1954), "*Revolution in Grammar*", Quarterly Journal of Speech 40.
______________(1958), *The Structure of American English*, New York: The Ronald Press.
______________(1963), *The English Language*, New York: W.W. Norton.
______________(1983), *Dialectology: An Introduction*, Longman Group Limited.
Frederiksen, C. H.(1975), *Representing logical and Semantic Structure of Knowledge acquired from discourse*, Cognitive Psychology 7.
Garey, H. B. (1957), "Verbal aspect in French," *Language* 33.
George Yule(1985), *The study of language*, cambridge University Press.
Givón, T.(1979), Syntax and Semantics Volume 12, Discourse and Syntax New York,

Academic Press.
_______(1984), *Syntax : A Functional-Typological Introduction* Vol.1., Amsterdam /Philadelphia, John Benjamins Publishing Company.
Gumperz, J.(1982), *Discourse Strategies*, Cambridge University Press.
Halliday, M. A. K. & Hasan, R.(1976), *Cohesion in English*, London, Longman.
_______(1989), *Language*, Context and Text, Oxford University Press.
Harris, Z.(1952), Discourse Analysis, *Language* 28.
Harweg, R.(1968), Pronomina und Textkonstitution, Fink.
Hinds, J.(1976), *Aspects of Japanese Discourse Structure*, Kaitakusha.
Hockett, C. F.(1954), "Two Models of Grammatical Description", Word 10.
Hymes, D.(1964), *Language in Culture and Society*, New York, Harper & Row.
Jespersen, O.(1924), *The Philosophy of Grammar*, London, George Allen & Unwin Ltd.
Karttunen, L.(1968), *What Makes Noun Phrases Definite* Santa Monica, Rand Corporication TRP.
Lakoff, G.(1987), *Women, Fire, and Dangerous Things:What Categories Reveal About the Mind*, University of Chicago Press.
Lakoff, R.(1975), *Language and Woman's Place*, New York:Harper and Row.
Langacker, R. W.(1987), *Foundations of Cognitive Grammar*, Stanford University.
Lautamatti, L.(1978), Observations on the development of the topic in simplified discoyrse, *Text linguistics, cognitive learning, and language teaching*, Turku, AF in LA.
Nida, E.A.(1949), *Morpholgy: The descriptive analysis of words*, Univ. of Michigan Publication.
_______(1951=1960), *A Synopsis of English Syntax*, Norman, Okla: Publication of the Summer Institute of Linguistics of the Univ. of Oklahoma.
Maslov, Ju. S.(1962), *Voprosy Glagol'nogo Vida* : Sbornik. Moscow.
Mackay, C.(1980), *Memoirs of Extraordinary Popular Delusions and The Madness of Crowds*, Bonanza, New York.

Maurer, D.W.,High, E.C.(1980), New words : Where do day come from and where do day go, AS 55.

Morgan, J. L. and Sellner, M. B.(1980), Discourse and linguistic theory, In Spiro et al., eds.

Motsch, W.(1987), Satz, Text, Sprachliche Handlung, Studia grammatica XXV.

Ogden C.K.& Richards, I.A.(1930), *The Meaning of meaning* 3rd ed., rev, New York: Harcourt Brace Jovanovich.

Palmer, F.R.(1976), Semantics: A New Outline, Cambridge University Press.

Piaget, J.(1973), The Language and Thought of the child, N.Y.:Meridian Book.

Pinker, S.(1994), The Language Instinct, Penguin Books.

Quirk, R., Greenbaum, S., Leech, G. and Svartvik, J.(1985), *A Comprehensive Grammar of the English Language*, London and New York, Longman Inc.

Sampson, G. (1985), *Writing Systems : A Linguistic Introduction,* Stanford University Press.

Sanford, A. J. & Garrod, S.C.(1981), *Understanding Written Language* Chichester, Wiley.

Sapir, Edward(1921), Language: An Introduction to the Study of Speech, New York: Harcourt Brace Jovanovich.

Saussure, Ferdinand(1916), *Course de linguistique generale*, Paris:Payot.

Schmidt, S.J.(1971), Text und Geschichte als Fundierungskategorien, in, W., D.

Skinner, B. F.(1957), Verbal Behavior, New York:Appleton-Century-Crofts, Inc.

Sloat, Clarence et al.(1978), *Introduction to Phonology*, Prentice-Hall, Inc.

Slobin, D.(1973), Cognitive Prerequisites for the Development of Grammar, in C. Furguson and D. Slobin(eds). Studies of Child Language Development, N.Y.: Holt, Rinehart & Winston, Inc.

Sturtevant, Edgar H.(1947), *An Introduction to Linguistic Science*, New Haven, Yale University Press.

Stubbs, M.(1973), Some structural complexities of talk in meetings, *Working Papers in Discourse Analysis* 5, University Birmingham, Mimeo.

______(1983), *Discourse Analysis* : the sociolinguistic analysis of natural language, Oxford, England.

Sturtevant, Edgar H.(1971), *Linguistic Change*: Univ. of Chicago.

______________(1942), *Linguistic Change: An Introduction to the Historical Study of Language*, G.E. Stechert & Co.

Sweet, Henry(1981=1898). *A New English Grammar*: Logical and Historcal, 2 vols. Oxford : Clarendon Press.

Stewart, George R. 지음(1975) 朴德裕 번역(1996), "命名者로서의 인간", 지구에 대한 이름들, 名稱科學 제2호, 名稱科學硏究所, 仁荷大學校.

Ulman, Stephen(1951), *The Principles of Semantics*: A Linguistic Approach of meaning, Glasgow, Jackson, Oxford, Blackwell.

Vachek, J. (1973), *Written Language : General Problems and Problems of English*, The Hague, Mouton.

Van Dijk, T. A.(1977a) Connectives in Text Grammar and Text Logic, *Grammars and Descriptions*, eds. by van Dijk & Petofi, Berlin, Water de Gruyter.

__________(1977b), Text and Context, London, Longman.

Vendler, Zemo(1967), "Verbs & Times," *Linguistics in Philosophy*, Cornell Univ. Press.

Vygotsky, L.(1962), Thought and Language, Mass:The MIT Press.

Wells, G.(1986), Variation in child language, in P. Fletcher and M. Garman(eds), Language Acquisition, Cambridge University Press.

Widdowson, H.G.(1979), Rules and procedures in discourse analysis in (ed.)T. Myers *The Development of Conversation and Discourse* Edinburgh University Press.

Wolff, K.H.(1950), *The Sociology of Georg Simmel*, Free Press, New York.

Wunderlich, Dieter(1971), Pragmatik, Sprachsituation, Deixis, *Literaturwissenschaft und Liguistik*, 1.

찾아보기

ㄱ

各自竝書 161
간접 높임 313
감각어 155
감탄문 308
감탄사 243
感歎의문문 309
强勢·時間 리듬 153
개념설 343
開母音 173
객체높임법 316
'겠'의 기능 322
겠 322
격식체 314
격조사 228
겸양법 315
겸양선어말어미 315
겹문장 290
硬口蓋音 175
經驗主義 36
階層方言 257
고등학교 〈국어〉 교과서의 '국어 지식' 영역 62
高모음 172
고유명사 223
고유명사와 보통명사 224
고유어와 한자어 247
고유어의 변천 423
高低·時間리듬 153
固定部 169
공명음 167, 175, 176
과거 시제 320
과학문법 122
과학문법의 특징 122
관계언 228
관계적 반의 352
관용어 269
관형사/접두사 226
관형사 240

관형어 284
관형절 291, 293
관형절을 안은 문장 293
관형절의 종류 294
교육문법 117, 128
膠着語 156
구개음화 184
구와 절 276
구음 166
구의 종류 277
구조문법 122
구조문법의 특징 123
국어 가꾸기 67
국어 규범 영역 104
국어 알기 67
'국어 지식' 교육의 내용 54
국어와 한글 153
국어의 규범 98, 377
국어의 로마자 표기법 406
국어의 모음체계 172
국어의 변천과 발전 영역 104
국어의 변화 100
국어의 옛모습 100
국어의 음운 171
국어의 자음체계 176
국어의 특질 153
국어의 형성과 역사 418
규칙 138
규칙과 체계성 138
그리스어원 257
그림문자 157
禁忌語 268
기술문법 123
기호성 138
긴 冠形節 293

ㄴ

낮춤말 316
내와 우리 225
내용상의 문제점 111
내용절과 관계절 295
높임 표현 312, 360
높임말 316
높임말과 낮춤말 316
能動部 169
能動詞 325

ㄷ

다의어 354
단계적 반의 352
단모음 체계 159
단모음 171, 407
단어 간의 의미 관계 348
단어 91, 214
단어의 이어짐 305
단어의 형성 214, 215
담화 영역 103
談話 357
담화분석 363
담화와 장면 359

대등과 종속의 구별 302
대등적 연결어미 299
대등하게 이어진 문장 299
대등한 이어짐의 제약 304
대립 검증법 350
대명사 224
'던'의 기능 321
던 321
掉尾文 139
독립어 288
독립언 243
동물의 언어 146
동사 231
動詞相 324
동사와 형용사의 차이 236
同音同綴語 355
동음이의어 355
同音異綴語 355
동의어 348
動作相 322
동작언어 144
同綴異音語 355
동철이의어 178
동화와 비동화 181
된소리되기 191, 385

ㄹ

라틴어원 차용어 256
라틴어원 256

ㅁ

마찰음 구개음화 185
摩擦音 175, 408
滿洲語 155
말소리 88, 163
명령문 310
명사 223
명사절 292
명사절을 안은 문장 292
명사형 어미와 명사화 접미사 239
모음 172
모음동화 186
모음의 변천 422
모음조화 186
목적어 282
'못' 부정문 338
몽골語 155
무성음 166
무정명사 223
무한성 141
문법 요소 307
문법 지식 지도의 관점 37
문법 지식 학습 45
문법 지식 학습의 전략 43
문법 지식의 이론과 발전 36
문법 현상의 바뀜 425
문법 현상의 없어짐 426
문법 현상이 생겨남 427
〈문법〉 교과서의 구성 86
〈문법〉 교과서의 내용 체계 70

〈문법〉 교과서의 단원별 내용과 문제점 87
〈문법〉 교과서의 특징 85
〈문법〉 교육과정의 내용 64
문법교육의 필요성과 내용 33
문법교육의 필요성과 발전 방향 33
文法相 323
문법의 변천 425
문법의 특질 156
문법학의 유형 128
문자언어 143, 144
문장 성분 278
문장 성분의 종류 278
문장 영역 103
문장 94, 276
문장과 문법 단위 276
문장부사 242
문장의 성분 276
문장의 이어짐 305
문장의 이어짐과 단어의 이어짐 305
문장의 종결 표현 307
문장의 짜임 289
문화적 전승 143
미래 시제 321

ㅂ

半開母音 173
반사적 의미 347
反語의문문 309
반의 관계 351
半閉母音 173
받침의 발음 381
발동부 168
발성부 168
발음기관 168
발화 357
발화와 이야기 357
발화의 기능 358
방언 257
변이음 171
변이음과 상보적 분포 171
변형문법 34, 36, 126
변형문법의 특징 126
변형생성론 43
병렬합성어 221
竝書法(갈바쓰기, 나란히쓰기) 161
보어 283
보조동사 232
보조동사와 보조형용사 233
보조사 230
보조용언 232
보조형용사 233
보통명사 223
보통명사와 고유명사 224
복수접미사 '-들' 227
부록 100
부사 241
부사격 조사 286
부사어 285, 288
부사어의 기능 288
부사어의 특징 287

부사의 기능 242
부사절 295
부사절을 안은 문장 295
부사절의 확대 296
附書法(부텨쓰기) 161
부속성분 278
否定 표현 335
부정의문문 338
분리성 141
분석과 종합 학습 46
불규칙의 갈래 234
비격식체 314
비성절음 168
비언어적 방법 143
비음 166, 167, 176, 408
비음화 110
비종결어미 237
비지속음 167
비통사적 합성어 221

ㅅ

사동 표현 331
使動 331
사동과 주동 331
사잇소리 현상 189
사잇소리 178
사전적 의미 345
사전적 의미와 함축적 의미 345
사회성 136
사회적 의미 346
사회적 의미와 정서적 의미 346
散列文 139
三肢相關束 153
상대높임법 314
상대높임의 대우등분 314
상대시제 318
상보적 반의 351
상의어 353
象徵的 148
상하 관계 353
상호보완적인 관점 40
새말 272
생략 표현 362
생리음성학 166
序수사 225
서술격 조사 279
서술어 278
서술어의 자릿수 279
서술어의 자릿수와 선택제약 280
서술절 296
서술절을 안은 문장 296
西洋語 155
선어말어미 239
說明의문문 309
설측음 구개음화 185
성분 생략 298
성분부사 242
성분의 재료 276
性狀관형사 240
性狀부사 242
성절음 168, 180

성절음과 연음 180
소리대로 적기 392
소리의 길이 177, 379
소리의 높이와 길이의 변천 423
소리의 동화 384
소리의 첨가 387
俗談 269, 270
俗語 259
속어의 속성 259
數관형사 240
수사 / 수관형사 226
수사 225
수식언 240
수식합성어 221
수여, 삼다 동사 280
脣齒音 153
시간 부사 318, 319
시간 표현 317
시제와 상 324
신호언어 144
심리적 태도 361

ㅇ

'안' 부정문 336
안긴 문장 291
안은 문장 291
안은 문장과 안긴 문장 291
알타이語 155
略語法 250
量수사 225
兩脣音 175
樣態부사 242
어말어미 237
어말어미의 제약 237
어미 237
어법대로 적기 392
語順配列 156
語形成法 216
어휘 92, 245
語彙相 324
어휘의 변천 423
어휘의 체계 245
어휘의 특질 154
어휘적 의미와 문법적 의미 347
언어 기능주의 관점 38
언어 영역 101
언어능력 128
언어와 국어 66, 87
언어와 문화 152
언어와 사고 151
언어와 사회 151
언어와 의미 342
언어와 인간 146
언어의 기능 358
언어의 본질 134
언어의 의미 342
언어의 전달 방법과 기능 143
언어의 정의 134
언어의 정의와 특성 134
언어의 중심 기능 144
언어의 특성 135

언어적 방법 143
언어학적인 관점 39
女眞語 155
역사성 137
연결어미 237
軟口蓋音 175
連書法(니ᅀᅥ쓰기, 이어쓰기) 160
연음 180
영어의 자음체계 177
豫定相 106
예정상 330
옛말의 문법 111
완곡어 268
완료상 322
완성동사 323
외래어 차용 어원 255
외래어 표기 253
외래어 표기법 404
외래어 표기법과 국어의 로마자 표기법 403
외래어 155, 250
외래어의 유입 424
용언 231
용언의 활용 233
울림소리 176
圓脣모음 172
威勢的 동기 250
유성음 166
유음 176, 408
유음화 110
유의 관계 348
유의어 349
유의할 표준발음 389
유정명사 223
융합합성어 221
隱語 259
은어의 특성 259
음성 163
음성과 발음기관 163
음성과 소리의 차이 163
음성과 음운의 비교 170
音聲目錄 153
음성언어 143, 144
음성의 개념 163
음성학의 개념 163
음성학의 유형 164
음소(音素)와 운소(韻素) 170
음운 영역 102
음운 체계 163, 170
음운 90, 163, 170
음운의 동화 90, 109, 183
음운의 변동 181
음운의 변천 421
음운의 축약 187
음운의 축약과 탈락 187
음운의 탈락 188
음운의 특질 153
音節·時間리듬 154
음절 179
음절의 끝소리 규칙 181
음향음성학 165
의문문 309

의미 영역 103
의미 96, 342
의미의 변천 428
의미의 이동 429
의미의 종류 344
의미의 축소 429
의미의 확대 428
의성·의태부사 242
의존명사 223
의존명사와 조사 224
'ㅣ'모음 역행동화 186
이다 229
이다와 아니다 236
理性主義 36
이야기 97, 357
이야기의 개념 357
이야기의 구성 요소 359
이야기의 구조 363
이야기의 내용 구조 364
이야기의 요소 359
이야기의 형식 구조 364
이어진 문장 299
이어진 문장의 문법 현상 303
이어짐의 제약 304
이중모음 171, 407
이중분절 142
이중성 142
이중피동 327
이태리어원 차용어 256
이태리어원 256
인간의 언어 146
인용절 297
인용절을 안은 문장 297
인지문법 37
認知主義 34
인지주의론 44
人稱대명사 224
日本語 155
일어계 어휘 252
있다와 없다 236
있으시다와 계시다 314

ㅈ

자립명사 223
자음 175
자음과 모음 378
자음동화 109, 183
자음의 변천 421
자의성 135
자질문자 157
場面 359
장면에 따른 이해 364
재귀대명사 225
低모음 172
저지음 167, 175, 176
전문어 271
前舌모음 172
전성어미 237
전성어미와 부사형 어미 238
전통문법 120
절대시제 318

절대시제와 상대시제 318
절의 종류 278
접미사 '的'의 용법 249
접속부사 242
접속조사 229
정서적 의미 346
제5차 문법 교과서 70
제6차 문법 교과서 70
제7차 〈문법〉 교과서에 새로 반영된 내용의 문제점 104
제7차 국어과 교육과정의 내용 21
조사 228
조사와 단어 231
조사의 갈래 228
調音方法 175
조음부 168, 169
調音位置 175
조음음성학 165
종결어미 237
종성 표기 160
終聲 159
終聲復用初聲 159
종속적 연결어미 300
종속적 이어짐의 제약 304
종속적으로 이어진 문장 300
主動 331
주변적 의미 344
주성분 278
주어 281
주제적 의미 347
주제적 의미와 반사적 의미 347
주체높임법 312
준어 규정 398
中國語 155
中斷音 167
中모음 172
中聲 158
중심적 의미 344
중심적 의미와 주변적 의미 344
중학교 〈생활 국어〉의 '국어 지식' 영역 60
중학교 국어과의 영역 59
지속음 167
지시 표현 360
지시관형사 240
지시대명사 / 지시관형사 226
指示대명사 225
地域方言 257
진행상 322
짧은 冠形節 293

ㅊ

창조성 141
添加語 156
청유문 311
청취음성학 164
체계성 138
체언 223
체언의 용법 227
初聲 157
초월성 140

최소대립어 171
축약 187
축약과 탈락 188
齒槽音 175
七終聲法 160

ㅌ

탈락 188
탐구 학습 45
탐구학습 108
통비음 구개음화 185
통사적 사동문 333
통사적 피동 326
통사적 합성어 220
특별한 수사 225

ㅍ

破裂音 175
派生法 249
파생어 216
파생적 사동문 332
파생적 피동 326
파생접사와 굴절접사 217
파열음 407
파찰음 176, 408
判定의문문 309
八終聲法 160
평서문 307
平脣모음 172
閉母音 173
폐쇄음 구개음화 185
表別 조사 230
표음문자 157
표음주의 391
표의주의 391
표준 발음 378
표준국어의 모음사각도 173
표준어 규정 377, 398
표준어와 방언 377
표준어와 표준 발음 377
품사 221
프랑스어원 차용어 255
프랑스어원 255
피동 접미사 105
피동 접미사 문제 329
피동 표현 325
피동과 능동 325
피동문의 특징 328
被動詞 325
必要充足의 동기 251

ㅎ

하의어 353
학교문법 117
학교문법과 학문문법 119
학교문법의 개념 117
학교문법의 성격 117
학문문법 119
한글 맞춤법 390, 392

한글 맞춤법의 원리 391
한글(訓民正音)의 제자원리 157
한글의 문자적 가치 157
한글의 우수성 156
漢字語 單語形成의 유형 249
함축적 의미 346
合成法 250
합성어 219
합성어와 句 220
합성어의 갈래 220
합성어의 유형 219
합성어의 파생 221
合用竝書 161
행동설 344
현대국어의 모음 173
현재 시제 319
協隨 조사 230
형식형태소 214
형용사 232
형태(단어) 영역 102
형태소 214
형태소와 단어 215
홑문장 290
홑문장과 겹문장 289
확인의문문 309, 338
환치법 350
활용의 불완전성 238
後舌모음 172
喉音 175